Gendertheorien und Theorien Sozialer Arbeit

Kim-Patrick Sabla
Melanie Plößer (Hrsg.)

Gendertheorien und Theorien Sozialer Arbeit

Bezüge, Lücken und Herausforderungen

Verlag Barbara Budrich
Opladen • Berlin • Toronto 2013

Bibliografische Information der Deutschen Nationalbibliothek
Die Deutsche Nationalbibliothek verzeichnet diese Publikation in der Deutschen
Nationalbibliografie; detaillierte bibliografische Daten sind im Internet über
http://dnb.d-nb.de abrufbar.

Gedruckt auf säurefreiem und alterungsbeständigem Papier.

ISBN   978-3-8474-0025-7
eISBN   978-3-86649-539-5

Umschlaggestaltung: Bettina Lehfeldt, Kleinmachnow – www.lehfeldtgraphic.de
Lektorat: Petra Reiners, Bonn – www.buchfinken.com
Druck: paper & tinta, Warschau
Printed in Europe

Inhaltsverzeichnis

Gendertheorien und Theorien Sozialer Arbeit. Eine Einführung.

Melanie Plößer/Kim-Patrick Sabla

„Gender matters" – „Geschlecht ist von Bedeutung". Diese zunächst durch die feministische Theorie und Praxis beförderte Einsicht ist mittlerweile zu einer zentralen Herausforderung einer sich reflexiv verstehenden Theorie und Praxis Sozialer Arbeit avanciert. So zeugen eine seit den 1980er Jahren wachsende Zahl an Publikationen, Tagungen und Forschungsprojekten, die sich mit der Bedeutung von Geschlecht und Geschlechterverhältnissen in der Sozialen Arbeit auseinandersetzen, gleichermaßen von der ungeheuren Bandbreite der Diskurse wie von der zunehmenden Etablierung eines eigenständigen und teil kontrovers geführten Forschungs- und Theoriebereichs der Sozialen Arbeit (vgl. Böhnisch/Funk 2002, Zander/Hartwig/Jansen 2006, Bütow/Munsch 2012, Ehlert 2012). Neben der Zunahme an Veröffentlichungen und Projekten gehören mittlerweile Begriffe wie ‚Genderkompetenz', ‚Gender Mainstreaming', ‚Geschlechterreflexivität', ‚Geschlechtsspezifische Arbeit' oder ‚Geschlechtergerechtigkeit' zum Vokabular sozialarbeiterischer Theorie und Praxis. Darüber hinaus haben sich seit Anfang der 1980er Jahre eine Vielzahl Handlungsfelder entwickelt, innerhalb derer Geschlechterdifferenzen und Geschlechterverhältnisse den zentralen Ausgangspunkt für sozialarbeiterische Interventionen bilden. Diese theoretischen und praktischen Orientierungen an Geschlechterdifferenzierungen folgen dabei der durch Geschlechtertheorien und -politiken beförderten Einsicht, dass die lebensweltlichen Erfahrungen, Probleme und Handlungsstrategien von Subjekten, die institutionellen und professionellen Settings wie auch die gesellschaftlichen Strukturen nur dann hinreichend erkannt und bearbeitet werden können, wenn sie als durch die Kategorie Geschlecht beeinflusst verstanden werden (vgl. Heite 2008). Geleitet sind diese Debatten von der Annahme, dass gendertheoretische Perspektiven sowohl den Blick auf unterschiedliche Adressatinn*en Sozialer Arbeit als auch die eigene Professionalisierungsgeschichte und das Professionsverständnis Sozialer Arbeit zu erhellen verstehen (vgl. Ehlert 2010).

Umgekehrt trägt die Ausblendung von Geschlechterdifferenzierungen – so die Kritik der geschlechterbezogenen Ansätze – zu Ungleichbehandlungen und Diskriminierungen bei. Die Anerkennung der Geschlechterdifferenzierungen und die Analyse der Geschlechterverhältnisse sind deshalb auch die Leitmaxime, mit der sich die Genderforschung für eine Erforschung der Problemlagen und Handlungsstrategien von Subjekten, für die Analyse professionstheoretischer Entwicklungen, für die kritische Analyse gesellschaftlicher Verhältnisse und nicht zuletzt für die Entwicklung geschlechterreflektierender Arbeitsansätze und Handlungsfelder einsetzt.

Die deshalb seit den 1970er Jahre zu verzeichnende Aufnahme der Genderthematiken in sozialer Theorie und Praxis kann jedoch nicht darüber hinwegtäuschen, dass Genderperspektiven nach wie vor bei Studentinn*en, Praktikerinne*n und Forscherinne*n den Ruf eines ‚Spezialthemas' haben, das als solches zwar berücksichtigt werden kann oder sollte, den Bezug zu bisherigen Theoriediskursen Sozialer Arbeit aber eher vermissen lässt. Umgekehrt kann ebenso häufig festgestellt werden, dass in den bisherigen theoretischen Diskursen Sozialer Arbeit gendertheoretische Bezüge die Ausnahme bilden, obwohl „[d]ie Ausblendung von Geschlecht und anderen sozialen Differenzen [...] zentrale Ansätze der Sozialen Arbeit" (Bütow/Munsch 2012: 12) betrifft.

Das Verhältnis von Gender(Theorien) und (Theorien) Sozialer Arbeit kann deshalb aktuell als ein sehr ambivalentes und widersprüchliches Verhältnis beschrieben werden. Auf der einen Seite haben die Thematisierungen von Geschlecht und Geschlechterverhältnissen Einzug in die Theoriebildung und Praxis Sozialer Arbeit erhalten. Kaum noch ein Handbuch zur Sozialen Arbeit, das nicht die Stichwörter ‚Geschlecht' oder ‚Gender' enthält (vgl. etwa Otto/Thiersch 2011) oder aber unter den Überschriften ‚Mädchen bzw. Mädchenarbeit' oder ‚Jungen bzw. Jungenarbeit' bestimmte Adressat*innengruppen der Sozialen Arbeit unter einer geschlechterdifferenzierten Perspektive zu berücksichtigen sucht (vgl. etwa Thole 2011 oder Deinet/Sturzenhecker 2013). Gendertheoretische Überlegungen scheinen also Einzug in den sozialarbeiterischen Theoriediskurs erhalten zu haben. Gleichwohl erweist sich Gender in Wissenschaft, sozialer Praxis und Ausbildung weiterhin als Spezialthema Sozialer Arbeit. Die Berücksichtigung von Geschlechterdifferenzierungen und Geschlechterverhältnissen scheint in aktuellen Publikationen, Ausbildungscurricula, Handlungsfeldern und Konzepten Sozialer Arbeit immer nur ein zusätzlicher Fokus zu sein, der den allgemeinen Blick, die allgemeinen Theorien und Lehrinhalte ergänzen kann. Damit wird den geschlechtertheoretischen Fragestellungen und Erkenntnissen aber gleichzeitig die Möglichkeit abgesprochen, allgemeine Aussagen über den Gegenstand, die Aufgaben und Ziele wie auch das professionelle Selbstverständnis der Sozialen Arbeit zu treffen. Vielmehr scheint es so, als wirke eine Genderperspektive nur für bestimmte Problembereiche, nur für bestimmte Adressat*innengruppen, nur für bestimmte Handlungskonzepte erhellend. Eine solche Ausweisung von Geschlecht und Geschlechterverhältnissen als ein Spezialthema Sozialer Arbeit übersieht nun aber, – so die These unseres Bandes – dass Geschlechtertheorien und Theorien Sozialer Arbeit grundsätzlich miteinander in Beziehung stehen – und dies auf mindestens drei Ebenen: auf der Ebene der Adressat*innen und des sozialarbeiterischen Bezugs auf deren

Subjektivierungsweisen und -erfahrungen, auf der Ebene der Sozialen Arbeit als Profession sowie auf der Ebene der theoretischen Gegenstandsbestimmung Sozialer Arbeit als Arbeit mit Differenz und Differenzierungen.

1. Die Ebene der Adressat*innen Sozialer Arbeit

Insofern sich Soziale Arbeit auf soziale Probleme (Staub-Bernasconi 1995) bezieht bzw. auf Lebensführungs- und „Subjektivierungsweisen, die als sozialproblematisch markiert" (Kessl/Otto 2012: 1306), konstruiert wie auch erfahren werden, geht es in den aktuellen Theorieentwürfen Sozialer Arbeit auch immer darum, diese Probleme bzw. die als problematisch markierten Subjektivierungsweisen genauer zu erfassen und ihre Ursachen zu bestimmen. Ein solcher Bestimmungsversuch hat dabei sowohl gesellschaftliche Verhältnisse in den Blick zu nehmen wie auch die Subjekte selber und ihre Subjektivierungs- und Lebensführungsweisen innerhalb der Ordnungen und Strukturen zu fokussieren. Dass beide Ebenen, die Ebene der identitären Konstruktionen, Interaktionen, Platzierungen und Positionierungen von Subjekten und die gesellschaftlichen Verhältnisse nicht angemessen verstanden und damit auch nicht verändert werden können, wenn diese nicht als durch die Kategorie Geschlecht (ebenso aber auch durch andere Differenzkategorien wie z.B. Migration, Alter, sexuelle Orientierung, Behinderung usw.) beeinflusst verstanden werden, bildet den zentralen Ansatzpunkt der Geschlechterforschung. Während makrosoziologisch orientierte Gendertheorien Hinweise auf die sozialen Strukturen und die damit einhergehenden Ungleichheits- und Machtverhältnisse zu geben verstehen, werden durch konstruktivistische, mithin eher mikrotheoretische Ansätze in den Fokus gerückt, wie auf der Ebene der Interaktionen und der Identitätskonstruktionen Geschlecht und Geschlechterverhältnisse und damit aber auch immer auch Ungleichheiten (re-)produziert werden.

Theoretische Bestimmungsversuche Sozialer Arbeit, zumindest solche, die sich als sensibel gegenüber Macht- und Ungleichheitsverhältnissen verstehen, drohen mithin dann ihren Gegenstand nur unscharf benennen zu können, wenn sie die Perspektiven der (Gender-)Differenzforschungen unberücksichtigt lassen. Gegenstände Sozialer Arbeit – so unser Einwand – lassen sich nur dann bestimmen, wenn hierbei Bezug auf Gendertheorien und andere Differenzforschungen genommen wird. Erst dann wird eine genauere Charakterisierung der gesellschaftlichen Verhältnisse, durch die soziale Probleme erzeugt, bzw. bestimmte Phänomene als problematisch verstanden werden, möglich. So erweisen sich beispielsweise Hinweise auf die Prozesse der Arbeitsmarkt-Desintegration als Auslöser für problematische bzw. für als problematisch markierte Lebensführungsweisen als nicht hinreichend, wenn nicht genauer auf die Verwobenheit von Arbeits- und Geschlechterverhältnissen und die damit verbundenen Ungleichheitsdynamiken eingegangen wird (vgl. dazu auch Ehlert 2012: 13ff.). Ebenso lassen sich Identitätskonstruktionen und mithin auch Problemkonstruktionen nur dann verstehen, wenn berücksichtigt wird, dass diese immer als *doing difference* und mithin immer auch als Geschlechterdarstellungen und Attributionen erfolgen (müssen) (vgl. Ehlert 2012: 23ff.). Dementsprechend bedürfen die Versuche Sozialer Arbeit, die Probleme in den Subjektvierungs- und Lebensführungsweisen ihrer Adressatinn*en verstehen zu wollen, eine Rückbindung an Geschlechtertheorien. Erst dann kann erkennbar werden, warum und wie sich die Probleme aber eben auch die Bewältigungsstrategien oder Ressourcen unterscheiden können (vgl. dazu Böhnisch/Funk 2002: 114ff.). Somit spielen Fragen von Geschlecht auf der konkreten Handlungsebene der Sozialen Arbeit eine zentrale Rolle. Wenn die Subjektivierungsweisen und die Probleme, mit denen es Soziale Arbeit als ihrem Gegenstand zu tun hat, immer auch als durch Geschlechterverhältnisse hervorgebrachte und beeinflusste Gegenstände verstanden werden müssen, stellt sich die Frage, wie Soziale Arbeit ihre Umgangs- und Handlungsweisen in Theorie und Praxis geschlechterreflektierend(er) gestalten kann. Wie lassen sich auf der Handlungsebene Sozialer Arbeit Konzepte und Umgangsweisen genderreflektierend gestalten? Und wie kann Soziale Arbeit Geschlechterverhältnisse und insbesondere die damit einhergehenden Ungleichheitsverhältnisse ernst nehmen und thematisieren, und zwar „jenseits von Universalisierung und Essentialisierung" (Bütow/ Munsch 2012, vgl. dazu auch Sabla 2012, Tatschmurat 1996)? Wie können Umgangsweisen mit Adressatinn*en Sozialer Arbeit aber auch mit professionellen Mitarbeiter*innen gestaltet werden, so dass deren unterschiedlichen lebensweltlichen Dispositionen, Bedürfnissen und Problemlagen entsprochen wird? Und wie kann Soziale Arbeit Geschlechterdifferenzen anerkennen, ohne die normativen Ordnungen, entlang derer Anerkennung erfolgt (vgl. Balzer 2007), unhinterfragt zu reproduzieren, sondern diese im Gegenteil als rigide und einengende Geschlechterordnungen zu dekonstruieren? Auch hier handelt es sich um Fragen, die sich der Sozialen Arbeit als Praxis des Umgangs mit Differenz im Allgemeinen stellen und auf die durch die Geschlechterforschung Antworten gegeben und Handlungsperspektiven eröffnet werden. So geht und ging es der Genderforschung als einer Forschungsrichtung, die in einem engen Zusammenhang mit sozialen Bewegungen steht, immer auch darum, Differenzverhältnisse als Macht- und Ungleichheitsverhältnisse zu problematisieren und Handlungsmöglichkeiten sowie Veränderungen dieser politischen, institutionellen und symbolischen Verhältnisse zu bedenken (vgl. dazu Bütow/Munsch 2012, Micus-Loos 2011). Der Frage, welche Erkenntnisse aus den (Nicht-)Perspektivierungen von Geschlecht und Geschlechterverhältnissen für die Gestaltung sozialer Praxen, für sozialarbeiterische Konzepte und Umgangsweisen mit Adressatinn*en, gehen in dem vorliegenden Band insbesondere Lotte Rose, Gerd Stecklina, Claudia Wallner, Heike Fleßner sowie Rudi Leiprecht und Kaja Haeger nach. Vor dem Hintergrund, dass eine Genderperspektive bislang nicht zu einem allgemeinen Fachstandard in der Sozialen Arbeit avanciert ist, zeichnet Lotte Rose Abwehrphänomene gegenüber den Genderthematiken nach und sucht den möglichen Ursachen dieser Phänomene auf den Grund zu gehen. Zugleich diskutiert sie, warum die Frage nach männlicher Benachteiligung in den Fachdebatten Konjunktur hat und welche Herausforderungen aus diesen zum Teil widersprüchlichen Debatten für die Soziale Arbeit erwachsen. Inwieweit das Konzept der Lebensweltorientierung nach Hans Thiersch anschlüssig ist an geschlechtertheoretische Ansätze und Arbeitskonzepte, macht der Beitrag von Gerd Stecklina deutlich. Vor dem Hintergrund seiner Analyse des Verhältnisses von Sozialer Arbeit und Gender, im Zuge derer der Autor bestehende Lücken möglicher und notwendiger Verbindungen herausarbeitet, wird in einem weiteren Schritt aufgezeigt, wie der Lebensweltansatz mit Bezug auf Positionen der Frauen- und Geschlechterforschung als auch der praktischen Mädchen- und Frauenarbeit als geschlechtergerechter Ansatz gedacht und realisiert werden kann. Daran anschließend erläutert Claudia Wallner, welche Bedeutung die feministische Mädchenarbeit für den Einzug einer Geschlechterperspektive in der Sozialen Arbeit hat. Zugleich macht sie mit Bezug auf die Entwicklungen und Debatten innerhalb der Mädchenarbeitspraxis deutlich, wie sich die Perspektiven und Bezugnahmen auf die Kategorie ‚Mädchen‘ bzw. ‚Frau‘ weiterentwickelt, ausdifferenziert und dabei zu einem allgemeinen Verständnis von Gender als einem Alltagskonzept Sozialer Arbeit geführt haben. Welche Konsequenzen aktuelle Veränderungsprozesse in der geschlechtlichen Zuordnung familialer Aufgabenbereiche nach sich ziehen, stellt Heike Fleßner in ihrem Beitrag heraus. Vor dem Hintergrund der Beobachtung, dass sich die alltäglichen Zuordnungen und Zuständigkeiten in den Bereichen der Erwerbs- und Reproduktionsarbeit differenzieren, arbeitet die Autorin heraus, welche Folgen diese Wandlungsprozesse für die Soziale Arbeit, ihre Ausbildungscurricula, ihre Angebote und die professionellen Kompetenzen ihrer Fachkräfte nach sich ziehen. Dass sich die handlungspraktischen Herausforderungen nicht allein auf die Frage nach dem Umgang mit Geschlechterdifferenzen beschränken lassen, macht der Beitrag von Rudolf Leiprecht und Kaja Haeger deutlich. Dabei zeigen Leiprecht und Haeger anhand der Daten einer empirischen Studie auf, welche Möglichkeiten eine intersektionale Perspektive für die Analyse der Konstruktion und Verschiebung hegemonialer Geschlechteridentitäten eröffnet und welche Konsequenzen aus einer solchen Perspektive für eine sich als diversitätsbewusste verstehende Soziale Arbeit gewonnen werden können.

2. Die Ebene der Profession und Professionalität der Sozialen Arbeit

Die Frage, wie Geschlecht mit Profession und Professionalität zusammenhängen, verweist schließlich auf eine weitere Ebene, auf der Geschlechtertheorien und Theorien Sozialer Arbeit in einem grundsätzlichen Sinne ineinandergreifen. Durch die enge Verknüpfung der Sozialen Arbeit mit der ersten Frauenbewegung und die Entwicklung der Sozialen Arbeit als ‚Frauenberuf‘ unter männlicher Leitung ist dieser Zusammenhang in der historischen Sozialarbeitsforschung klar herausgestellt worden (vgl. Bereswill/Stecklina 2010, Engelfried/Voigt-Kehlenbeck 2010, Sachße 2002). Aber auch für aktuelle Professions- und Professionalitätsdebatten und -verständnisse spielen Geschlechterfragen eine zentrale Rolle: Sei es der Ruf nach mehr Männern in der Sozialen Arbeit (vgl. Deerberg/Sabla 2012, Rose, Fegter, Rohde/Sabla in diesem Band) oder seien es die vielfach beklagten Probleme der fehlenden ökonomischen und gesellschaftlichen Anerkennung der Profession (vgl. Heite 2008): Ohne Bezug auf die Kategorie Geschlecht lassen sich diese Verhältnisse sowohl in der Profession als auch in der Disziplin Sozialer Arbeit nicht verstehen und beantworten. Für Professionstheorien und für Konzepte von sozialpädagogischer Professionalität erweist sich deshalb die Hinwendung zu Geschlechtertheorien als unabdingbar, um sowohl auf struktureller wie auch auf interaktiver Ebene Konstruktionen professioneller Identitäten und (Re-) Produktionen von Geschlechterverhältnissen durch diese Professions- und Professionalitätsdiskurse bedenken zu können. Allerdings zeigt sich auch hier mit Blick auf die Konstruktion professioneller Identitäten, dass diese Konstruktionsprozesse entlang mehrerer und miteinander verwobener Differenzlinien verlaufen, die schon auf der vorangegangenen Ebene mit Blick auf die Adressatinn*en Sozialer Arbeit relevant gemacht worden sind.

Aus ganz unterschiedlichen Perspektiven nähern sich in diesem Band die Beiträge von Gudrun Ehlert, Julia Rohde, Kim-Patrick Sabla, Susann Fegter und Nina Oelkers den skizzierten Diskursen, Theoriebezügen und empirischen Herausforderungen im Sinne von Forschungslücken. Um die Bedeutung und Wirkung von Geschlechtdifferenzierungen und Geschlechterverhältnissen für Soziale Arbeit theoretisch zu erfassen, fasst Gudrun Ehlert in ihrem Beitrag Geschlecht als komplexe Kategorie in der Wechselwirkung von Geschlechterdifferenzen und -hierarchien, von sozialer Konstruktion und gesellschaftlicher Strukturierung. Aus einer geschlechtertheoretischen Perspektive stellt die Autorin fest, wie die Ausblendung der Kategorie Geschlecht im Mainstream der Wissenschaft der Sozialen Arbeit zu einer verkürzten Sicht auf die Profession und die Handlungsprobleme der Praxis beiträgt. Von dieser These ausgehend werden Fragen nach der strukturellen Bedeutung von Geschlecht für die Arbeitsverhältnisse, die Organisationsformen und den Arbeitsmarkt sowie die Konstruktion von Geschlechterdifferenzen im Verhältnis zu den Tätigkeitsanforderungen sowie den gegenwärtigen sozialen Problemen diskutiert. Darüberhinaus fragt Gudrun Ehlert vor dem Hintergrund des gesellschaftlichen Wandels, ob sich Geschlechterstereotypisierungen verändern, ob Geschlechterhierarchien abgebaut werden und Geschlechterdifferenzierungen an Bedeutung verlieren. Wie in gängigen Fachdiskursen Sozialer Arbeit „klassische" theoretische Diskurse teils sehr unterschiedlich mit geschlechtertheoretischen Diskursen verbunden werden, zeigen Julia Rohde und Kim-Patrick Sabla beispielhaft an theoretischen Konzepten von sozialpädagogischer Professionalität. In ihrem Beitrag gehen sie dabei im doppelten Sinne von einer Konstruktion sozialer Phänomene aus: Sowohl Professionalität als auch Geschlecht werden als Konzepte von Wirklichkeiten gesellschaftlich hergestellt und verhandelt. Die jeweiligen Konzepte von sozialpädagogischer Professionalität, die als Fragmente der (De)Thematisierungen von Professionalität und Geschlecht in der aktuellen Fachdebatte zitiert werden, werden verstanden als Beiträge zur nicht abgeschlossenen Bestimmung und Aushandlung der Frage, was das Professionelle im Handeln der Sozialen Arbeit eigentlich ausmacht. Aus dieser Perspektive werden Lücken aufgezeigt, wenn es darum geht, empirisch zu rekonstruieren, wie die Verknüpfung von Geschlecht und Professionalität nicht nur aktuell ihren Niederschlag in entsprechenden Diskursbeiträgen findet, sondern auch wie sie von den Professionellen selbst durch ihre alltäglichen Praxen hergestellt und entsprechend in Interaktionen im Geschlechterverhältnis stets neu ausgehandelt wird. Der anschließende Beitrag von Susann Fegter nimmt seinen Ausgangspunkt ebenfalls in der kontrovers geführten Diskussion um ‚mehr Männer' im Sozial- und Bildungswesen und greift damit wie Gudrun Ehlert die Verbindung von Sozialer Arbeit mit Weiblichkeit und die daraus resultierenden Abwertungsprozesse auf und ergänzt diese aus diskursanalytischer Perspektive. Die aktuelle Forderung nach ‚mehr Männern' wird dazu als Versuch der Neuordnung des Zusammenhangs von Profession und Geschlecht verstanden und als Diskursphänomen analysiert. Dazu sortiert Susann Fegter den skizzierten Diskurs mit Blick auf die Wissensordnungen, also die Gegenstände, Begründungskonzepte, Subjektpositionen und Adressierungen, die hierbei erzeugt werden. Auch dieser Beitrag gibt Hinweise darauf, wie sich die Profession Sozialer Arbeit gegenwärtig im Machtfeld sozialer Geschlechterordnungen (neu) ordnet, und zeigt dabei gleichzeitig die Notwendigkeit auf, empirisch zu untersuchen, wie die aktuellen Diskurse auf der Ebene der Professionellen selbst wirkmächtig werden. Bezugnehmend auf Ergebnisse einer Studie, bei der Expert*inneninterviews mit Führungskräften aus Sozialen Dienstleistungseinrichtungen geführt worden sind, thematisieren Nina Oelkers und Julia Rohde Gleichheit und Freiheit als Ansatzpunkte von Geschlechtergerechtigkeit aus einer empirischen Perspektive. Die Autorinnen argumentieren, dass Soziale Arbeit in einer besonderen Pflicht steht, auf unterschiedlichsten Ebenen und in verschiedenen Handlungsfeldern Geschlechtergerechtigkeit als Perspektive und Querschnittsthema zu implementieren. Nina Oelkers und Julia Rohde zeichnen in ihrem Beitrag auf theoretischer Ebene nach, inwieweit das Konzept des Gender Mainstreaming Anschlussfähigkeit zu einem Verständnis von Geschlechtergerechtigkeit in Anlehnung an den Capability-Ansatz nach Nussbaum und Sen aufweist. Geschlechtergerechtigkeit wird in Anlehnung an diesen Ansatz als Ausweitung von Verwirklichungschancen aller Geschlechter, im Sinne der Gleichheit zentraler Möglichkeiten zur Verwirklichung als wertvoll erachteter Lebensweisen sowie einer selbstbestimmten Lebensgestaltung diskutiert.

3. Die Ebene der theoretischen Gegenstandsbestimmung Sozialer Arbeit als Arbeit mit Differenz und Differenzierungen

Auf einer dritten Ebene tragen Gendertheorien dazu bei, die für die Soziale Arbeit konstitutive allgemeine Praxis des Unterscheidens und des Differenzierens kritisch in den Blick zu nehmen. Insofern „sich Differenz als Ausgangspunkt (sozial)pädagogischer Interventionsmuster erweist" (Kessl/Plößer 2010: 7) und „die Konstruktion von Unterschieden und die Praxis des Unterscheidens (…) als nicht vermeidbare (…) Voraussetzung Sozialer Arbeit gesehen werden" (Mecheril/Melter 2010: 117) können, stellt sich für theoretische Bestimmungsversuche Sozialer Arbeit die Frage nach solchen Normen und Ordnungen, entlang derer Differenzierungen (z.B. in normal und anders, in unterstützungsbedürftig und nicht unterstützungsbedürftig, in gesund oder krank, usw.) erfolgen (vgl. Mecheril/Plößer 2011). Das heißt, dass die Praxis des Unterscheidens, die sich in der Genderforschung prominent stellt und deshalb auch in dem vorliegenden Band auch prominent zu analysieren gesucht wird, auf ein ganz allgemeines Merkmal Sozialer Arbeit verweist: den Bezug auf und den Umgang mit sozial markierten Differenzverhältnissen. Die Thematisierungen und Problematisierungen von Geschlechterdifferenzen und -verhältnissen würden sich somit als beispielhafte Thematisierungen solcher Fragen lesen lassen, die sich der Sozialen Arbeit als Antwort auf und Umgang mit Differenzen im Allgemeinen stellen.

Durch die Verknüpfung von Gendertheorien und Theorien Sozialer Arbeit werden also solche Dimensionen und Merkmale erhellt, die für die Bestimmung des Gegenstands Sozialer Arbeit, für die Erklärung sozialer Probleme und sozialer Ungleichheiten konstitutiv sind. Dementsprechend können auch die in der Genderforschung entwickelten Antworten auf Fragen von Differenzierung, Ungleichheit und Macht Hinweise für die Theorie und Praxis Sozialer Arbeit geben. Insbesondere sozialkonstruktivistische, dekonstruktive oder diskursanalytische Ansätze der Geschlechterforschung thematisieren genau diese Unterscheidungspraxen. Sie zeigen auf, nach welchen diskursiv vermittelten Normen und Regeln, entlang welcher Bilder und mit Rückgriff auf welche Ressourcen die Differenz- und Problemkonstruktionen erfolgen (können). Zugleich geben sie Hinweise darauf, entlang welcher geschlechtlich codierten Normalitätsvorstellungen Differenzierungs- und Subjektivierungsweisen als normal oder eben als problematisch und veränderungsbedürftig markiert werden.

Welche Rückschlüsse können aus diesen unterschiedlichen Fokussierungen der (Re-)Konstruktionen von Geschlechterdifferenzen und -verhältnissen nun für die theoretische Bestimmung Sozialer Arbeit gezogen werden? Welche unterschiedlichen Perspektiven eröffnen differenztheoretische, sozialkonstruktivistische und poststrukturalistische Positionen der Genderforschung für die Theorien Sozialer Arbeit? Wie können Theorien Sozialer Arbeit mit Hilfe gendertheoretischer Positionen analysiert und revitalisiert werden?

Dabei lassen sich auch die theoretischen Bestimmungen Sozialer Arbeit ebenso wenig wie die Adressatinn*en Sozialer Arbeit und ebenso wenig wie die Soziale Arbeit als Profession allein mit Bezug auf die Kategorie Gender verstehen und (re-)interpretieren. Für die geforderte Verknüpfung von Theorien Sozialer Arbeit und Geschlechtertheorien gilt es deshalb auch die Frage zu stellen, in welchem Verhältnis Genderansätze mit anderen diversitätsbewussten Ansätzen der Sozialen Arbeit stehen. Eine Möglichkeit, Differenzverhältnisse in ihrer Vielfalt wie auch in ihrer Verwobenheit wahrzunehmen, eröffnet aktuell das Konzept der Intersektionalität, das die jeweiligen Ungleichheitsverhältnisse und Diskriminierungen in ihren Verbindungen und Kreuzungen zu berücksichtigen sucht.

Der Frage nach dem Bezug von theoretischen Differenzbestimmungen der Gender- und Intersektionalitätsforschung zu den Theorien Sozialer Arbeit wird in dem vorliegenden Band in den Beiträgen von Christiane Micus-Loos, Melanie Plößer, Michael May sowie Catrin Heite und Andrea Vorrink nachgegangen. Vor dem Hintergrund der Einsicht, dass der Rekurs auf Theorien der Frauen- und Geschlechterforschung für die Theoriebildung und Praxis der Sozialen Arbeit gewinnbringend sein kann, stellt Christiane Micus-Loos in ihrem Beitrag Entstehungshintergründe und zentrale Aspekte des Differenzparadigmas, der konstruktivistischen Genderforschung und der poststrukturalistischen Theorie heraus. Die jeweiligen Perspektiven auf die Geschlechterdifferenz werden dabei mit Bezug auf die drei zentralen Paradigmen der Frauen- und Geschlechterforschung des 20. Jahrhunderts pointiert zusammengefasst. Darüber hinaus werden die jeweiligen Bedeutungen und Konsequenzen für die Soziale Arbeit aufgezeigt und als sich hilfreich ergänzende Perspektivierungen diskutiert. Vor diesem theoretischen Hintergrund geht Melanie Plößer in ihrem Beitrag vertiefend der Frage nach der Bedeutung des

Ansatzes Judith Butlers nach, der ebenfalls dem poststrukturalistischen Paradigma der Geschlechterforschung zuzuordnen ist. Mit Bezug auf Judith Butlers Verständnis von geschlechtlichen Subjektivierungsprozessen als Prozesse
der machtvollen Unterwerfung unter vorgängige Normen, stellt der Beitrag
heraus, welche Konsequenzen aus diesem dekonstruktiven Subjektverständnis
für die Bestimmungen des Gegenstands und der Funktionen Sozialer Arbeit
gezogen werden können.

Wie eine kritische Relektüre einer konkreten Theorieansatzes der Sozialen Arbeit aussehen kann, zeigt der Aufsatz von Michael May. In diesem un-
terzieht er vor der Folie männlichkeitstheoretischer Ansätze einen prominen-
ten Theoriebezug der Sozialen Arbeit, nämlich den zur Systemischen Theorie,
einer genderkritischen Analyse. Mit Bezug auf das Connellsche Konzept
hegemonialer Männlichkeit zeigt Michael May auf, wie im sogenannten ‚systemtheoretischen Paradigma der Zürcher-Schule', ebenso wie in den systemtheoretischen Bestimmungsversuchen Sozialer Arbeit im Anschluss an Niklas
Luhmann männlich codierte Herrschaftseffekte und Logiken (re-)produziert
werden. Abschließend stellen Catrin Heite und Andrea Vorrink in ihrem Beitrag die generelle Bedeutung des Intersektionalitätsansatzes für die Theoriebildung Sozialer Arbeit heraus. Insofern sich Soziale Arbeit immer auch mit
ungleichen Subjektpositionen sowie ungleichen Lebensgestaltungsmöglichkeiten beschäftigt, gilt es – so der Ausgangspunkt des Aufsatzes – Ungleichheitskategorien und -verhältnisse analytisch angemessen erfassen zu können.
In der im Rahmen der Gender- und Differenzforschung entwickelten Perspektive der Intersektionalität erkennen die Verfasserinnen eine Möglichkeit für
die Soziale Arbeit, diesem Anspruch gerecht werden zu können. Darüber
hinaus machen sie deutlich, wie Intersektionalität als kritisches Analysein-
strument die Theorien der Sozialen Arbeit herausfordern und erweitern helfen
kann.

Ein Zwischenfazit: Bezüge, Lücken und Herausforderungen

Ziel des Bandes ist es, auf den drei vorgenannten Ebenen aus der Sicht der
Theoriebildung Sozialer Arbeit Verbindungsnotwendigkeiten wie auch Ver-
bindungsmöglichkeiten zu den Theorien der Genderforschung aufzuzeigen
und zu diskutieren. Dieses Ziel ist selbst eine Herausforderung insofern, als
dass mit beiden Theoriestandorten eben keine abgeschlossenen, festen und
unumstrittenen theoretischen Positionen und Wissensbestände auf ihre Bezüge hin untersucht werden können, sondern diese selbst Bestandteile lebhaft
geführter Theoriediskurse sind, so dass alle Versuche einer Standortbestimmung zugleich immer auch eine mehr oder minder gezielte Auswahl darstellen und skizzenhaften Charakter besitzen. Dies beginnt mit den unterschiedli-

chen disziplinären Orten einer ausdifferenzierten Gendertheorie, die vor dem
Hintergrund ihrer Entstehung im Kontext der Frauen- und Geschlechterforschung und nicht zuletzt aufgrund der aktuellen Auseinandersetzungen mit
weiteren differenztheoretischen Ansätzen sich selbst im stetigen Wandel befindet. Ebenso vielfältig wie kontrovers sind die zahlreichen Ansätze einer
Theoriebildung Sozialer Arbeit, die mit den genannten Ebenen sicher nicht
abschließend charakterisiert werden kann. Allein die vielfältigen Möglichkeiten der Benennung und der theoretischen Verortung des zentralen Fokus
dieses Bandes – *gender*, Geschlecht, Geschlechterverhältnisse, Geschlechterdifferenzen, Geschlechterdifferenzierungen usw. – können als Ausdruck von
lebhaften und vielstimmingen Debatten verstanden werden. Der Band versucht nicht, in Anlehnung an alltagssprachliche Auseinandersetzungen mit
gender so zu tun, als gäbe es *die* Genderthematik. Die Vielfalt der Themati-
ken, ihre Ungleichzeitigkeit und ihre unterschiedlichen historischen Entwick-
lunglinien beschreiben keinen linearen Prozess, sondern stellen ein Nebeneinander von Themen und Theorien dar. Daher sind die einzelnen Beiträge des
Bandes Zeugnisse dieser unabgeschlossenen Debatten und bieten nicht nur
bezogen auf unterschiedliche geschlechtertheoretische Positionen eine verhältnismäßig breite Auswahl, sondern auch bezogen auf die Theorieentwick-
lungen innerhalb der Sozialen Arbeit. Hier zeichnen sich die drei Ebenen –
die der Adressat*innen Sozialer Arbeit, die der Sozialen Arbeit als Profession
und die Ebene der Gegenstandsbestimmung Sozialer Arbeit – auf den ersten
Blick scheinbar durch unterschiedliche Gewichtungen innerhalb des Verhältnisses von Theorie(bildung) und Praxis Sozialer Arbeit aus. Der Versuch
einer Einteilung in drei Ebenen stellt in diesem Sinne keine tatsächliche
Trennung dieser drei Perspektiven oder gar eine Hierarchisierung zwischen
ihnen dar, sondern eine unabgeschlossene Heuristik. Denn in der konkreten
thematischen Auseinandersetzung durch die einzelnen Beiträge auf den jeweiligen Ebenen zeigt sich, wie sehr sich diese Ebenen bedingen und überschnei-
den. In diesem Sinne will der vorgelegte Band auch dazu einladen, über die
einzelne Ebene hinauszudenken und immer wieder nach Querverbindungen
zu suchen, die dazu beitragen, Theorie-Praxis-Debatten nicht zu Entweder-
oder-Debatten werden zu lassen.

Insgesamt soll der vorgelegte Band dazu beitragen, bestehende Lücken
hinsichtlich der Konzepte, Professions- und Professionalitätsverständnisse
und Theorien Sozialer Arbeit nicht nur zu markieren, sondern auch zu füllen.
Mögliches Füllmaterial liefern die in dem Band versammelten Beiträge zum
einen über theoretische Analysen und zum anderen durch im Rahmen empirischer Studien gesammelte Befunde über die notwendigen Verbindungen von
Gendertheorien und Theorien Sozialer Arbeit. Während also in den Beiträgen
von Gudrun Ehlert, Michael May, Christiane Micus-Loos, Melanie Plößer,
Lotte Rose, Kim-Patrick Sabla, Gerd Stecklina und Claudia Wallner die Verknüpfungen vorwiegend über theoretische Zugänge erfolgen, werden in den

Beiträgen von Heike Fleßner, Rudolph Leiprecht, Kaja Haeger, Susann Fegter, Nina Oelkers und Julia Rohde bestehende Leerstellen mit Rückgriff auf empirische Studien und Befunde zu erhellen bzw. zu füllen gesucht. Allen Beiträgen gemeinsam ist, dass sie Hinweise auf die noch bestehenden Herausforderungen geben, Gendertheorien und Theorien Sozialer Arbeit weiter zusammen zu denken. Sie geben ferner Hinweise darauf, an welchen Stellen dieses theoretisch und/oder empirisch erfolgen kann. Ein Großteil der Beiträge ist entstanden in Folge der gleichnamigen Ringvorlesung im Wintersemester 2011/12 an der Universität Vechta, die im wahrsten Wortsinne Ausdruck eines lebhaften Diskurses und des gemeinsamen akademischen Ringens um die besten Fragen und mögliche Antworten gewesen ist. In diesem Sinne möchte der vorgelegte Band zu weiteren lebhaften Diskussionen, Kontroversen und Bezugnahmen herausfordern. Die Herausgeber*innen möchten an dieser Stelle sowohl allen Autorinn*en für die konstruktive Auseinandersetzung und Weiterentwicklung der Themenstellung als auch Helga Böske, Svenja Kranz, Matthias Plassmann, Julia Rohde, Imke Sundermann und Thomas Westerbuhr für ihre hilfreiche Unterstützung bei der redaktionellen Bearbeitung des Bandes sehr herzlich danken.

Literatur

Balzer, Nicole (2007): Die doppelte Bedeutung der Anerkennung - Anmerkungen zum Zusammenhang von Anerkennung, Macht und Gerechtigkeit. In: Pongratz, L./Reichenbach, R./Wimmer, M. (Hrsg.): Gerechtigkeit und Bildung. Stuttgart: Schöningh, S. 49-75.

Bereswill, Mechthild/Stecklina, Gerd (2010) (Hrsg.): Geschlechterperspektiven für Soziale Arbeit: Zum Spannungsverhältnis von Fauenbewegungen und Professionalisierungsprozessen. Weinheim: Juventa.

Böhnisch, Lothar/Funk, Heide (2002): Soziale Arbeit und Geschlecht. Theoretische und praktische Orientierungen. Weinheim: Juventa.

Bütow, Birgit/Munsch, Chantal (2012) (Hrsg.): Soziale Probleme, Soziale Arbeit und Geschlecht. Münster: Westfälisches Dampfboot.

Ehlert, Gudrun (2012): Gender in der Sozialen Arbeit: Konzepte, Perspektiven, Basiswissen. Schwalbach/Ts.: Wochenschau.

Ehlert, Gudrun (2010): Profession, Geschlecht und Soziale Arbeit. In: Bereswill, M./ Stecklina, G. (Hrsg.): Geschlechterperspektiven für Soziale Arbeit: Zum Spannungsverhältnis von Fauenbewegungen und Professionalisierungsprozessen. Weinheim: Juventa, S. 45-60.

Engelfried, Constance/Voigt-Kehlenbeck, Corinna (2010) (Hrsg.): Gendered Profession. Soziale Arbeit vor neuen Herausforderungen in der zweiten Moderne. Wiesbaden: VS.

Heite, Catrin (2008): Ungleichheit, Differenz und ‚Diversity'. Zur Konstruktion des professionellen Anderen. In: Böllert, K./Karsunky, S. (Hrsg.): Genderkompetenz in der Sozialen Arbeit, Wiesbaden: VS, S. 77-87.

Deinet, Ulrich/Sturzenhecker, Benedikt (2013) (Hrsg.): Handbuch Offene Kinder- und Jugendarbeit. Wiesbaden: VS; 4. überarbeitete u. aktualisierte Auflage.

Deerberg, Maren/Sabla, Kim-Patrick (2012): Der aktuelle Diskurs um "mehr Männer in die Soziale Arbeit" und die Bedeutung für die Mädchenarbeit. In: Landesarbeitsgemeinschaft Mädchenarbeit in NRW e.V. (Hrsg.): Betrifft Mädchen. Heft 1/2012, S. 21-25.

Kessl, Fabian/Otto, Hans-Uwe (2012): Soziale Arbeit. In: Albrecht, G./Groenemeyer, A. (Hrsg.): Handbuch Soziale Probleme. Wiesbaden: VS, S. 1079-1106.

Kessl, Fabian/Plößer, Melanie (2010): Differenzierung, Normalisierung, Andersheit. Soziale Arbeit als Arbeit mit den Anderen – eine Einleitung. In: Dieselben (Hrsg.): Differenzierung, Normalisierung, Andersheit. Soziale Arbeit als Arbeit mit den Anderen. Wiesbaden: VS, S. 7-14.

Leiprecht, Rudolf (2011) (Hrsg.): Diversitätsbewusste Soziale Arbeit. Schwalbach/ Ts.: Wochenschau.

Leiprecht, Rudolf/Vogel, Dita (2008): Transkulturalität und Transnationalität als Herausforderung für die Gestaltung Sozialer Arbeit und sozialer Dienste vor Ort. In: Homfeldt, H. G./Schröer, W./Schweppe, C. (Hrsg.): Soziale Arbeit und Transnationalität. Weinheim: Juventa, S. 25-44.

Maurer, Susanne (2001): Das Soziale und die Differenz. Zur (De-)Thematisierung von Differenz in der Sozialpädagogik. In: Lutz, H./Wenning, N. (Hrsg.): Unterschiedlich verschieden. Differenz in der Erziehungswissenschaft. Opladen: Leske und Budrich, S. 125-142.

Mecheril, Paul/Melter, Claus (2010): Differenz und Soziale Arbeit. Historische Schlaglichter und systematische Zusammenhänge. In: Kessl, F./Plößer, M. (Hrsg.): Differenzierung, Normalisierung, Andersheit. Soziale Arbeit als Arbeit mit den Anderen. Wiesbaden: VS, S. 117-131.

Mecheril, Paul/Plößer, Melanie (2011): Diversity. In: Otto, H.-U./Thiersch, H. (Hrsg.): Handbuch Soziale Arbeit. München: Ernst Reinhardt, 4., völlig neu bearbeitete Auflage, S. 278-287.

Micus-Loos, Christiane (2011): Feministisches Gedankengut – ein veraltetes Konzept in der Sozialen Arbeit? Online: http://www.feministisches-institut.de/ feministische_soziale-arbeit/ [letzter Zugriff: 30.04.2013].

Otto, Hans-Uwe/Thiersch, Hans (2011) (Hrsg.): Handbuch Soziale Arbeit. München: Ernst Reinhardt, 4., völlig neu bearbeitete Auflage.

Sabla, Kim-Patrick (2012): Soziale Arbeit mit Vätern. Geschlecht und Geschlechterverhältnisse im Kontext der Hilfen zur Erziehung. In: Bütow, B./Munsch, Ch. (Hrsg.): Soziale Probleme, Soziale Arbeit und Geschlecht. Münster: Westfälisches Dampfboot, S. 277-291.

Sachße, Christoph (2002): Mütterlichkeit als Beruf: Sozialarbeit, Sozialreform und Frauenbewegung 1871 – 1929. Weinheim: Beltz Votum.

Staub-Bernasconi, Silvia (1995): Systemtheorie, soziale Probleme und Soziale Arbeit: lokal, national, international. Oder: vom Ende der Bescheidenheit. Bern: Paul Haupt.

Tatschmurat, Carmen (1996): Feministisch orientierte soziale Arbeit: Parteilich handeln, dekonstruktivistisch denken? In: Miller, T./Tatschmurat, C. (Hrsg.): Soziale Arbeit mit Frauen und Mädchen. Positionsbestimmungen und Handlungsperspektiven. Stuttgart: Enke, S. 9-28.

Thole, Werner (2011) (Hrsg.): Grundriss Soziale Arbeit. Ein einführendes Handbuch. Wiesbaden: VS, 4. Auflage.

Zander/Hartwig/Jansen (2006) (Hrsg.): Geschlecht Nebensache?: Zur Aktualität der Gender-Perspektive in der Sozialen Arbeit. Wiesbaden: VS, 1. Auflage.

Teil I

Ebene der Adressat*innen Sozialer Arbeit

Genderqualität in der Sozialen Arbeit – Fachstandard mit sperrigem ‚Unterleben'

Lotte Rose

Dass Geschlechterdifferenzen in der Sozialen Arbeit zu berücksichtigen sind, hat sich als allgemeiner Fachstandard etabliert. „Wer meint, ‚geschlechtsneutral' arbeiten zu können, arbeitet unprofessionell" (Böhnisch/Funk 2002: 18), haben Lothar Böhnisch und Heide Funk als bedeutende ProtagonistInnen einer genderbezogenen Sozialen Arbeit einmal sehr deutlich formuliert (Böhnisch/Funk 2002: 18). Wir finden heute jedoch kein Praxisfeld mehr, in dem nicht von Fachleuten die Erfordernis geschlechtsspezifischer Arbeit thematisiert wird. Insbesondere in der Jugendarbeit, aber auch der Gemeinwesenarbeit haben entsprechende Arbeitsansätze schon eine jahrzehntelange Tradition; im Problemfeld der sexuellen Gewalt hat sich gar ein wichtiges eigenständiges frauen- und mädchenexklusives Arbeitsfeld professionalisiert.

Mit der Einführung des neuen Kinder- und Jugendhilfegesetzes wurde Anfang der 1990er Jahre die Geschlechterfrage zu einer verbindlichen Leitmaxime der modernen Kinder- und Jugendhilfe. Eine weitere nachhaltige Zäsur war die Verabschiedung der EU-Leitlinie des Gender Mainstreaming im Jahr 1996, die die Berücksichtigung geschlechtsspezifischer Belange bei sämtlichen gesellschaftlichen Maßnahmen zur allgemeinen Anforderungsnorm erklärte – und damit auch für die Soziale Arbeit.

Auch in Förderpolitik und Qualifizierung findet das Thema seinen Niederschlag. Projektanträge, vor allem im Rahmen von EU-Programmen, verlangen mittlerweile standardmäßig genderfachliche Ausweisungen. Der Fort- und Weiterbildungsmarkt hält Genderprogramme bereit. 2003 beschloss der Fachbereichstag Soziale Arbeit ein Rahmencurriculum für die Studiengänge Sozialer Arbeit, in dem Gender-Studies als ein Lehrinhalt verankert sind. Viele der neuen BA- und MA-Studiengänge enthalten Gendermodule (Ehlert/ Hasenjürgen 2005). Die Debatte zur Genderfachlichkeit hat insofern nicht nur umfangreiche Diskurs- und Praxisleistungen hervorgebracht, sondern mit ihr ist Genderfachlichkeit in gewissem Sinne auch ‚normal' geworden, mehr noch: sie ist zu einer institutionellen Anforderungsnorm geworden.

1. Abwehrphänomene

Gleichwohl ist nicht zu übersehen, dass Soziale Arbeit sich schwer tut mit dem Genderthema. Es wird zwar allgemein anerkannt, dass die Berücksichtigung der Genderfrage ein fachliches Muss für die Soziale Arbeit ist, und in der Folge haben auch die Bemühungen zugenommen, entsprechende Qualitätsentwicklungen voran zu treiben. Dennoch zeigen sich auch ‚Unterwanderungsphänomene' wie dies bei vielen anderen institutionellen Top-down-Verordnungen der Fall ist.

Die ausgegebene Leitlinie motiviert nicht unbedingt zur interessiert-engagierten Beschäftigung mit der Frage, ob und wie in der eigenen Praxis Genderungleichheiten hergestellt werden und ob und wie dies verändert werden kann, sondern oft genug provoziert sie eine Haltung, diese Leitlinie mit dem geringst möglichen Aufwand zu erledigen und sich das Ganze möglichst schnell ‚vom Hals zu schaffen'. Sie führt dazu, dass die erforderliche genderbezogene ‚Antrags- und Berichtslyrik' erlernt und gekonnt bedient wird. Dies alles hat dann mehr mit geschicktem Imagemanagement als mit tatsächlicher genderbezogener Qualitätsentwicklung zu tun.

Es gibt wohl kaum ein Fachthema in der Sozialen Arbeit, das trotz seiner offiziellen Anerkennung gleichzeitig so ungeliebt ist. Wo es auftaucht, ist der Raum oftmals erfüllt mit Spannungen: Scheu, Angst, Unterwürfigkeit, Aggression, Trotz oder auch Kränkung. „Überspitzt formuliert: Beim Thema Geschlecht hört die Gemütlichkeit auf, und vor uns öffnet sich ein weites Feld der Gefühle" (Brückner 2001: 15). Das Thema polarisiert. Dies ist im Übrigen nichts Neues. In ihrer Historie zur Geschlechterpädagogik stellt Juliane Jacobi fest: „Der Diskurs war, und das unterscheidet ihn strukturell von anderen Diskursen über Kategorien sozialer Klassifikationen, wie Altersgruppen oder Stand/Klasse, immer vielstimmig und häufig kontrovers und enthielt bereits im ausgehenden Mittelalter Aspekte eines Streites" (Jacobi 2004: 422).

Gender ist ganz offensichtlich nicht ein nüchternes Fachthema, das sachlich besonnen zu diskutieren ist, sondern ein Reizwort, das widerstreitende heftige Affekte auslöst. In der Regel zeigen sich diese nicht unverblümt offenherzig im fachöffentlichen Raum. Sie artikulieren sich vielmehr eher hinter vorgehaltener Hand, schwelen verdeckt im Untergrund, um von dort aus jedoch für alle spürbar die Situation mit Spannung aufzuladen. Nur selten treten die aggressiven Affekte unverhüllt hervor und hinterlassen auch noch schriftliche Dokumente von Dauer (u.a. Giese 2001, Giese 2004, Knorr 2004). Der nachfolgende exemplarische Textauszug stammt aus einer Polemik eines männlichen Autors. Erschienen ist sie in einer Broschüre des Evangelischen Erziehungsverbands (EREV) zum Schwerpunktthema „Gender in der Pädagogik", also in einer ausgewiesenen Fachpublikation eines ausgewiesenen Fachorgans.

„Letzte Nacht hab ich nicht gut geschlafen. Alpträume. Ich sah zwei grinsende Sozialarbeiterinnen, die am Ende eines langen Tages sich in einer Düsseldorfer Altstadtkneipe nach dem Genuss mehrerer Altbier einen perfiden Plan entwickelten. ‚Man müsste', meinte die eine glucksend, ‚man müsste mal dafür sorgen, dass die gesamte soziale Szene sich mit einem Thema auseinandersetzen muss, das eigentlich gar keins ist – was aber keiner merkt.' ‚Das geht nur', wirft die andere ein, wenn man ein Thema findet, das schön unscharf ist, so dass erstens niemand weiß, was nun eigentlich damit gemeint sei. Zweitens muss es ideologisch befrachtet sein, so dass jede und jeder, der dagegen Stellung beziehen würde, bereits sich selbst disqualifiziert hat. Drittens geht das nur, wenn es einen amerikanischen Titel hat – Sozialraumorientierung zum Beispiel wäre gut, wenn's nicht diese bravdeutsche Überschrift gäb ...' ‚Viertens', entwickelt die erste die gemeine Idee weiter, viertens sollte niemand sagen können, wo eigentlich das Thema her kommt, wer oder was der Urheber sei, von einer Zuordnung zu einem Autor o.ä. ganz zu schweigen. Es muss sozusagen nebulös daher kommen, in seinem Ursprung und seinen Auswirkungen völlig verschwommen bleiben. Du wirst sehen, wenn wir so ein Thema finden, wird sich die soziale Welt gierigst darauf stürzen, es werden ungezählte Artikel erscheinen, in ‚Psychologie heute' werden pseudowissenschaftliche Untersuchungen zitiert werden, die alle die unglaubliche Relevanz des Themas belegen, und der EREV wird dem Thema eine Schriftenreihe widmen ...' An dieser Stelle bin ich schweißgebadet hochgeschreckt – wie das, auch der EREV?? Auch wir selbst würden zwei halb betrunkenen Sozialarbeiterinnen auf den Leim gehen, die am Ende ihres phantasievoll-kreativen Austauschs auf das Thema „Gender Mainstream" kamen??" (Knorr 2004: 23f.).

Je nach Position wird diese Textpassage verschiedene Affekte beim Lesen ausgelöst haben. GenderexpertInnen werden sie für unverschämt halten und sie als Beweis dafür lesen, wie lebendig Sexismus noch immer in der Sozialen Arbeit ist. Andere – aber wohl weniger die Lesenden *dieses* Fachbuches – werden den Affront vielleicht mit heimlicher Genugtuung gelesen haben. Damit sind wir mittendrin im angedeuteten Konfliktfeld um Gender.

Die Frage stellt sich, warum es fortdauernd zu diesen polarisierenden Affektkonstellationen zwischen Verteidigung und Abwehr der Genderfachfrage kommt. Geht man davon aus, dass der Text eine Antwort auf ‚etwas' ist und dass er polemisch ‚etwas' verarbeitet, was verärgert, ist die Frage, was dieses ‚etwas' denn eigentlich ist. Der Text dokumentiert nicht nur exemplarisch, wie brisant das Genderthema noch immer trotz seiner weitreichenden Etablierung ist, sondern auch, welche offenen Herausforderungen weiterhin damit verbunden sind, genderspezifische Qualitätsentwicklungen in der Sozialen Arbeit zu kultivieren. Der Widerstand gegen das Thema, der sich in der zitierten Textpassage sicherlich in ungewöhnlich scharfer Form offenbart, gehört jedenfalls zu den alltäglichen Erfahrungen all jener, die sich in der hochschulischen Lehre, in Fortbildungen oder Praxisberatungen um die Implementierung geschlechterbezogener Qualitätsstandards bemühen. In den Netzwerken und Foren der entsprechenden Akteure und Akteurinnen sind zumindest die Klagen darüber kontinuierliches Thema.

2. Ursachensuche: Was macht das Genderthema so sperrig?

Über Gender als Qualitätsdimension Sozialer Arbeit nachzudenken, bedeutet von daher, sich immer auch damit zu beschäftigen, was Gender zu einem Reizthema macht. Alle genderbezogenen Programmatiken sind nicht viel wert, wenn nicht verstanden wird, warum sie so mühsam zu realisieren sind und warum sie immer wieder von Institutionen, Professionellen und Studierenden abgewehrt werden.

2.1   Das Ungleichheitstabu zur Sicherung von Gemeinsamkeit

Anders als zahlreiche weitere soziale Ungleichheitskategorien, die in der Sozialen Arbeit Thema sind, wie z.b. Armut, Alter, Behinderung, Ethnie betrifft Gender die Mitglieder des Berufsstandes selbst immer unmittelbar. Hier studieren Frauen und Männer, und hier arbeiten Frauen und Männer – in verschiedenartigen Konstellationen: gemeinsam oder auch getrennt, hierarchisch angeordnet oder im Team, oft sind Frauen in der Mehrheit, aber nicht immer. Frauen und Männer praktizieren spezifische Arbeitsteilungen, haben spezifische Funktionen und Ränge inne, erhalten dafür unterschiedliche Bezahlung und öffentliche Anerkennung. Dies alles unterscheidet sie. Der Alltag der Sozialen Arbeit ist somit durchzogen von manifesten Geschlechterungleichheiten.

Jede soziale Kultur, die ihre Kohäsion sichern will, ist jedoch darauf angewiesen, Differenzen zwischen ihren Mitgliedern, welcher Art auch immer sie sein mögen, so zu managen, dass sie keine zersprengende Wirkung entfalten können. Zu diesem Zweck werden Praxen entwickelt, die den Differenzen potentiell innewohnenden Konfliktpotentiale zu entschärfen.

Dies gilt auch in der Berufskultur der Sozialen Arbeit. Geht man davon aus, dass auch hier die soziale Kohäsion der Professionellen – ob in kleineren Teams, größeren Einrichtungen, Netzwerken jedweder Art, auch in Seminaren und studentischen Peergroups – eine wichtige Arbeitsgrundlage darstellt, müssen auch hier Formen kultiviert werden, mit denen den vorhandenen Geschlechterungleichheiten ihre Sprengkraft genommen wird. Wie sollte Soziale Arbeit ihre Aufgaben effektiv erledigen, wenn Frauen und Männer in ständigem Zwist wegen ihrer Arbeitsteilungen, Funktionen, Ränge, Bezahlung, Anerkennung lägen? So tut Soziale Arbeit das, was andere Kollektive auch tun, wenn sie Gemeinsamkeit sichern wollen: Sie de-thematisiert das Trennende, in diesem Fall die Genderdifferenz, und sorgt dafür, dass es sie im individuellen und kollektiven Bewusstsein als Trennlinie nicht gibt.

Die De-Thematisierungstaktiken sind vielgestaltig: Man erklärt beispielsweise die bestehenden Differenzen für irrelevant, ignoriert sie oder streitet sie ab. Oder man erklärt sich mit ihnen einfach einverstanden. Es gibt kein Problem mit dem Unterschied, heißt es dann. Wenn – wie oft von Genderfachleuten beklagt wird – Fachkräfte der Sozialen Arbeit beharrlich darauf bestehen, dass sie *Kollegen* sind, die eine Arbeit zu tun haben und dass es eigentlich keine Unterschiede zwischen Kollegen und Kolleginnen gibt, wenn sie behaupten: „Wir behandeln doch Männer und Frauen, Mädchen und Jungen gleich" (Böhnisch/Funk 2002: 23), dann ist das zu lesen als Ausdruck des Neutralisierungswunsches der vorhandenen Genderdifferenz im Beruf und in den Teams. Die magische Formel ist: Wenn ich geschlechtsspezifische Ungleichheiten nicht sehe, können sie auch nicht zu Entzweiungen und Entfremdungen führen. Das Tabu verhindert das eventuelle Aufbrechen von Konflikten. Es zeugt also nicht unbedingt von Unwissenheit oder ‚Verbocktheit' dem Thema gegenüber, sondern vielmehr von dem starken Bestreben, eine Differenzlinie aus der beruflichen Interaktion herauszuhalten, die Verbundenheit gefährden könnte. Es hat also eine spezifische pragmatische Funktionalität.

Die Einforderung der Qualitätsdimension Gender zerstört nun diese institutionelle Routine, denn sie exponiert eine Differenz, die doch zu Beruhigungszwecken lieber ignoriert sein soll. Mehr noch: Sie hebt sie als Konfliktlinie ausdrücklich hervor, lädt sie in besonderer Weise ideell und emotional auf.

2.2 Vermeintliche Lösung: Geschlechtshomogenes Setting

Es gibt viele Unterschiede zwischen Menschen, die problemlos ansprechbar sind, weil sie als Unterscheidungslinie sozialstrukturell nicht sonderlich relevant und damit auch nicht sonderlich emotional aufgeladen sind: So können beispielsweise Rechts- und Linkshänder und heutzutage auch Protestanten und Katholiken – zumindest im deutschsprachigen Raum – ihre Differenzen in der Regel relativ leicht thematisieren, ohne dabei bedrohliche Konfliktpotentiale befürchten zu müssen. Doch immer dort, wo es um folgenschwere Differenzen geht, wird der Tabuisierungsdruck größer. Was folgenschwere Differenzen sind, dies ist historisch wandelbar, hängt ab von öffentlichen Stimmungen und auch davon, ob institutionelle Rahmungen schwere Folgen für spezifische Differenzen organisieren. Doch es deutet einiges darauf hin, dass die Genderdifferenz aktuell immer noch zu den relevanten sozialen Kategorien gehört.

Vergegenwärtigt man sich diese Alltäglichkeit, wird mit der Forderung nach genderbezogenen Qualifizierungen in der Sozialen Arbeit im Grunde genommen ein gruppendynamischer Konflikt heraufbeschworen. Dies kann erklären, warum Fachkräfte immer wieder feststellen, dass das Genderthema doch so viel besser in der gleichgeschlechtlichen KollegInnengruppe – oder auch Studierendengruppe – zu diskutieren ist. Dann nämlich hat das Reden über Gender etwas Verbindendes in der Gruppe: Man spricht nicht über das

Trennende, sondern über das Gemeinsame, das die Gruppenmitglieder von den Andersgeschlechtlichen außerhalb trennt. Die in der Genderdebatte häufige Idealisierung gleichgeschlechtlicher Gruppen als optimales Setting genderbezogener Reflexion ließe sich vor diesem Hintergrund kritisch lesen als profaner Weg des geringsten Widerstands, der die eigentliche Herausforderung meidet: Die Enttabuisierung und gleichzeitige Bewältigung der Geschlechterungleichheit in einer geschlechtsgemischten Gruppenkonstellation. Genderqualifizierungen in der Sozialen Arbeit haben somit letztlich fast etwas ‚Kamikazehaftes' Sie fordern auf zur Zerstörung einer beruflich habitualisierten Gemeinsamkeitsroutine. Das ist viel verlangt.

2.3   Selbstidealisierung als autonomes Subjekt

Margrit Brückner geht bei ihren Überlegungen zur Brisanz des Genderthemas in der Sozialen Arbeit noch weiter. Sie vermutet, dass Genderthematisierungen gemieden werden, weil es die Selbstidealisierungen als autonomes Wesen kränkt. „Das Beunruhigende der Thematisierung des Geschlechts" sieht sie darin,

„dass es Frauen und Männer an ihre Geschlechtszugehörigkeit und an die Bedeutung des Geschlechts für unterschiedliche Lebenschancen und Entfaltungsmöglichkeiten in unserer Gesellschaft erinnert. Diese Erinnerung ruft nicht selten Schamgefühle hervor, da sie tabuisierte Bereiche der Persönlichkeit sichtbar macht, sozusagen den eigenen Unterleib ins Licht rückt. Daher ist es entlastend, sich auf der Körper- und Darstellungsebene als geschlechtsneutraler Mensch präsentieren zu können: Ich bin als Theoretiker oder Praktiker (männlich oder weiblich) ein leibunabhängiges, autonomes Individuum und werde daran gemessen – und messe mich selber daran, ob ich diese Position ‚neutral' ausfülle. Je gewinnbringender es scheint (und ist), sich über die eigene Geschlechtlichkeit zu erheben oder sie zu ignorieren, desto größer die Wut auf diejenigen, die auf die Geschlechtsgebundenheit gesellschaftlicher Zusammenhänge und Deutungsmuster sowie auf die männlich determinierte Konstruktion des autonomen Individuums verweisen." (Brückner 2001: 16 f.)

In diesen Ausführungen wird eine neue Blickrichtung eröffnet. Könnte es tatsächlich sein, dass das Genderthema deshalb ein so Schweres für die Soziale Arbeit ist, weil es die Illusion der unabhängigen Selbst-Erzeugung des Subjekts zerstört? Könnte es sein, dass man sich gegen dieses Thema sperrt, weil man nicht sehen will, dass das eigene Ich keineswegs Produkt autonomer Handlungen ist, sondern durch soziale Zugehörigkeiten und Normalisierungsvorgänge formiert ist? Es spricht einiges für diese Vermutung.

In einer individualisierten Gesellschaft, in der Individuen aus traditionellen sozialen Bindungen freigesetzt werden und stattdessen Rationalität, Autonomie und Selbstverantwortlichkeit zu den Idealen des modernen Lebenslaufs werden, kann es nicht ausbleiben, dass in den Selbstkonstruktionen der Individuen Verweise auf die soziale Gebundenheit der eigenen Biografie und des eigenen Verhaltens verwerflich werden und abgewehrt werden müssen. Schließlich stellen sie die geforderte und gewünschte Autonomie infrage. Stattdessen wird das eigene Sein individualisiert, d.h. es wird als Ergebnis persönlicher Entwicklungen, Anstrengungen und Neigungen plausibilisiert. ‚Ich bin so, weil ich es so gewollt habe und ich es so mag‘, das ist das Credo der individualisierten Gesellschaft. Biografie und Habitus werden damit selbstreferentiell.

Die Thematisierung von sozialen Einflussvariablen wie Gender verletzt das Tabu um die soziale Gebundenheit in den modernen Selbstentwürfen. Die Scheu ist groß, das eigene So-sein als Ausdruck und Effekt von gruppenkulturellen Zugehörigkeiten zu sehen. Dies gilt nicht nur bei der Genderkategorie. Beispielsweise ist in Seminaren zur Berufsrolle durchweg zu erleben, dass Studierende darauf bestehen, ihren Kleidungsstil als Ausdruck ihres ganz *persönlichen* Geschmacks zu verteidigen. Die kritische Anfrage, ob hier nicht doch auch Stilmomente ihres Studienfaches eine Rolle spielen könnten, wird als abwegig abgewehrt. Es scheint unvorstellbar und unerträglich, dass die eigene Kleidungswahl Zeichen einer Berufskultur spiegeln könnte. Auch der Verweis darauf, dass die Studierenden anderer Fächer doch ganz anders aussehen und dass man die ‚Sozialen‘ in der Mensa schon von weitem an ihrem Outfit erkennen kann, ändert an der Abwehr nicht viel. Dies zeigt, wie nachhaltig die Idee von der sozialen Unabhängigkeit den Blick auf sich selbst bestimmt. Vergegenwärtigt man sich dieses, erklärt sich ein Stück mehr, warum Soziale Arbeit sich mit dem Genderthema schwer tut. So wie man die Vorstellung schlecht erträgt, dass man so ist und sich so zeigt, weil man ein Studium der Sozialen Arbeit absolviert, so kann man auch nur schwer die Idee zulassen, dass man selbst und andere so sind und sich so zeigen, weil sie – unter anderem – auch Frauen oder Männer sind bzw. sein müssen.

2.4 Diskursproblem: Dominanz der Frauen(benachteiligungs)frage

Bei der Abwehr gegenüber geschlechtsbezogenen Qualifizierungen spielt schließlich auch die polarisierende Geschlechterfigur eine Rolle, die den so starken Diskurs bestimmt.

Bis heute zeigt die Genderdebatte die Tendenz, vor allem als Frauenfrage wahrgenommen zu werden. Das Thema ist Frauensache – und zwar in einem doppelten Sinne: Zum einen betreffen Genderproblematiken scheinbar vor allem Frauen und Mädchen, zum anderen untersteht das Thema scheinbar ‚naturwüchsig‘ weiblicher Personalhoheit. Männer haben eigentlich nichts damit zu tun, können vernünftigerweise auch nichts damit zu tun haben. Nicht selten ist in Einrichtungen zu erleben, dass das Fehlen genderbezogener Qualitätsentwicklung völlig selbstverständlich mit dem Fehlen einer entsprechend

kundigen Mitarbeiter*in* erklärt wird. In den Foren zur genderspezifischen
Fachentwicklung finden sich bis heute vor allem Frauen.

Dazu kommt: Über die Genderdifferenz zu sprechen, transportiert immer
die Vorstellung eines hierarchischen Geschlechterverhältnisses mit, in dem
Männer und Jungen strukturell bevorzugt sind, Frauen und Mädchen benachteiligt. Als eine von vielen ProtagonistInnen für diese Grundannahme sei die
renommierte US-amerikanische Genderforscherin Judith Lorber exemplarisch
zitiert: „Meine These ist ..., daß es nach wie vor Zweck von *gender* als moderner gesellschaftlicher Institution ist, Frauen als Gruppe so zu konstruieren,
daß sie Männern als Gruppe untergeordnet sind" (Lorber 2003: 81). Gleichzeitig gibt es in der entsprechenden Fachliteratur die Verweise darauf, dass
diese so klar formulierte Hierarchie heutzutage sehr viel schwerer zu fassen
ist.

> „Daß seit den Anfängen der neuen Frauenbewegung Veränderungen stattgefunden haben,
> ist offensichtlich. Diese lassen sich jedoch als modernisierte Variante des alten Geschlech-
> terverhältnisses interpretieren, bei der die bekannte Struktur des (...) Ausschlusses von
> Frauen und Mädchen aus allen gesellschaftlichen Bereichen zwar nicht mehr offen zutage
> tritt, aber subtiler und verdeckter, auch differenzierter, weiter funktioniert" (Bitzan 1999:
> 64).

Auch wenn also anerkannt wird, dass sich die Geschlechterverhältnisse verändert haben, so wird doch immer wieder mit Nachdruck darauf verwiesen,
dass Benachteiligungsstrukturen heute letztendlich unverändert weiter wirken.
Dies ist jedoch aus verschiedenen Gründen problematisch.

Erstens ist theoretisch ungeklärt, wie in diesem Modell die anderweitigen
sozialen Differenzlinien verarbeitet sind. Niemand – und auch nicht die Genderforschung – streiten letztlich ab: Weder die vielzitierte strukturelle Benachteiligung von Frauen, noch die strukturelle Bevorteilung von Männern
gilt sozusagen flächendeckend und durch das ganze Leben, sondern sie sind
vielfach verworfen durch weitere soziale Ungleichheitsdimensionen, wie z.B.
durch Alter, Schicht, Ethnie, ökonomischen Besitz, Bildung, körperliche
Merkmale. Schon seit den neunziger Jahren hat sich die Frauen- und Geschlechterforschung unter dem Stichwort ‚Intersektionalität' damit auseinan-
dergesetzt. Dennoch ist unklar, wie die verschiedenen Differenzlinien zueinander stehen. Stattdessen findet sich in der Literatur ein verwirrendes Nebeneinander von ‚alten' hierarchischen Patriarchatsbefunden und ‚neuen' Re-
lativierungen, wie z.B. bei Judith Lorber: Gender ist danach

> „... kein Synonym für Patriarchat oder für die Herrschaft von Männern über Frauen. *Gen-
> der* ist ein allgemeinerer Begriff, der alle sozialen Bestimmungen umfaßt, durch die Men-
> schen sortiert und einem bestimmten *gender*-Status zugewiesen werden. Meine These ist,
> daß es (...) innerhalb jedes *gender*-Status rassen- und klassenbedingte Statusunterschiede
> gibt, die das universelle Muster von Männerherrschaft und Frauenunterdrückung, das mit
> dem Konzept des Patriarchats impliziert ist, durchkreuzen und somit Lügen strafen."
> (Lorber 2003: 44)

Nimmt man dies ernst, kann die Diagnose von der Genderhierarchie nur noch relational gelten, nicht mehr pauschal. Zweitens irritiert die Kontextlosigkeit dieser Hierarchiebefunde. Einem empirischen Phänomen wird eine Bedeutung zugewiesen, nämlich Macht oder Ohnmacht, Vorteil oder Nachteil, ohne mit zu bedenken, dass es je nach sozialem Kontext ganz verschiedenes bedeuten kann. Die Gewaltbereitschaft von Jungen mag beispielsweise in gewissen subkulturellen Szenen ein Statusvorteil sein, in vielen anderen gesellschaftlichen Räumen zieht sie jedoch Marginalisierung und Kriminalisierung nach sich. Ebenso gibt es Hinweise darauf, dass das – männliche – Biografiemuster der Erwerbslaufbahn Männern zwar Geld verschafft, also Privilegien, dass es sie aber gleichzeitig auch im Alter nach der Erwerbsphase verletzlicher macht.

Drittens macht nachdenklich, dass zur Bekräftigung des benachteiligten weiblichen Status immer nur passende Befunde angeführt werden und die unpassenden unterschlagen werden, die eine weibliche Privilegierung anzeigen *könnten*. So werden die besseren Schulleistungen und Schulabschlüsse von Mädchen, die sich als weibliche Privilegierungsindizien lesen lassen, damit entschärft, dass man eilends auf die späteren beruflichen Etablierungsschwierigkeiten von jungen Frauen, und damit auf erneute weibliche Benachteiligungen hinweist. Ebenso wird mit dem Phänomen der längeren Lebenszeit von Frauen verfahren. Auch diese wird in der Regel nicht als Ausdruck von Bevorteilung diskutiert, sondern sie wird durch die Verweise auf die größere Altersarmut von Frauen in ihrem Wert entkräftet.

Viertens stellt sich die grundsätzliche Frage: Wo ist eigentlich der Maßstab für die strukturelle Bevorteilung und Benachteiligung? Sind es das erlebte Wohlbefinden, der Gesundheitsgrad, das Ausmaß der Macht und der Handlungsoptionen? Und was ist, wenn die Machtfülle und die großzügigen Handlungsoptionen, die Männern unterstellt werden, gleichzeitig zu erhöhten Belastungen und Stress führen und zu geringerem Wohlbefinden? Was ist, wenn wir sehen, dass die vermeintlich privilegierte männliche Geschlechtergruppe gleichzeitig auch an den äußersten Rändern der Gesellschaft überrepräsentiert ist, z.B. in den Gefängnissen, auf der Straße (Farrell 1995). Was ist, wenn wir die männliche Geschlechtergruppe zwar nachweislich zahlenmäßig überproportional in vielen gesellschaftlichen Machtpositionen finden, sie aber genauso vermehrt bei den Arbeitstätigkeiten zu finden sind, die als ‚Dreckarbeiten' verrufen sind, bei denen der eigene Körper ruiniert wird oder auch das eigene Leben riskiert werden muss? Macht es Sinn, für jedes Geschlecht alle Benachteiligungsmomente aufzuaddieren, dann die Privilegien abzuziehen und dann die Ergebnisse bei beiden Geschlechtern gegeneinander aufzurechnen?

Bei alledem wird nicht reflektiert, was Pierre Bourdieu als gesellschaftlichen Positionierungsmechanismus herausgearbeitet hat: Das Aneignen und Einsetzen verschiedenartiger Kapitalsorten mit je eigener Wesenhaftigkeit (Bourdieu 1983). Kulturelles, soziales und ökonomisches Kapital sind in un-

terschiedlichen Situationen unterschiedlich von Wert und unterschiedlich ein-
tauschbar. Die Anordnung der Individuen im sozialen Raum, die Statusmar-
kierung von Individuen und Gruppen, ihre sozialen Auf- und Abstiege sind
damit Ergebnis diffiziler ,Verrechnungsprozesse' zwischen den eingesetzten
Kapitalsorten, ihren Wertsteigerungen und Wertverlusten, bei denen nicht *ein*
Kapital auszumachen ist, das alles entscheidend ist und bei denen es auch
nicht *die* Machtposition gibt, sondern soziale Differenzen und Hierarchien in
verschiedenen gesellschaftlichen Räumen verschieden ausfallen können. Die
einfachen Geschlechterhierarchiediagnosen lassen diese verwickelten und
hochdynamischen Prozesse ausgeblendet.

Fünftens hat die Diagnose von der weiblichen Benachteiligung einen un-
heilvollen Effekt für die fachlichen Kommunikationsprozesse. Bei männlichen und weiblichen KollegInnen entsteht Unwillen, weil sie vieles, was sie
selbst wahrnehmen bei Mädchen und Jungen, Frauen und Männern in der
Pauschaldiagnose nicht berücksichtigt sehen. Männer fühlen sich angegriffen,
weil sie Vertreter des strukturell bevorzugten Geschlechts sind. Sie fühlen
sich kollektiv diskreditiert, wehren sich verständlicherweise mit Gegenangrif-
fen oder fügen sich demütig der Etikettierung. Beides ist für die Sache der
Genderqualifizierungen in der Sozialen Arbeit letztlich wenig produktiv.

Sechstens bleibt schließlich die Frage, warum sich das Anliegen der Gen-
derqualifizierungen so sehr darauf kapriziert, für Frauen und Mädchen oder
aber – wie mittlerweile auch üblich – für Männer und Jungen das größere
Elend nachzuweisen. Die Genderpädagogin Margitta Kunert-Zier hält das
Wissen um strukturelle Genderhierarchien für eine grundlegende Basis von
Genderkompetenz in der Sozialen Arbeit, und sie geht davon aus, dass soziale
Fachkräfte, die davon „ausgehen, dass es keine Benachteiligungen gibt, „(...)
kaum überzeugende genderbezogene Arbeit leisten können" (Kunert-Zier
2005: 26). Dies mag einleuchten, wirft aber auch kritische Fragen auf. Für
eine gute Kinderarbeit ist es schließlich auch weniger entscheidend, dass man
sich und anderen zunächst die Benachteiligungen, denen Kinder in unserer
Gesellschaft ausgesetzt sind, klar macht, die es schließlich auch gibt. Und für
eine gute Altenarbeit ist es letztlich auch relativ unerheblich, ob man es
schafft, erfolgreich den Nachweis für die Benachteiligung von Senioren in
unserer Gesellschaft zu führen. Geht es also tatsächlich in der Genderdebatte
darum, dass man mit der Identifizierung von genderbezogenen Benachteiligungen Menschen tatsächlich besser helfen kann, oder schlicht um geschlechterpolitischen Protektionismus?

2.5 Warum das Reden über männliche Nöte mittlerweile beliebt ist

Der weiblichkeitsdominierten Geschlechterdebatte wird seit einiger Zeit offensiv in die Parade gefahren. Es lässt sich ein öffentlicher Konjunkturaufschwung zum männlichen Elend ausmachen (Rose/Schmauch 2005), der machtvoll das Tabu um die männlichen Benachteiligungen bricht. So titelte eine Wochenzeitung vor einiger Zeit markig „Frau schlägt Mann", und führt weiter aus:

> „Das 21. Jahrhundert hat alle Chancen, das Jahrhundert der Frauen zu werden. Entscheiden wird sich dies an ihrem Vorwärtskommen in der Arbeitswelt, in Technologie und Wissenschaft. Die Bereiche werden das Leben in den Industrienationen stärker prägen als je zuvor. Eine Präsidentin der Vereinigten Staaten Amerikas, eine deutsche Bundeskanzlerin, eine Frau als UN-Generalsekretärin sind längst vorstellbar geworden. Niemand wagt es heute mehr, die Eignung von Frauen für Führungspositionen anzuzweifeln – zumindest nicht jenseits des Stammtisches. Keine Frage: Die Männer werden in Politik, Wirtschaft und Gesellschaft Macht abgeben müssen. In einer WOCHE-Umfrage (...) glauben nur noch 19 Prozent der Befragten daran, dass Männer Ende des Jahrhunderts dominieren werden. Jeder Vierte sieht die Frauen vorn." (Frau schlägt Mann 2000: 1)

Was vor einiger Zeit noch undenkbar schien, findet jetzt massiv in der Medienöffentlichkeit statt: die Verkündigung, dass Frauen und Mädchen das siegreiche Geschlecht des 21. Jahrhunderts sind, dass sie mittlerweile besser zum Zug kommen, währenddessen Männer und Jungen zunehmend ins Abseits geraten. Sie werden benachteiligt, haben Probleme, scheitern am Leben und müssen damit eine erhebliche psychosoziale Last tragen, die fälschlicherweise lange übersehen wurde. Solche Geschlechterdiagnosen werden mit besonderer Vorliebe für die Kinder- und Jugendgeneration aufgestellt (Fegter 2012). Die Genderforscherin Ulrike Schmauch vermutet in all den medialen Aufregungen eine „Verlagerung von Konkurrenzangst und Konkurrenzkampf von der Ebene der Erwachsenen auf die der Kinder. An Jungen wird abgehandelt, was Männer umtreibt – die Sorge, es auf dem Arbeitsmarkt noch schwerer zu haben, weil man sich als Mann im Wettbewerb mit Frauen nicht mehr so selbstverständlich wie ehedem qua Geschlecht durchsetzen kann" (Schmauch 2005: 34). Wo noch vor kurzem die Notwendigkeit von Förderprogrammen für Mädchen und Frauen selbstverständlich war, werden jetzt ebensolche für Jungen und Männer gefordert.

Bezeichnenderweise werden diese Stimmungsbilder besonders intensiv und demonstrativ in den Popularmedien kolportiert, und auch in den Hochschulen ist zu erleben, dass in Genderseminaren – weibliche – Studierende mit besonderer Vehemenz die Beschäftigung mit männlichen Problemlagen einklagen. Gleichwohl nimmt auch in der Fachliteratur die Kritik an der Prominenz des Paradigmas weiblicher Benachteiligung zu. So stellt Albert Scherr als einer der Kritiker fest, dass sich Männer und Jungen „keineswegs immer auf der Seite der relativen Gewinner und Privilegierten" befinden, „sie werden etwa vielmehr erheblich häufiger kriminalisiert und sie töten sich auch häufiger als Frauen" (Scherr 2002: 377). Solche und ähnliche Befunde etablieren zunehmend den bedürftigen Mann als neue Figur in der Genderfachdebatte. Im Zuge dessen betreten auch immer mehr männliche Experten die Bühne des Genderfachdiskurses. Gleichwohl sind die Reden zu den männlichen Nöten nicht in gleicher Weise durch männliche Akteure bestimmt wie die zu den weiblichen Nöten durch weibliche Akteure. Es gibt also Geschlechterreviere in der Genderfachdebatte.

Der Paradigmenwechsel ist verschieden zu deuten. Er kann als ausgleichende Pendelbewegung in einer einseitig verhärteten Genderdebatte verstanden werden, durch die die lange übergangenen Belastungen des männlichen Daseins selbstverständlich benennbar und besprechbar werden. Der Jungenforscher Rainer Neutzling, der mit seinem mit Dieter Schnack verfassten Buch „Kleine Helden in Not" (Schnack/Neutzling 1990) Anfang der 90er Jahre erstmals für frischen Wind in der bis dahin weiblichkeitsexklusiven Genderdebatte sorgte, vermutet, „dass die zornige Häme, die sich neuerdings gegen die feministische Forschung im Allgemeinen richtet, auch als eine (zwar unproduktive, emotional jedoch durchaus nachvollziehbare) Replik auf eine mitunter ziemlich ausgeprägte feministische Selbstgerechtigkeit der achtziger Jahre verstanden werden kann" (Neutzling 2005: 65).

Der Paradigmenwechsel kann aber auch als weitere Eskalationsstufe in einer Konfliktspirale erscheinen. Die GegnerInnen der weiblichen Benachteiligungsthese schlagen nun zurück, häufen einen männlichen Benachteiligungsbefund nach dem anderen auf, um das hegemoniale Bild der diskriminierten Mädchen und Frauen zu demontieren. Der Effekt ist jedoch keineswegs eine Beendigung des Konflikts, sondern seine Fortsetzung. Als Revanche werden kontrastive empirische Befunde geliefert, die zeigen, dass es sehr wohl weiterhin Lebensbereiche gibt, in denen Mädchen und Frauen weniger Chancen und größere Probleme als Jungen und Männer haben. Dieses ‚Ping-Pong-Spiel‘ kann im Prinzip endlos weitergeführt werden, denn jedem männlichen Benachteiligungsbefund kann immer ein weiblicher entgegengehalten werden und umgekehrt.

Das Dilemma dabei ist: die Aufrechnungsprozeduren führen nie zu einem endgültigen Ergebnis. Und sie verhindern andere Themen. Weder lassen sie zu, sich den Begrenztheiten dieser Diskursfigur zu widmen und Alternatives zu entwickeln, noch ist es so möglich, Veränderungen der Geschlechterrealitäten produktiv als Differenzierungsaufforderung in die Geschlechterdebatte aufzunehmen. Stattdessen werden polare Kategorien erneut bestätigt. So merkt auch Uwe Sielert ernüchternd zum Medienboom um die männlichen Nöte an:

„Rein fachlich ist (...) bedenklich, dass wieder Kollektivaussagen gemacht werden, welche für die individuellen Jungen und Männer nicht stimmen müssen und bei ihnen dann auch nichts zum Klingen bringen können." (Sielert 2005: 52)

So bleibt der Eindruck, dass trotz der neuen männerbezogenen Einwürfe nicht viel gewonnen ist. Es scheint, als würde nur ein schlichter protektionistischer Gegenreflex ritualisiert, der das alte Benachteiligungsparadigma umdreht. Die Objekte der Benachteiligung werden ausgetauscht – mehr nicht. Diese Umkehrung ist einerseits umstürzlerisch, schließlich werden etablierte Hierarchiediagnosen gebrochen und damit auch den gewohnten Skandalisierungsfronten und politischen Konfliktlinien der Boden entzogen. Andererseits verbirgt sich in der Auswechslung ebenso ein restauratives Moment.

Unverändert erhalten bleibt nämlich das Prinzip dualer Asymmetrie für die Auseinandersetzung zur Geschlechterfrage. Frauen und Männer, Mädchen und Jungen können nicht anders als in Zweiheit gedacht werden. Dies beinhaltet ein Problem.

„Für qualitative Duale (...) gilt, daß sie dritte Möglichkeiten gleichsam auf natürliche Weise abstoßen. Geleitet durch die Unterscheidung von Mann und Frau kommt man nicht von selbst darauf, daß es eine dritte Möglichkeit geben könnte" (Luhmann 1988: 62).

Unschärfen, Uneindeutigkeiten, Irritationen werden immer wieder bereinigt, Geschlechterrealitäten immer wieder auf die zugrunde gelegten dualen Kategorien zurückgeführt. Dies bedeutet: sie werden permanent reduziert, vereinfacht und homogenisiert. Vielheiten, Widersprüchlichkeiten und Komplexitäten können nur schwer erfasst und konsequent gedacht werden.

Die Zweiheit ist immer auch Zweier*opposition*. Sie produziert immanente Relevanzgewichtungen: in jedem Kategorienpaar ist eine Seite bedeutender, wichtiger, stärker als die andere. Ob Kind-Erwachsener, Ost-West, Tag-Nacht, laut-leise, gut-böse, groß-klein, wahr-unwahr – diese Gegenüberstellungen beinhalten Wertigkeiten und fordern zu Entscheidungen. Man kann nur für das eine oder das andere sein, man kann nur das eine oder das andere gutheißen. Für den Dualismus weiblich-männlich gilt dasselbe. Die Dominanz des männlichen Pols war für die Frauenbewegung Anlass zum Aufbegehren, und sie erklärte den weiblichen Pol zum relevanten. Dies fand Ausdruck in ihrem Parteilichkeitsprinzip. Sich demonstrativ ausschließlich für Frauen und Mädchen einsetzen zu wollen, kehrte einerseits die gewohnte Zweieropposition radikal um, fügte sich andererseits jedoch auch glatt in die Entweder-Oder-Logik ein, bekräftigte also die dual-hierarchische Grundstruktur.

Wenn wir gegenwärtig Bestrebungen sehen, Jungen und Männer in den öffentlichen Fokus zu stellen, wird das oppositionelle Geschlechterverhältnis zwar in seinem Inneren durchaus verhandelt, es bleibt aber als solches erhalten und zwingt die Geschlechterdebatte in die fortdauernde Logik des Entweder-Oder, Gut-Schlecht, Gewinner-Verlierer, Aufstieg-Abstieg, Dominanz-Dominiert. Es ist fraglich, ob dies in der Sache weiterbringt.

Die Gefahr ist zumindest groß, dass bei alledem das, was fachlich wünschenswert wäre, nämlich die verstehende und gelungene Hinwendung auch zu männlichen Nöten, nicht stattfindet. Hier gibt es Nachholbedarf wie Lothar Böhnisch und Heide Funk kritisch anmerken:

> „Während die Diskrepanzerfahrungen bei Frauen und die weibliche Bedürftigkeit im Alltag der Sozialen Arbeit, nicht zuletzt durch die sozialpolitische Anerkennung der Frauenthematik inzwischen eher anerkannt werden, können die meisten SozialarbeiterInnen mit dem Problem der männlichen Bedürftigkeit immer noch wenig anfangen." (Böhnisch/Funk 2002: 182)

Vielleicht ebnet die aktuelle mediale Konjunktur um die männlichen Verlierer den Weg hierfür?

2.6   Warum das Reden über männliche Nöte aber auch schwer ist

Doch es ist weiterhin schwer, produktiv über männliche Benachteiligungen zu sprechen. So berichtet der Jungenforschers Reinhard Winter von seinen Vortragserfahrungen:

> „Es passiert mir nicht selten, dass meine Ansichten Frauen zu abwertenden Bemerkungen animieren. Ein ironisches ‚ach, die Armen' höre ich öfter, wenn ich über Lebenslagen oder Bewältigungsprobleme von Jungen erzähle. Da kann es schon mal richtig lustig zugehen. Ich habe es z. B. erlebt, dass sich eine junge Frau in einem Hörsaal laut stöhnend aus der Bank fallen ließ, nur weil ich zu Beginn des Vortrags keinen artigen Knicks vor dem Feminismus gemacht habe. Oder es wird gerne im Reflex auf die Schilderung von Jungenproblemen auf weibliche Gewalterfahrungen oder die große Zahl missbrauchter Mädchen hingewiesen. Die Moralkeule sexueller Gewalt oder sexuellen Missbrauchs muss oft schon gar nicht mehr aktiv geschwungen werden; es genügen Ironie, flüstern, kichern oder eine entsprechende Bemerkung, um zu vermitteln: eigentlich geht es den Mädchen und Frauen auf jeden Fall schlechter. Immer." (Winter 2005: 89)

Die Darstellung männlicher Bedürftigkeit wird offenbar in bestimmten Kontexten nicht ernst genommen, mehr noch: es provoziert aggressive Abwehraffekte. Warum eigentlich? Erklärlich wird dies nur damit, dass offenbar eine Bedrohung damit verbunden ist. Der Jungen- und Sexualitätsforscher Uwe Sielert vermutet jedenfalls, dass es bedrohlich ist, „genauer hinzusehen, wie Junge- und Mannsein sich heute gestaltet" (Sielert 2005: 51). Wenn in der Fachliteratur benannt wird, dass es Männern und Jungen in dieser Gesellschaft als Männer und Jungen auch nicht gut geht, geschieht dies weitaus defensiver als die Thematisierung der weiblichen Lebenssituation.

Es scheint als wirke hier immer noch ein Redetabu. Symptomatisch ist jedenfalls, dass die Thematisierungen männlicher Problemlagen, gerade wenn sie von männlichen Experten getätigt werden, häufig mit einer demütigen Geste in Richtung des weiblichen Benachteilungsparadigmas verbunden sind. So ergänzt Uwe Sielert selbst seine Ausführungen zur kritischen Situation der

Jungen um den bezeichnenden Zusatz, dass mit der Debatte um die männlichen Nöte die Gefahr einhergeht, „dass die Aufmerksamkeit von nach wie vor existenten Benachteiligungen von Mädchen und Frauen abgezogen wird" (ebd.: 52). Warum ist dieser Nachsatz erforderlich, der die besondere Prominenz der weiblichen Problemlagen noch einmal bekräftigt?

Es gibt in der Genderdebatte offenbar eine Angst, dem Paradigma von der weiblichen Benachteiligung ,auf die Füße' zu treten. Versuche, in Fachkreisen über männliche Nöte zu sprechen, sind bemüht, möglichst nicht den Eindruck entstehen zu lassen, sie in den Vordergrund zu spielen und die weiblichen Nöte zu entdramatisieren. Hier wirkt offenbar die lang andauernde scharfe feministische Schelte zur männlichen Vorherrschaft nach, die nun die Thematisierung männlicher Problematiken in den Verdacht patriarchalen Dominanzstrebens bringt oder als antifeministischer Backlash verunglimpft wird. Immer ist da die Furcht, dass mit der Hinwendung zu Männern und Jungen die in langwierigen Kämpfen errungene Wahrnehmung und Anerkennung der weiblichen Benachteilungen wieder zunichte gemacht werden.

Dass es diese Furcht gibt, hat sehr viel damit zu tun, dass das Geschlechterverhältnis vor allem als politisches Hierarchieverhältnis gedacht wird. Auf dieser Folie kann auch die Genderdebatte letztlich nur in einer Konkurrenzlinie des ,Entweder-oder' geführt werden: Die fachliche Hinwendung zu weiblichen Problemlagen muss dann die Verdrängung der männlichen implizieren. Mit der Hinwendung zu männlichen Problemlagen droht die Widerherstellung der männlichen Überlegenheitskultur.

3. Entwicklungsherausforderungen der Genderfachdebatte zwischen Etablierung und Boykott

Die geschlechterbezogenen Qualifizierungsbemühungen tragen ein ,Doppelgesicht'. Sie markieren erfolgreich eine relevante soziale Ungleichheit, denunzieren alltägliche Zumutung in den Geschlechterverhältnissen, sezieren und ergründen sie, erweitern permanent empirisches und theoretisches Wissen zu den Geschlechterverhältnissen und helfen schließlich, Praxis zu verbessern. Auf diesem Weg ist viel erreicht worden. Dass die Berücksichtigung von Geschlechterunterschieden und die Herstellung von Gleichberechtigung Standard guter Sozialer Arbeit ist, ist offiziell auf den institutionellen Vorderbühnen von Disziplin und Profession anerkannt. Gleichwohl besteht weiterhin auf der Hinterbühne ein ,Unterleben' voller Sperrigkeiten. Dieses wurde nachgezeichnet. Zum ersten bleiben Bemühungen um eine genderqualifizierte Soziale Arbeit bis heute ein schwieriges Geschäft, weil sie bei Individuen Abwehr erzeugen und konfrontative Interaktionsdynamiken zwischen

AkteurInnen der Genderqualifizierung und AdressatInnen. Wie die Gender-fachdebatte entmoralisiert, versachlicht und beruhigt werden kann, dies ist weiterhin eine Aufgabenstellung für die Zukunft.

Hierzu wäre es erforderlich, sich sehr viel mehr und genauer mit dem zu beschäftigen, was so offensichtlich und fortdauernd Aufbegehren auslöst und genderspezifische Qualifizierungen so häufig so unproduktiv und unerfreulich macht. Dies würde bedeuten, sich den Rezeptionsvorgängen zu widmen, also dem, was die Botschaften der SenderInnen der Genderfachdebatte bei den EmpfängerInnen eigentlich alles auslösen, ohne dass sie dies ahnen, ge-schweige denn wollen. Es ginge darum, selbstreflexiv und selbstkritisch die Zumutungen aufzuspüren, die als Subtexte in die Botschaften der Gender-fachdebatte eingelagert sind, wie dies die Frauenforscherin Karin Walser schon vor langer Zeit formulierte: „Wir werden nicht drum herum kommen, uns Gedanken darüber zu machen, was es mit unseren Gedanken und Theo-rien auf sich hat, dass wir uns in der Sonderecke befinden. Man kann zwar immer behaupten, dass wir da reingedrängt werden, aber möglicherweise ist das nicht der einzige Grund, vielleicht liegt das bereits an unseren Theorien" (Walser 2005 a/1989: 148).

Zum zweiten haben sich mit dem öffentlichen Aufstieg des männlichen Benachteiligungsparadigmas die Konfliktlinien und Entwicklungsherausfor-derungen verkompliziert. Es gibt noch keine sichere Diskurskultur, in der das ‚Sowohl-als-auch' von weiblichkeits- und männlichkeitsspezifischen Pro-blemsachverhalten hergestellt und ruhig ausgehalten werden kann. Dies wür-de bedeuten: *beide* Geschlechtergruppen haben Anspruch auf Aufmerksam-keit; die Hinwendung zur einen Seite bedeutet nicht ihre Bevorzugung und muss nicht auf Kosten der anderen gehen – und umgekehrt.

Literatur

Bitzan, Maria (1999): Jugendhilfeplanung im Interesse von Mädchen. In: SPI (Hrsg.): Neue Maßstäbe. Mädchen in der Jugendhilfeplanung. Berlin.

Böhnisch, Lothar/Funk, Heide (2002): Soziale Arbeit und Geschlecht. Theoretische und praktische Orientierungen. Weinheim: Juventa.

Bourdieu, Pierre (1983): Ökonomisches Kapital, kulturelles Kapital, soziales Kapital. In: Kreckel, R. (Hrsg.): Soziale Ungleichheiten. Soziale Welt. Sonderband 2. Göttingen: Schwartz, S. 183-198.

Brückner, Margrit (2001): Gender als Strukturkategorie & ihre Bedeutung für die Sozialarbeit. In: Gruber, C./Fröschl, E. (Hrsg.): Gender-Aspekte in der Sozialen Arbeit. Wien: Czernin, S. 15-23.

Ehlert, Gudrun/Hasenjürgen, Brigitte (2005): Gender im Bolognaprozess Zur Diskus-sion über die Reformierung des Studiums der Sozialen Arbeit In: neue praxis, H.5/2005, 35.Jg., S. 458-475.

Farell, Warren (1995): Mythos Männermacht. Frankfurt a.M.: Zweitausendeins.

Fegter, Susan (2012): Die Krise der Jungen in Bildung und Erziehung: Diskursive Konstruktion von Geschlecht und Männlichkeit. Wiesbaden: VS.

Frau schlägt Mann. In: Die Woche Nr. 2/7.1.2000, S. 1.

Giese, Eckhard (2001): Gender Mainstreaming. Neuer Wein in neue Schläuche? In: Sozialmagazin 12/2001, S. 60-63.

Giese, Eckhard (2004): Und sie verstehen sich doch..?! In: Sozialmagazin 12/2004, S. 48-56.

Jacobi, Juliane (2004): Geschlecht. In: Historisches Wörterbuch der Pädagogik. Weinheim: Beltz, S. 422-442.

Knorr, Wilfried: Alles Gender – oder was? Eine Polemik gegen ein Un-Thema. In: EREV-Schriftenreihe 1/2004 (Gender in der Pädagogik), S. 23-30.

Kunert-Zier, Margitta (2005): Genderkompetenz. Die Schlüsselqualifikation in der Sozialen Arbeit. In: Sozialmagazin 10/2005, S. 21-28.

Lorber, Judith (2003): Gender-Paradoxien (2. Auflage). Opladen: Leske und Budrich.

Luhmann, Niklas (1988): Frauen, Männer und George Spencer Brown. In: Zeitschrift für Soziologie. Heft 1, S. 47-71.

Neutzling, Rainer (2005): Besser arm dran als Arm ab. In: Rose, L./Schmauch, U. (Hrsg.): Jungen – die neuen Verlierer? Auf den Spuren eines öffentlichen Stimmungswechsels. Königstein/Taunus: Ulrike Helmer, S. 5-77.

Rose, Lotte/Schmauch, Ulrike (Hrsg.) (2005): Jungen – die neuen Verlierer? Auf den Spuren eines öffentlichen Stimmungswechsels. Königstein/Taunus: Helmer.

Scherr, Albert (2002): Männer als Adressatengruppe und Berufstätige in der Sozialen Arbeit. In: Thole, W. (Hrsg.): Grundriss Soziale Arbeit. Ein einführendes Handbuch. Opladen: Leske und Budrich, S. 377-385.

Schmauch, Ulrike (2005): Was geschieht mit kleinen Jungen? – Ein persönlicher Blick auf die Entwicklungen des Jungenthemas von den 70er Jahren bis heute. In: Rose, L./Schmauch, U. (Hrsg.): Jungen – die neuen Verlierer? Auf den Spuren eines öffentlichen Stimmungswechsels. Königstein/Taunus: Ulrike Helmer, S. 26-41.

Schnack, Dieter /Neutzling, Rainer (1990): Kleine Helden in Not. Jungen auf der Suche nach Männlichkeit. Reinbek bei Hamburg: Rowohlt.

Sielert, Uwe (2005): Biografische Berührungen mit den Themen Männlichkeit, Jungesein und Jungenarbeit. In: Rose, L./Schmauch, U. (Hrsg.): Jungen – die neuen Verlierer? Auf den Spuren eines öffentlichen Stimmungswechsels. Königstein/Taunus: Ulrike Helmer, S. 42-54.

Walser, Karin (2005): „Es könnte ja nur etwas Drittes sein...". Margitta Kunert Zier im Gespräch mit Karin Walser über Frauenstudien und Geschlechterforschung. In: Oberlies, D./Schmauch, U. (Hrsg.): Anstoß nehmen – Anstoß geben. Ein Rückblick auf 30 Jahre feministischer Diskussionen. Gedächtnisschrift für Karin Walser. Königstein/Taunus: Ulrike Helmer, S. 143-154.

Winter, Reinhard (2005): Blähungen – Mythen – Diskurse. Ein subjektives Statement zum „Arme-Jungen-Thema". In: Rose, L./Schmauch, U. (Hrsg.): Jungen – die neuen Verlierer? Auf den Spuren eines öffentlichen Stimmungswechsels. Königstein/Taunus: Ulrike Helmer, S. 78-92.

Geschlecht als Kategorie sozialarbeiterischer Theorieentwicklung

Gerd Stecklina

Soziale Arbeit als Disziplin und Profession[1] ist eng mit der Frage, wie sie es mit der Kategorie Geschlecht hält, verbunden. Exemplarisch hierfür mag ein Aufsatz von Thomas Rauschenbach in der Neuen Praxis (1991) stehen. In diesem diskutiert Rauschenbach den Akademisierungsprozess innerhalb der Sozialen Arbeit und macht in diesem Kontext auf den Umstand aufmerksam, dass „seit den Anfängen einer sozialen Ausbildung (...) Frauen zu allen Zeiten das sozialpädagogische Arbeitsfeld zahlenmäßig deutlich dominiert (haben)". Zugleich hält er fest, dass „Sozialpädagogik (...) ein *Frauenberuf in Männerregie* [ist]" (Rauschenbach 1991: 8, HiO.). Erklärungsmodelle hierfür entwickelt Rauschenbach in seinem Beitrag jedoch ebenso wenig wie er offen lässt, „ob die Vergütungsstruktur in diesem Arbeitsmarktsegment deshalb so schlecht ist, *weil* Frauen hier dominieren oder umgekehrt, sich in diesem Feld mehrheitlich Frauen plazieren, weil es für Männer finanziell unattraktiv ist" (ebd.: 8, HiO.). Jedoch können Rauschenbachs Darlegungen dahingehend interpretiert werden, dass er einerseits die Kategorie ‚Geschlecht' als einen grundlegend die Entwicklung der Sozialen Arbeit als Profession mitbestimmenden Aspekt sieht und er andererseits den Auftrag an die Soziale Arbeit als Disziplin und Profession formuliert, Geschlecht als zentrale Analysekategorie aufzunehmen.[2]

Inzwischen sind seit dem Beitrag in der Neuen Praxis mehr als 20 Jahre vergangen, weshalb es sich lohnt, zu beleuchten, inwiefern Soziale Arbeit sich des Themas Geschlecht angenommen hat. Im vorliegenden Beitrag soll speziell der Frage nachgegangen werden, inwieweit es aktuell der sozialpädagogischen und -arbeiterischen Theorieentwicklung gelingt, Geschlecht als grundlegende Analysekategorie aufzunehmen, und hierdurch Geschlechterverhältnisse und -beziehungen als zentral für den eigenen Erkenntnisgewinn zu erachten oder ob nicht eher davon gesprochen werden muss, dass die Theorieentwicklung innerhalb der Sozialen Arbeit sich weiterhin durch „Ge-

---

1   Im Text wird der Begriff ‚Soziale Arbeit' synonym für Sozialpädagogik/Soziale Arbeit verwendet.

2   Die das Verhältnis von Sozialer Arbeit und Geschlecht analysierenden Studien fanden in den 1980er und 1990er Jahren nur bedingt Aufnahme im Mainstream der Sozialen Arbeit: u.a. Drake (1980): Frauen in der sozialen Arbeit. Sexismus – die geschlechtsspezifische Diskriminierung; Sachße (1986): Mütterlichkeit als Beruf; Zeller (1987): Volksmütter – mit staatlicher Anerkennung; Notz (1989): Frauen im sozialen Ehrenamt

schlechterblindheit" auszeichnet (Lenz/Adler 2010: 30). Hierzu werden in einem ersten Schritt grundlegende Positionen zum Zusammenhang von Sozialer Arbeit als Wissenschaft und Profession und der Kategorie Geschlecht aus Sicht von VertreterInnen der Sozialen Arbeit dargestellt, um daran anschließend auf das Verhältnis von theoretischen Erörterungen innerhalb der Sozialen Arbeit und der Kategorie Geschlecht einzugehen. Die Verbindung des Lebensweltansatzes mit Positionen der Frauen- und Geschlechterforschung wird abschließend am Begriff des ‚Verdeckungszusammenhangs' beispielhaft verdeutlicht.

1. Soziale Arbeit und die soziale Kategorie Geschlecht

Auf die von Rauschenbach in seinem Beitrag nicht weiter entwickelten Annahmen zum „Frauenberuf in Männerregie" findet sich ein Jahrzehnt später aus der Perspektive der Frauen- und Geschlechterforschung eine mögliche Antwort: Nach Wetterer ist in die moderne Gesellschaft eine „geschlechtshierarchische Segregation der Erwerbsarbeit" eingeschrieben, wobei sich nach Wetterer die Arbeitsmarktsegregation bis heute durch eine hohe „Veränderungsresistenz durch Wandlungsfähigkeit" auszeichnet (Wetterer 2002: 63) und „geschlechtsneutrale Arrangements (...) auf verdeckte Weise die Reproduktion geschlechtlicher Differenzierungen und Hierarchien im Berufsbereich stützen und fördern" (Wetterer 2007: 203).

Folgt man den Positionen Wetterers, so sind in moderne Gesellschaften soziale Differenzen und Ungleichheiten, die sich mit der Kategorie Geschlecht verbinden, aufgenommen und fest verankert. Ableiten lässt sich hieraus darüber hinaus, dass Wissenschaft und Praxis immer wieder aufs Neue gefordert sind, in jegliche forschungsgeleiteten Analysen und Praxisreflexionen die soziale Kategorie Geschlecht einfließen zu lassen und geschlechtsneutrale Arrangements auf eingeschriebene Ungleichheiten, Machtstrukturen und -mittel zu hinterfragen. Für die Soziale Arbeit als Disziplin und Profession formulieren dies u.a. Bereswill und Ehlert (2010) mit ihrem Plädoyer für die Reflexion von Geschlecht als Strukturkategorie, als soziale Konstruktion und als Konfliktkategorie, wobei nicht nur das sozialarbeiterische Handeln der Professionellen und ihre Beziehungsgestaltung zu den AdressatInnen Sozialer Arbeit in den Blick geraten sollen, sondern genauso organisatorische und gesellschaftliche Setzungen, die allgemeine Entwicklung der Sozialen Arbeit als Profession als auch die empirische Geschlechterforschung und die Theorieentwicklung der Sozialen Arbeit (vgl. Fleßner 2013). Anders formuliert: „Sozial konstruierte Geschlechterpolarität" bzw. „Naturalisierung der (...) Geschlechterdifferenz" sind bis heute „Grundlage der Alltagsorientierung und des routinisierten Handelns" sowie der „Strukturbildungen" (Gildemeister/Robert 2009: 48), die immer wieder hinterfragt werden müssen. Wallner (2008) sieht die Zeit „für einen Geschlechterdiskurs im Zentrum von Forschung, Lehre, Praxis und Politik und aus ihm heraus für eine Neubestimmung der Geschlechterverhältnisse" gekommen (Wallner 2008: 44), während Intersektionalitätszugänge innerhalb der Sozialen Arbeit das Erfordernis der Analyse von komplexen sozialen Differenz- und Ungleichheitsverhältnissen (u.a. Geschlecht, Ethnizität, Schichtzugehörigkeit, Milieu, Bildung u.a.) sowie damit verbundenen Macht- und Herrschaftsstrukturen, Inklusions- und Exklusionsprozesse einklagen (Leiprecht 2011, Scherr 2011, Riegel 2012, vgl. hierzu auch Widersprüche Heft 126). Soziale Differenzen sind zuallererst in ihrer Bedeutung für Auf- und Abwertungen, für Statuspositionen und Ressourcenzugänge zu reflektieren (vgl. Bütow/Munsch 2012). Die sehr heterogenen Diskussionsstränge zum Verhältnis von Sozialer Arbeit und Geschlecht innerhalb der Sozialen Arbeit fokussieren aktuell insbesondere auf folgende Sachverhalte:

- Soziale Arbeit ist als Teil gesellschaftlicher Reproduktionsweisen moderner Gesellschaften wahrzunehmen, wie sich dies u.a. in der Diskussion um die gesellschaftliche Organisation von Fürsorge und Pflege widerspiegelt (vgl. Brückner 2011; Rerrich 2010; kritisch vgl. May 2013).
- Um das Verhältnis von Sozialer Arbeit und Geschlecht differenziert diskutieren zu können, ist es nach Bereswill (2009), Böhnisch/Funk (2013), Lempp (2011) u.a. zwingend erforderlich, in theoretischen Erörterungen und empirische Untersuchungen Aspekte von Machtkonstellationen und -balancen innerhalb der Geschlechterverhältnisse und -beziehungen sowie den Beitrag der Sozialen Arbeit zu deren (Re-)Produktion aufzunehmen (vgl. Böhnisch/Funk 2013; Lempp 2011; Bereswill 2009).
- Nach Böllert und Heite (2011) ist Sozialpolitik immer auch als Geschlechterpolitik zu reflektieren, da „Sozialpolitik als Geschlechterpolitik geschlechtsspezifische Lebensbedingungen, Geschlechterrollen und Geschlechteridentitäten prägt bzw. in der Lage ist, geschlechtsspezifische Benachteiligungen aufzubrechen und im Sinne von Geschlechtergerechtigkeit neu zu justieren" (Böllert/Heite 2011: 7). Böllert und Heite thematisieren hierdurch die strukturelle Dimension der Geschlechterverhältnisse und diskutieren diese in ihrer Bedeutung für die individuelle Entwicklung und die Gestaltung der Geschlechterbeziehungen.
- Die diversitätsbewusste Soziale Arbeit ihrerseits macht auf das Erfordernis aufmerksam, dass durch Soziale Arbeit soziale Differenzen und Ungleichheiten auf allen Ebenen zu reflektieren sind (vgl. Leiprecht 2011), wobei die Analyse von schichtspezifischen Effekten, geschlechts- und ethniebasierten Arbeitsteilungen und Ungleichheiten als grundlegend für verwehrte/ermöglichte Chancen und Ressourcenzugänge erachtet werden sollen (vgl. Riegel 2012).

- Im Kontext der Diskussion gesellschaftlich notwendiger Sorgetätigkeit diskutieren u.a. Brückner (2011) und Rerrich (2010) Fragen der gesellschaftlichen Wertschätzung von Sorgetätigkeiten, die entweder als unbezahlte Tätigkeit in den privaten Reproduktionsbereich delegiert sind oder als Beruf einen geringen gesellschaftlichen Status aufzeigen. Zugleich machen die Autorinnen auf den Umstand aufmerksam, dass die Zunahme illegalisierter Arbeit von Migrantinnen in Privathaushalten mit neuen Ungerechtigkeiten, Abwertungen und Machtverhältnissen einhergeht. Sie plädieren deshalb für die öffentliche Kultur des Sorgens, die für die Sozial- und Pflegeberufen mit Anerkennung und Aufwertung einhergeht.
- In der Forschung zur Geschlechterkonstruktionen wird die Frage nach der Aneignung von Geschlechterannahmen und der Entwicklung der Geschlechtsidentität im interaktiven Prozess aufgeworfen (Bütow/Kahl/ Stach 2013; Rose/Schulz 2007). Mittels des Doing Gender-Ansatzes wird analysiert, wie sich Individuen performativ als männlich oder weiblich darstellen bzw. zu erkennen geben und durch welche Verfahren (Haltungen, Selbstinszenierungen, Interaktionen etc.) das so gestaltete kulturelle Geschlecht im Alltag relevant eingesetzt wird. Im Doing Gender-Konzept geht es darum, mit einer ethnographischen Forschungsperspektive die (Re-) Produktionsprozesse von Geschlecht im alltäglichen Handeln aufzuzeigen. Nach Gildemeister „zielt" das Konzept „darauf ab, Geschlecht bzw. Geschlechtszugehörigkeit nicht als Eigenschaft oder Merkmal von Individuen zu betrachten". Vielmehr werden die sozialen Prozesse zum Analysegegenstand, die Geschlecht als soziale Differenzierungsgröße hervorbringen (Gildemeister 2004: 132). Stauber sieht im „Erleben und Bewusstmachen der Unterscheidungen, die die (Geschlechter-)Unterschiede erst hervorbringen" und in der „Absage an quasi-natürliche Geschlechterunterschiede" die entscheidende Leistung des Doing Gender-Ansatzes (Stauber 2008: 133)

Die sehr vielfältige Diskussionslandschaft um das Verhältnis von Sozialer Arbeit und Geschlecht findet jedoch, wie Fleßner (2013) betont, nur bedingt Aufnahme im Mainstream der theoretischen Erörterungen innerhalb der Sozialen Arbeit und beschreibt eine doppelte Entwicklung:

„Überblicken wir den Entwicklungszeitraum von nahezu vierzig Jahren, so hat sich der Gender-Diskurs in der Sozialpädagogik – anders als die schmale Repräsentanz im Mainstream es nahe legt – im Hinblick auf Profession und Disziplin sukzessive erheblich verdichtet und ausdifferenziert" (Fleßner 2013: 8).

2. Zum Verhältnis von theoretische Erörterungen innerhalb der Sozialen Arbeit und der Kategorie Geschlecht

Die Debatten zum Verhältnis von Sozialer Arbeit und Geschlechterdimension haben eine lange Tradition, sind mannigfaltig mit ganz verschiedenen Untersuchungszielen, jedoch werden sie als spezielle bzw. Sonderdiskussion geführt und finden sich nur marginal im Mainstream der Sozialen Arbeit als Disziplin und Profession wieder, wo bis heute das Prinzip der Geschlechtsneutralität vorherrschend ist (vgl. Böhnisch/Funk 2013).

Die Abhandlungen zum Verhältnis von Sozialer Arbeit und Geschlecht sind als raum- und zeitbezogene Darstellungen zu sehen und umfassen insbesondere sozialwissenschaftliche, historische, lebenswelt- und lebensbewältigungsorientierte, sozialpolitische sowie professionalisierungs- und professionsbezogene Untersuchungen. Die Vielfalt der durch die Abhandlungen analysierten Gegenstände verweist zugleich auf die Komplexität der Thematik: Das Konzept der ‚diversitätsbewussten Sozialen Arbeit' sieht als zwingend für das eigene Modell seine Offenheit „gegenüber empirischen Phänomen" und unterschiedlichen Differenzlinien sowie die theoretische Fundierung an (Leiprecht 2011: 8). Leiprecht warnt zugleich vor der Reduktion „auf einen bestimmten Unterschied bzw. eine Unterscheidung" (ebd.), was dazu führen würde, dass die Interdependenzen von Differenzlinien ausgeblendet bleiben. Für ihn ist das Zusammenspiel von Differenzlinien ebenso wie die Anerkennung von Menschen als individuell Handelnde und die Sensibilität der SozialarbeiterInnen gegenüber der jeweiligen „Bedeutung von Unterschieden und Unterscheidungen für die beteiligten Subjekte und ihre sozialen Kontexte" von Belang (Leiprecht 2011: 8f.). Die Interdependenz von Differenz- und Ungleichheitsverhältnissen in ihrer Bedeutung für die Soziale Arbeit wird auch von Riegel (2012) betont, wobei sie konstatiert, dass Intersektionalitätsansätze in der Sozialen Arbeit immer noch marginal sind und „Theorien Sozialer Arbeit (…) sich (…) durch eine Tendenz zur De-Thematisierung von Differenz und einem diesbezüglichen Anspruch auf Allgemeingültigkeit aus[zeichnen]" (Riegel 2012: 47f.). Zugleich wird in der Diskussion um das Verhältnis von Sozialer Arbeit und Geschlecht aktuell nur begrenzt auf feministische Gesellschaftstheorien zurückgegriffen (vgl. Böhnisch/Funk 2013). Gerade durch diese werden jedoch Ethnie, Klasse und Geschlecht als Strukturgeber und Platzanweiser gesellschaftlicher Entwicklung definiert und zugleich das nicht konfliktfreie Verhältnis von bürgerlichem Gleichheitsanspruch und ökonomischer Ungleichheitsordnung aufgeschlossen (vgl. Klinger 2003). Von Bedeutung für theoretische Erörterungen innerhalb der Sozialen Arbeit sind feministische Theorien insbesondere deshalb, weil sie Differenzlinien auf gesellschaftlicher Ebene reflektieren: Wie kommen geschlechts-, ethnie- und klassenbasierte Herrschaft in der Organisation der ökonomischen

Reproduktion zum Tragen und wie werden sie reproduziert (vgl. ebd. 2003, Klinger/Knapp 2007)? Soziale Arbeit als Teil staatlicher Sozialpolitik (vgl. Sachße/Tennstedt 1980: 14) sieht sich, folgt man diesem Zugang, damit konfrontiert, nach ihrem Platz innerhalb der Organisation der ökonomischen und deren gesellschaftlichen Reproduktion, den in Soziale Arbeit eingewobenen und durch sie (re-)produzierten Herrschaftsverhältnissen (vgl. Wetterer 2002; Meuser 1998) und den eigenen Ausblendungen von hegemonialen Strukturen, die sich mit Ethnie, Klasse und Geschlecht verbinden (vgl. Spindler 2006), zu fragen.

Darüber hinaus wird in Studien zu doing gender-Prozessen (vgl. Bütow 2005; Rose/Schulz 2007; Bütow et al. 2013) u.a. auf den Sachverhalt abgestellt, dass Machtpositionen innerhalb sozialer Kontexte immer auch das Ergebnis von Aushandlungsprozessen sind, wobei den einzelnen Individuen unterschiedliche – vergeschlechtlichte – Machtmittel zur Verfügung stehen. In der Sozialen Arbeit wird diesem Aspekt insbesondere in der Diskussion um Gewalt im Geschlechterverhältnis (vgl. Brückner 2002; Stövesand 2010) Bedeutung beigemessen, wobei Macht sowohl als Herrschafts- wie auch als Aushandlungsverhältnis analysiert wird. Im Mainstream der Sozialen Arbeit als Disziplin und Profession wird die Machtfrage im Geschlechterverhältnis – z.B. eingeschrieben in die Organisation der Erwerbsarbeit, in die geschlechtsspezifische Codierung von Machtmitteln bzw. die Sanktionierung des Einsatzes von Machtmitteln entlang der Geschlechterordnung – aktuell jedoch nur bedingt thematisiert. Lempp (2011) fordert deshalb von der Sozialen Arbeit, in Anschluss an Klinger, die „sozialstrukturelle Dimension des Geschlechterverhältnisses" – „Geschlechterverhältnisse als Herrschaftsverhältnis" – zu reflektieren (Lempp 2011: 265f.). Soziale Arbeit ist nach Lempp gefordert, dominante Macht- und Regierungslogiken zu dechiffrieren, Konflikte sichtbar werden zu lassen, Handlungsspielräume aufzudecken sowie Veränderungen in fachlichen und politischen Kontexten zu initiieren (ebd.). Soziale Arbeit als Disziplin und Profession bedarf der Reflexion der Kategorie Geschlecht des Weiteren, um die Verstrickungen von Professionellen – in Wissenschaft und Praxis – in Geschlechterverhältnissen wahrzunehmen (vgl. Bereswill/Stecklina 2010). Dass dies nicht allein aus einer genderbezogenen Perspektive erfolgen kann, sondern Differenzierungen, Grenzziehungen und Normierungen auch aus rassismuskritischen, interkulturellen, machttheoretischen, etc. Blickwinkeln heraus wahrgenommen werden müssen und es der „Anerkennung der Verschiedenheit" (Bitzan 2010: 109) bedarf, wird in der parteilichen Mädchenarbeit (ebd.) wie Intersektionalitätsforschung betont (Riegel 2012). Während Bitzan feststellt, dass „Geschlecht (…) jedoch weiterhin als ein Faktor (unter mehreren) analysiert werden (muss)" (Bitzan 2010: 110), konstatiert Riegel, dass „[das Konzept der Intersektionalität] in den jüngsten Veröffentlichungen zur Mädchenarbeit (…) einen zentralen Bezugspunkt dar[stellt]" (Riegel 2012: 55).

Über die Gründe, warum in theoretischen Diskussionen innerhalb der Sozialer Arbeit – wie von Böhnisch/Funk (2013), Fleßner (2013) bzw. Riegel (2012) akzentuiert – immer noch die Genderperspektive, aber auch Ethnie und Klasse, weitgehend ausgeblendet bleibt, finden sich in den Fachdiskussionen der Sozialen Arbeit nur selektiv Anhaltspunkte. Böhnisch/Funk (2013) sehen insbesondere in der Kultur der Zweigeschlechtlichkeit die hierfür entscheidende Dimension. Ableitend aus der Annahme, dass „Zweigeschlechtlichkeit (…) bis heute als zentrale gesellschaftliche Kategorie [wirkt]", fordern sie von den Sozialwissenschaften im allgemeinen wie von der Sozialen Arbeit im speziellen die Aufdeckung der „Doppelstandards [in der Bewertung weiblicher und männlicher Bezüge] nach Ausblendungen, Entwertungen und verweigerten Rechten" und dies in ihrer Verschränkung „mit klassenspezifischen und ethischen Doppelstandards" (Böhnisch/Funk 2013: 23f.). Rose (2001) ihrerseits beschreibt Schwierigkeiten auf Seiten der Professionellen in der Sozialen Arbeit, die durch „die Einforderung der Qualitätsdimension Gender" entstehen. Rose sieht durch die Thematisierung von genderbedingten strukturellen, institutionellen und individuellen Ungleichheiten die „kollegiale und institutionelle Routine" in Frage gestellt (Rose 2007; S. 26). Für Brückner und Böhnisch (2001) ist die Reflexion der „Geschlechtsgebundenheit gesellschaftlicher Zusammenhänge und Deutungsmuster", die „Geschlecht als sozialem Platzanweiser" aufdeckt und die Selbststilisierung als autonomes Wesen absurdum führt, für die damit konfrontierten Professionellen und AdresatInnen nicht einfach auszuhalten (Brückner/Böhnisch 2001: 17). Böhnisch und Funk (2013) fordern, um die Geschlechterdimension zu einer grundlegenden Analysekategorie werden zu lassen, zugleich ein anderes methodisches Vorgehen ein, eines, welches offen ist gegenüber „gegenläufigen Erfahrungen und Konfliktdimensionen" und welches zugleich die „historisch-kritische Dekonstruktion der männlich-hierarchischen Dominanzformen des Denkens und Handelns" gestattet (Böhnisch/Funk 2013: 24). Nur hierdurch könne es gelingen, den Androzentrismus von Wissenschaft aufzudecken und das „Prinzip der Geschlechterneutralität und der Allgemeinheit ihrer Aussagen" zu hinterfragen (ebd.: 23)

Dieser Forderung stehen aktuell aber eine Reihe von Verdeckungszusammenhängen, Barrieren, Blockaden, Beharrlichkeiten und Verengungen bei der Wahrnehmung von Genderaspekten in akademischen und Ausbildungskontexten sowie der alltäglichen Praxis gegenüber (vgl. Rose 2007). Neben dem Androzentrismus der Wissenschaft, trifft dies insbesondere auf den Anspruch der Geschlechterneutralität zu. In theorieorientierten Sammelbänden (Otto/Thiersch 2011, Ahmed/Höblich 2010) findet dies in einer an der Kategorie Geschlecht festmachbaren Zweiteilung seine Widerspiegelung, die jedoch nicht weiter begründet wird. Einerseits sind in den Bänden spezielle Beiträge zum Verhältnis von Geschlecht und Sozialer Arbeit aufgenommen, jedoch wird andererseits die Kategorie ,Geschlecht' ausschließlich in diesen verhandelt. In den anderen, den Gegenstand der Sozialen Arbeit erörternden Beiträgen, bleibt die Genderdimension unbeachtet (vgl. Fleßner 2013; Stecklina 2012). Eine andere Variante einer Zweiteilung lässt sich bei der Gegenstandserörterung festhalten. Während theoretische Erörterungen innerhalb der Sozialen Arbeit, hierzu zählen Abhandlungen zu deren Gegenstandsbereich, ihrer gesellschaftlichen Funktion und geschichtlichen Selbstvergewisserung, vorwiegend von männlichen Wissenschaftlern geführt werden, diskutieren Wissenschaftlerinnen und Praktikerinnen in ihren Beiträgen vorwiegend sozialarbeiterischen Sachfragen bzw. empirische Fragestellungen. Dies ist wahrscheinlich, folgt man den Erklärungsmodellen von Rabe-Kleberg (1990) bzw. Wetterer (2002/2007), eng an den wissenschaftlichen Karriereverlauf bzw. Förderungsprozessen im Wissenschaftsbetrieb gekoppelt. Als Begründungen für die Ungleichverteilung von Frauen und Männern im Wissenschaftsbetrieb werden „horizontale und vertikale Segregations- und Diskriminierungsprozesse" (Rabe-Kleberg 1990: 245), die „doppelte Vergesellschaftung" (Krenckel 2004: 268ff.), „Doppelstandards in der Bewertung weiblicher und männlicher Bezüge" (Böhnisch/Funk 2013: 24) und das androzentrische Wissenschaftsverständnis benannt.

Trotz einer umfangreichen Literaturlage sowie einer Vielzahl von empirischen Projekten muss bis heute von einer relativ stabilen Randständigkeit der Geschlechterfrage in der sozialarbeiterischen Theoriebildung gesprochen werden. Soziale Arbeit als Disziplin bleibt blind gegenüber Verdeckungszusammenhängen und Differenzlinien und thematisiert nicht, wie von der Frauen- und Geschlechterforschung, der kritischen Männerforschung bzw. der diversitätsbewussten Sozialen Arbeit gefordert, geschlechtshierarchische Strukturen und damit korrespondierende Auf- und Abwertungen. Die Theoriebildung der Sozialen Arbeit analysiert – hier kann von Kontinuität ausgegangen werden – zumeist nur in speziellen Monografien bzw. Beiträgen Geschlechterverhältnisse und -beziehungen. Die Geschlechterkategorie wird zwar – wie dies Gaby Lenz (2003) formuliert – als „Konstitutionsbedingung der Professionalisierung" Sozialer Arbeit (Lenz 2003: 53) in einem ausdifferenzierten, geschlechtsbezogenen Fachdiskurs (Hartwig 2002: 965) verhandelt, jedoch erfolgt dies vorwiegend als „Spezialwissen in Sachfragen" (ebd.: 959). Rose (2007) sieht das Genderthema zwar „relativ erfolgreich (…) in der Sozialen Arbeit" aufgenommen, jedoch bleibt dieses auf den „offiziellen Diskurs" begrenzt und erfolgt ohne Gehalt (Rose 2007: 23).

  Lenz und Adler (2010) haben für den Anspruch eines Großteils der sozialwissenschaftlichen Forschung, unter dem Label der Allgemeingültigkeit geschlechtsneutrale Forschung zu betreiben, den Begriff „Geschlechterblindheit" geprägt (Lenz/Adler 2010: 30). Auch sozialarbeiterische Forschung zeichnet sich mehrheitlich, insbesondere innerhalb des Mainstreams der theoretischen Erörterungen – z.B. Engelke 2002, May 2008 – durch das Prinzip der Geschlechtsneutralität aus. Geschlechterblindheit ist für Lenz und Adler der Anspruch der Sozialwissenschaften, den Forschungsfokus allgemein auf Individuen bzw. ‚den Menschen' zu richten und hierdurch zu kaschieren, dass „gut verborgen hinter kulturellen Selbstverständlichkeiten" (Lenz/Adler 2010: 30) ausschließlich auf die kulturellen Vorstellungen zu ‚Mann' und ‚Männlichkeit' abgestellt wird. Frauen werden hierdurch „ebenso wenig [zum] Gegenstand der Forschung wie auch weiblich dominierte Aktivitäten (z.b. Sorgearbeit)" (ebd.). Während im Mainstream der sozialarbeiterischen Theorieproduktion die Genderperspektive weitgehend außen vor bleibt, konnte sich seit den 1970er Jahren in den „vielfältigen Diskursen innerhalb des Gegenstandsbereichs der Sozialen Arbeit" (Füssenhäuser/Thiersch 2011: 1634) eine breite empirische Forschung zu Geschlechterverhältnissen und -beziehungen entfalten. Durch diese wurde und wird u.a. das Erfordernis einer geschlechtsbezogenen Bildungs- und Jugendarbeit, von Frauen(haus)arbeit bzw. Mädchen- und Jungenarbeit begründet (vgl. Heiliger/Funk 1990; Bitzan 2010; Bentheim/Sturzenhecker 2006; Bentheim 2010) bzw. doing gender-Prozesse analysiert (Rose/Schulz 2007; Bütow et al. 2013). Besonders die Neue Frauenbewegung sowie Forschungsprojekte mit lebensweltorientierter Perspektive – wie der 6. Jugendbericht der Bundesregierung zur „Verbesserung der Chancengleichheit der Mädchen in der Bundesrepublik" – trugen seit den 1970er Jahren zur Verankerung von Mädchen- und Jungenarbeit als Querschnittsaufgabe im Sozialgesetzbuch VIII: Kinder- und Jugendhilfegesetz bei (vgl. Wallner 1997). Es ist deshalb nicht uninteressant, zu beleuchten, wie die Genderdimension durch den Lebensweltansatz theoretisch aufgenommen wurde. Am Beispiel des Lebensweltansatzes lässt sich zeigen, dass es durchaus möglich ist, Theorieproduktion und Geschlechteraspekte miteinander zu verbinden, wenn auch nicht mit aller Konsequenz und durchgängig.

3. Lebensweltparadigma und Geschlechterdimension

Aufgabe einer „Theorie Sozialer Arbeit im engeren Sinne" ist, den „Status der Sozialen Arbeit, ihres Gegenstands- und Aufgabenbereichs und ihrer gesellschaftlichen Funktion, ihrer geschichtlichen Selbstvergewisserung und ihrer Positionierung im Kontext anderer Disziplinen und der Anforderungen der Praxis" zu klären (Füssenhäuser/Thiersch 2011: 1634). Der Lebensweltansatz – er wird im Beitrag als Teil theoretischer Erörterungen innerhalb der Sozialen Arbeit erachtet – thematisiert zwei zentrale Aspekte: Erstens wirft er die Frage nach den sozialstaatlichen Rahmenbedingungen von Alltagspraxis auf und zweitens problematisiert er den Umgang von Individuen mit den widersprüchlichen Anforderungen des Alltags und den ihnen zur Verfügung stehenden Lebensbewältigungskompetenzen.

Lebensweltorientierung kann nach Thiersch (1993) zum konstitutiven Element Sozialer Arbeit werden, da sich Soziale Arbeit für „Menschen, die mit den Problemen, die sie mit sich selbst in ihrem sozialen Umfeld haben, wiederum der Gesellschaft Probleme machen" engagiere (Thiersch 1993: 13).

Mit einem so gesetzten Zugang werden im Lebensweltansatz ‚Soziale Gerechtigkeit' und ‚Lebensbewältigungsoptionen' zu den zentralen Bezugspunkten, wobei der Ansatz für sich in Anspruch nimmt, AdressatInnen „Optionen für einen gelingenderen Alltag" zu eröffnen (Thiersch/Grunwald/Köngeter 2002: 168) und die „grundsätzliche autonome Zuständigkeit aller Menschen für ihren je eigenen Alltag" handlungsleitend ist (Grunwald/Thiersch 2005: 1137). Hierzu soll Soziale Arbeit ein System von ambulanten, stationären, präventiven und nachsorgenden Hilfen bereithalten, die selbst flexibel sind und sich an den Bedarfen der AdressatInnen orientieren. Ziel ist die Stärkung der von den AdressatInnen erfahrenen Lebensräume und Ressourcen gegenüber institutionellen Konstellationen, Vorgaben und Positionen (Bitzan 1993: 132). Unabdingbar für die Soziale Arbeit sind dementsprechend das Engagement und die Einmischung in politische Zusammenhänge. In begrifflichen Setzungen wie ‚Verständigung', ‚Aushandlung', ‚Gerechtigkeit' und ‚Lebensverhältnisse' findet dies seine Widerspiegelung (Füssenhäuser 2005: 197f.).

Die Funktion Sozialer Arbeit in lebensweltlicher Perspektive konturieren vier Aspekte:

1. Soziale Arbeit kann sich nicht mehr ausschließlich auf „soziale Probleme und problematische Lebenssituationen" beziehen (ebd.: 201), sondern muss sich mit ihren Angeboten an „normalen Belastungen heutiger Normalität" orientieren (Thiersch, nach Füssenhäuser 2005: 201).
2. Hierdurch ergibt sich für die Soziale Arbeit „eine doppelte Funktion": Sie bietet Unterstützung und Begleitung sowohl „in besonders schwierigen und ressourcenarmen Lebensverhältnissen" als auch „in den immer schwieriger werdenden Lebensverhältnissen der Normalität" an (Füssenhäuser 2005: 201).
3. Der gesellschaftliche Individualisierungsprozess (vgl. Beck 1986), der individuell bewältigt werden muss, erfordert von der Sozialen Arbeit als Ort der gesellschaftlichen Reproduktion, ihre Angebote personenbezogen zu unterbreiten sowie flexibel zu gestalten.
4. Soziale Arbeit muss sich immer wieder neuen Herausforderungen stellen und sich gegenüber „Fragen nach neuen Perspektiven, der Frage nach der Gestaltung des Lebens und Möglichkeiten der Sinnstiftung" öffnen (Füssenhäuser 2005: 201).

Zum „Gegenstand einer Wissenschaft der Sozialen Arbeit" wird für Thiersch „eine (…) [auf die lebensweltorientierte Praxis Sozialer Arbeit, G.S.] bezogene, immer auch kritische Analyse und Aufklärung des Alltags, seiner Chancen und Schwierigkeiten sowie der Lebenswelt der AdressatInnen und der darin liegenden Lebensaufgaben und Lebensprobleme" (Füssenhäuser 2005: 190). Umso mehr erstaunt es aus einem geschlechtertheoretischen Zugang heraus, dass im lebensweltlichen Ansatz – wenn ausschließlich die Veröffentlichungen Thierschs hinzu gezogen werden – Fragen zu Geschlechterverhältnissen und -beziehungen nicht aufgeworfen werden, was Bitzan (2000) zu der Feststellung bringt, das „geschlechterpolitische Zurichtungen (...) bei Thiersch (...) nicht kategorial bearbeitet werden" (Bitzan 2000: 336). Nur selektiv finden sich bei Thiersch Aussagen zum Geschlechterverhältnissen bzw. -beziehungen. So fragt er im Buch ‚Lebensweltorientierte Soziale Arbeit‘ (2005) nach der Lebensqualität von Frauen in den gegebenen Lebensverhältnissen und betont das Recht von Mädchen und Frauen auf eine eigene Entwicklung jenseits gesellschaftlicher Rollenzwänge. Mädchen und Frauen würden durch Gesellschaft und Professionelle in der Sozialen Arbeit immer noch zu wenig als Individuen mit „eigenen Interessen", sondern vielmehr in ihrer (zukünftigen) Mutterrolle wahrgenommen (Thiersch 2005: 107). In dem verengten Blick von Institutionen auf Familie[3] zeige sich ein „restaurative[s]" Familienbild, „problematisch ist es vor allem auch in den Konsequenzen, die sich für die Anforderungen an Frauen als Mütter und Hausfrauen ergeben; bis heute leiden Alleinerziehende daran, dass sie auf Ämtern als Frauen in einer defizitären Situation gesehen werden (...) und nicht aus ihrem Selbstverständnis im Kontext des Wandels familialer Lebensformen heraus" (ebd.: 19). Familienbilder, Vorstellungen der Aufgaben von Müttern und die sich daraus ableitenden Konsequenzen für die Hilfeleistungen für z.B. alleinerziehende Mütter sollten seiner Meinung nach in einem kommunikativen Prozess verhandelt werden mit dem Ziel, Benachteiligungen von Alleinerziehenden auf sozialpolitischer und institutioneller Ebene abzubauen.

Auch wenn sich in den Veröffentlichungen von Thiersch nur wenige Bezüge zu Geschlechterverhältnissen und -beziehungen finden lassen, so ist doch der lebensweltorientierte Ansatz in der Sozialen Arbeit neben dem Lebensbewältigungsmodell einer der wenigen, der Geschlechterverhältnissen und -beziehungen in seinen theoretischen Diskussionssträngen ein herausgehobenen Stellenwert beimisst. Dies erschließt sich, wenn Veröffentlichungen von Autorinnen und Autoren wie Bitzan, Funk, Maurer, Stauber, Winter etc. in eine Analyse mit einbezogen werden, und die als Weiterentwicklung des Lebensweltansatzes erachtet werden können. Insbesondere trifft dies auf theoretische Konzepte und Annahmen aus der feministischen Frauen- und Geschlechterforschung sowie kritischen Männerforschung zu. In den theoretischen Zugängen ‚Bewältigungsparadigma‘ und ‚Verdeckungszusammenhang‘ wie auch in

---

3 Grundlage ist das Ideal der bürgerlichen Kleinfamilie (Mutter, Vater, 1-2 Kinder).

Forschungsprojekten wurde die Geschlechterkategorie mit dem Lebensweltkonzept kategorial verbunden. Der 6. Jugendberichts der Bundesregierung
(1984) war speziell dem Thema Geschlecht und Alltag gewidmet.

Ein Ergebnis der Forschung zu Lebensrealitäten von Frauen im Kontext
der lebensweltorientierten Sozialen Arbeit ist das theoretische Modell des
Verdeckungszusammenhangs. Dieses wird als „analytisches Instrumentarium
für die Untersuchung weiblicher Lebensrealitäten, ihrer strukturellen Bedingungen und der Strategien, mit denen sie durch die Subjekte (verändernd)
reproduziert werden", erachtet (Bitzan/Funk/Stauber 2000: 41) und soll nachfolgend kurz entwickelt werden. Anhand des Verdeckungszusammenhangs
lässt sich die Verbindung des Lebensweltansatzes mit Positionen der Frauen-
und Geschlechterforschung bzw. der Aufnahme der Geschlechterkategorie
durch die lebensweltorientierte Soziale Arbeit beispielhaft nachvollziehen.[4]

4. Verdeckungszusammenhang als theoretisches Konstrukt

Das theoretische Konstrukt des Verdeckungszusammenhangs wurde auf der
Basis der Analyse von Lebenszusammenhängen sowie Bewältigungsstrategien von Mädchen und Frauen begrifflich entfaltet. Als entscheidende Bedingung für die Existenz des Verdeckungszusammenhangs wird die Geschlechterhierarchie benannt (Funk/Schmutz/Stauber 1993). Nach Darstellung der
Autorinnen ist der Verdeckungszusammenhang die entscheidende Größe, die
dazu führt, dass im gesellschaftlichen Kontext die Stärken und Ressourcen
von Frauen übergangen werden, sie sich in „Defizit-Additions-Modellen" als
Person nicht wiederfinden (ebd.: 165) zu einem geringen Selbstwert sowie
destruktiven Bewältigungsstrategien führen kann (Böhnisch/Funk 2002).

Entscheidend für den Verdeckungszusammenhang ist als erste Dimension
der „Wirkungszusammenhang der Ideologie der Geschlechterhierarchie", aus
dem heraus sich die Diskriminierung von Frauen speist und der Auswirkung
auf die „Lebensqualität von Frauen und Männern" hat (Funk/Schmutz/ Stauber 1993: 155). Zugleich ist die Geschlechterhierarchie mit „Denk- und
Handlungsverboten" verbunden: der Nichtwahrnehmung und -thematisierung
von Gewalt gegenüber Frauen und Heranwachsenden, der kulturellen Vorstellung, dass für Familien- und Hausarbeit die Frau zuständig ist sowie der Tatsache, dass Frauen durch den Verdeckungszusammenhang der Selbstbezug
und die eigenverantwortliche Identitätsentwicklung verwehrt bleiben.

---

4   Gleiches ließe sich auch an der Arbeit mit Mädchen und Frauen im Kontext von Gemein-
     wesenarbeit (vgl. Bitzan 1993; Klöck/Bitzan 1993) bzw. Annahmen der lebensweltorien-
     tierten Sozialen Arbeit zu Mädchenhäuser und -zufluchten (Güntner/Wieninger 2010,
     Güntner/Kuhne 1990) nachzeichnen.

Die zweite Dimension, die neben der Geschlechterhierarchie Bedeutung für den Verdeckungszusammenhang hat, ist die Frage nach Handlungsanforderungen und Normalitätserwartungen, die sich für Mädchen und Jungen unterschiedlich gestalten und wesentlich von „sozialpolitischen Normierungen" und „am kapitalistischen Marktgeschehen orientierten Anforderungen/Standardisierungen" bestimmt sind (Funk/Schmutz/Stauber 1993: 156). Die Ausblendung von Diskriminierungen, Benachteiligungen und Zurückversetzungen, die Mädchen und Jungen, Frauen und Männer im Alltag erfahren, haben Einfluss auf das Erleben „von Stärken und Verletzungen, Selbstschädigung und Gegenwehr" (ebd.: 156) und bestimmen deren Handlungsspielraum. Gesellschaftliche Normierungen und Erwartungshaltungen bedingen ebenso wie der individuelle Lebenszusammenhang die Ausblendung „zentraler Subjektbereiche wie Bedürftigkeit und Abhängigkeit, Verletzlichkeit und Demütigung, soziale Fähigkeiten und Stärken"; die Negierung dieser Bereiche kann destruktive Bewältigungsleistungen zur Folge haben (ebd.: 160).

Der Verdeckungszusammenhang, der wesentlich auch die Wahrnehmung des Alltags durch Individuen mitbestimmt, bedingt „die Übernahme eines individualistischen und auf ungebrochenes Funktionieren abgestelltes Lebenskonzeptes bei gleichzeitiger Abwertung und Nicht-Wahrnehmung real existierender Angewiesenheiten, Bindungen und Unterstützungszusammenhänge" (ebd.: 161). Für die Autorinnen ist der Verdeckungszusammenhang sowohl mit einem „gesellschaftlichen wie subjektiven Realitätsverlust [wie] eine[r] gesellschaftliche[n] wie subjektive[n] Reduzierung von sozialen Zusammenhängen" verbunden (ebd.: 161).

In den Positionen zum Verdeckungszusammenhang finden sich das Lebensweltkonzept und lebensweltorientierte Praxisansätze wieder. Auf der theoretischen Ebene dokumentiert sich dies u.a. an der Entwicklung von Positionen zur Lebenslage und Lebensbewältigung sowie der Wahrnehmung von Erfahrungen und Lebenszusammenhängen von Individuen. Auf der praktischen Ebene in der Forderung nach einem Verständigungsraum – z.T. Konferenzen, Interviews, Beratungsgespräche, etc. –, der zum „Raum zur Selbstthematisierung", durch den die „festgefahrene Alltagsroutine (...) außer Kraft gesetzt" und „ein neue(r) Möglichkeitsraum" eröffnet, wird (ebd.: 166f.). Soziale Arbeit ist hierdurch angehalten, Räume zur Verfügung zu stellen, den Prozess der Selbstthematisierung zu begleiten und Veränderungsbedarfe im politischen Raum anzuzeigen. So könne ein gelingenderer Alltag Wirklichkeit werden.

Zu übersehen ist aber nicht, dass auch das Modell des Verdeckungszusammenhangs nur in Teilen der Sozialen Arbeit Aufnahme fand und nachwachsenden Generationen von Professionellen unbekannt ist. In Grundsatzbeiträgen zur Lebensweltorientierten Sozialen Arbeit wird er zumeist nicht integriert bzw. nicht auf ihn verwiesen.

5. Fazit

Die vom Lebensweltansatz vertretenen Leitorientierungen (Betroffenenper-
spektive, Sozialraumorientierung, Ganzheitlichkeit) finden auch im theoretischen Modell des Verdeckungszusammenhangs Aufnahme. Erst durch die
Zusammenschau von Lebensweltansatz und theoretischen Erörterungen zum
Verdeckungszusammenhang, zur Lebensbewältigung sowie Theorie-Praxis-
Modellen wird es möglich, die Genderpositionen des Lebensweltansatzes
wahrzunehmen. Man kann dadurch einerseits von einer Integration der Geschlechterdimension in die Lebensweltorientierung sprechen, andererseits
kann man davor nicht die Augen verschließen, dass sich die Geschlechterdimension in theoretischen Grundsatzbeiträgen zum Lebensweltansatz – anders
als im Lebensbewältigungsparadigma – bisher kaum findet.

Werden alle theoretische Erörterungen innerhalb der Sozialen Arbeit unter dem Fokus der Aufnahme der Geschlechterkategorie betrachtet, so kann
davon ausgegangen werden, dass sich diese mehrheitlich immer noch durch
den Anspruch der Geschlechtsneutralität auszeichnen, obwohl die Frauen-
und Geschlechterforschung in theoretischen und empirischen Untersuchungen
vehement darauf aufmerksam macht, dass kulturelle Annahmen von Positionen zu ,Frauen' und ,Männern' durchdrungen sind und die Kultur der Zweigeschlechtlichkeit wesentlich unsere Vorstellungen von ,Individuen' bestimmt. Die von Autorinnen und Autoren geforderte Überwindung der Geschlechterblindheit steht in den Theoriediskussionen der Sozialen Arbeit noch
aus. Grundlage für die Aufnahme der Geschlechterkategorie als zentrale Kategorie könnten die – und im Beitrag kurz skizzierten – mannigfaltigen Diskussionsstränge innerhalb der Sozialen Arbeit zum Verhältnis von Sozialer
Arbeit und Geschlecht sein. Meinungsaustausche zu Geschlechterverhältnissen und -beziehungen werden jedoch bisher vorwiegend in einer selektiven
Debatte geführt. Dass die Diskussionen zu Geschlechterfragen selbst im Fluss
sind, zeigen aktuell die Erörterungen zu sozialen Ungleichheiten, Exklusions-
prozessen, Ungerechtigkeiten und Differenzen. Ansätze wie der Intersektiona-
litätsansatz fordern, neben Geschlechterverhältnissen und -beziehungen auch
die Analyse von schichtspezifischen Effekten, geschlechts- und ethniebasierten Arbeitsteilungen und Ungleichheiten in Untersuchungen aufzunehmen
und in organisatorischen Umsetzungen münden zu lassen.

Literatur

Ahmed, Sarina/Höblich, Davina (Hrsg.) (2010): Theoriereflexionen zur Kooperation
    von Jugendhilfe und Schule: Brücken und Grenzgänge. Baltmannsweiler:
    Schneider.

Beck, Ulrich (1986): Risikogesellschaft. auf dem Weg in eine andere Moderne. Frankfurt a.m.: Suhrkamp.

Bentheim, Alexander/Sturzenhecker, Benedikt (2006): Jungenarbeit – Entwicklung und Stand in Deutschland. In: Zander, M./Hartwig, L./Jansen, I. (Hrsg.): Geschlecht Nebensache? Zur Aktualität einer Gender-Perspektive in der Sozialen Arbeit. Wiesbaden: VS, S. 153-168.

Bentheim, Alexander (2010): Jungenarbeit. Historisch, aktuell, perspektivisch. In: Bereswill, M./Stecklina, G. (Hrsg.): Geschlechterperspektiven für die Soziale Arbeit. Zum Spannungsverhältnis von Frauenbewegungen und Professionalisierungsprozessen. Weinheim: Juventa, S. 123-139.

Bereswill, Mechthild (2009): Feministische Kritik oder Genderkompetenz? In: Löw, M. (Hrsg.): Geschlecht und Macht. Analysen zum Spannungsfeld von Arbeit, Bildung und Familie. Wiesbaden: VS, S. 142-156.

Bereswill, Mechthild/Stecklina, Gerd (2010): Frauenbewegungen und Soziale Arbeit. In: Bereswill, M./Stecklina, G. (Hrsg.): Geschlechterperspektiven für die Soziale Arbeit. Zum Spannungsverhältnis von Frauenbewegungen und Professionalisierungsprozessen. Weinheim: Juventa, S. 7-18.

Bereswill, Mechthild/Ehlert, Gudrun (2010): Geschlecht. In: Bock, K./Miethe, I. (Hrsg.): Handbuch Qualitativer Methoden in der Sozialen Arbeit. Opladen: Budrich, S. 143-151.

Bericht der Kommission (1988): Alltag und Biografie von Mädchen. Opladen, Band 16, hrsg. von der Sachverständigenkommission 6. Jugendbericht.

Bitzan, Maria (1993): In Widersprüchen ganzheitlich arbeiten? Methodische Überlegungen aus der Gemeinwesenarbeit mit Frauen. In: Rauschenbach, T./Ortmann, F./Karsten, M.. (Hrsg.): Der sozialpädagogische Blick. Lebensweltorientierte Methoden in der Sozialen Arbeit. Weinheim: Juventa, S. 129-153.

Bitzan, Maria (2000): Konflikt und Eigensinn. Die Lebensweltorientierung repolitisieren. In: Neue Praxis 4/2000, S. 335-346.

Bitzan, Maria/Funk, Heide/Stauber, Barbara (2000): Den Wechsel im Blick, methodologische Ansichten feministischer Sozialforschung. 2. Auflage. Herbolzheim: Centarus,

Bitzan, Maria (2010): Eigensinn und Normalisierung. Ist parteiliche Arbeit mit Mädchen noch aktuell? In: Bereswill, M./Stecklina, G. (Hrsg.): Geschlechterperspektiven für die Soziale Arbeit. Zum Spannungsverhältnis von Frauenbewegungen und Professionalisierungsprozessen. Weinheim: Juventa, S. 103-121.

Böhnisch, Lothar/Funk, Heide (2002): Soziale Arbeit und Geschlecht. Weinheim: Juventa.

Böhnisch, Lothar/Funk, Heide (2013): Soziologie – Eine Einführung für die Soziale Arbeit. Weinheim: Juventa.

Böllert, Karin/Heite, Catrin (2011): Einleitung: Sozialpolitik als Geschlechterpolitik – Geschlechterpolitik als Sozialpolitik. In: Böllert, K./Heite, C. (Hrsg.): Sozialpolitik als Geschlechterpolitik. Wiesbaden: VS, S. 7-10.

Brückner, Margrit/Böhnisch, Lothar (2001): Einleitung. Zur Relevanz der Geschlechterforschung. In: Brückner, M./Böhnisch, L.(Hrsg.): Geschlechterverhältnisse. Gesellschaftliche Konstruktionen und Perspektiven ihrer Veränderung. Weinheim und München: Juventa, S. 7-10.

Brückner, Margrit (2002): Wege aus der Gewalt gegen Frauen und Mädchen. Frankfurt a.M.: Fachhochschulverlag.

Brückner, Margrit (2011): Care - Sorgen als sozialpolitische Aufgabe und als soziale Praxis. In: Otto, H.-U., Thiersch, H. et al. (Hrsg.): Handbuch Soziale Arbeit. Grundlagen der Sozialarbeit und Sozialpädagogik. 4., völlig neu bearb. Auflage. München: Reinhardt, S. 207-213.

Bütow, Birgit (2005): Mädchen in Cliquen: Sozialräumliche Konstruktionsprozesse von Geschlecht in der weiblichen Adoleszenz. Weinheim: Juventa.

Bütow, Birgit/Munsch, Chantal (2012): Soziale Arbeit und Geschlecht. Herausforderungen jenseits von Universalisierung und Essentialisierung – Einleitung. In: Bütow, B./Munsch, C.(Hrsg.): Soziale Arbeit und Geschlecht. Herausforderungen jenseits von Universalisierung und Essentialisierung. Münster: Westfälisches Dampfboot, S. 7-19.

Bütow, Birgit/Kahl, Ramona/Stach, Anna (Hrsg.) (2013): Körper, Geschlecht, Affekt. Selbstinszenierungen und Bildungsprozesse in jugendlichen Sozialräumen. Wiesbaden: Springer.

Drake, Hans (1980): Frauen in der sozialen Arbeit. Sexismus - die geschlechtsspezifische Diskriminierung. Neuwied: Luchterhand.

Engelke, Ernst (2002): Theorien der Sozialen Arbeit. Eine Einführung. 3. Auflage. Freiburg i.B.: Lambertus.

Fleßner, Heike (2013): Geschlechterbewusste Soziale Arbeit. In: Enzyklopädie Erziehungswissenschaft Online (EEO), Fachgebiet Soziale Arbeit/Soziale Arbeit als Profession, hrsg. von Schröer, W./Schweppe, C., Weinheim: Beltz Juventa (erzwissonline.de: DOI 10.3262/EEO14130279), S. 8.

Füssenhäuser, Cornelia (2005): Werkgeschichte(n) der Sozialpädagogik: - Klaus Mollenhauer - Hans Thiersch - Hans-Uwe Otto. Der Beitrag der ersten Generation nach 1945 zur universitären Sozialpädagogik. Baltmannsweiler: Schneider.

Füssenhäuser, Cornelia/Thiersch, Hans (2011): Theorie und Theoriegeschichte Sozialer Arbeit. In: Otto, H.-U./Thiersch, H. (Hrsg.): Handbuch Soziale Arbeit. Grundlagen der Sozialarbeit und Sozialpädagogik. 4. vollständig neu bearbeitete Auflage. München: Reinhardt, S. 1632-1645.

Funk, Heide/Schmutz, Elisabeth/Stauber, Barbara (1993): Wider den alltäglichen Realitätsverlust. Sozialpädagogische Frauenforschung als aktivierende Praxis. In: Rauschenbach, T./Ortmann, F./Karsten, M. (Hrsg.): Der sozialpädagogische Blick. Lebensweltorientierte Methoden in der Sozialen Arbeit. Weinheim: Juventa, S. 155-174.

Gildemeister, Regine (2004): Doing Gender: Soziale Praktiken der Geschlechterunterscheidung. In: Becker, R./Kortendiek, B. (Hrsg.): Handbuch Frauen- und Geschlechterforschung. Theorie, Methoden, Empirie. Wiesbaden: VS, S. 132-140.

Gildemeister, Regine/Robert, Günther (2009): Die Macht der Verhältnisse. Professionelle Berufe und private Lebensformen. In: Löw, M. (Hrsg.): Geschlecht und Macht. Analysen zum Spannungsfeld von Arbeit, Bildung und Familie. Wiesbaden: VS, S. 47-80.

Glaser, Edith/Klika, Dorle/Prengel, Annedore (Hrsg.) (2004): Handbuch Gender und Erziehungswissenschaft. Bad Heilbrunn/Obb: Klinkhardt.

Grunwald, Klaus/Thiersch, Hans (2005): Lebensweltorientierung. In: Otto, H.-U./Thiersch, H. (Hrsg.): HandbuchSozialarbeit, Sozialpädagogik. München: Reinhardt, S. 1136-1148.

Güntner, Hanne/Kuhne, Tina (1990): Mädchenhäuser als Tendenz, eigenständige Lebens- und Zufluchtsbereiche für Mädchen zu schaffen. In: Heiliger, A./Funk, H. (Hrsg.): Neue Aspekte der Mädchenförderung. Weinheim: Juventa, S. 71-89.

Güntner, Hannelore/Wieninger, Sabine (2010): Mädchenarbeit – die kleine Schwester der Frauenbewegung. In: Engelfried, C./Voigt-Kehlenbeck, C. (Hrsg.): Gendered Profession. Soziale Arbeit vor Neuen Herausforderungen in der zweiten Moderne. Wiesbaden: VS, S. 121-142.

Hartwig, Luise (2002): Spezialisierung versus Entspezialisierung. In: Schröer, W./ Struck, N./Wolff, M. (Hrsg.): Handbuch Kinder- und Jugendhilfe. Weinheim: Juventa, S. 959-970.

Heiliger, Anita/Funk, Heide (Hrsg.) (1990): Neue Aspekte der Mädchenförderung. Weinheim: Juventa.

Klinger, Cornelia (2003): Ungleichheit in den Verhältnissen von Klasse, Rasse und Geschlecht. In: Knapp, G.-A./Wetterer, A. (Hrsg.): Achsen der Differenz. Gesellschaftstheorie und feministische Kritik II. Münster: Westfälisches Dampfboot, S. 14-48.

Klinger, Cornelia/Knapp, Gudrun-Axeli (Hrsg.) (2007): Achsen der Ungleichheit: Zum Verhältnis von Klasse, Geschlecht und Ethnizität. Frankfurt a.M., New York: Campus.

Klöck, Tilo/Bitzan, Maria (1993): »Wer streitet denn mit Aschenputtel?« Konfliktorientierung und Geschlechterdifferenz. München: AG-SPAK.

Krenckel, Reinhard (2004): Politische Soziologie der sozialen Ungleichheit. 3., erw. Auflage. Frankfurt a.M.: Campus.

Leiprecht, Rudolf (Hrsg.) (2011): Diversitätsbewusste Soziale Arbeit. Schwalbach/Ts.: Wochenschau.

Lempp, Theresa (2011): Macht. In: Ehlert, G./Funk, H./Stecklina, G. (Hrsg.): Wörterbuch Soziale Arbeit und Geschlecht. Weinheim: Juventa, S. 263-266.

Lenz, Karl/Adler, Marina (2010): Geschlechterverhältnisse. Einführung in die sozialwissenschaftliche Geschlechterforschung. Bd. 1, Weinheim: Juventa.

Lenz, Gaby (2003): Genderperspektiven – Eine Notwendigkeit in der Sozialen Arbeit. In: Beinzger, D./Diehm, I. (Hrsg.): Frühe Kindheit und Geschlechterverhältnisse. Konjunkturen in der Sozialpädagogik. Frankfurt a.M.: Johann-Wolfgang-Goethe-Universität, S. 53-70.

May, Michael (2008): Aktuelle Theoriediskurse Sozialer Arbeit. Eine Einführung. Wiesbaden: VS.

May, Michael (2013): Das Paradigma von Intersektionalität und das Erbe eines kritisch-reproduktionstheoretisch orientierten Forschens in der Tradition von Marx. In: Widersprüche. 32. Jg.; Heft 126, S. 29-49.

Meuser, Michael (1998): Geschlecht und Männlichkeit. Soziologische Theorie und kulturelle Deutungsmuster. Opladen: Leske und Budrich.

Mollenhauer, Klaus (1959): Die Ursprünge der Sozialpädagogik in der industriellen Gesellschaft. Eine Untersuchung zur Struktur pädagogischen Denkens und Handelns. Weinheim: Beltz.

Notz, Gisela (1989): Frauen im sozialen Ehrenamt. Ausgewählte Handlungsfelder: Rahmenbedingungen und Optionen. Freiburg i.B.: Lambertus.

Otto, Hans Uwe/Thiersch, Hans (Hrsg.) (2011): Handbuch Soziale Arbeit. Grundlagen der Sozialarbeit und Sozialpädagogik. 4. vollständig neu bearbeitete Auflage. München: Reinhardt.

Rabe-Kleeberg, Ursula (Hrsg.) (1990): Besser gebildet und doch nicht gleich! Frauen und Bildung in der Arbeitsgesellschaft. Bielefeld: Kleine.

Rauschenbach, Thomas (1991): Sozialpädagogik – eine akademische Disziplin ohne Vorbild. Notizen zur Entwicklung der Sozialpädagogik als Ausbildung und Beruf. In: Neue Praxis. 1991; 2. S. 1-11.

Rerrich, Maria S. (2010): Care und Gerechtigkeit. Perspektiven der Gestaltbarkeit eines unsichtbaren Arbeitsbereichs. In: Apitzsch, U./Schmidtbaur, M. (Hrsg): Care und Migration. Die Ent-Sorgung menschlicher Reproduktionsarbeit entlang von Geschlechter- und Armutsgrenzen. Opladen: Budrich, S. 77-83.

Riegel, Christine (2012): Intersektionalität in der Sozialen Arbeit. In: Bütow, B./ Munsch, C. (Hrsg.): Soziale Arbeit und Geschlecht. Herausforderungen jenseits von Universalisierung und Essentialisierung. Münster: Westfälisches Dampfboot, S. 40-60.

Rose, Lotte/Schulz, Marc (2007): Gender-Inszenierungen. Jugendliche im pädagogischen Alltag. Königstein/Taunus.: Helmer.

Rose, Lotte (2007): Gender und Soziale Arbeit. Annäherungen jenseits des Mainstreams der Genderdebatte. Baltmannsweiler: Schneider.

Sachße, Christoph/Tennstedt, Florian (1980): Geschichte der Armenfürsorge in Deutschland. Vom Spätmittelalter bis zum 1. Weltkrieg. Stuttgart: Kohlhammer.

Sachße, Christoph (1986): Mütterlichkeit als Beruf. Sozialarbeit, Sozialreform und Frauenbewegung; 1871-1929. Frankfurt a.M.: Suhrkamp.

Scherr, Albert (2011): Diversity: Unterschiede, Ungleichheiten und Machtverhältnisse. In: Leiprecht, R. (Hrsg.): Diversitätsbewusste Soziale Arbeit. Bad Schwalbach: Wochenschau, S. 79-95.

Spindler, Susanne (2006): Corpus delicti. Männlichkeit, Rassismus und Kriminalisierung im Alltag jugendlicher Migranten. Münster: Unrast.

Stauber, Barbara (2008): Junge Erwachsene und Geschlecht. In: Rietzke, T./Galuske, M. (Hrsg.): Lebensalter und Soziale Arbeit. Bd. 4: Junges Erwachsenenalter. (Reihe: Basiswissen Soziale Arbeit, hrsg. von Homfeldt, H.G./Schulze-Krüdener, J.): Baltmannsweiler: Schneider, S. 126-148.

Stecklina, Gerd (2012):) Zum Verhältnis von Theorien der Sozialen Arbeit und Geschlechterdimension. Das Beispiel Lebens-weltorientierte Soziale Arbeit. In: Bütow, B./Munsch, C. (Hrsg.) (2012): Soziale Arbeit und Geschlecht. Herausforderungen jenseits von Universalisierung und Essentialisierung. Münster: Westfälisches Dampfboot , S. 108-127.

Stövesand, Sabine (2010): Gewalt im Geschlechterverhältnis. Wieso, weshalb, was tun? In: Bereswill, M./Stecklina, G. (Hrsg.): Geschlechterperspektiven für die Soziale Arbeit. Zum Spannungsverhältnis von Frauenbewegung und Professionalisierungsprozessen. Weinheim: Juventa, S. 81-102.

Thiersch, Hans (1993): Strukturierte Offenheit. Zur Methodenfrage einer lebensweltorientierten Sozialen Arbeit. In: Rauschenbach, T./Ortmann, F./Karsten, M. (Hrsg.): Der sozialpädagogische Blick. Lebensweltorientierte Methoden in der Sozialen Arbeit. Weinheim: Juventa, S. 11-28.

Thiersch, Hans/Grunwald, Klaus/Köngeter, (2002): Lebensweltorientierte Soziale Arbeit. In: Thole, W.: Grundriss Soziale Arbeit. Ein einführendes Handbuch. Opladen: Leske und Budrich, S. 161-178.

Thiersch, Hans (2005): Lebensweltorientierte Soziale Arbeit. Aufgaben der Praxis im sozialen Wandel. Weinheim: Juventa, 6. Auflage.

Wallner, Claudia (1997): Soziale Praxis. Mädchengerechte kommunale Jugendhilfeplanung. Münster: Votum; hrsg. vom Institut für soziale Arbeit e.V.

Wallner, Claudia (2008): Frauenarbeit unter Männerregie oder Männerarbeit im Frauenland? In: Böllert, K./Karsunky, S. (Hrsg.): Genderkompetenz in der Sozialen Arbeit. Wiesbaden: VS, S. 29-45.

Wetterer, Angelika (2002): Arbeitsteilung und Geschlechterkonstruktion.»Gender at Work« in theoretischer und historischer Perspektive. Konstanz: UVK.

Wetterer, Angelika (2007): Erosion oder Reproduktion geschlechtlicher Differenzierungen? Zentrale Ergebnisse des Forschungsschwerpunkts ‚Professionalisierung, Organisation, Geschlecht' im Überblick. In: Gildemeister, R./Wetterer, A. (Hrsg.): Erosion oder Reproduktion geschlechtlicher Differenzierungen? Widersprüchliche Entwicklungen in professionalisierten Berufsfeldern und Organisationen. Münster: Westfälisches Dampfboot, S. 189-214.

Zeller, Susanne (1987): Volksmütter – mit staatlicher Anerkennung. Frauen im Wohlfahrtswesen d. zwanziger Jahre. Düsseldorf: Schwann.

„Wie Gender in die Soziale Arbeit kam"
Ein Beitrag zur Bedeutung feministischer Mädchenarbeit für die Geschlechterperspektive und zum Verständnis moderner Genderansätze

Claudia Wallner

1. Gender als Bestandteil des Fachwissens Sozialer Arbeit

Vor 15 Jahren noch konnte außerhalb der Genderforschung kaum etwas mit dem Begriff Gender angefangen werden – auch nicht in der Sozialen Arbeit, die auf Menschen in ihrer Vielfalt ausgerichtet ist. Als der Genderbegriff insbesondere über die politische Strategie des Gender Mainstreaming Einzug in Politik und Verwaltungen hielt, gab es zunächst erhebliche Proteste: „Warum sollen wir etwas machen, was wir nicht mal aussprechen können? Und warum schon wieder so was Englisches?" Diese Fragen waren eine verbreitete Reaktion auf die Anforderung, nunmehr die Auswirkungen sozial-kultureller Zuschreibungen an die Geschlechtszugehörigkeit strukturell, personell und praktisch zu beachten und zum Abbau geschlechtsspezifischer Benachteiligungen aktiv beizutragen. Gender war als Begriff und als fachliche Anforderung sperrig. Die Ablehnung des Begriffs war ein Synonym für eine kritische Haltung gegenüber dem, was mit Gender beschrieben ist: Ge-schlecht als fachliche Kategorie anzuerkennen und damit gleichzeitig zu akzeptieren, dass die Geschlechtszugehörigkeit immer noch gesellschaftliche und individuelle Hierarchien herstellt.

Bis dato waren Geschlechterfragen an Mädchenarbeit (und teilweise auch an Jungenarbeit) delegiert, mit dem politischen Etikett der Feminismusförderung behaftet und damit als fachlich irrelevant deklariert worden. Dass beispielsweise seit 1990/91 mit dem Inkrafttreten des SGB XIII (Kinder- und Jugendhilfegesetz) eine Verpflichtung der gesamten Kinder- und Jugendhilfe besteht, aktiv zum Abbau von Benachteiligungen beizutragen (§ 9,3 SGB XIII), bis heute kaum in politisches Handeln und entsprechende Praxis umgesetzt.

Kurz vor der Jahrtausendwende – in der zweiten Hälfte der 1990er Jahre –
aber kam Gender auf den Flügeln der europäischen Union top-down als politische Verpflichtung daher und musste ernster genommen werden als Praxis-
konzepte wie Mädchen- oder Jungenarbeit.[1] Und tatsächlich hielt Gender
zumindest als Begriff und als Anspruch rasanten Einzug in die Soziale Arbeit:
Heute „ist alles Gender", so scheint es. „Wir machen jetzt Gender" gehört
inzwischen zum Standardrepertoire der Sprechpolitik. Das bedeutet: Das
Verständnis wächst, dass Geschlecht eine hoch wirksame soziale Kategorie
und damit Platzanweiser für das Individuum in der Gesellschaft ist. Zugleich
wird deutlich, dass Zuschreibungen bezüglich der Geschlechtszugehörigkeit
Beachtung finden müssen, wenn Angebote und Maßnahmen die Klientel
erreichen sollen. Gleichzeitig bleibt aber, so scheint es bis heute, die Skepsis
gegenüber der Auseinandersetzung mit der Wirkung sozial-kultureller Zuschreibungen an die biologische Geschlechtszugehörigkeit fortzu bestehen.
Das mag u.a. mit der Geschichte von Gender in der Sozialen Arbeit und damit
mit den feministischen Wurzeln zu tun haben, die bis heute Widerstände
hervorrufen in zumeist patriarchal ausgerichteten politischen Gremien, Verwaltungen und Leitungsebenen sozialer Organisationen.

Um Genderkonzepte zu verstehen, ist es deshalb sinnvoll, noch einmal
zurück zu blicken und der Frage nachzugehen, wie diese in die Soziale Arbeit
kamen und warum eine Genderorientierung heute immer noch relevant ist.

2. Warum immer noch Diskussionen um die Geschlechterfrage?

Ein Kind wird geboren, und zwei Fragen werden immer als Erstes gestellt: Ist
es gesund? Und: Ist es ein Junge oder ein Mädchen? Kein anderes Merkmal
des Menschen scheint so wichtig und führt zu so vielen sozialen Zuschreibungen wie die biologische Geschlechtszugehörigkeit (sex). Sie ist eng verbunden mit sozialen und kulturellen Zuschreibungen, die an die Geschlechter
gerichtet werden (gender). Zu wissen, ob das Gegenüber männlichen oder
weiblichen Geschlechts ist, erscheint den Menschen evident wichtig für das
eigene Verhalten und dafür, den/die Andere einzuschätzen. Sex und Gender
sind eng miteinander verbunden: Mädchen sollen sich auch wie Mädchen
benehmen und anziehen, Jungen wie Jungen. Geschieht dies nicht, greift die
Umwelt sanktionierend ein oder deklariert das abweichende Verhalten doch
zumindest als „anders", „untypisch": „Sie klettert wie ein Junge", heißt es
dann oder „er heult wie ein Mädchen".

---

1   Vgl. http://www.bmfsfj.de/BMFSFJ/gleichstellung,did=192702.html [Zugriff: 25.01.2013]

Sozial-kulturelle Zuschreibungen an biologische Geschlechter sind einerseits soziale Ordnungskategorien und helfen damit, die Welt zu verstehen. Insofern sind sie hilfreich. Andererseits weist das System der Zweigeschlechtlichkeit zwei gravierende Mängel auf: Es basiert auf der Annahme, dass es lediglich zwei biologische Geschlechter gibt (weiblich und männlich), und dass das biologische Geschlecht eines Menschen Auswirkungen auf seine Vorlieben und Fähigkeiten hat. Beide Annahmen aber lassen sich heute wissenschaftlich nicht mehr aufrechterhalten (vgl. Fine 2012: 169ff.). Es handelt sich vielmehr um Konstruktionen, die Entwicklungsmöglichkeiten von Mädchen und Jungen frühzeitig und massiv einschränken: Interessen werden nur einseitig gefördert, Zugänge zu unterschiedlichen gesellschaftlichen Bereichen verhindert bzw. eröffnet, je nach Geschlechtszugehörigkeit (Sachverständigenkommission 2011). So werden immer noch Benachteiligungen und Privilegierungen hergestellt, die an die Geschlechtszugehörigkeit gebunden sind – trotz Gleichstellungsgesetzen, Gender Mainstreaming etc.

Auf diese Benachteiligungen, die sich im Schwerpunkt beim weiblichen Geschlecht realisieren, reagierte vor nunmehr 35 Jahren die feministische Mädchenarbeit (vgl. Wallner 2006).

2.1 Im Feminismus liegen die Wurzeln von Mädchenarbeit

Das Konzept feministischer Mädchenarbeit wurde von Sozialarbeiterinnen in der ersten Hälfte der 1970er Jahre entwickelt. Beeinflusst von den Analysen der Frauenbewegung zur gesellschaftlichen Situation von Frauen reflektierten sie ihren eigenen Arbeitsalltag insbesondere in Einrichtungen der offenen Jugendarbeit und kamen zu dem Schluss, dass die patriarchalen Gesellschaftsverhältnisse sich auch in der Sozialen Arbeit wieder finden und auch hier zu bekämpfen seien. Anders als in den übrigen europäischen Ländern hatten sich in der deutschen Frauenbewegung radikalfeministische Strömungen durchgesetzt, die die Separierung des Frauenthemas und der Frauen vom allgemeinpolitischen Kampf um die Abschaffung des Kapitalismus propagierten (vgl. Nave-Herz 1987: 45ff.) und sich im Wesentlichen auf die Entwicklung von Frauenkultur und Frauenidentität konzentrierten. Grund dafür war, dass der in der Studentenbewegung geführte antikapitalistische Kampf die Abschaffung des Patriarchats lediglich als einen Nebenwiderspruch gelten lassen wollte und davon ausging, dass sich in einem sozialistischen Staat die Gleichberechtigung der Geschlechter „von allein" einstellen würde. Dieser Glauben fehlte den Frauen nach jahrelangen Erfahrungen mit ihren studentischen Kollegen in der gemeinsamen politischen Arbeit. Die politische Grundlage der feministischen Mädchenarbeit war der Radikalfeminismus, der Männer als Unterdrücker von Frauen ausmachte und das Patriarchat als politisches System, das Frauen zum zweiten Geschlecht macht (vgl. Wallner 2006:

185ff.). Entsprechend bezog sich Mädchenarbeit auf differenztheoretische Ansätze, nach denen Frauen anders sind als Männer, weil ihre Biologie eine andere ist. Diese Andersartigkeit führt der Theorie entsprechend dazu, dass Frauen andere (eigene, weibliche) Interessen und Fähigkeiten haben, die allein durch das Patriarchat zu Schwächen deklariert werden und die es durch die Frauenbewegung gilt, zu Stärken umzudefinieren (vgl. Tegeler 2003: 49). Aus diesen Grundlagen heraus entwickelten die Frauen erste Grundsätze feministischer Mädchenarbeit. 1978 stellte eine Gruppe Berliner Pädagoginnen auf dem Kölner Kongress „Feministische Theorie und Praxis in sozialen und pädagogischen Berufsfeldern" erstmals Prinzipien feministischer Mädchenarbeit einer großen Öffentlichkeit vor und zur Debatte:

- Parteilichkeit für Mädchen:
  Pädagoginnen müssen sich von einer geschlechtsneutralen Jugendarbeit verabschieden und sich grundsätzlich wertend auf die Seite der Mädchen stellen. Ihre Bedürfnisse und Probleme stehen an erster Stelle und bestimmen die Zielsetzungen und die tägliche Praxis der Pädagogik
- ausschließlich Frauen in der feministischen Mädchenarbeit:
  Parteilichkeit setzt die Auseinandersetzung mit der eigenen Unterdrückung als Frau und das Erkennen der gemeinsamen Erfahrung von Mädchen und Frauen unter dem herrschenden männlichen Machtanspruch voraus.
- Pädagoginnen als Identifikationsfiguren:
  Pädagoginnen müssen ihren eigenen Emanzipationsprozess in die Arbeit mit den Mädchen einbringen und offen legen. Das reduziert die Distanz zwischen Mädchen und Pädagoginnen auf ein Minimum und ermöglicht, dass Mädchen in den Pädagoginnen positive Identifikationsfiguren sehen, die ihnen Alternativen zu den gängigen weiblichen Leitbildern vorleben.
- an den Stärken von Mädchen ansetzen:
  Mädchen und Frauen müssen zu einer eigenen, positiven Bewertung ihrer Fähigkeiten und Verhaltensweisen fern gesellschaftlicher Bewertungen kommen. Sie dürfen nicht länger an den gesellschaftlich zuerkannten Werten gemessen werden, sondern an eigenen Zielvorstellungen menschlichen Zusammenlebens. Mädchen und Frauen können so ihr Bewusstsein eigener Schwäche und Defizite ablegen und zu einem der Stärke gelangen. Typisch weibliche Fähigkeiten und Verhaltensweisen werden so aufgewertet.
- autonome Mädchengruppen als Ort der Solidarität:
  Fern der Beurteilung von und der Orientierung an Jungen können Mädchen in geschlechtshomogenen Gruppen eigene Bedürfnisse und Interessen kennen lernen, die unabhängig sind von männlichen Erwartenshaltungen. Die eigenen und männliche Verhaltensweisen können hinterfragt und eigene Stärken entwickelt werden, auch außerhalb der Gruppe die ei-

genen Interessen zu vertreten. Die Erfahrung, dass Aktivitäten nur unter Mädchen Spaß machen, lässt die Solidarität füreinander wachsen. Mädchen lernen, ihre Rechte und Interessen gemeinsam durchzusetzen. (vgl. BERLINER PÄDAGOGINNENGRUPPE 1979: 87f.)

Zu erkennen ist in den Grundsätzen deutlich die Doppelorientierung auf das Individuum und die Gesellschaft, aber auch auf Mädchen und Sozialarbeiterinnen. Auf einer dritten Ebene der Doppelorientierung gerieten auch die Männer und Jungen neben den Mädchen und Frauen in den Blick:

„Sexismus von Jungen und Männern, Dominanz, eingeübtes Rollenverhalten bezogen auf Territorialverhalten, Machtdemonstration und ein traditionelles ‚Besitzerrecht‘ an den Mädchen sind eben nicht durch eine in Relation hilflos anmutende Mädchengruppe zu verändern. Das bedeutet die Notwendigkeit, massiv in die Jungendomäne einzugreifen, soll der ‚Mädchenansatz‘ in eine Institution der Jugendarbeit integriert werden. Das Klima muss emanzipiert werden. (...) D.h., es ist parallel notwendig, mit abgestimmten Inhalten der ‚geschlechtsspezifischen Jugendarbeit‘ in Jungengruppen zu arbeiten" (Savier 1980: 186).

Die Ziele feministischer Mädchenarbeit bezogen gleichwertig auch eine Veränderung der Pädagogen und des Verhältnisses zwischen weiblichen und männlichen Fachkräften mit ein. Mädchenarbeit sollte auf verschiedenen Ebenen wirken: Sie sollte die Mädchen selbst unterstützen und stärken, sie sollte ihren gesellschaftlichen Status aufwerten, sie sollte die Arbeitsbedingungen der Pädagoginnen verbessern ebenso wie das Arbeitsklima zwischen den Kolleg_innen und sie sollte die Einrichtungen in Strukturen und Konzepten und die Kollegen und männlichen Besucher in ihrem Verhalten gleichberechtigungsorientiert verändern. Jungenarbeit wurde von Anfang an gefordert, ebenso wie eine Verhaltens- und Einstellungsänderung in Richtung Gleichberechtigung von den männlichen Kollegen. Im Verständnis feministischer Mädchenarbeit sollte die Jungenarbeit allerdings dazu dienen, dass männliche Unterdrückung und Bevormundung gegenüber Mädchen durch die Intervention der Pädagogen abgeschafft und Mädchen damit mittelbar unterstützt würde.
Die zentralen Themen feministischer Mädchenarbeit waren demnach Autonomie, Selbstbestimmung, Befreiung von der Fremdbestimmung individuell durch den Freund/Partner und gesellschaftlich durch die patriarchale Herrschaft, Herstellung von Selbstbewusstsein, Verabschiedung vom eigenen Defizit- und Opferblick und Entwicklung einer eigenständigen, an Stärken orientierten Identität. Feministische Mädchenarbeit wurde verstanden als ein Ansatz zur Befreiung von Mädchen aus den klassischen Rollenanforderungen, was als Voraussetzung für die Entwicklung einer eigenständigen Identität angesehen wurde.

Diese ersten Grundsätze feministischer Mädchenarbeit bilden bis heute die
Basis des Selbstverständnisses feministischer und parteilicher Mädchenarbeit
und sind zu folgenden Leitsätzen zusammengefasst:
    Feministische Mädchenarbeit ist parteilich. Sie ist von Frauen für Mäd-
chen gemacht, wertet weibliche Fähigkeiten und Tätigkeiten auf, fördert eine
eigenständige Identität bei Mädchen, unterstützt Solidarität unter Mädchen,
befreit von männlichen Zuschreibungen und macht Mädchen stark und unabhängig. Eigene Räume für Mädchen, Geschlechtshomogenität der Angebote,
ausschließlich Frauen in der Mädchenarbeit und die Abschaffung des Patriarchats waren und sind damit bis heute die Eckpfeiler feministischer Mädchenarbeit. Feministische Mädchenarbeit war pädagogisch, politisch und forderte
eine ergänzende Jungenarbeit, in der Männer Jungen dazu bringen sollten,
Mädchen nicht länger zu unterdrücken und abzuwerten.
    Die Pädagoginnen stellten sich eng und unverrückbar auf die Seite von
Mädchen und gegen jegliche männliche Dominanz. Es galt, sich ganz auf die
weibliche Seite der Welt zu schlagen und zu konzentrieren, um dieser zu
Eigenständigkeit und Stärke zu verhelfen. Um dieses Ziel zu erreichen, sepa-
rierte feministische Mädchenarbeit sich soweit es ging: Frauen gründeten
eigene Vereine, die ausschließlich von Frauen geführt wurden und in denen
nur Frauen tätig sein durften. Diese Vereine wurden Träger von Angeboten
und Einrichtungen der Mädchenarbeit: Mädchentreffs und -cafés, Mädchen-
gesundheitsangebote, Mädchenberatungsstellen und berufsorientierende Angebote. Frauen entwickelten mädchengerechte Konzepte in der Freiheit eigener Träger. Hier konnten sie sich ausschließlich auf Mädchen konzentrieren
und waren nicht eingeschränkt durch Vorgaben und Konzepte der Jugendhil-
feträger. Vertretung nur von Mädcheninteressen und damit Parteilichkeit auf
ganzer Linie hieß die Devise. Mädchenarbeiterinnen schufen eigene Räume,
die ausschließlich von feministisch orientierten Frauen getragen wurden und
lehnten jeglichen Kontakt oder gar Kooperation mit männlich dominierten
Einrichtungen und Strukturen und mit Männern als „Vertreter des Patriarchats" ab. Die Motivation der Frauen in den 1970ern, solche feministische
Mädchenarbeit zu entwickeln, war Wut über die Abwertung und Benachteiligung von Frauen, das Aufbegehren gegen die Bevormundung durch Männer
und die Unterdrückung durch das Patriarchat.

2.2   *Das Frauenbild der neunzehnhundertsechziger und frühen -siebziger Jahre*

Ein Blick in die gesellschaftliche Situation von Mädchen und Frauen in den
sechziger und siebziger Jahren des vergangenen Jahrhunderts zeigt, dass
Feministinnen damals mehr als gute Gründe hatten, ein solches Konzept von

Mädchenarbeit zu entwickeln, denn Mädchen und Frauen waren entrechtet und unterdrückt:

Trotz des Artikels 3 im Grundgesetz der BRD, der Männer und Frauen seit 1949 als gleichberechtigt deklarierte, vollzog sich Gleichberechtigung lediglich im Rahmen der zugeordneten gesellschaftlichen Rollen. Noch bis weit in die sechziger Jahre wurde davon ausgegangen, dass die Rollenverteilung zwischen den Geschlechtern biologisch vorgegeben und damit nicht veränderbar ist. Der erste Frauenbericht der Bundesregierung 1966 zog dann unter Verweis auf Simone de Beauvoir erstmalig in Erwägung, dass diese Auffassung diskussionswürdig sei:

„Erst in neuerer Zeit wurde die Auffassung vertreten, dass das Leitbild der Frau nicht etwas von vornherein Gegebenes, sondern etwas historisch Gewordenes sei (...); außer durch die Eigenschaften und Fähigkeiten der Frau werde die Vorstellung von der Frau vor allem durch die Erwartung geprägt, welche die Gesellschaft jeweils an sie stelle. Nach dieser Auffassung ist das Bild der Frau in einem bestimmten zentralen, insbesondere mütterlichen Bereich zwar ein für allemal festgelegt, im Übrigen aber Wandlungen zugänglich" (Deutscher Bundestag 1966: 9).

Die Frau sei, so der Frauenbericht weiter, nach ihrer körperlichen und geistig-seelischen Beschaffenheit auf die Mutterschaft hin ausgelegt. Erwerbstätigkeit sei nur dann akzeptierbar, wenn sie mit den Kindererziehungs- und Haushaltsaufgaben vereinbar sei und für Mütter von Kleinkindern generell abzulehnen. Die in den sechziger Jahren katastrophale Bildungssituation von Mädchen insbesondere aus der Arbeiterklasse wurde durch ihren Bildungsunwillen begründet und damit individualisiert. Dieses Frauenbild manifestierte sich auch in den bundesrepublikanischen Gesetzen. Bis zur Änderung des Familienrechts 1977 galt:

„Die Frau führt den Haushalt in eigener Verantwortung. Sie ist berechtigt, erwerbstätig zu sein, soweit dies mit ihren Pflichten in Ehe und Familie vereinbar ist" (BGB § 1356 von 1957).

Die Frau war demnach eine verheiratete Frau, etwas Anderes sah das Gesetz nicht vor. Und sie war zur Haushaltsführung und Kindererziehung verpflichtet und zur Erwerbstätigkeit nur eingeschränkt berechtigt. Verpflichtet zur Erwerbsarbeit hingegen war sie, wenn die Arbeitskraft oder die Einkünfte des Mannes nicht ausreichten. Bis 1970 legte das Bürgerliche Gesetzbuch fest, dass unverheirateten Frauen als Strafe dafür, dass sie Teilnehmerin einer unsittlichen Handlung waren, die elterliche Gewalt über ihr unehelich geborenes Kind zunächst generell entzogen und später nur in Ausnahmefällen zugebilligt wurde. Abtreibung war bis 1974 generell verboten, und erst mit Änderung des Familiengesetzes 1977 erhielten beide Ehepartner_innen das Recht auf Erwerbstätigkeit. Frau zu sein in den 1960er und 1970er Jahren in der BRD bedeutete also, körperlich, seelisch und rechtlich dem (Ehe-)Mann und dem patriarchalen Gesellschaftssystem ausgeliefert zu sein. Insofern werden die Ziele der Frauenbewegung und die Grundsätze der feministischen Mädchenarbeit auf diesem historischen Hintergrund verständlich. Feministische Mädchenarbeit hat mit ihrem Konzept seit den 1970er Jahren die Lebenslagen von Mädchen und jungen Frauen ebenso wie die Ignoranz der Jugendwohlfahrt/-hilfe gegenüber Mädchen sichtbar gemacht und demgegenüber mädchengerechte Angebote entwickelt. Mädchen erlangten durch diese Arbeit sukzessive den Status einer Zielgruppe gegenüber dem der Randgruppe, den sie über Jahrzehnte zugewiesen bekommen hatte. Der Dank für diese Leistung hielt sich in der Jugendhilfe aber in Grenzen: Wer die politischen und strukturellen Verhältnisse öffentlich und kontinuierlich anprangert, in denen man sich selbst bewegt und wer im Patriarchat männliche Machtmonopole anklagt, der ist nicht gut gelitten. Die Folge: Mädchenarbeit wurde über lange Zeit entwertet und ausgegrenzt. Teilweise hält diese Abwertung bis heute an, wenn Mädchenarbeit immer wieder als verzichtbar deklariert und ihre Finanzierung gemindert oder gestrichen wird. Das ist nicht weiter verwunderlich: Wer sich für eine unterdrückte Gruppe einsetzt, kann nicht erwarten, dass die herrschende Gruppe glücklich darüber ist, zumal, wenn sie sich selbst als demokratisch und grundsätzlich der Gleichberechtigung verpflichtet sieht.

3. Und heute: Erfolgsrezept Mädchen?

Von dieser Situation aus ist die Gesellschaft und sind Mädchen bis heute einen weiten Weg gegangen, so scheint es. In der Öffentlichkeit, in den Medien und von der Politik werden heute ganz andere Mädchenbilder gezeichnet, die denen von vor 30 Jahren nahezu diametral entgegenstehen. Mädchen heute sind demnach selbstbewusster und besser gebildet als Jungen, gleichberechtigt oder sogar inzwischen überlegen und privilegiert. Das öffentliche Bild von Mädchen ist einseitig und vermeintlich durchweg positiv. Schrieben gesellschaftliche Vorgaben vor zwanzig Jahren Mädchen noch zu, sanft, still, sorgend und selbstlos zu sein, sich als Haus-, Ehefrau und Mutter in die Gesellschaft einzufügen und den (Ehe-)Mann in seiner beruflichen Rolle zu unterstützen, so erscheinen die neuen Mädchenbilder, wie sie seit den 1990er Jahren insbesondere durch Jugendzeitschriften, Musiksendungen und Fernsehserien präsentiert werden, nahezu als Gegensatz zu diesen alten Rollenbildern. Geboren wurden die Alpha-Mädchen:

„Ein Alpha-Mädchen wie ich steht morgens verliebt auf, arbeitet in dem Beruf, den es sich erträumt hat und freut sich auf ihre Kinder, die sie eines Tages bekommen wird" (Regisseurin Nina Mattenklotz in Spiegel online 13.06.07).

Mädchen, so das mediale Bild, sind Bildungsgewinnerinnen, verfügen über soft skills, sind flexibel, können Multitasking und haben ihre Gehirnhälften besser vernetzt. Kurz: Ihnen stehen alle Türen offen.

Das Mädchen von heute ist demnach stark, selbstbewusst, schlau, schlank, sexy, sexuell aktiv und aufgeklärt, gut gebildet, familien- und berufsorientiert, heterosexuell, weiblich, aber auch cool, selbständig, aber auch anschmiegsam, es kann alles bewältigen und kennt keine Probleme, keinen Schmerz – all dies in Summe, nicht wahlweise (vgl. Stauber 1999).

Mehrere Dinge werden hier deutlich: Gesellschaftliche Rollenbilder sind deutlich weiter und vielfältiger geworden. Sie sind aber auch in sich widersprüchlich, und sie sind deutlich überfordernd, weil überfrachtet mit Anforderungen. Sie stellen so viele Optionen bereit, Mädchen zu sein, dass es wenig Orientierung gibt – wenn alles möglich ist, was ist dann das Richtige? Sie lassen keine Ängste, Unsicherheiten und kein Scheitern zu; hier zeigt sich besonders deutlich eine Annäherung des weiblichen Rollenbildes an das männliche. Gleichzeitig wirken alte Rollenbilder weiter: Je nach Schicht, Ethnie, Wohnort, Religion etc. werden Mädchen weiterhin auch mit konservativen Rollenvorstellungen und -bildern konfrontiert. Das öffentliche Bild des Mädchens von heute spiegelt uns das selbstbewusste, hippe Mädchen als scheinbar einzige Variante von Mädchensein. Die Realität dagegen hält so viele Unterschiedlichkeiten, Widersprüche, Überforderungen und Gegensätze neben neuen Freiheiten vor, dass Mädchen je nach Lebenslagenkontext deutlich verschiedene Rollenanforderungen zu bewältigen haben. Diese sind in sich widersprüchlich und damit nicht zu erfüllen und sie gelten u.U. nur für einzelne Lebensorte oder Lebensabschnitte – z.B. wenn die familiären Vorstellungen andere sind als die der Clique oder der Peer-group. Da diese Vieldeutigkeit durch das neue Mädchenbild verdeckt wird, muss diese Orientierung individuell bewältigt werden. Mädchen, die diesen modernen Bildern nicht genügen (können) oder von denen in ihrem persönlichen Umfeld anderes erwartet wird, haben das Gefühl, selbst Schuld zu sein, es „nicht drauf zu haben". Sie erleben sich oftmals in ihrer weiblichen Identität als unzulänglich oder gar gescheitert.

Ein ähnliches Problem entsteht durch die öffentliche Botschaft, dass Mädchen heute gleichberechtigt seien und ihnen alle Wege offen stehen, zumal sie inzwischen deutlich besser gebildet seien als Jungen. Auch hier gilt es, die in der Realität bestehenden erheblichen Unterschiede zwischen Mädchen und ihren Chancen zu realisieren, die sich aus ihren Lebenslagen insgesamt ergeben. Je nach Familie, Bildungsstand, Nationalität, ethnischer Zugehörigkeit, materiellen Verhältnissen, persönlichen Handicaps oder Kompetenzen haben Mädchen und junge Frauen erheblich unterschiedliche Chancen und Lebensoptionen. Gleichzeitig verschweigt dieser Gleichberechtigungsdiskurs, dass selbst gute Schulbildung auf dem Ausbildungs- und Arbeitsmarkt weniger Wert ist, als männlichen Geschlechts zu sein. Die Folge: Das

Scheitern scheint zwangsläufig ein individuelles zu sein. Das gesellschaftliche Versprechen, dank der vermeintlich erreichten Gleichberechtigung in der persönlichen Lebensgestaltung auf offene Türen zu stoßen, wird in der Realität nicht gehalten, die Botschaft aber weiterhin aufrechterhalten. So müssen Mädchen und junge Frauen es als persönliches Versagen interpretieren, wenn sie keinen Ausbildungs- oder Arbeitsplatz finden und Kind und Familie nicht in Einklang bringen können.

Auch jenseits prekärer Aspekte bieten Lebenslagen von Mädchen und jungen Frauen heute genügend Anlass für Scheitern, Selbstzweifel und Orientierungsschwierigkeiten. Nie war eine Mädchengeneration heterogener, nie war unklarer, was Mädchensein ist, nie war die Kluft zwischen gesellschaftlichen Versprechen und realen Möglichkeiten größer. Während auf der einen Seite die Perspektivlosigkeit für Mädchen/junge Frauen in belasteten Lebenslagen zugenommen hat, ist auf der anderen Seite der Gesellschaft für manche ein deutlicher Optionszuwachs zu verzeichnen. Soziale Schichtzugehörigkeit und Migrationshintergrund sind die beiden zentralen Faktoren, die heute über die Bildungsmöglichkeiten von Kindern und Jugendlichen entscheiden, so eines der zentralen Ergebnisse der ersten und der zweiten Pisa-Studie. Wer im Unterschichtmilieu oder als Migrant_in aufwächst, hat deutlich schlechtere Chancen als deutsche Mittelschichtkinder. So klafft auch bei den Mädchen entlang diesen Lebenslagenkategorien die Schere immer weiter auseinander. Gewinnerinnen gesellschaftlicher Modernisierungsprozesse sind diejenigen, die, in deutschen Mittel- und Oberschichtfamilien aufwachsend, sich für ein Studium entscheiden, dabei noch möglichst technische oder naturwissenschaftliche Fakultäten wählen und flexibel – d.h. in der Regel kinderlos – sind. Je weiter die Lebenslagen von Mädchen von dieser Konstellation abweichen, umso schlechter ihre Chancen.

Sind die Lebenslagen prekär, d.h. durch unterschiedliche, sich gegenseitig verstärkende soziale Probleme gekennzeichnet, verschärfen sich die Schwierigkeiten zwangsläufig. Armut, beengte Wohnverhältnisse, Arbeitslosigkeit, Gewalt, Streit und Aussichtslosigkeit im Elternhaus, das Leben in oder zwischen zwei Kulturen, in sozialen Brennpunkten, geringe Bildungschancen und sexuelle Gewalt beeinträchtigen die Lebenschancen und Aussichten erheblich und machen pädagogische, strukturelle, politische und finanzielle Intervention dringend erforderlich.

Der Faktor „Frausein" führt nach wie vor grundsätzlich zu strukturellen Benachteiligungen, die aber nicht jedes Mädchen und jede Frau gleichermaßen treffen. Inwieweit sich das „Frausein" individuell negativ – d.h. durch Einschränkungen und Benachteiligungen – niederschlägt, hängt maßgeblich davon ab, inwieweit auch in den anderen Lebenslagenfaktoren problematische Konstellationen vorliegen.

Also: Es ist sowohl richtig, dass der Ausbildungs- und Arbeitsmarkt geschlechtsspezifisch segmentiert ist und Frauen auch bei besseren Bildungsvoraussetzungen im Durchschnitt stärker ausgrenzt werden als Jungen. Gleichzeitig stimmt auch, dass nicht alle jungen Frauen gleichermaßen von dieser strukturellen Benachteiligung betroffen sind. Erfahrungen von Benachteiligung haben sich für viele junge Frauen an die zweite Schwelle verschoben, an den Übergang von der Ausbildung in Beschäftigung bzw. wenn sich die Vereinbarkeitsfrage von Beruf und Kinderwunsch konkret stellt. Und sie sind abhängig davon, ob Mädchen in problematischen Lebensverhältnissen leben. Je problematischer die Lebenslagen sich insgesamt darstellen, desto stärker wirken auch geschlechtsspezifische Benachteiligungen.

Mädchen- und Frausein heute ist eine überbordende Anforderung widersprüchlicher und vielfältigster Aufgaben. Der Grund hierfür liegt darin, dass die Emanzipationsgeschichte eine Geschichte von permanenten Additionen ist: Der ursprünglich singulären Rolle der Ehefrau, Hausfrau und Mutter der fünfziger Jahre wurde die Anforderung der Konsumentin zugefügt. Frauen sollten helfen, mit dem Einkommen des Ehemannes die Konjunktur anzukurbeln. Hinzu kamen ehrenamtliche Verpflichtungen in z.B. christlichen Vereinen und die Erwartung, als Zuverdienerin einen Beitrag zum Familieneinkommen zu leisten. Der Wunsch nach Konsum in den Wirtschaftswunderjahren, die steigende Bildung von jungen Frauen und die Forderungen der Frauenbewegung nach Selbständigkeit von Frauen führte in den sechziger und siebziger Jahren dazu, dass Berufstätigkeit von Frauen mehr Anerkennung erhielt, allerdings nicht in Phasen der Kindererziehung. Geschaffen wurde das sogenannte Drei-Phasenmodell: Erwerbstätigkeit bis zum ersten Kind, dann Hausfrauen- und Mutterphase, bis das letzte Kind aus dem Haus ist und danach Wiedereinstieg in die Berufstätigkeit. In den achtziger Jahren verbanden mehr Frauen Berufstätigkeit und Kinderphase: der Wiedereinstieg nach der Kinderphase stellte sich als zu schwierig heraus. Heute wird gute Bildung und Ausbildung von Frauen ebenso erwartet wie eine selbstsichernde Berufstätigkeit, Kinderbetreuung und -erziehung, die Pflege alternder Angehöriger und das Engagement in ehrenamtlichen Ämtern bspw. in Schule und Kita. Nie konnten Frauen Zuschreibungen an ihre Rolle an Männer abgeben, nie gab es einen Austausch von Verantwortungen und Aufgaben. Insofern wuchsen die Belastungen mit jeder neuen Freiheit, mit jeder neuen Errungenschaft.

4. Wird Mädchenarbeit also überflüssig?

Brauchen die coolen und hippen Mädchen von heute also keine Mädchenarbeit mehr? Sicher nicht. Aber: Mädchenarbeit muss sich den veränderten sozialen Gegebenheiten und Lebenslagen von Mädchen und Frauen heute anpassen.

Bezüglich der Begründung mädchenspezifischer Angebote muss unterschieden werden zwischen generellen strukturellen Benachteiligungen, die an die Geschlechtszugehörigkeit gebunden sind, und der Frage, welche Mädchen oder junge Frauen auf Grund ihrer persönlichen Situation Hilfe und Unterstützung brauchen, wofür es ebenfalls einen Rechtsanspruch gibt.

Damit kann dem pauschalierenden Urteil, Mädchen heute seien gleichberechtigt und bräuchten keine eigene Förderung mehr, entgegengewirkt werden. Gleichzeitig kann differenzierter beschrieben werden, welche Mädchen/junge Frauen Angebote der Mädchenarbeit brauchen, ohne Mädchen generell als benachteiligt zu diffamieren.

Generell gilt: Mädchenarbeit ist vielerorts immer noch der einzige pädagogische Ansatz, der an den Lebenslagen von Mädchen ansetzt. Sie ist die einzige Instanz, die auf Benachteiligung und Missachtung von Mädchen hinweist und Gleichberechtigung einfordert in der sozialen (Jugend-)Arbeit. Mädchen wiederum brauchen Mädchenarbeit, weil es weiterhin mädchenspezifische Lebenslagen und Benachteiligungen gibt, weil Erwachsenwerden kompliziert ist und gesellschaftliche Erwartungen hohen Druck machen, weil die Lebenslagen vieler Mädchen nicht gleichberechtigt und chancenreich sind, weil Mädchen den Widerspruch zwischen gesellschaftlichen Versprechen und Realität verstehen lernen müssen und weil Mädchen einen Anspruch auf mädchengerechte Pädagogik haben. Aber Mädchenarbeit muss neue Zugangswege zu jugendlichen Mädchen finden: Das Gefühl vieler Mädchen, gleichberechtigt zu sein, muss ernst genommen werden. Mädchenarbeit haftet der Geruch der Benachteiligtenförderung an, das passt nicht zum Gleichberechtigungsverständnis vieler Mädchen. Mädchenarbeit muss ihre Konzepte der Ausdifferenzierung weiblicher Lebenslagen anpassen: Welche Mädchen sind in welchen Bereichen wie benachteiligt? Wo gibt es konkrete und verdeckte Barrieren für Mädchen? Welche Mädchen haben mit welchen Problemen zu kämpfen?

Und Mädchenarbeit kann nicht die einzige Antwort auf die Bedürfnisse von Mädchen sein: Was ist mit Mädchen, die lieber mit Jungen zusammen sind und trotzdem Unterstützung brauchen? Was passiert in den Lebenszeiten, in denen Mädchen nicht in Angeboten der Mädchenarbeit sind? Mädchen brauchen nicht nur Mädchenarbeit, sie brauchen mädchengerechte Konzepte in allen Angeboten der Sozialen Arbeit, auch in den koedukativen. Gebraucht wird ein Genderkonzept, in das Mädchenarbeit sinnvoll einzubinden ist.

Mädchen begegnen in der Sozialen Arbeit anderen Mädchen, sie begegnen Jungen, Frauen und Männern. Und egal, in welcher Konstellation dies geschieht, immer müssen die Settings und die Konzepte so ausgerichtet werden, dass Mädchen als Mädchen gesehen werden, dass sie mädchengerecht begleitet und beraten werden.

5.   Auch Jungen brauchen gendergerechte Angebote

Und es sind nicht nur Mädchen, die geschlechtergerechte Angebote brauchen. Auch Jungen unterliegen einer geschlechtsspezifischen Sozialisation, die ihnen enge Vorgaben bezüglich ihres Verhaltens, ihrer Interessen etc. auferlegt. Jungen sollen immer noch stark und selbstbewusst sein. Männlichkeit kennt keinen Schmerz, kein Versagen, keine Angst und Jungen werden weiterhin auf ein Leben als heterosexueller Familienernährer vorbereitet. Öffentliche Bilder von Jungen und Männern kennen nur Extreme: Macher und Herrscher auf der einen Seite und Versager und Schläger auf der anderen Seite der Skala männlicher Existenzen. In diesem Spannungsverhältnis zwischen „König und Bettler" müssen Jungen heute versuchen, für sich ein lebbares Konzept von Männlichkeit zu finden. Männlichkeitsbilder sind immer noch eng geführt und lassen Jungen wenig Spielraum anders zu sein. Geschlechtsspezifische Sozialisation – so wurde in den vergangenen Jahren immer deutlicher – schränkt auch Jungen massiv ein und bereitet Probleme (vgl. Chwalek et al. 2012). Auch wenn patriarchale Geschlechterverhältnisse grundsätzlich Männerdominanz fördern, so heißt das nicht, dass Jungen und vor allem alle Jungen davon profitieren.

Seit den neunziger Jahren wird Mädchenarbeit ergänzt um eine eigenständige Jungenarbeit, die Jungen in den Mittelpunkt stellt:

„Jungenarbeit ist mehr als die Arbeit mit Jungen in einer Jungengruppe. Wir sprechen inzwischen von ‚Geschlechterreflektierter Jungenarbeit', um deutlich zu machen, dass der pädagogische Gehalt von Jungenarbeit die Reflexion von Geschlechterverhältnissen und Männlichkeitsanforderungen an Jungen und Männer ist. Zentral für eine gelungene Jungenarbeit ist dabei, dass Jungen darin unterstützt werden, sich *kritisch* mit Geschlechterverhältnissen, tradierten Rollenbildern und Männlichkeitsanforderungen auseinanderzusetzen. (…) Dabei setzt geschlechterreflektierte Jungenarbeit an den Interessen von Jungen an und bezieht ihre Anliegen in die konkrete Ausgestaltung der pädagogischen Arbeit mit ein." (SFBB 2011: 14)

Jungenarbeit versteht sich damit als geschlechtshomogene pädagogische Arbeit mit Jungen und jungen Männern. Sie setzt sich sowohl auseinander mit der gewaltigen und Täterseite des Männlichen in patriarchalen Gesellschaften als auch mit den Verlustseiten und den Benachteiligungsaspekten von Männlichkeit.

Ähnlich wie Mädchenarbeit ist auch Jungenarbeit als geschlechtshomogener Ansatz ein spezielles Angebot, das den koedukativen Alltag Sozialer Arbeit nur wenig berührt. Auch im Interesse von Jungen gilt es also, Genderkonzepte voranzutreiben, damit Geschlechterzuschreibungen sukzessive abgeschafft werden können. Und dafür braucht es in der Sozialen Arbeit mehr als Mädchen- und Jungenarbeit.

6. Gender als Alltagskonzept Sozialer Arbeit

Genderzuschreibungen wirken auch heute noch massiv auf Kinder und Jugendliche ein und weisen ihnen Plätze im Leben zu. Damit schränken sie
Entwicklungen und Gestaltungsmöglichkeiten sowohl individuell als auch im
Gesellschaftsgefüge massiv ein. Mädchen und Jungen können sich nicht entwickeln, wie sie wollen. Sie müssen sich stetig auseinander setzen mit Geschlechterstereotypen, die ihnen vorgeben, was als männlich oder weiblich
gilt. Diese Einschränkungen gilt es ebenso wie die damit einhergehenden Geschlechterhierarchien zu bekämpfen, auch als Aufgabe der Sozialen Arbeit.
Dafür aber reichen die bisherigen separierten Angebote der Mädchen- und
Jungenarbeit nicht aus. Es braucht vielmehr ein Gendersystem, das immer und
überall wirkt. Dabei ist wichtig, dass Genderkonzepte auf den Erfahrungen
und der Qualifikation von Mädchen- und Jungenarbeit aufsetzen und dass sie
diese beiden Ansätze nicht ersetzen, sondern einbeziehen. Mädchen- und Jungenarbeit sind Kompetenzgeber von Genderkonzepten und Genderkonzepte
könnten nicht erfolgreich wirken ohne Mädchen- und Jungenarbeit.
Neu an Gender gegenüber der bisherigen Mädchen- und Jungenarbeit ist, dass
Gender nun im Querschnitt wirken soll und damit Alltagshandeln wird. Waren Mädchen- und Jungenarbeit als geschlechtshomogene Settings immer
Spezialangebote in einer ansonsten koedukativ organisierten Sozialen Arbeit,
so meinen Genderkonzepte nun, dass immer und überall geschlechtergerecht
gearbeitet werden soll und muss: in geschlechtshomogenen Settings ebenso
wie in der Koedukation oder in Kreuzsituationen. Das heißt, auch Koedukation muss mädchen- und jungengerecht werden, und die Überkreuzpädagogik,
in der Männer mit Mädchen und Frauen mit Jungen arbeiten, ebenso. Zusätzlich muss Mädchenarbeit ergänzt und flankiert werden von Jungenarbeit.
Gender in der Sozialen Arbeit bedeutet genau dies: ein Ineinandergreifen
dieser vier verschiedenen pädagogischen Ansätze, die je eigene Bedeutungen
haben und doch als Ganzes erst zur vollen Wirkung kommen. Mädchen und
Jungen brauchen eine Soziale Arbeit, die geschlechtsspezifische Lebenslagen
erkennt und berücksichtig, die einschränkende Zuschreibungen an das Geschlecht zurückweist, die strukturelle Ungleichheiten und Benachteiligungen
abbaut und die damit ge-schlechtergerecht wirkt.
    Ein solches Verständnis von Gender hat erhebliche Auswirkungen auf
Konzepte und den Alltag Sozialer Arbeit: Gab es bislang häufig nur einzelne
Mitarbeiter_innen, die geschlechtsbewusst oder geschlechtergerecht gearbeitet haben (Zuständige für Mädchen- und Jungenarbeit), so funktionieren Genderkonzepte nur, wenn Einrichtungen und Teams sich als Ganzes dem Ziel
der Geschlechtergerechtigkeit verschreiben. Alltagshandeln ist nur im Gesamtteam umzusetzen und braucht den Willen und die Unterstützung von
Leitung und Trägern. Das bedeutet einen Paradigmenwechsel im Verständnis

geschlechtergerechten Arbeitens, weil nun anerkannt und gewünscht wird, dass auch in gemischtgeschlechtlichen Gruppen und mit gegengeschlechtlichen Pädagog_innen geschlechtergerecht gearbeitet werden darf, kann und soll. Die Begründungen für diesen Paradigmenwechsel in der geschlechtergerechten Arbeit sind vielfältig: Geschlechtergerechtes Arbeiten sollte nicht nur in extra dafür hergestellten geschlechtshomogenen Settings stattfinden, sondern muss auch im Alltag der Sozialen Arbeit und damit auch in der Koedukation verankert werden. Das Zusammentreffen von Mädchen und Jungen sollte dazu genutzt werden, Geschlechterverhältnisse zu thematisieren und einen gleichwertigen und Wert schätzenden Umgang miteinander einzuüben. Jugendliche unterschiedlicher sexueller und geschlechtlicher Identitäten müssen sich nicht als Mädchen oder Jungen deklarieren, um an Angeboten teilnehmen zu können, weil in der Koedukation die Frage nach dem Geschlecht im Zugang nicht gestellt wird. Auch Pädagog_innen des „anderen" Geschlechts haben Mädchen und Jungen wertvolle Erkenntnisse und Reflexionsmöglichkeiten über die eigene Geschlechtlichkeit und die Geschlechterverhältnisse zu bieten, sie sollen nun also ihre Kompetenzen einbringen und die geschlechtshomogene Arbeit ergänzen. Die Soziale Arbeit ist in all ihren Leistungsbereichen koedukativ organisiert; hier keine Konzepte geschlechtergerechten Arbeitens zu implementieren würde bedeuten, sie immer auf wenige, kleine Ausnahmeangebote zu reduzieren. Damit ist der Anspruch, Geschlechtergerechtigkeit als durchgängiges Handlungsprinzip zu implementieren, nicht zu realisieren. Geschlechtergerechtigkeit lässt sich nur durch Gesamtkonzepte in den Angeboten und Einrichtungen herstellen; das bedeutet, dass sowohl Mädchen- und Jungenarbeit kooperieren müssen als auch dass sie gemeinsam die koedukativen Angebote qualifizieren müssen.

7. Was sind die Ziele von Genderkonzepten?

Mit Genderansätzen zu arbeiten bedeutet also, Soziale Arbeit in allen Konzepten und Angeboten und mit allen Fachkräften geschlechtergerecht auszurichten. Genderansätze zielen dabei auf die sozial-kulturellen Zuschreibungen bezüglich Weiblichkeit und Männlichkeit. Darin geht es um zwei zentrale Aspekte: Die Zuschreibungskataloge sollen abgeschafft werden und dafür die Vielfalt von Geschlechtern – biologisch wie sozial – anerkannt werden. Dafür gilt es, Gender von Sex zu trennen. D.h., Genderpädagogik setzt sich aktiv dafür ein, dass Zuschreibungen nicht mehr an das biologische Geschlecht eines Menschen gekoppelt werden: Stärke, Mut, Fürsorge, Angst – all dies sind Fähigkeiten und Gefühle, die allen Menschen inne wohnen und die alle Menschen ausleben und fühlen dürfen sollten, egal, welchem biologischen Geschlecht sie angehören. Es geht also um die Dekonstruktion sozial-kultureller Zuschreibungen an weibliche und männliche Menschen allen Alters. Diese Dekonstruktion macht den Weg frei für das zweite Ziel von Gender: die Anerkennung einer Vielfalt von Geschlechtern auch biologisch (vgl. SFBB und Querformat 2012). Menschen haben mehr als zwei Geschlechter: weiblich und männlich sind nur die Eckpunkte einer biologischen Vielfalt von Geschlechtern. Wenn also bereits die Annahme einer biologischen Zweigeschlechtlichkeit eine kulturelle Setzung und keine Tatsache ist, dann wird die sozial-kulturelle Zweigeschlechtlichkeit ad absurdum geführt und es wird deutlich, dass Gender eine soziale Kategorie ist, die sich zwar historisch erklärt, die aber nicht hilfreich ist für eine gleichberechtigte Gesellschaft.

Genderkonzepte in der Sozialen Arbeit wollen einen Beitrag dazu leisten, dass Kinder und Jugendliche aufwachsen und sich entsprechend ihren Fähigkeiten und Interessen entwickeln können, ohne dabei von Genderzuschreibungen behindert zu werden. Damit werden auch Geschlechterhierarchien kritisiert und abgebaut.

Durch Genderkonzepte kann Soziale Arbeit mädchen- und jungengerecht ausgerichtet werden. Der Auftrag, geschlechtergerecht zu arbeiten, obliegt nicht mehr einzelnen Engagierten. Vielmehr arbeiten alle geschlechtsbewusst und entwickeln gemeinsam ein Genderkonzept für die eigene Einrichtung. Mädchen- und Jungenarbeit sowie reflexive Koedukation bestimmen den Alltag und greifen ineinander. Niemand arbeitet mehr geschlechtsunreflektiert. Mädchen und Jungen haben grundsätzlich und selbstverständlich die Wahl: gemeinsam oder getrennt, mal so, mal so, aber immer geschlechtergerecht.

8. Was ist in der Sozialen Arbeit zu tun, um das Ziel zu erreichen?

Mädchen- und Jungenarbeit als Grundpfeiler und Kompetenzpools geschlechtergerechten Arbeitens müssen erhalten, ausgebaut und gesichert werden. Die Kooperation und Koordination von Mädchen- und Jungenarbeit ist zu fördern, damit beide Ansätze gemeinsam Genderkonzepte entwickeln können. Standards, Ziele und Schwerpunkte von Gender sind gemeinsam in den Einrichtungen und Teams zu entwickeln, umzusetzen und zu kontrollieren – in jeder Einrichtung von allen.

Dafür braucht es die Selbstreflexion der Mitarbeiter_innen und gegenseitige Rückmeldungen zum eigenen Genderverhalten und den eigenen Geschlechterbildern. Soziale Fachkräfte müssen qualifiziert und ausgebildet werden für Genderpädagogik und Teams müssen sich gemeinsam bekennen zu ihrer Entwicklung. Das bedeutet auch die Bereitschaft zu entwickeln, klassisches Rollenverhalten zu verändern und den politischen Willen zur Herstellung von Gleichberechtigung zu haben. Dies alles geht nur als gemeinsame Entwicklung im Team. Genderansätze sind eine zeitgemäße, klientelgerechte und politische Weiterentwicklung dessen, was vor fast vierzig Jahren als feministische Mädchenarbeit in der Sozialen Arbeit begann. Gendergerecht zu arbeiten bedeutet einen Gewinn für Kinder und Jugendliche: Mädchen müssen nicht mehr „weiblich", Jungen nicht mehr „männlich" werden. Kinder und Jugendliche, die sich keinem dieser beiden Geschlechter zuordnen wollen oder können oder bei denen das biologische Geschlecht und die sexuelle Identität nicht übereinstimmen, müssen sich nicht länger zwangsverorten. Mädchen, Jungen und alle Kinder und Jugendlichen jeglichen Geschlechts und jeglicher sexueller Orientierung können sich vielfältiger entwickeln. Gleichberechtigung wird nachhaltig gefördert – für alle Ge-schlechter und Kinder und Jugendliche werden zufriedener – und die Sozialarbeiter_innen und Pädagog_innen auch.

Literatur

Bereswill, Mechthild/Stecklina, Gerd (Hrsg.) (2010): Geschlechterperspektiven für die Soziale Arbeit. Zum Spannungsverhältnis von Frauenbewegungen und Professionalisierungsprozessen. Weinheim: Juventa.

Berliner Pädagoginnengruppe (1979): Feministische Mädchenarbeit. In: Sozialwissenschaftliche Forschung und Praxis für Frauen e. V. (Hrsg.): Beiträge zur feministischen Theorie und Praxis 2. Bericht vom Kölner Kongress „feministische Theorie und Praxis in sozialen und pädagogischen Berufsfeldern". Köln, S. 87-96.

Busche, Mart/Maikowski, Laura/Pohlkamp, Ines/Wesemüller, Ellen (Hrsg.) (2010): Feministische Mädchenarbeit weiterdenken. Zur Aktualität einer bildungspolitischen Praxis. Bielefeld: transcript.

Chwalek, Doro Thea/Diaz, Miguel/Fegter, Susanne/Graff, Ulrike (Hrsg.) (2012): Jungen – Pädagogik. Praxis und Theorie von Genderpädagogik. Wiesbaden: VS.

Deutscher Bundestag (1966): Bericht der Bundesregierung über die Situation der Frauen in Beruf, Familie und Gesellschaft. Bonn: Drucksache V/909.

Fine, Cordelia (2012): Die Geschlechterlüge. Die Macht der Vorurteile über Frau und Mann. Stuttgart: Klett-Cotta.

Hausen, Karin (2012): Geschlechtergeschichte als Gesellschaftsgeschichte. Kritische Studien zur Geschichtswissenschaft Band 202. Göttingen und Oakville: Vandenhoeck und Ruprecht.

Jürgmeier/Hürlimann, Helen (2008): „Tatort", Fussball und andere Gendereien. Materialien zur Einübung des Genderblicks. Luzern: interact.

Karsunky, Silke (2011): Zum Umsetzungsstand von Gender Mainstreaming in Einrichtungen der Kinder- und Jugendhilfe auf kommunaler Ebene. Münster: Monsenstein und Vannerdat.

Kunert-Zier, Margitta (2005): Erziehung der Geschlechter. Entwicklungen, Konzepte und Genderkompetenz in sozialpädagogischen Feldern. Wiesbaden: VS.

LAG Mädchenarbeit in NRW (Hrsg.) (2012): Das Kreuz mit dem Cross Work!? Genderreflektierte Pädagogik von Männern mit Mädchen und von Frauen mit Jungen. Betrifft Mädchen Heft 3/2012. Weinheim: Julius Beltz und Beltz Juventa.

Nave-Herz, Rosemarie (1987): Die Geschichte der Frauenbewegung in Deutschland. Bochum: Ferdinand Kamp.

Pimminger, Irene (2012): Was bedeutet Geschlechtergerechtigkeit? Normative Klärung und soziologische Konkretisierung. Opladen: Barbara Budrich.

Rendtorff, Barbara/Mahs, Claudia/Wecker, Verena (Hrsg.) (2011): Geschlechterforschung. Theorien, Thesen, Themen zur Einführung. Stuttgart: W. Kohlhammer.

Sachverständigenkommission zur Erstellung des Ersten Gleichstellungsberichts der Bundesregierung (Hrsg.) (2011): Neue Wege – Gleiche Chancen. Gleichstellung von Frauen und Männern im Lebensverlauf. München: Fraunhofer-Gesellschaft zur Förderung der angewandten Forschung.

Savier, Monika (1980): Mädchen in der Jugendarbeit. Neue Ansätze einer emanzipatorischen Praxis. In: Materialien zum Fünften Jugendbericht 5: Jugendarbeit – Mädchen in der Jugendarbeit – Gewerkschaftliche Jugendbildung: München, S. 173-211.

Sozialpädagogisches Fortbildungsinstitut Berlin Brandenburg (Hrsg.) (2011): Die vielen Seiten der Männlichkeiten – Grundlagen geschlechterreflektierter Jungenarbeit. Berlin 2011 (erarbeitet von Bernard Könneke und Michael Hackert, Dissens e.V).

SFBB und Queerformat (Hrsg.) (2012): Geschlechtliche und sexuelle Vielfalt in der pädagogischen Arbeit mit Kindern und Jugendlichen. Berlin.

Stauber, Barbara (1999): Starke Mädchen – kein Problem? In: beiträge zur feministischen theorie und praxis 51/99, S. 53-64.

Tegeler, Evelyn (2003): Frauenfragen sind Männerfragen. Helge Pross als Vorreiterin des Gender Mainstreaming. Opladen: Barbara Budrich, S. 42-63.

Walgenbach, Katharina/Dietze, Gabriele/Hornscheidt, Lann/Palm, Kerstin (2012): Gender als interdependente Kategorie. Neue Perspektiven auf Intersektionalität, Diversität und Heterogenität. Opladen: Barbara Budrich.

Wallner, Claudia (1996): Feministische Mädchenarbeit im Dilemma zwischen Differenz und Integration, In: Gintzel, U./Schone, R. (Hrsg.): Jahrbuch der sozialen Arbeit 1997: Münster, S. 208-223.

Wallner, Claudia (2006): Feministische Mädchenarbeit. Vom Mythos der Selbstschöpfung und seinen Folgen. Münster: Klemm und Oelschläger.

Wallner, Claudia (2007): Gleich, verschieden oder? Inszenieren wir das Drama der Geschlechterdifferenz oder dramatisiert die Geschlechtszugehörigkeit weiterhin die Lebenslagen? Gruppe und Spiel 2/2007, S. 2-4.

Wenzel, Wenka/Mellies, Sabine/Schwarze, Barbara (Hrsg.) (2011): Generation Girls`Day. Opladen: Budrich UniPress.

Zander, Margherita/Hartwig, Luise/Jansen, Irma (Hrsg.) (2006): Geschlecht Nebensache? Zur Aktualität einer Gender-Perspektive in der Sozialen Arbeit. Wiesbaden: VS.

Arbeit und Fürsorglichkeit. Alltägliche Geschlechterverhältnisse und ihre Bedeutung für die Soziale Arbeit

Heike Fleßner

1. Einführung und begriffliche Klärungen

Den Ausgangspunkt für die folgenden Überlegungen bilden Veränderungsprozesse in der geschlechtsspezifischen Zuordnung familialer Aufgabenbereiche: Die überkommene Zuständigkeit von Frauen für die Familienarbeit mit dem Zuschreibungskern „fürsorgende Mutter" und die Zuständigkeit von Männern für die materielle Absicherung der Familie durch Erwerbsarbeit mit dem Zuschreibungskern „Ernährer" erfährt spätestens seit den 1980er Jahren zunehmende Differenzierungen. So ist heute, wie Gerhard et al. (2008) konstatieren, „das Phänomen der berufstätigen Mutter (...) zu einem Bestandteil unseres Alltags geworden" (Gerhard et al. 2003: 8). Die Tendenz, dass Väter sich der fürsorgenden Familienarbeit zuwenden, ist demgegenüber noch deutlich geringer ausgeprägt, jedoch gewinnen auch in dieser Hinsicht – in Deutschland seit 2007 insbesondere flankiert durch familienpolitische Angebote wie die Elternzeit und das einkommensabhängige Elterngeld – neuerdings Dynamiken der Enttraditionalisierung an Gewicht.[1]

Welche Bedeutung hat der beobachtbare Wandel der alltäglichen Geschlechterverhältnisse für die Soziale Arbeit? Muss das Arbeitsfeld sich darum kümmern? Wenn ja, in welcher Weise? Dies sind Fragen, denen im Folgenden nachgegangen werden wird.

Zunächst jedoch einige begriffliche Klärungen. Der Titel dieser Ausführungen enthält zwei Begriffsbezüge, denen Komplementaritäten zugrunde liegen. Der Begriff „Geschlechterverhältnisse" – etwas vereinfacht übersetzt als Verhältnisse zwischen Männern und Frauen – verweist als soziale und semantische Markierung auf das, was unter anderem Carol Hagemann-White (2011) frühzeitig als Kultur der Zweigeschlechtlichkeit zusammengefasst hat (vgl. Hagemann-White 2011: 444). Darin eingelassen ist das Verhältnis der

---

1 Siehe hierzu etwa die Studien von Behnke/Meuser 2010; Bürgisser/Baumgarten 2006; Ehnis 2009; Flaake 2011; Kerschgens 2009; Rost 2006; Rüling 2008; Zerle/Keddi 2011.

Geschlechter zueinander, das nicht nur ein jeweils individuelles sondern zugleich ein gesellschaftlich vielfältig und wirksam institutionalisiertes Verhältnis ist (vgl. Becker-Schmidt/Knapp 2000: 39ff.), im Kern bestimmt durch die historisch hervorgebrachte Arbeitsteilung der Geschlechter.[2] Das zweite Begriffspaar – „Arbeit" und „Fürsorglichkeit" – verweist auf unterschiedliche Sphären der gesellschaftlichen Arbeitsteilung und diesen innewohnende unterschiedliche Erfahrungsdimensionen. Arbeit und Fürsorglichkeit scheinen sich jeweils gegenseitig dem Kern nach auszuschließen: Arbeit unterliegt der Logik der Rationalität und der Effizienz, Fürsorglichkeit der Logik der Empathie und der emotionalen Beziehung. Beide sind aber zugleich unabdingbar aufeinander verwiesen: Erwerbsarbeit wird für *eine* Person möglich, weil zur gleichen Zeit von *einer anderen* Person das fürsorgliche Handeln[3] zwischen Menschen übernommen wird. Erwerbsarbeit und fürsorgliches Handeln sind in der gesellschaftlichen Bedeutungszuschreibung bis heute auch geschlechtlich konnotiert, eine Zuschreibung mit langer Entwicklungsgeschichte: Rationalität und Arbeit werden spätestens seit der Aufklärung der Sphäre des männlichen Gesellschaftssubjekts zugeschrieben, Empathie und Fürsorglichkeit der Sphäre des Weiblichen. Fürsorglichkeit wird dabei als natürlicherwiese den Frauen zugehörende, zwischenmenschliche Fähigkeit und Aufgabe und demzufolge durch sie praktiziertes und ihnen abzuverlangendes Handeln betrachtet. Es ist ihnen – so die heute noch weit überwiegende Zuschreibung – wesenhaft (essentiell) eingeschrieben und kann niemals Ware sein – im Unterschied zur Arbeit, die bis vor historisch recht kurzer Zeit im Wesentlichen als männliche Erwerbsarbeit wahrgenommen bzw. gesellschaftlich verhandelt wurde und warenförmig existiert. (Erwerbs-) Arbeit wird gesellschaftlich höher bewertet als Fürsorglichkeit; sie wird in der Moderne selbstverständlich mit Geld entlohnt. Fürsorglichkeit hingegen wird mit Herzens-Tun verbunden, das über Jahrhunderte weniger mit Geld, sondern vor allem mit guten Worten und Gotteslohn aufgewogen wurde. Im Kern ist diese historische Fracht bis heute Bestandteil der Bewertung fürsorglichen beruflichen Handelns. Seit der Wende vom 19. zum 20. Jahrhunderts bildete sich in Deutschland das zunächst als *Fürsorge* bezeichnete Fach- und Berufsgebiet heraus – Ergebnis des zähen Selbstverwirklichungskampfes insbesondere bürgerlicher Frauen um Berufsperspektiven. In diesen nunmehr öffentlichen Sektor wurden sukzessive Teile dessen, was als fürsorgliches Handeln zusammengefasst werden kann, in Berufsform ausgelagert und – erneut im Er-

---

2   Die duale Vereinfachung Frauen-Männer überdeckt die Vielfalt der Zwischenformen von
     Geschlechtern, auf die Hagemann-White (2011) selber aufmerksam gemacht hat. Diese wä-
     re bei einer Ausdifferenzierung der Thematik stets mitzudenken.

3   In der partikularen Dimension: das auf die Familie im weitesten Sinne (also auf Eltern,
     Kinder, den weiteren Familienkreis, die Lebensgemeinschaft) der erwerbsarbeitenden Per-
     son bezogene fürsorgliche Handeln; in der universalen Dimension: das auf die gesellschaft-
     liche Aufgabe der Generationensorge bezogene fürsorgliche Handeln.

gebnis zähen Kampfes – nach und nach mehr oder weniger regelgerecht entlohnt (hierzu u.a. Rohbeck 2005). Allerdings spiegelt selbst in ihrer heutigen ausdifferenzierten Vielfalt (s. Chassé/Wensierski 2004) die Fürsorglichkeit als Berufsfeld strukturell alle hierarchischen Aufladungen wider, die der Fürsorglichkeit als den Frauen zugeschriebene natürliche Eigenschaft anhaften: Sie wird als hausarbeitsnahe und tendenziell gefühlsgeleitete Arbeit wahrgenommen, die von Frauen wesensmäßig besser geleistet werden könne als von Männern, wird zugleich in der gesellschaftlichen Hierarchie gegenüber männlich konnotierten Berufsfeldern ideell abgewertet und in weiten Bereichen (etwa in der Altenpflege und in der öffentlichen Kleinkinderziehung) geringer entlohnt. In das Berufsfeld ist bis heute eine hierarchisch ausgeformte geschlechtsspezifische Struktur eingelassen (vgl. Fleßner 2011: 62ff.).

Der Zusammenhang von Fürsorglichkeit und Geschlecht wird seit fast zwei Jahrzehnten im internationalen feministischen Diskurs unter dem Oberbegriff *Care* analysiert. Die Übertragung wichtiger Resultate des Care-Diskurses in eine breite gesellschaftliche Debatte ist zumindest in Deutschland immer noch in den Anfängen. Im Kern umfasst Care alle Bereiche von Sorgetätigkeiten sowie die emotionalen Dimensionen des Umsorgens und Sorgetragens als ethischen Anspruch und zwischenmenschliche Haltung (Brückner 2003: 162ff.; Brückner 2011: 40f.). Im Mittelpunkt stehen informelle *und* professionell ausgeübte Fürsorge- und Pflegetätigkeiten im Lebenszyklus sowie zunehmend auch informelle *und* professionelle soziale Tätigkeiten für Menschen in besonderen Lebenslagen (z.B. in Frauenhäusern, für wohnungslose Menschen usw.). Das ist einerseits ein weit gefasstes (und ein wenig diffuses) Begriffsverständnis; andererseits können erst durch diese begriffliche Spannbreite (so Leira/Arnlaug 1999) spezifische strukturelle Beziehungen zwischen privaten und beruflichen Care-Domänen sichtbar gemacht werden, etwa:

- der implizite, hierarchisch aufgeladene Geschlechterbias von privaten Care-Aufgaben *und* öffentlichen Care-Dienstleistungen (Care ist hier wie dort die im Vergleich zu männlichen Tätigkeitsfeldern durchweg geringer bewertete Aufgabe von Frauen; zugleich sind Frauen die Manövriermasse für Care-Tätigkeiten zwischen den Terrains – v.a. im Bereich der häusliche Pflege);
- die Anteile unbezahlter und bezahlter Care-Arbeit von Frauen (in Familie einerseits und im Beruf andererseits sowie innerhalb der „grauen" Übergänge, z.B. im Markt der Tagesmütter) und der innere Zusammenhang ihrer gesellschaftlichen Abwertung;
- der normative Essentialismus (Fürsorgen suggeriert Naturhaftigkeit, diese wird Frauen zugeschrieben und gegenüber professionellen Domänen, insbesondere männlich konnotierten und dominierten Terrains abgewertet).

Care verweist auf Fragen der Gerechtigkeit und Gleichheit – im Blick auf die Menschen, die Fürsorge leisten, ebenso wie auf diejenigen, für die fürsorgliches Tun bereitgestellt wird. Im internationalen Diskurs ist das Fiktionale der Trennung von öffentlicher und privater Sphäre im Hinblick auf Care frühzeitig kritisiert worden, etwa von Nancy Fraser und Linda Gordon (1994). Sie arbeiten heraus, dass der vorherrschenden gesellschaftlichen Definition von *Abhängigkeit ("dependency")* derer, die der Fürsorge bedürfen (also z.b. die kleinen Kinder, die kranken und die alten Menschen) eine nur vorgebliche, vorwiegend männlich konnotierte *Unabhängigkeit* gegenüber steht. Diese aber basiert auf der Befreiung von Sorgetätigkeit. Unabhängigkeit ist insofern lediglich eine kulturelle Fiktion, denn zwischenmenschliche Angewiesenheit gehört zu jedem Menschsein. Dieser Erkenntnis haben sich demokratische Gesellschaften unter der Perspektive der Verwirklichung von Gleichheit und Gerechtigkeit zu stellen. Im Mittelpunkt des Konzepts einer „Caring Society" (Glenn 2000) stehen die Anerkennung solcher zwischenmenschlichen Angewiesenheit und die daraus abzuleitende Organisation von Fürsorglichkeit als gesellschaftspolitische und ethische Herausforderung. Für Joan Tronto (2000) ist deshalb Fürsorge das Kennzeichen einer auf Inklusion bedachten Demokratie („Demokratie als fürsorgliche Praxis"). „Caring about" (sich kümmern um – im weitesten Sinne) und „taking care of" (für etwas/jemanden sorgen) bilden in diesem Sinne ein Kontinuum (vgl. Fisher/Tronto 1990: 35ff.).

Auch in Deutschland sind, wie zu Beginn umrissen, seit geraumer Zeit Veränderungen in den Geschlechterdiskursen und in den Geschlechterbeziehungen wahrnehmbar. Deren Triebkräfte sind v.a. die nationalen und internationalen Modernisierungsprozesse in Ökonomie und Gesellschaft, die Emanzipationsbewegungen seit Ende der 50er Jahre und die damit einhergehenden subjektiven Verarbeitungen und neuen Möglichkeitsräume von Männern und Frauen. Darin kommt Fragen der Neubewertung von Care/Fürsorglichkeit und der Verflüssigung von Geschlechterzuschreibungen fürsorglichen Handelns eine grundlegende Bedeutung für die Zukunft des Zusammenlebens und Zusammenarbeitens von Männern und Frauen zu.

Vor diesem Hintergrund konzentrieren sich die folgenden Ausführungen zunächst auf die Darstellung von Veränderungen des Verhältnisses von jungen Männern und Frauen zu Erwerbsarbeit und Familienarbeit (als Ensemble fürsorglichen Handelns) und stellen die darin beobachtbare Bedeutungsverschiebung von fürsorglicher Tätigkeit in den Mittelpunkt. Sodann wird gefragt, welche Herausforderungen sich daraus für die Soziale Arbeit ergeben.

2. Alltägliche Geschlechterverhältnisse: der Fokus „familiale Arbeitsteilung"

Seit geraumer Zeit ist unter jungen Männern und Frauen eine Veränderung der Vorstellungen über die Arbeitsteilung zwischen den Geschlechtern in Richtung Egalisierung beobachtbar, zumeist allerdings noch mit einer deutlich traditionellen Akzentuierung der Berufsarbeit im Lebenskonzept junger Männer. So war zwar z.b. in der SHELL-Studie von 2002 für junge Männer und junge Frauen gleichermaßen klar, Beruf und Familie haben zu wollen (Deutsche Shell 2002). Aber: Nur die jungen Frauen verbanden damit ganz selbstverständlich die Anforderung, Familie und Beruf unter einen Hut bringen zu müssen, und zwar *aus eigener Anstrengung*. Wenige Jahre später vermittelt die BRIGITTE-Studie von 2008[4] „Frauen auf dem Sprung" (Allmendinger 2009) dem gegenüber eine deutlich entschiedenere Haltung der befragten jungen Frauen zu ihren Zukunftsperspektiven und zur Vereinbarkeit von Beruf und Familie: „Die jungen Frauen von heute sind unabhängig, zielstrebig und selbstbewusst. Und sie haben große Ziele. Sie wollen Geld verdienen, aber auch Kinder bekommen. ,Die Zeit des Entweder-Oder ist vorbei. Jetzt zählt das Und'." (ebd.). So fasst die Leiterin der Studie, Jutta Allmendinger, zentrale Ergebnisse in einem Interview zusammen.[5] Mehr als 80 Prozent der jungen Frauen geben danach an, dass sie eigenes Geld verdienen *und* Familie haben wollen. Nur etwa sechs Prozent der 17-19jährigen können sich vorstellen, später ausschließlich Hausfrau zu sein. Ihre Berufswünsche orientieren sich, so Allmendinger, an realistischen, aus dem Bildungsabschluss ableitbaren beruflichen Perspektiven. Fast 40 Prozent der befragten jungen Frauen wollen spätestens ein Jahr nach der Geburt zurück im Beruf sein. Weitere 24 Prozent wollen wieder arbeiten, sobald ein Krippen- oder Kindergartenplatz gefunden ist. Von den Vätern ihrer Kinder erwarten sie vor allem, Verantwortung für das gemeinsame Kind zu übernehmen. Darin stimmen sie mit den 18jährigen jungen Männern überein, die im Rahmen der BRIGITTE-Studie parallel befragt wurden. Allerdings zeigt sich bei den jungen Männern zugleich ein ambivalentes Bild von der gesellschaftlichen Rolle, die Männern *in Zukunft* zukomme: 80 Prozent schätzen ein, der *Karrieremann werde* die Gesellschaft der Zukunft prägen. Auf die Frage jedoch,

---

4   Für die Studie „Frauen auf dem Sprung" wurden 1020 Frauen zwischen 17 und 19 bzw. 27 und 29 Jahren persönlich interviewt. Siehe Allmendinger, Jutta (2009: 106f.)

5   http://www.brigitte.de/gesellschaft/politik-gesellschaft/frauen-auf-dem-sprung-studie-2009-allmendinger-10341/ [Zugriff: 28.11.2009] - Die vollständige Untersuchung findet sich in Allmendinger 2009.

wer die Gesellschaft in Zukunft prägen *solle*, platzierten die jungen Männer den *fürsorglichen Vatertyp* klar vor den karriereorientierten Businesstyp.

Differenziertere Hinweise auf Zukunftsvorstellungen junger Männer zu Beruf und Familie lassen sich aus der ebenfalls 2008 durchgeführten Bertelsmann-DJI-Studie „Wege in die Vaterschaft" (Zerle/Krok 2008) entnehmen. Die Studie[6] zeigt, dass trotz der Akzeptanz eines egalitären Partnerschaftsmodells ein relativ hoher Anteil der befragten jungen Männer nach wie vor ein recht traditionelles Bild der Zuständigkeitsbereiche von Männern und Frauen hat. Fast die Hälfte ist für die klassische Aufgabenteilung: „Der Mann geht arbeiten und die Frau versorgt die Kinder." Allerdings: Je höher das Bildungsniveau, desto eher tendieren die jungen Männer zu egalitären Arrangements. Und: Je jünger desto traditioneller die Einstellung. Die älteren unter den Befragten (allein oder auch schon mit einer Partnerin zusammenlebend) können sich ein egalitäres Modell vorstellen – und zwar vor der Geburt eines Kindes, wenn beide erwerbstätig sind.[7] Die in der Studie befragten jungen *Väter* vertreten dann jedoch zu einem erheblichen Teil traditionellere Rollenorientierungen: 47,8 Prozent der Befragten stimmen der Aussage zu „Wenn Kinder da sind, sollte der Mann arbeiten gehen und die Frau zuhause bleiben und die Kinder versorgen." 38,7 Prozent stimmen der Aussage zu: „Auch wenn eine Frau arbeitet, sollte der Mann der Hauptverdiener sein und die Frau sollte die Verantwortung für den Haushalt tragen." Beim Thema Familiengründung steht finanzielle Sicherheit ohnehin im Vordergrund: Grundlage dafür sind aus Sicht der befragten jungen Männer ein fester Arbeitsplatz und ein sicheres Einkommen – beides ist *ihre* Aufgabe: 57,2 Prozent der Befragten finden, dass ein Kind erst dann kommen solle, wenn *sie* eine Familie ernähren können. Und für 38,7 Prozent gilt: „Geht auch die Frau arbeiten, sollte der Mann dennoch Haupternährer sein." Diese Aussagen der befragten junger Männer zu den Aufgaben eines Vaters machen das Widersprüchliche in ihren Vorstellungen über das Vatersein deutlich: Das Ernährer-Modell ist in den Köpfen dieser jungen Männer noch fest verankert, allerdings mit einer deutlichen Modifikation in Richtung Fürsorglichkeit, denn sie wollen sich *auch* für das Kind Zeit nehmen; vier von fünf der Befragten gehen davon aus, dass sie das Kind betreuen und beaufsichtigen. Mehr als 40 Prozent der jungen Männer wollen die eigene Berufskarriere für ein Kind zurückstellen (vgl. Zerle/Krok 2008).

Wir sehen sehr deutlich den zwischen Tradition und Moderne sich auftuenden Zwiespalt in den Vaterschaftsvorstellungen der jungen männlichen Befragten: Für den Lebensunterhalt der Familie sorgen *und* sich Zeit nehmen

---

6   Alle Daten entnommen aus der Kurzversion der Untersuchung in DJI Bulletin 83/84, Heft 3 und 4 sowie Zerle 2008: 10ff.; Krok 2008: 3ff.)

7   Frauen sind heute bei der Geburt des ersten Kindes im Schnitt 26 Jahre alt (vgl. Statistisches Bundesamt 2007). Das durchschnittliche Alter von Männern liegt bei der ersten Vaterschaft derzeit bei etwa 29 Jahren (wird statistisch nicht erhoben).

für das Kind, um sich in die Betreuung einzubringen – beide Ziele lassen sich gemeinsam kaum realisieren. Die Überlegungen der jungen Väter in spe implizieren, dass ihre Partnerinnen die Hauptrolle in der Familienarbeit übernehmen und ihre Karriere zurückstellen werden. Wir haben es also bei den Zukunftsvorstellungen der befragten jungen Männer überwiegend mit dem traditionellen, gleichwohl in Richtung der Übernahme von Fürsorglichkeitsanteilen modifizierten Ernährer-Modell zu tun.

Die Untersuchungen spiegeln also *einerseits* einen Wandel in den zukunftsbezogenen Familienvorstellungen junger Männer und Frauen in Richtung Enttraditionalisierung der Geschlechterrollen: Fürsorglichkeit wird geschlechterübergreifend als zentraler Wert im elterlichen und partnerschaftlichen Miteinander imaginiert (bei den jungen Frauen sogar zur grundlegenden sozialen Handlungserwartung in Richtung Freunde, Nachbarschaft und Gesellschaft ausgeweitet). *Andererseits* verweist die Widersprüchlichkeit in den Vorstellungen der jungen Männer und die Klarheit, mit der das Bild des fürsorglichen *Ernährers* – im Unterschied zum von den jungen Frauen reklamierten fürsorglichen *Vater* – vertreten wird, auf beträchtliche Konfliktlinien: zwischen Wunsch und Realisierung moderner Familienpartnerschaft, zwischen den Erwartungen der Partner aneinander und nicht zuletzt zwischen gesellschaftlich hartnäckig überdauernden, alten Leitbildern (vor allem das der guten Mutter und des den Familienunterhalt verdienenden Vaters) und individuellen, sich normativ vervielfältigenden Lebensperspektiven.

2.1 Retraditionalisierungsdynamiken im Verhältnis von Arbeit und Familie

Den Wünschen nach gleichberechtigter Partnerschaft steht eine ernüchternde Bilanz der Fakten gegenüber (vgl. Peuckert 2008: 140ff.). Praktizieren die jungen Paare vor der Geburt des ersten Kindes durchweg noch eine relative ausgeglichene Aufteilung beruflicher und familialer Aufgaben, so kommt es mit der Familiengründung zu einer Retraditionalisierung, die sich nach der Geburt des zweiten Kindes noch einmal vertieft. Mit der Inanspruchnahme der Elternzeit durch die jungen Mütter (einerseits begründet durch dominante Vorstellungen von der primären Zuständigkeit der Mütter für das Baby, andererseits jedoch auch wegen der bis heute durchweg geringeren beruflichen Positionen und des geringeren Einkommensniveaus) wird die erste Weiche gestellt für das berufliche Ausbremsen der jungen Frauen. Peuckert (2008) fasst den nachfolgenden Prozess so zusammen:

„Nur etwa jede zweite Mutter in Deutschland ist nach Ablauf der Elternzeit in den Beruf, nur jede dritte an ihren alten Arbeitsplatz zurückgekehrt und versucht, Familie und Beruf zu vereinbaren. Die Übrigen haben sich – fast alle freiwillig und quer durch alle sozialen Schichten – weiterhin ganz der Erziehung des Kindes gewidmet, obwohl sie mehrheitlich irgendwann in den Beruf zurückkehren wollen. Bereits kurz nach Ablauf der Elternzeit musste sich fast jede zweite Frau mit einer weniger interessanten Stelle zufrieden geben." (Peuckert 2008: 141)

Die Väter hingegen intensivierten ihr berufliches Engagement und arbeiteten tendenziell eher mehr als früher (vgl. Fthenakis et al. 2002, BzgA 2004). Fthenakis spricht deshalb von einer ‚Gleichberechtigungsfalle' beim Übergang zur Elternschaft.

Die Retraditionalisierung bezieht sich auch auf die Verteilung der häuslichen Tätigkeiten (vgl. Fthenakis et al. 2002: 117). Zwar hat die Beteiligung von Vätern an der Betreuung und Erziehung ihrer Kinder in der Vergangenheit kontinuierlich zugenommen (vgl. 7. Familienbericht 2006: 108), aber die Hauptzuständigkeit und der größte zeitliche Anteil liegen immer noch bei den Müttern, zumindest während der Wochentage.[8] In einer Studie von 2002 (Fthenakis/Minsel) waren Väter und Mütter zwar der Ansicht, dass 69 Prozent aller Aufgaben, die bei der Betreuung und Versorgung von Kindern anfallen, von den Eltern zu gleichen Teilen übernommen werden *sollten* und 28 Prozent allein von der Mutter. De facto aber übernahmen die Mütter ungefähr die Hälfte der Aufgaben alleine, die verbleibenden Aufgaben wurden mehrheitlich von den Eltern gemeinsam oder abwechselnd übernommen. Die Beteiligung der Väter variiert in Abhängigkeit vom Aufgabentyp. Sie beteiligen sich vor allem an Aktivitäten, die spielerischen Charakter haben (pleasure-Aktivitäten wie Spielen, das Kind baden, Kind ins Bett bringen usw.), während Mütter in hohem Umfang die reinen Versorgungsaufgaben übernehmen. Zu berücksichtigen ist hier sicher auch die Erwerbswelt als Taktgeber[9]: Wer etwa als haupt- oder allein verdienender, berufspendelnder Vater früh morgens das Haus verlässt und erst abends nach 18 Uhr nach Hause zurückkehrt, hat täglich nur wenig Zeit für Kontakte mit den Kindern. Allerdings reicht dies als Erklärung nicht aus. Auch traditionelle Rollenklischees sind von großer Resistenz gegenüber Veränderung. So lasen einer 2009 veröffentlichten repräsentativen Studie (vgl. Vorlese-Studie 2009)[10] der Stiftung Lesen zufolge vier von fünf Vätern ihren Kindern nicht vor. Sie assoziierten das Vorlesen mit einer Einschlaf-Situation und zogen aktionsreiche Spiele und Herumtoben mit den Kindern vor. [11] Außerdem, so die vorherrschende

---

8   Dies gilt auch noch für Familien mit beiden Eltern in Vollzeitarbeit. In einer Zeitbudget-
     Studie zeigt sich für diese Eltern, dass zwar sonntags Vater und Mutter ungefähr gleich viel
     Zeit mit den Kindern verbringen, dass jedoch während der Woche der Anteil der Mütter an
     der Zeit mit den Kindern deutlich überwiegt (Zerle/Keddi 2011: 63f.).
9   Ein Leitbegriff im 7. Familienbericht
10   Warum Väter nicht vorlesen. Eine Studie der Deutschen Bahn, der ZEIT und der Stiftung
     Lesen, 2009. http://www.stiftunglesen.de/fileadmin/templates/getFile.php?type=pdf... [Zu-
     griff: 27.11.2009]
11   Hierfür könnten die bereits zitierte Zeitbudget-Studie von 2009 über Eltern in Voll-
     zeit/Vollzeiterwerbskonstellation einen Hinweis erbringen: Danach lesen etwa 60 Prozent

Einschätzung, könnten die Mütter das besser. Retraditionalisierungsdynamiken sind insbesondere im Bereich der familialen Alltagsgestaltungen (wie etwa der Ritualisierung des abendlichen Vorlesens) wirksam. Sie werden im Laufe der Jahre verfestigt, wenn es nicht zu erheblichen strukturellen Veränderungen kommt (etwa dadurch, dass die Frau eine umfangreichere Erwerbstätigkeit aufnimmt) und wenn es *nicht* gelingt, die innerfamiliale Aufgabenteilung immer wieder neu zu verhandeln. Der 7. Familienbericht konstatiert zu Recht, dass bis heute die Lebensgestaltung *von Frauen* sich durch die Familiengründung wesentlich stärker verändert als die *der Männer* (vgl. 7. Familienbericht 2006: 110). Die Initiative zur Neuverhandlung wird von daher eher von ihnen als von ihren Partnern zu erwarten sein oder: erwartet werden müssen.

2.2 Arbeitswelt und Fürsorglichkeit

Die Strukturen des Arbeitsmarktes wirken machtvoll in die Familien hinein; Veränderungen in Richtung einer egalitäreren fürsorglichen Aufgabenteilung in der Familie erfahren auch aus diesem Grunde schwer überwindbare Behinderungen. Wenn männliche Erwerbstätige im Durchschnitt 20 Prozent mehr Geld verdienen als ihre Partnerin, ist entschieden, welches Gehalt die Basis für den Familienunterhalt bildet. Auch die am Arbeitsplatz und in den Betrieben weitgehend noch vorherrschenden Kulturen – vor allem die möglichst lange Präsenz am Arbeitsplatz als Ausdruck des betrieblichen Engagements – lassen Vätern kaum Spielräume für die Reduktion oder Flexibilisierung der Arbeitszeiten zugunsten der Familie. Die Familienfreundlichkeit von Betrieben wird bislang ohnehin überwiegend auf die Ermöglichung der Vereinbarkeit von Beruf und Familie für *die Mütter* bezogen. Als Prüfkriterien für eine *Frauen* unterstützende Betriebspolitik gelten bislang vor allem: die Ermöglichung des Wiedereinstiegs nach der Familienphase, ohne Karrierechancen zu mindern und angepasst an die Vielfalt weiblicher Lebensentwürfe, Flexibilisierung von Arbeitszeiten, auch durch Auslagerung des Arbeitsplatzes nach Hause, vor allem aber der Ausbau qualitativ hochwertiger und gut erreichbarer Kinderbetreuung. Hingegen sind familienfreundliche Arbeitsplatz-Politiken *für Väter* nach wie vor in der Breite unterentwickelt, auch wenn sich Betriebe und Unternehmen in wachsender Zahl des Themas annehmen. Oftmals hat man jedoch den Eindruck, dass es dabei vor allem um das Aufwerten des öffentlichen Images geht (etwa mit Hilfe des Hinweises auf die betriebliche Diversity-Kultur beim Internetauftritt). Aber selbst in Unternehmen, in denen ernsthaft Väterförderung betrieben wird, etwa durch Teilzeitarbeitsangebote, durch eine offensive innerbetriebliche Verankerung des Themas „Väter-

---

der befragten Väter, allerdings immer noch deutlich mehr Mütter (80,5 Prozent) ihren Kindern vor (Zerle/Keddi 2011: 65).

freundliche Arbeitsplatzstrukturen" und ein vorbildliches betriebliches Kinderbetreuungsangebot, scheint es weiterhin *ein* zentrales Problem zu geben, nämlich: den Vätern, die dies wünschen, selbstverständlich Elternzeit oder Arbeitszeitreduzierung zuzugestehen, ohne dass damit erhebliche Nachteile und persönliche Abwertung verbunden sind. So kommt etwa eine Interview-Studie über die viel gelobte und in mancher Hinsicht väterpolitisch vorbildliche Commerzbank AG zu dem Fazit, das Problem der Vereinbarkeit von Familie und Beruf für Väter, die sich in der Kinderbetreuung aktiver einbringen wollten, sei noch nicht gelöst: Die Väter hätten Bedenken, das vielfältige Angebot in all seine Facetten anzunehmen. Zwar würden die Kinderausnahmebetreuung, die Beratungs- und Vermittlungsleistungen des Familienservice sowie Veranstaltungsangebote genutzt. Elternzeit oder eine Reduzierung der Arbeitszeit werden jedoch nur selten thematisiert, weil die Ablehnung durch Vorgesetzte befürchtet oder tatsächlich erlebt wird.[12] Viele Unternehmen halten heute familienfreundliche Instrumente bereit[13]; de facto richten sich diese allerdings meistens an die Mütter; die Nachfrage von Vätern wird in deren Selbstwahrnehmung – so die Befragung der hessenstiftung von 2007 – gar als „exotisch" bewertet (Broschüre der Commerzbank „Neue Wege für Väter", 2007: 8). Neue Arbeitsmodelle für Väter sind offensichtlich ohne positive, in klare Managementschritte umgesetzte betriebliche Strategien und vermutlich auch ohne Vorbilder auf der Leitungsebene schwer durchsetzbar.

2.3 Erfahrungen von Vätern mit der Ausgestaltung der fürsorglichen Rolle

Möglichkeitsräume für Erfahrungen von Vätern mit der Ausgestaltung der fürsorglichen Räume sind inzwischen sowohl institutionalisiert (durch Elternzeit und Elterngeld) als auch in individuell gewählten Formen geteilter Elternschaft als private Arrangements vorhanden.

Am 1.1.2007 ist in Deutschland das BEEG (Bundeselterngeld- und Elternzeitgesetz) in Kraft getreten, ausdrücklich auch, um Vätern mit den gesetzlich verankerten Partnermonaten die Umsetzung egalitärer und familienorientierter Vorstellungen zu ermöglichen und finanziell schmackhaft zu machen. Im 2. Quartal 2010 hatten 25,4 Prozent der Väter die Elternzeit in

---

12 In einer von der hessenstiftung „familie hat zukunft" im Jahr 2007 durchgeführten Untersuchung befürchteten 70 Prozent der befragten Väter negative Folgen im Beruf, wenn sie Eltern- oder Teilzeit nehmen. Nur knapp 40 Prozent der Befragten bezeichneten ihr Unternehmen als familienfreundlich und immerhin 30 Prozent beobachteten bei denjenigen Vätern ein negatives Image, die der Familie ein größeres Gewicht als der Arbeit beimessen (hessenstiftung 2008: 9-21).

13 Die von der hessenstiftung Befragten gaben zu 90 Prozent an, dass ihr Arbeitgeber solche Instrumente bereithalte. (ebd.: 10)

Anspruch genommen (Familienreport 2011: 89)[14], im Durchschnitt im Umfang von 3,5 Monaten. Jeder vierte Vater hatte sich dem Säugling länger als zwei Monate gewidmet (vgl. hessenstiftung: 10). Svenja Pfahl hat 2008 830 dieser Väter befragt. Sie zeichnet von ihnen ein differenziertes Bild insgesamt positiver Erfahrungen und sozialer Impulse: Aus dem Kreise dieser Väter, die sie soziologisch als „Teil der bürgerlichen Mitte" einordnet, kämen nach der Rückkehr in den Betrieb Initiativen zur Veränderung der Unternehmenskultur in Richtung Familienfreundlichkeit; 19 Prozent der Befragten kürzten ihre Arbeitszeit nach der Elternzeit um rund ein Fünftel. Befürchtungen wegen möglicher Nachteile für den beruflichen Status erwiesen sich, so Pfahl, „im Nachhinein dann jedoch oft als weniger schlimm. Viele Vorgesetzte reagierten sogar positiv auf den Wunsch ihrer Mitarbeiter."[15] Auch Nina Schellhase (2009), die im Rahmen einer Diplomarbeit eine Gruppe von Vätern in Elternzeit interviewt hat, konstatierte große emotionale Zufriedenheit der Väter in der Beziehung mit dem Kind, insgesamt positive Rückmeldungen aus dem sozialen und beruflichen Umfeld und einen insgesamt sehr positiven Grundton der Väter. Konflikte entstanden vornehmlich im Zuge von Aushandlungsprozessen in der Paarbeziehung.

Welche Erfahrungen machen Paare, die eine geteilte Elternschaft praktizieren, d.h. die sich dauerhaft oder über einen langen Zeitraum, also nicht nur für eine begrenzte Zeit, auf eine gleiche Beteiligung an der familialen Alltagsarbeit, insbesondere an Kinderbetreuung und Hausarbeit, verständigt haben? Wie wirkt sich ein solchermaßen egalitär gestalteter Alltag auf die Söhne und Töchter aus? Karin Flaake (2011) hat diese Fragen im Rahmen einer qualitativen orientierten Studie untersucht (vgl. Flaake 2011: 75ff.). Es zeigt sich, dass solch entschiedene Entgrenzung traditioneller familialer Geschlechterrollen beides mit sich bringt: Befreiung von traditionellen Einschränkungen und neue Möglichkeiten des Selbstkonzepts, aber auch Verunsicherungen, die mit der Notwendigkeit intensiver innerer Arbeit verbunden sind. Zum Beispiel kann es Frauen schwer fallen, die innige Beziehung zum Kind zu öffnen für die Zulassung einer eigenständigen innigen Beziehung des Vaters zum Kind; bei den Vätern können im Zuge des fürsorglichen Tuns eigene, mit Verletzlichkeit und Schwäche verbundene unbewusste, seelische Themen wiederbelebt werden. Diese innere Arbeit fordert – so die Studie – immer wieder neue Reflexions- und Aushandlungsprozesse in der Paarbeziehung und macht Veränderungen oft konfliktreicher und langwieriger als von den Beteiligten erhofft. Zugleich heben alle Befragten die positiven Seiten hervor. Auch in Konstellationen, in denen von Schwierigkeiten und Probleme berichtet wird, stehen die damit verbundenen Bereicherungen und Chancen der Lebensge-

---

14 In den neuen Bundesländern waren es 27 Prozent der Väter.
15 Interview siehe http://www.zeit.de/karriere/beruf/2009-11/elternzeit-vaeter-studie (Zugriff: 29.11.2009)

staltung im Vordergrund (vgl. Flaake 2009, dies. 2011). Möglicherweise ist das eine gute Erfahrungsgrundlage, an der die in diesen Familien aufwachsenden Söhne und Töchter mit eigenen Vorstellungen und Aushandlungspraxen egalitärer Partnerschaft anknüpfen können.

Es kann also festgehalten werden: Dauerhafte Veränderungen in Richtung einer egalitären Neuaufteilung von Berufs- und Familienarbeit in Partnerschaften werden von einer zunehmenden Zahl von Paaren (vermutlich aus eher ökonomisch gefestigten sozialen Milieus) angestrebt. Gleichwohl sind sie bislang keineswegs einfach umsetzbar, insbesondere nach der Geburt der Kinder. Beharrungskräfte finden sich vor allem auf Seiten der Väter. Begünstigt werden konservative Praxen der familialen Arbeitsteilung – abgesehen von den bereits beschriebenen gesellschaftlichen Institutionalisierungen der Geschlechterhierarchie – durch das überwiegende Festhalten von Arbeitsgebern am Leitbild des männlichen einsatzfreudigen Mitarbeiters, dem der Rücken freigehalten wird durch eine Frau, die zumindest einen Großteil der Familienarbeit übernimmt. Äußerst zäh halten sich zudem – vor allem bei jungen Männern, weniger bei jungen Frauen – traditionelle essentialistische Wertvorstellungen. Es scheint in der Vielschichtigkeit der alltäglichen Familiendynamik schwierig zu sein, sich ‚einfach so' auf ein an Egalität orientiertes Miteinander einzulassen. Die wachsende Zahl von Elternpaaren, die ihr Zusammenleben *dennoch* in möglichst gleichgewichtig austarierten Rollen organisieren und dies positiv bewerten, zeigt vielmehr: Es bedarf dazu der Bereitschaft zu einem dauerhaften, auch anstrengenden, Reflexions- und Aushandlungsprozess. Stützend wäre hier ein Umfeld, zu dem auch die Soziale Arbeit gehört.

3. Konsequenzen für die Soziale Arbeit

Zunächst einige allgemeine Anmerkungen zur Bedeutung des Spannungsverhältnisses von Fürsorglichkeit und Geschlechterzuschreibungen in Profession und Praxis der Sozialen Arbeit: Das Berufsfeld scheint zu bestätigen, dass Fürsorge/Fürsorglichkeit in großem Umfang die Arbeit und der gesellschaftliche Zuständigkeitsbereich von Frauen ist. Es liegt nahe, diesen Befund zu essentialisieren und zu naturalisieren: Frauen wären demnach die von Natur aus Geeigneteren für das Fürsorgliche und hätten darauf aufbauend in einem historisch kurzen Zeitraum ein öffentlich anerkanntes weibliches Berufsfeld geschaffen. Zentrale Strukturmerkmale des gegenwärtigen Berufsspektrums scheinen das zu bestätigen. So ist das mit Abstand größte Arbeitssegment der Sozialen Arbeit, die Kinder- und Jugendhilfe, bis heute ein Frauenberuf in Männerregie (vgl. etwa Fendrich et al. 2006: 23). Je kleiner die Kinder, desto höher der Frauenanteil. Im Kleinkinderziehungsbereich (Krippen und Kindertagessstätten) hält sich der Anteil der männlichen Beschäftigten konstant bei vier Prozent. Rechnet man die Zivildienstleistenden und Hausmeister heraus, sind es weniger als drei Prozent (vgl. Kasiske et al. 2006; Rohrmann 2006). Cloos/Zürchner (2002) konstatieren zusammenfassend, dass bis heute der Befund zutrifft, die Soziale Arbeit sei ein Berufsfeld mit strukturell ungleicher geschlechtsspezifischer Verteilung von Aufgaben und Positionen (und damit Verdienstmöglichkeiten) zu Ungunsten von Frauen (Cloos/Zürchner 2002: 719). Inzwischen gehört allerdings – insbesondere dank einer essentialismuskritischen Geschlechterforschung in der Sozialen Arbeit – auch zum professionellen Theoriebestand, dass dieses Faktum ein gesellschaftlich hervorgebrachtes Phänomen ist, Ergebnis sozialer Machtverteilung und Herrschaftsverhältnisse zu Ungunsten von Frauen, zentral geformt im kulturellen System der Zweigeschlechtlichkeit (vgl. Hagemann-White 2011). Hagemann-White reflektiert, warum es (für Frauen) schwierig ist, die darin liegende *Ungerechtigkeitsdimension* zu erkennen und zu benennen. Ihr Fazit:

„An der Konstruktion des Geschlechts ist das Grundbedürfnis nach Anerkennung beteiligt; deshalb gelingt es oft nicht, sich eindeutig zu ungerechten Verhältnissen zu verhalten" (Hagemann-White 2011: 445).

Diese Überlegung lässt sich unschwer auf die Soziale Arbeit als Berufsfeld von Frauen übertragen. Darüber hinaus haben wir es in der Sozialen Arbeit mit einem professionellen Segment zu tun, in dem bis heute die Reflexion von Geschlechterverhältnissen und deren arbeitsinhaltliche Implikationen sowohl auf der Theorieebene als auch auf der Ebene der Praxis vielfach noch ausgeblendet bleibt zugunsten der Hervorhebung „rein sachlicher" berufsrelevanter Kriterien „ohne Ansehen und Geschlecht der Person" (Ehlert 2010: 54ff.). Ehlert arbeitet solche Prozesse der Ent-Geschlechtlichung Sozialer Arbeit am Beispiel dominanter theoretischer Diskurse prägnant heraus und zeigt, wie damit zugleich die Entwertung weiblich konnotierter Anteile in der Sozialen Arbeit einhergeht. Für die Weiterentwicklung Sozialer Arbeit ist demgegenüber die Etablierung geschlechterreflexiver Perspektiven in Theorie und Praxis unerlässlich.

Damit zurück zur Ausgangsfrage: Welche Bedeutung haben die skizzierten Entwicklungsprozesse einer widersprüchlichen Verflüssigung innerfamilialer geschlechtlicher Arbeitsteilung – mit dem Ziel gleichgewichtig austarierter, letztlich egalitärer Teilung von Fürsorglichkeit und Erwerbsarbeit zwischen Eltern – für die Zukunft der Sozialen Arbeit als Profession? Ist die Soziale Arbeit in der Lage, diese Prozesse zu unterstützen? Welche Aufgaben resultieren daraus? Welche Probleme sind zu erwarten? Dazu im Folgenden einige knappe Anmerkungen:

Ohne Zweifel hat der Wandel in der Arbeitsteilung der Geschlechter zwischen Erwerbsarbeit und Fürsorglichkeit Bedeutung für die Soziale Arbeit. Allein die Ausweitung des Angebots öffentlicher Kleinkinderziehung für die

Unter-Dreijährigen mit dem Ziel eines Versorgungsgrades von 35 Prozent bis 2013[16] unterstreicht dies. Wir haben es mit dieser Antwort der Sozialpolitik auf veränderte Lebensmodelle junger Frauen und Familien sowie im Kern auf den demographischen Wandel zugleich mit einem enormen Expansionsschub für die Soziale Arbeit zu tun. Wie stellt sich die Soziale Arbeit auf die Qualitätserfordernisse der Expansion ein? Wie werden die kulturellen und sozialen Wandlungsprozesse in den Familien aufgegriffen? Gelingt es, die positiven Seiten der widersprüchlichen Verflüssigung traditioneller Geschlechtergrenzen in Richtung der Erweiterung von Möglichkeitsräumen für Väter und Mütter zu unterstützen?

Eine zentrale Voraussetzung dafür ist es, die geschlechterreflexiven Kompetenzen der professionellen Pädagoginnen und Pädagogen auszubilden, insbesondere auch deren selbstreflexive Anteile. Eine weitere zentrale Voraussetzung ist es, Offenheit gegenüber vielfältigen Lebens*verhältnissen* auszubilden, Veränderungen in den Lebens*weisen* der Menschen und in deren konstruktiven Dynamiken wahrzunehmen und zu unterstützen. Mütter und Väter, Frauen und Männer sind das Beziehungsgegenüber für Pädagoginnen und Pädagogen, aber ebenso können es zwei Mütter oder zwei Väter sein, wenn es sich um gleichgeschlechtliche Elternpaare handelt. Aufgabe von professionellen Pädagoginnen und Pädagogen ist es ferner, offen für unterschiedlichste *Formen der Teilhabe* von Vätern und Müttern am Gruppenleben in der Erziehungseinrichtung zu sein und über verstehende Zugänge ggf. Veränderungen im Sinne der Erweiterung der Teilhabe zu initiieren. Voraussetzung hierfür ist aber die konzeptionelle Einbettung der geschlechterreflexiven Arbeitsweise in Leitbild, Praxis, Weiterbildung und Supervision in der Einrichtung.

Auf der organisatorischen Ebene gehört zur geschlechterreflexiven Arbeitsweise in der Sozialen Arbeit die Flexibilisierung des Leistungsangebotes als Entsprechung zur Flexibilisierung der Lebensweisen. Das Stichwort „Kindergarten als Halbtagseinrichtung" verdeutlicht die Brisanz, zumindest für Westdeutschland. 2005 betrug das Angebot an echten Ganztagsplätzen (d.h. mit einem Mittagessen) in den alten Bundesländern 25 Prozent (vgl. Bien et al. 2006: 35). In Ostdeutschland wird das nahezu flächendeckend vorhandene Angebot an Ganztagsplätzen von immerhin 70 Prozent der in Frage kommenden Familien wahrgenommen (vgl. ebd.: 34). Flexibilisierung schließt aber auch die Bereitstellung ausreichender und qualifizierter Betreuung von Kin-

---

16 Der Versorgungsgrad gilt für städtische Milieus inzwischen als überholt. Angenommen wird ein höherer Versorgungsbedarf. Im 2012 veröffentlichten Monitor Familienforschung des Bundesministeriums für Familie, Senioren, Frauen und Jugend wird als ein zentrales Befragungsergebnis die breite Unterstützung des Ausbaus der Kinderbetreuung für die unter Dreijährigen hervorgehoben: „75 beurteilen den Betreuungsausbau als gute Sache, Eltern von Kindern unter drei Jahren sogar zu 87 Prozent." http://www.bmfsfj.de/BMFSFJ/familie,did=190010.html [Zugriff: 24.9.2012]

dern im Schulalter ein, ebenso das Angebot qualifizierter, tariflich bezahlter Tagespflege (vgl. ebd.: 38). Bislang geht der Mangel an Flexibilität im Betreuungsangebot für Kinder bis zum Schulalter vor allem zu Lasten von *Frauen*, denen damit Entwicklungsmöglichkeiten im beruflichen Bereich verbaut werden. Hier liegt – jenseits der parteipolitischen Arenen – auch für die Soziale Arbeit eine Herausforderung brach, nämlich die, sich sozialpolitisch offensiv einzumischen.

Kommen familiäre Geschlechterverhältnisse erst dann ins Blickfeld, wenn sie destruktives Potential entwickelt haben, ist es häufig zu spät. Insbesondere, so das Argument Christine Rohleders, werde der gezielten frühen Ansprache und Einbindung von Vätern bislang eher wenig Aufmerksamkeit geschenkt (vgl. Rohleders 2006: 303). Martin Verlinden kommt in einer Bestandsaufnahme der Väterarbeit in Nordrhein-Westfalen (2004) zu dem Ergebnis, dass Väter insgesamt noch sehr selten von Einrichtungen der Sozialen Arbeit als Zielgruppen angesprochen werden. Zur Zeit seiner Untersuchung geschah dies am häufigsten in Geburtseinrichtungskursen. Drei Viertel der in seiner Untersuchung erfassten Kinderbetreuungseinrichtungen (Kindergärten) verfügten nicht über eine konzeptionell verankerte Väterarbeit. Nur in 20 Prozent der Einrichtungen wurde Väterarbeit als eigenständiger sozialpädagogischer Bereich gesehen. Generell werde jedoch die Chance verpasst, Väter gezielter anzusprechen und kontinuierlicher von institutioneller Seite in den Erziehungsprozess einzubeziehen (vgl. Rohleder 2006: 305). Aus unseren eigenen, in den Jahren 2007-2009 durchgeführten Untersuchungen in Kindergärten und Kinderkrippen, die der Arbeit mit Vätern gegenüber aufgeschlossen waren[17], kann – nicht quantitativ, wohl aber qualitativ – bereits ein positiveres Bild gezeichnet werden. Und doch haben wir dort auch festgestellt, dass Erzieherinnen die Alltagskontakte mit Vätern (vor allem in der morgendlichen Bringe-Phase) eher nicht zum Ausgangspunkt für eine gründlichere methodische Reflexion darüber machten, ob möglicherweise von hier aus eine intensivere Einbindung der Väter initiierbar wäre.

Wenn in der Sozialen Arbeit *zugespitzte* familiale Konfliktfälle zu bearbeiten sind (zum Beispiel in Trennungs- und Scheidungssituationen oder in familialen Stresszeiten), die durch Strukturen des hierarchischen Geschlechterverhältnisses entscheidend mit beeinflusst werden, erfordert dies von einer geschlechterreflexiven Sozialen Arbeit, so Böhnisch/Funk (2002), insbeson-

---

17 Im Rahmen dieser unveröffentlichten Untersuchung wurden in fünf unterschiedlich großen Kindergärten und Krippen 19 Väter in problemzentrierten Interviews nach ihren Erfahrungen und Wünschen hinsichtlich der Einrichtungen befragt, in denen ihre Kinder betreut wurden. Die Fragen bezogen sich auf a) Erfahrungen mit der Erziehungseinrichtung/Bedeutung für die Entwicklung des Kindes, b) Organisation von Bringen und Abholen durch die Eltern/ deren Rahmenbedingungen, c) auf die Gestaltung des Kontaktes der Einrichtung mit den Eltern, d) auf das Engagement des Vaters in der Kita: Anlässe, Erfahrungen, Wünsche und e) auf den Kontakt zu anderen Eltern/Vätern: Erfahrungen, Wünsche.

dere die Rekonstruktion des Prozesses, wie „familienbiografische Überforde-rungssituationen das in der Familie steckende geschlechterhierarchische Ge-waltverhältnis *so* zu aktivieren vermochten, dass es sozial destruktiv wirken musste" (Böhnisch/Funk 2002: 150). Dafür ist idealer Weise ein gemischtge-schlechtliches Fachkräfteteam mit hohen Kompetenzen geschlechtersensiblen Handelns gefragt. Spätestens an dieser Stelle muss die Frage nach der Ver-größerung des Anteils männlicher Pädagogen gestellt werden. Gegenwärtig scheint es ja eher so, dass dieser Anteil nicht nur nicht steigt, sondern insbe-sondere unter Studierenden im Fachhochschulbereich eher sinkt (vgl. Klein/ Wulf-Schnabel 2007). Fraglos wäre es wünschenswert, mehr junge Männer in die Fachschulen und Fachhochschulen für Sozialpädagogik aufzunehmen und in den sozialpädagogischen Einrichtungen einzustellen. Jedoch kommt es entscheidender darauf an, wie dieses Ziel *gender-konzeptionell* in den Ein-richtungen verankert wird, mit welchen Erwartungen Träger, Leitung und pädagogisches Team diesen Schritt verbinden und welche geschlechtertheore-tischen Kompetenzen der Pädagoge mitbringt. Wenn der personellen Ent-scheidung nicht eine an Verflüssigung der Geschlechtergrenzen und Erweite-rung der Möglichkeitsräume orientierte geschlechterreflexive professionelle Haltung des Teams und der einzelnen Pädagoginnen und Pädagogen zugrun-de liegt, entsteht eine alltägliche Geschlechterfalle und in ihrer Folge mög-licherweise erneut unreflektiertes traditionelles Rollenverhalten, werden es-sentialistisch grundierte Verfestigungen von Geschlechterrollen gefördert.

Um das Interesse für den beruflichen Care-Bereich bei jungen Männern zu stärken bzw. anzubahnen, sollten allgemeinbildende Schulen und pädago-gische Ausbildungseinrichtungen ihre Orientierungsfunktion mit gut vorbe-reiteten Identifikationsangeboten und praktischen Projekten der Kompetenzer-weiterung für Jungen bzw. junge Männer wahrnehmen, um ihnen auf diese Weise positive Zugänge zu fürsorglichen Tätigkeiten zu eröffnen und vorhan-dene Kompetenzen der Fürsorglichkeit zu stärken (vgl. 7. Familienbericht 2006: 256; Sachverständigenkommission für den 7. Familienbericht 2007: 11). Es ist allerdings Lothar Böhnischs und Heide Funks Einschätzung ernst zu nehmen:

> „Mehr Männer wird es erst dann im Kindergarten geben, wenn sich die Vaterrolle und die Formen der Anwesenheit des Vaters in der Familie verändert haben. (…) Kindergärtner wird es also erst dann in breiter Anzahl geben, wenn es viele Väter gibt, die Berufs- und Hausarbeit genauso zu vereinbaren gelernt haben, wie es Frauen tun müssen" (Böh-nisch/Funk 2002: 158).

Hinzuzufügen ist sicherlich: und, wenn der Beruf so gut bezahlt wird, dass die Chance besteht, damit den Lebensunterhalt einer Familie absichern zu kön-nen.

4. Fazit und Perspektiven

Öffentliche und private Strukturen von Arbeit und Fürsorge sind aufeinander bezogen und voneinander abhängig. Ohne die Regelung von Care-Arbeit ist Berufsarbeit nicht leistbar, weder im Familienkontext noch im individuellen Lebenslauf noch im gesellschaftlichen Kontext. Der lange gültige, scheinbar naturwüchsige Geschlechtervertrag – Frauen kümmern sich um den Care-Bereich, Männer sind breadwinner – beginnt sich aufzulösen. Aber es sind auch starke Beharrungstendenzen wirksam.

Die Neuverteilung der beiden Arbeitssphären zwischen den Geschlechtern ist in politischer Hinsicht eine Frage von Gerechtigkeit und Gleichheit, also eine Demokratiefrage. In kultureller, aber auch in emotionaler Hinsicht ist sie eine Frage der Erweiterung der individuellen Selbstbilder der Menschen von ihren Lebenskonzepten und Entwicklungsmöglichkeiten, der Überwindung einengender sozialer Zuschreibungen, zugleich auch des Neudenkens gesellschaftlicher Verantwortung. Hier kommt *auch* der Sozialen Arbeit als Akteur eine wichtige Rolle zu. Ich habe einige Ansätze skizziert. Eine leitende *ethische* Frage (auch) der modernen Sozialen Arbeit muss sein: Was sind Essentials einer *caring society*? Wie ist die Soziale Arbeit daran in einer Weise beteiligt, die Gerechtigkeit (und das heißt auch: Geschlechtergerechtigkeit) hervorbringt?

Literatur

Allmendinger, Jutta (2009): Frauen auf dem Sprung. Wie junge Frauen heute leben wollen. Die BRIGITTE-Studie. München: Pantheon.

Becker-Schmidt, Regina/Knapp, Gudrun-Axeli (2000): Feministische Theorien. Zur Einführung. Hamburg: Junius.

Behnke, Cornelia/Meuser, Michael (2010): Aktive Vaterschaft – Diskurse und alltägliche Praxis. Dokumentation der Tagung „Deutschland sucht den ‚Super-Papa'. Impulse für eine moderne Väterpolitik" des Gunda-Werner-Instituts und Forum Männer am 23. und 24. April 2010 an der Fachhochschule Köln. http://www.gwi-boell.de/downloads/2010-04-23_Tagung_Super-Papa_Beitrag_Behnke_Meuser_Vaterschaft.pdf [Zugriff: 27.2.2011]

Bien, Walter/Rauschenbach, Thomas/Riedel, Birgit (Hrsg.) (2006): Wer betreut Deutschlands Kinder? Weinheim/Basel: Beltz.

Bürgisser, Margret/Baumgarten, Diana (2006): Kinder in unterschiedlichen Familienformen. Wie lebt es sich im egalitären, wie im traditionellen Modell? Zürich: Rüegger.

Bundesministerium für Familie, Senioren, Frauen und Jugend (Hrsg.) (2006): Siebter Familienbericht. Familie zwischen Flexibilität und Verlässlichkeit. Perspektiven für eine lebenslaufbezogene Familienpolitik. Berlin.

Bundesministerium für Familie, Senioren, Frauen und Jugend (Hrsg.) (2011): Familienreport 2011. Leistungen, Wirkungen, Trends. Berlin.

Bundesministerium für Familie, Senioren, Frauen und Jugend (Hrsg.) (2012): Das Wohlbefinden von Eltern. Monitor Familienforschung Ausgabe 22. Berlin.

Brigitte Studie 5, http://www.brigitte.de/gesellschaft/politik-gesellschaft/frauen-auf-dem-sprung-studie-2009-allmendinger-10341/ [Zugriff: 28.11.2009]

Böhnisch, Lothar/Funk, Heide (2002): Soziale Arbeit und Geschlecht. Theoretische und praktische Orientierungen. Weinheim: Juventa.

Brückner, Margrit (2003): Care. Der gesellschaftliche Umgang mit zwischenmenschlicher Abhängigkeit und Sorgetätigkeiten. In: Neue Praxis 33, 2, S. 162-171.

Brückner, Margrit (2011): Gestaltung von Care-Prozessen in individuellen Care-Netzen zwischen privaten Unterstützungen, sozialen Dienstleistungen und sozialstaatlicher Versorgung. In: Gender 3, 3, S. 39-54.

Bundeszentrale für gesundheitliche Aufklärung (BzgA) (2004): Männerleben. Eine Studie zu Lebensläufen und Familienplanung. Basisbericht. Köln.

Chassé, Karl-August/Wensierski, Hans-Jürgen von (Hrsg.) (2004): Praxisfelder der Sozialen Arbeit. Eine Einführung. Weinheim/München: Juventa.

Cloos, Peter/Züchner, Ivo (2002): Das Personal der sozialen Arbeit. Größe und Zusammensetzung eines schwer zu vermessenden Feldes. In: Thole, W. (Hrsg.): Grundriss Soziale Arbeit. Ein einführendes Handbuch. Opladen: Leske und Budrich, S. 705-724.

Deutsche Shell (Hrsg.) (2002): Jugend 2002. Frankfurt a.M.

Ehlert, Gudrun (2010): Profession, Geschlecht und Soziale Arbeit. In: Bereswil, M./Stecklina, G. (Hrsg.): Geschlechterperspektiven für die Soziale Arbeit. Zum Spannungsverhältnis von Frauenbewegungen und Professionalisierungsprozessen. Weinheim: Juventa, S. 45-60.

Ehnis, Patrick (2009): Väter und Erziehungszeiten. Politische, kulturelle und subjektive Bedingungen für mehr Engagement in der Familie. Frankfurt a.M.: Ulrike Helmer.

Fendrich, Sandra/Fuchs-Rechlin, Kirsten/PothmannJens/Schilling, Matthias (2006): Ohne Männer? Verteilung der Geschlechter in der Kinder- und Jugendhilfe. In: DJI Bulletin 75, 2, S. 22-27.

Flaake, Karin (2009): Geteilte Elternschaft – Veränderte Geschlechterverhältnisse? Ergebnisse einer empirischen Studie zu Familiendynamiken und Sozialisationsprozessen. In: Villa, P./Thiessen, B. (Hrsg.): Mütter – Väter: Diskurse Medien Praxen. Münster: Westfälisches Dampfboot, S. 128-143.

Flaake, Karin (2011): Gender, Care und veränderte Arbeitsteilungen in Familien – geteilte Elternschaft und Wandlungen in familialen Geschlechterverhältnissen. In: Gender 3, 3, S. 73-88.

Fisher, Berenice/Tronto, Joan C. (1990): Toward a Feminist Theory of Caring. In: Emily K. Abel/Margaret K. Nelson (Hrsg.): Circles of Care. Work and Identity in Women's Lives. Albany: SUNY Press, S. 35-62.

Fthenakis, Wassilios E./Kalicki, Bernhard/Peitz, Gabriele (2002): Paare werden Eltern. Die Ergebnisse der LBS-Familien-Studie. Opladen: Leske und Budrich.

Fthenakis, Wassilios E./Minsel, Beate (2002): Die Rolle des Vaters in der Familie. Bundesministerium für Familie, Senioren, Frauen und Jugend. Schriftenreihe Bd. 213. Stuttgart: Kohlhammer.

Fleßner, Heike (2011): Die Kategorie Gender in der diversitätsbewussten Sozialpädagogik. In: Rudolf Leiprecht (Hrsg.): Diversitätsbewusste Sozialpädagogik. Schwalbach/Ts.: Wochenschau, S.61-78.

Fraser, Nancy/Gordon, Linda (1994): „Dependency" demystified: Inscriptions of power in a keyword of the welfare state. Social Politics Spring Vol., S. 4-31.

Gerhard, Ute/Knijn, Trudie/Weckwert, Anja (2003): Einleitung: Sozialpolitik und soziale Praxis. In: Gerhard, U./Knijn, T./Weckwert, A. (Hrsg.): Erwerbstätige Mütter. Ein europäischer Vergleich. München: C.H.Beck, S. 8-28.

Glenn, Evelyn N. (2000): Creating a caring society. In: Contemporary Sociology 29,1, S. 331-346.

Hagemann-White, Carol (2011). Zweigeschlechtlichkeit. In: Ehlert, G./Funk, H./ Stecklina, G. (Hrsg.): Wörterbuch Soziale Arbeit und Geschlecht. Weinheim: Juventa, S. 444-446.

hessenstiftung – familie hat zukunft (Hrsg.) (2008): Zeit für Väter. Ergebnisse der Online-Befragung „Anforderungen von Vätern an einen familienfreundlichen Arbeitgeber. Bensheim: IGS (brosch.).

Kasiske, Jan/Krabel, Jens/Schädler, Sebastian/Stuve, Olaf (2006): Zur Situation von Männern in „Frauen-Berufen" der Pflege und Erziehung in Deutschland. Eine Überblicksstudie. In: Krabel, J./Stuve, O. (Hrsg.): Männer in „Frauen"-Berufen der Pflege und Erziehung. Opladen: Leske und Budrich. S. 11-110.

Kerschgens, Anke (2009): Die widersprüchliche Modernisierung der elterlichen Arbeitsteilung. Alltagspraxis, Deutungsmuster und Familienkonstellationen in Familien mit Kleinkindern. Wiesbaden: VS.

Klein, Uta/Wulf-Schnabel, Jan (2007): Männer auf dem Weg aus der Sozialen Arbeit. In: WSI Mitteilungen 60, 3, S. 138-143.

Krok, Isabelle (2008): Kinderwünsche junger Männer. In: DJI-Bulletin 83/84, 3/4, S. 13-15.

Leira, Arnlaug (1999): Reflections on Caring, Gender and Social Rights. Paper: European Association Conference, Amsterdam, 18-21. August.

neue wege für väter. Studienergebnisse und Erfahrungen aus der Praxis. Frankfurt a.M.: Commerzbank AG (brosch.).

Peuckert, Rüdiger (2008): Familienformen im sozialen Wandel. Wiesbaden: VS.

Pfahl, Svenja/Reuyß, Stefan (2009): Das neue Elterngeld. Erfahrungen und betriebliche Nutzungsbedingungen von Vätern. Düsseldorf: Edition der Hans-Böckler-Stiftung, Gender, Familie und Beruf, Bd. 239.

Rohbeck, Gunda (2005): Verzicht auf Dank und Anerkennung. Berufsentwicklung hannoverscher Fürsorgerinnen. Münster: LIT.

Rohleder, Christine (2006). Familien, Geschlechterkonstruktionen und Soziale Arbeit. In: Zander, M./Hartwig, L./Jansen, I. (Hrsg.): Geschlecht Nebensache? Zur Aktualität einer Gender-Perspektive in der Sozialen Arbeit. Wiesbaden: VS, S. 291-310.

Rohrmann, Tim (2006): Männer in Kindertageseinrichtungen und Grundschulen: Bestandsaufnahme und Perspektiven. In: Krabel, J./Stuve, O.(Hrsg.): Männer in „Frauen"-Berufen der Pflege und Erziehung. Opladen: Leske und Budrich. S. 111-133.

Rost, Harald (2006): Väter in Familien mit partnerschaftlicher Verteilung von Erwerbs- und Familienarbeit. In: Werneck, H./Beham, M./Palz, D. (Hrsg.): Aktive Vaterschaft. Männer zwischen Familie und Beruf. Gießen: psychosozial, S. 155-166.

Rüling, Anneli (2007): Jenseits der Traditionalisierungsfallen. Wie Eltern sich erwerbs- und familienarbeit teilen. Frankfurt a.M.: campus.

Sachverständigenkommission für den 7. Familienbericht (2007): Zukunft: Familie. Ergebnisse aus dem 7. Familienbericht. Berlin.

Schellhase, Nina (2009): Väter in Elternzeit: Erfahrungen und Sichtweisen von beteiligten Vätern und möglicher Handlungsbedarf für die pädagogische Arbeit. Diplomarbeit: Carl von Ossietzky Universität Oldenburg/Fakultät Erziehungs- und Bildungswissenschaften (unveröff.).

Statistisches Bundesamt (2007) https://www.destatis.de/DE/Publikationen/ Thematisch/BildungForschungKultur/ThemaBildungForschungKultur.html [Zugriff: 07.01.2013]

Tronto, Joan (2000): Demokratie als fürsorgliche Praxis. In: Feministische Studien extra. Fürsorge – Anerkennung – Arbeit. 18, S. 25-42.

Verlinden, Martin (2004): Väterarbeit in NRW. Bestandsaufnahme und Perspektiven. Hrsg. vom Ministerium für Gesundheit, Soziales, Frauen und Familie NRW. Düsseldorf.

Warum Väter nicht vorlesen. Eine Studie der Deutschen Bahn, der ZEIT und der Stiftung Lesen, 2009. (Vorlese-Studie 2009). www.stiftunglesen.de/fileadmin/ templates/getFile.php?type=pdf...[Zugriff:27.11.2009]

Zerle, Claudia (2008): Die eigene Rolle finden: Wie junge Männer sich Vatersein vorstellen. In: DJI-Bulletin 83/84, 3/4, S. 10-12.

Zerle, Claudia/Krok, Isabelle (2008): Null Bock auf Familie? Der schwierige Weg junger Männer in die Vaterschaft. Gütersloh: Bertelsmann Stiftung.

Zerle, Claudia/Keddi, Barbara (2011): „Doing Care" im Alltag Vollzeit erwerbstätiger Mütter und Väter. Aktuelle Befunde aus AID:A. In: Gender 3, 3, S. 55-72.

Diversitätsbewusste Ansätze in der Sozialen Arbeit: Zentrale theoriebezogene Konzepte am Beispiel einer Intersektionalitätsanalyse in der Verbindung von Heteronormativität, Männlichkeiten und ethnisch-kulturellen Zuschreibungen

Rudolf Leiprecht/Kaja Haeger

1. Einleitung

In den letzten Jahren haben auch im deutschsprachigen Fachdiskurs der Sozialen Arbeit zwei neue Begriffe Einzug gehalten: *Diversität* (Diversity) und *Intersektionalität* (Intersectionality) (vgl. Sozial Extra Heft 12, 2009; Heft 9/10, 2012). Beide Begriffe stehen in einem inneren Zusammenhang und führen gleichzeitig zu neuen Herausforderungen auch für eine kritisch-reflexive Befassung mit Geschlechterverhältnissen. Im folgenden Beitrag[1] werden wir zunächst zentrale inhaltliche Aspekte der beiden Begriffe skizzieren und Hinweise auf die Entstehungsgeschichte des Konzepts Intersektionalität geben. Anschließend präsentieren wir am Beispiel einer konkreten und aktuellen Analyse mit Hilfe dieses Konzepts, welche Wirkungen Verbindungen von Heteronormativität – also einer Vorstellung und einer Praxis, in der Heterosexualität als soziale Norm gesetzt wird – mit sozialen Repräsentationen zu Männlichkeiten und ethnisch-kulturellen Zuschreibungen entfalten können und welche problematischen Diskursfiguren zu beobachten sind. Hierbei werden exemplarische Ausschnitte aus Analysen zu zwei Interviews herangezogen, die im Rahmen einer Studie über männliche Repräsentationen in Verbindung mit unterschiedlichen Bildungsverläufen entstanden sind (vgl.

---

1 Für diesen Beitrag haben wir auf Textpassagen aus früheren Publikationen zurückgegriffen, die wir bearbeitet haben. Dabei handelt es sich zum einen um die Einleitung in ein Schwerpunktheft der Zeitschrift *Sozial Extra* zum Thema *Intersektionalität* (vgl. Leiprecht 2012) und zum anderen um einen Beitrag in eben diesem Heft zu sozialen Repräsentationen von Männlichkeiten (vgl. Haeger/Leiprecht 2012). Wir bedanken uns bei *Sozial Extra* für die Erlaubnis, diese beiden Texte für die hier vorliegende neue Veröffentlichung verwenden zu dürfen. Darüber hinaus haben wir Textpassagen aus Leiprecht/Lutz 2006 (S. 227) und Leiprecht 2011 (S. 17-18) benutzt.

Haeger 2012). Anschließend skizzieren wir zentrale Theorieelemente für eine
Soziale Arbeit, die den Anspruch hat, diversitätsbewusst zu sein.

2. Diversität in einer Perspektive der Anti-Diskriminierung und der sozialen Gerechtigkeit

Die Fachdiskurse in anderen Ländern waren in Bezug auf den Begriff Diversity deutlich schneller als im deutschsprachigen Raum. So machte beispielsweise bereits zu Beginn der 1990er Jahre Neil Thompson in einer britischen
Buchreihe, die sich auf die Ausbildung von Professionellen Sozialer Arbeit
spezialisiert, darauf aufmerksam, dass die kritische Thematisierung und Auseinandersetzung mit sozialen Einteilungen, Zuschreibungsmustern und ‚Platz-
anweisern' im Kontext von class, gender, race/ethnicity, age und disability zu
den Kernaufgaben Sozialer Arbeit gehören. Im Mittelpunkt steht der Anspruch, sozialer Benachteiligung und Diskriminierung entgegen zu wirken
und zu einem Mehr an sozialer Gerechtigkeit beizutragen (vgl. Thompson
1992). Und in der Tat: Adressat_innen Sozialer Arbeit werden häufig entlang
dieser Kategorien eingeteilt, wobei auf vereinheitlichende Gruppenkonstruktionen wie ‚*die* Unterschichtkinder', ‚*die* Asozialen', ‚*die* Ausländer', ‚*die*
Kopftuchmädchen', ‚*die* Behinderten' usw. zurückgegriffen wird. Die Adres-
sat_innen bewegen sich in einem gesellschaftlichen Feld von Fremd- und
Selbstzuschreibungen, und die entsprechenden Differenzlinien gehen oft mit
mannigfachen Problemlagen, prekären Lebenslagen, Marginalisierungen und
Negativbewertungen einher, aber auch – gewissermaßen auf der jeweils ‚anderen' Seite derselben Differenzlinie, eine Seite, die meist übersehen bzw.
dethematisiert wird – mit Privilegien und Begünstigungen. Und es ist wenig
überraschend, dass entlang dieser Differenzlinien oft auch unterschiedliche
Ressourcen, Lernvoraussetzungen, Lernerfahrungen, Lebensweisen, Krisen-
bewältigungsmuster, usw. festzustellen sind. Ansätze einer differenzsensiblen
oder diversitätsbewussten Sozialen Arbeit haben sich vor diesem Hintergrund
vorgenommen, eine besondere Aufmerksamkeit gegenüber Differenzordnungen, Zuschreibungsmustern und ausgrenzenden Verhältnissen zu entwickeln
(vgl. Lamp 2007).

Nun kommt der Begriff Diversität (Diversity) nicht nur im Kontext einer
diversitätsbewussten Sozialen Arbeit vor. Im Bereich der Betriebs- und Wirt-
schaftswissenschaften hat der Begriff bereits seit vielen Jahren Einzug gehalten, meist in der Kombination mit dem Begriffsteil ‚Managing' (Managing
Diversity). Es ist wichtig, sich diesen betriebs- und wirtschaftswissenschaftli-
chen Fachdiskurs genau anzuschauen, dies auch deshalb, weil sich viele Pädagoginnen und Pädagogen, die Diversity-Prinzipien aufgreifen, auf Ansätze

aus diesem Bereich beziehen. Dabei kann zunächst einiges gelernt werden: Professionelle im Bereich von Bildung und Sozialer Arbeit verstehen ihre Arbeit häufig als beziehungsorientiert und sehen sich im Face-to-face-Kontakt mit ihren jeweiligen Adressat_innen. Dies ist meist durchaus sinnvoll, oft wird dabei jedoch die Wirkung der Organisationen, für die die Professionellen arbeiten, übersehen. Anstellungsträger/Organisation und Profession/Professionsethik sollten nicht gleichgesetzt werden. Um innerhalb einer Organisation Veränderungen in einer diversitätsbewussten Perspektive erzielen zu können, sind Konzepte von Organisationsentwicklung notwendig, und die Idee des Managing Diversity zielt genau auf solche Veränderungen. Allerdings kann es beim Blick auf Konzepte und Erfahrungen aus dem Wirtschaftsbereich nicht darum gehen, im Eins-zu-Eins-Verhältnis Vorschläge und Maßnahmen auf Organisationen im Bereich von Bildung und Sozialer Arbeit übertragen zu wollen. Deutlich muss sein, dass Ansätze des *Managing Diversity* bei aller Ähnlichkeit in beiden Bereichen doch auf unterschiedlichen Grundlagen aufbauen und mit unterschiedlichen Logiken und Handlungsvoraussetzungen zu tun haben. Im Wirtschaftsbereich steht der so genannte *Business Case* in spezifischer Weise im Vordergrund: Managing Diversity muss zur Förderung von Geschäftsinteressen bzw. zur Gewinnmaximierung beitragen, darf diese zumindest nicht behindern. Bezeichnend ist, dass ‚Soziale Klasse' oder ‚Soziale Schicht' beim Managing Diversity im wirtschafts- und betriebswissenschaftlichen Fachdiskurs bzw. auf der Ebene von an Gewinn orientierten nicht-öffentlichen Unternehmen in aller Regel nicht thematisiert werden. Zu deutlich werden mit dem Hinweis auf solche ‚Einteilungen' die im Wirtschaftssystem übliche Hierarchisierung und Differenzierung nach Bildung, Einkommen und Status innerhalb eines Unternehmens angesprochen. Wie die im Bereich von Business Management und Industrial Relations in London und Warwick arbeiteten Wirtschaftswissenschaftlerinnen Gill Kirton und Anne-marie Greene verdeutlichen, führt die in der Logik des Wirtschaftens in kapitalistischen Gesellschaften durchaus notwendige Orientierung am Business Case oft zu einem Verharren am Status Quo gegebener Zuschreibungsverhältnisse: Das Personal wird nach den Bedürfnissen der Organisation modelliert, wobei die Bedürfnisse des Personals nicht unbedingt im Mittelpunkt stehen – es sei denn, sie sind mit dem *Business Case* vereinbar (vgl. Kirton/Greene 2000/2005[II]: 239). Dabei kommt es im Rahmen einer Betriebspolitik, die Managing Diversity mit der Frage nach den *Human Ressources* im Unternehmen verbindet, nicht selten zur Unterstützung von Prozessen der Essentialisierung und Stereotypisierung, etwa durch das Reden über gruppenbezogene Potentiale (Stichwort ‚weibliches Arbeitsvermögen'), die für das Unternehmen nutzbar gemacht werden sollen (vgl. ebd.: 241).

Anders als bei der Führung eines Wirtschaftsunternehmens sollten professionsethische Überlegungen darauf zielen, dass in Organisationen im Bereich von Bildung und Sozialer Arbeit bei *Managing Diversity* Ziele wie Chancengleichheit und soziale Gerechtigkeit im Vordergrund stehen können. Das Projekt der sozialen Gerechtigkeit ist zunächst eine ethische Frage von gesamtgesellschaftlichem Format, wenngleich es sich durchaus mit Überlegungen nach mittel- oder längerfristigen sozialen und ökonomischen Folgekosten verbinden kann: Es steht zunächst für sich selbst, einerlei, ob es direkte oder vermittelte Gewinne für eine Organisation verspricht, und es muss notwendig ein nachhaltiges und langfristiges Projekt sein, das nicht durch eine negative Gewinnentwicklung oder durch Kursverluste an den Börsen gestoppt werden darf (vgl. Kirton/Greene 2000/2005[II]; ähnlich Hubertus Schröer 2006: 60).

3. Intersektionalität: Hinweise zum Inhalt und zur Entstehungsgeschichte eines Konzepts

In der Interaktion mit Adressat_innen geht es in einer diversitätsbewussten Perspektive auch darum, dass Professionelle sich der eigenen sozialen Positionierungen bewusst werden und wechselseitige Zuschreibungen und Erwartungen, die mit verschiedenen sozialen Positionierungen einhergehen können, in kritischer Perspektive reflektieren. Um nun zu vermeiden, dass es bei dieser Reflexion zu einer exklusiven Zentrierung auf ein einziges Konstruktionsmuster oder eine einzige Kategorie kommt oder Unterschiede innerhalb einer Kategorie oder innerhalb einer konstruierten Gruppe nicht wahrgenommen werden, ist das Konzept *Intersektionalität* unverzichtbar. Eine Intersektionalitätsanalyse hilft dabei, Verbindungen und Überschneidungen zwischen verschiedenen Zuschreibungen, Konstruktionen und Kategorien und den damit einhergehenden Praxisformen in den Blick zu bekommen. Gleichzeitig ist das Konzept Intersektionalität hilfreich bei der Analyse und Kritik von Gruppenkonstruktionen, die soziale Gruppen als homogen imaginieren und ihre inneren Diversitäten dethematisieren.

Um die Entstehungsgeschichte dieses Konzepts zu skizzieren, können wir eine Rede aus den USA heranziehen, die bereits Ende des 19. Jahrhunderts gehalten wurde:

„Dieser Mann dort drüben sagt, dass man Frauen beim Einstieg in eine Kutsche helfen muss, dass man sie über Gräben heben muss, und dass sie überall den besten Platz haben sollten. Niemand verhilft mir zu irgendeinem besten Platz. Und bin ich etwa keine Frau? Schaut mich an! (…) Ich habe gepflügt, gepflanzt und die Ernte in die Scheune gebracht. Und kein Mann war mir dabei überlegen. Und bin ich etwa keine Frau?" (Truth 1851; hier zitiert nach Brah/Phoenix 2004)

Bei dieser Rede handelt es sich um Ausschnitte aus dem Beitrag der ehemaligen Sklavin Sojourner Truth auf einer Versammlung zu Frauenrechten in Ohio (USA) von 1851. Sojourner Truth macht darauf aufmerksam, dass weiße Männer der besseren Klassen Frauen besonders höflich und bevorzugt behandeln wollen (und sie dabei aber gleichzeitig als hilflose Wesen betrachten). Diese bevorzugte Behandlung wird jedoch nicht allen Frauen zuteil: Sie selbst als schwarze Frau und ehemalige Sklavin kann sich jedenfalls nicht erinnern, dass weiße Männer so mit ihr umgegangen sind. Außerdem war Sojourner Truth in der Sklaverei den männlichen Sklaven in ihren Tätigkeiten zumindest ebenbürtig (und keinesfalls ein hilfloses Wesen). Allerdings war sie unterdrückt, wurde ausgebeutet, misshandelt und erniedrigt, und zwar von weißen Männern – und von weißen Frauen. Jahre später werden Autorinnen des Combahee River Collectives (1981, zuerst 1977) hinzufügen, dass schwarze Frauen sowohl vom Rassismus, aber leider eben auch vom Sexismus weißer und schwarzer Männer betroffen sind, und die Sache keineswegs einfacher wird, wenn die betroffenen schwarzen Frauen zudem lesbisch sind und – wie wir heute sagen würden – mit der vorherrschenden heteronormativen Ordnung einer Gesellschaft konfrontiert werden.

Die Debatten zu Verbindungen und Überschneidungen und die gleichzeitigen ‚Wirkungen' verschiedener sozialer Positionierungen haben also eine lange Geschichte und eine noch längere Vorgeschichte. Sie finden im Kontext von sozialen (Emanzipations- und Widerstands-)Bewegungen statt und wurden im angelsächsischen Sprachraum vor allem auch von schwarzen Feministinnen vorangetrieben (vgl. Lerner 1972). Dabei war es die Rechtswissenschaftlerin Kimberlé Crenshaw, die schließlich den Begriff *Intersektionalität* in die Debatte eingeführt hat (vgl. Crenshaw 1994; Smith 1998; Lutz/Herrera Vivar/Supik 2010). Uns konzentrierend auf Heteronormativität, soziale Konstruktionen zu Männlichkeit und ethnisch-kulturelle Zuschreibungen werden wir – wie angekündigt – im Folgenden nun mit Hilfe dieses Begriffes beschreiben und analysieren, wobei wir gleichzeitig auf Verhältnisse von Dominanz und Unterordnung achten.

4. Zuschreibungen gegenüber männlichen Jugendlichen mit Migrationshintergrund

Männliche Jugendliche und junge Männer, deren Eltern, Großeltern oder Urgroßeltern nach Deutschland eingewandert sind, zählen in Deutschland oft immer noch nicht zu denjenigen, die in selbstverständlicher Weise als zugehörige Mitglieder unserer Gesellschaft vorgestellt werden. Dabei scheint auch die Tatsache, dass die meisten von ihnen mittlerweile einen deutschen Pass besitzen, wenig zu helfen. Zudem werden sie – in der Öffentlichkeit nicht selten als ‚Russen', ‚Türken', ‚Albaner' o.Ä. eingeordnet – häufig mit Beschreibungen konfrontiert, die sie in unterschiedlicher Akzentuierung in einen scheinbar linear verlaufenden Zusammenhang mit schulischem Versagen, Gewalt, Arbeitslosigkeit, Sozialleistungsempfang, Gangs, Kriminalität und/ oder rückständiger Religiosität stellen. Eine kritische Auseinandersetzung mit den gesellschaftlichen Rahmenbedingungen bleibt oft aus, genauso wie eine selbstkritische Reflexion zu diesen dominanten Zuschreibungen und Bildern auf der Seite derjenigen, die solche Beschreibungen formulieren bzw. auf sie zurückgreifen.

Die Diversität von Männlichkeiten wird in den oben genannten sozialen Repräsentationen[2] auf eine bestimmte Form reduziert – den heterosexuellen Macho – und zugleich ethnisch-kulturell verortet. Auch innerhalb der Theorie und Praxis Sozialer Arbeit zeigen solche Repräsentationen dann ihre Wirkung. Sie finden Eingang in vorschnelle und allzu einfache Erklärungsmuster, wobei die einzelnen Individuen, die mit entsprechenden Zuschreibungen zu tun bekommen und innerhalb ihrer jeweiligen Möglichkeitsräume versuchen, einen eigenen Weg im Umgang mit den vorhandenen Männlichkeitsformen zu finden, oft gar nicht mehr gesehen, geschweige denn gehört werden. Das dominierende Bild, mit dessen Hilfe eingeordnet und erklärt wird, scheint auch aus der Perspektive der Kinder und Jugendlichen immer schon dagewesen zu sein. Sie müssen also nicht nur mit den Männlichkeitsformen umgehen, die sich in ihren Möglichkeitsräumen finden, sondern sich auch – implizit oder explizit – zu den sozialen Repräsentationen verhalten, mit denen sie selbst von ihrem sozialen Umfeld und durch die öffentlichen Diskurse gruppiert und gedeutet werden.

Die soziale Repräsentation ‚fremder' oder ‚eingewanderter' Männlichkeit als heterosexueller Macho ist auch ein Hinweis darauf, dass in öffentlichen Debatten und alltäglichen Denk- und Handlungsmustern bestimmte Differenzen offenbar mit großer Vorliebe verbunden und gemeinsam thematisiert werden, wie eben Geschlecht und Ethnie/Kultur. Es handelt sich hier meist um problematische und einseitig-reduktionistische Thematisierungen: Sie zielen nicht auf differenzierte Wahrnehmung und subjektive Verschiedenheit, sondern unterstützen im Gegenteil unzulässige Verallgemeinerungen, befördern stereotype Vorstellungen über Gruppen, die als homogen imaginiert werden und tragen so zu Stigmatisierungsprozessen bei. Ausgestattet mit dieser Analysefolie, werden wir im Folgenden empirisches Material und Ergebnisse einer Untersuchung[3], die im Rahmen qualitativer Sozialforschung durchgeführt wurde, präsentieren.

---

2   Vgl. zur Theorie sozialer Repräsentationen Moscovici (1995), Jacob (2004).
3   Interviewmaterial und Ergebnisse, die – wie bereits erwähnt – aus einer Studie stammen, die von Kaja Haeger realisiert wurde (vgl. Haeger 2012).

4.1 Kaleidoskopische Repräsentanz als junger Mann

Ismail (19, Hauptschüler) ist Sänger in einer deutsch-türkischen Rap-Band, die er gemeinsam mit seinem Cousin und Freunden vor ein paar Jahren gegründet hat. Das Image des Gangsters ist aufgrund der medialen Vorbilder recht dominant, wobei Ismail gleichwohl den, durch die Musik gewonnenen, Freiraum zur Kreativität betont.

„Wir sind, wir machen jetzt auch noch so gangstermäßig, sag ich mal, weil die tun auch so cool und so. Aber wir rappen so, weil wir das mögen, ne, ich mag das halt einfach so. So schnell rappen, oder mal langsam rappen, was weiß ich, selber Beat machen und so und selber Text schreiben. Das ist auch für mich ganz wichtig, da muss man auch selbst kreativ sein."

Der Bezug zum Gangsterrap verweist auf die Ismail gesellschaftlich zugewiesene soziale Verortung, die sowohl mit ethnisch-kulturellen Einordnungen als auch mit einem ‚unteren' sozialen Klassenstatus verbunden ist. Als Hauptschüler sieht er sich mit der Tatsache konfrontiert, in die Rolle der gesellschaftlichen ‚Versager' gerückt zu werden. Raum zur Darstellung des eigenen kreativen Potentials eröffnet sich ihm in den gegebenen gesellschaftlichen Rahmenbedingungen lediglich im symbolischen Schulterschluss mit den (vermeintlich) gesellschaftlichen ‚Underdogs'. Doch dass diese Zuwendung zur männlichen Inszenierung primär einem strategischen Ziel dient, um sich eigeninitiativ gegen die ihm widerfahrende gesellschaftliche Repression zu wehren, wird an seiner positiven Hinwendung zu weiteren Männlichkeitsmustern deutlich: Im starken Kontrast zum selbstinszenierten Gangsterimage ist Ismails mediales Vorbild männlicher Repräsentation, der puerto-ricanische Sänger Ricky Martin, der Ende der 1990er Jahre als charmanter Beau die europäischen Charts stürmte. Ismail würde gerne so aussehen wie Ricky Martin. Dieser trägt in seinen Musikvideos in der Regel körperbetonte Kleidung und spielt mit dem Image des avantgardistischen, selbstbewussten jungen Mannes, der mit seiner körperlichen Anziehungskraft kokettiert und bürgerliche Nähe symbolisiert. Da Ismail viel Wert auf seine äußere Erscheinung legt, pendelt er in seiner Repräsentation als junger Mann zwischen der Verkörperung von Abgrenzung gegenüber normativ-gesellschaftlichen Ansprüchen (in Figur des Gangsterrappers) und dem Wunsch, als Mann bürgerlich akzeptiert und körperlich begehrenswert zu sein (in der Figur des Popsängers).

Eine weitere Perspektive seiner kaleidoskopischen Bezüge zu Männlichkeiten zeigt sich in der engen und vertrauten Freundschaft zu seinem Cousin. Ismail beschreibt die Beziehung zu seinem Cousin weitaus stärker als eine Freundschaft, sein Cousin sei wie ein Bruder für ihn.

„Niemals ist er ohne mich in der Stadt oder ich. Die anderen sagen immer ‚Na, seid ihr schwul?' oder was weiß ich. So die verarschen uns ‚Wollt ihr heiraten?' und so. Wir sind immer zusammen. Wir unterhalten uns über alles. Ich weiß, wie er denkt und wie er fühlt, wir gehen immer weg und so. Immer. (...) Das ist wie Brüder so. Das ist voll heftig."

Die beiden Cousins erscheinen ihren Freunden gegenüber als symbiotisches Pärchen, das sie mit einem Ehepaar vergleichen, wodurch die große Nähe der beiden miteinander deutlich wird. Ismail selber fehlen zur Beschreibung seiner Gefühle für seinen Cousin die Worte. Die Beziehung sei unbeschreiblich und einfach „voll heftig". Dass er mit homosexuellenfeindlichen Sprüchen attackiert wird, nimmt er in Kauf. Dabei treten hier dominante gesellschaftliche Normen in den Vordergrund, die der Nähe unter Männern aus differenten kulturellen Perspektiven unterschiedlich große Legitimität zusprechen. Die verbal-aggressive Abwertung des innigen Kontakts unter Männern veranschaulicht die irrationale Angst seiner Peergroup vor zu großer Nähe unter Männern. Obwohl er der uneingeschränkten Zuneigung zu seinem Cousin großen Wert beimisst, sieht er sich dennoch in der Verpflichtung, seine heterosexuelle ‚Normalität' zu betonen, indem er die Brüderlichkeit der Beziehung hervorhebt. Damit scheint ihm einerseits die starke Zuneigung, die jedoch rein mentaler Natur sei, treffend umschrieben, ohne sich andererseits dem ‚Vorwurf' der Homosexualität ernsthaft ausgesetzt zu sehen.

Ismail präsentiert sich im Laufe des Interviews zudem als direkter, junger Mann, der Männern in ästhetischer Hinsicht deutlich Aufmerksamkeit erteilt. Dies bringt er dadurch zum Ausdruck, dass er, obwohl er immer wieder unter den ‚Homosexualitätsverdacht' gerät, der Anerkennung und Wertschätzung unter Männern großen Wert beimisst.

„Zum Beispiel, wenn ein Typ so läuft, der sieht gut aus und so, dann kann ich das auch sagen. Das heißt nicht, dass ich schwul bin, wenn ich sag ‚Guck mal, der sieht auch gut aus'. Zum Beispiel, manche können das nicht ab, die sagen ‚Ne, du Angeber, du Arschloch' und so, die machen mich sofort an."

Die Anerkennung, die Ismail einem Mann qua seines Erscheinungsbildes gibt, ist ernsthaft, betont jedoch im Subtext den heteronormativen Kontext seiner sozialen Umwelt. Mit Hilfe der Betonung einer distanzierten Perspektive ist er darum bemüht, seiner ästhetischen Anerkennung von Männern Raum zu geben, ohne sie mit sexueller Anziehung in Verbindung zu bringen. Ismail stellt klar, dass er nicht schwul ist, wenn er sich über das gute Aussehen eines Mannes unterhält. Er möchte es sich jedoch nicht nehmen lassen, auch an Männern körperliche Schönheit anzuerkennen. Die gegenseitige positive Würdigung unter Männern erscheint Ismail wichtig. Gleichzeitig steckt eine weit verbreitete gesellschaftliche Abwertung von Homosexualität jedoch unverkennbar tief verankert in dieser sozialen Repräsentationsfigur.

4.2   Investition in emanzipativ ausgestaltete Männlichkeitsoptionen

Bekir (18, Gymnasiast) teilt mit seiner Freundin Melanie ein sehr ausgeprägtes und intensives Zusammengehörigkeitsgefühl, da sie für ihn eine starke und unabhängige Persönlichkeit verkörpert. Melanie lebt offen lesbisch und verkörpert in seinen Erzählungen Selbstsicherheit, Stärke, Verlässlichkeit und Lebensfreude.

Bekirs Brüder werden von ihm im Interview als „sehr männlich" beschrieben. In seinen Erzählungen tauchen sie als sich prügelnde junge Männer, als „krasse Türken" auf, deren zentrale Interessen auf Karate, Autos sowie das Leben als Ehemann und Vater (verheiratet sein) ausgerichtet sind. Bekirs Vater teilt ihnen hinsichtlich ihrer Interessen große Aufmerksamkeit zu, was dazu führt, dass Bekir sich mit seinen Deutungs-, Handlungs- und Problemlösungsansichten isoliert fühlt.

„Und zuhause, bei mir in meiner Familie, ist es manchmal so, dass ich da so manchmal denke, keine Ahnung, ja, irgendwie (...). Ich pass da nicht so wirklich rein. (...) Das sind aber nur so Momente (...), wenn meine Familie zum Beispiel über Karate oder so redet, was bei uns so manchmal voll das Thema ist, weil meine Brüder, alle drei, Karate machen. Also ein Bruder von mir war Junioren-Weltmeister oder so was. (...) Und wenn die alle so zusammen sind, dann ist das so, dass die über solche Themen reden, meine Brüder und mein Vater. Und ich sitze dann da und esse einfach nur."

Der Karatesport wird hier als Optionsraum für Erfolg und Aufstieg beschrieben, der den jungen Männern, die in unserer Gesellschaft nur wenig Aussicht auf Anerkennung haben, zugestanden wird. Als Kampfsportler besetzen Bekirs Brüder ein klassisch männlich dominiertes Hobby, in dem sich einer sogar ehrgeizig bis zum Junioren-Weltmeister durchgekämpft hat. Mit dieser Errungenschaft erscheint er als richtungsweisend in der Ausgestaltung von *Männlichkeit und Erfolg* innerhalb der Familie. Bekir hingegen nimmt eine zurückhaltende Rolle bei diesen Gesprächen ein, womit er auch seine Orientierung an neuen bzw. eigeninitiativ angeeigneten sozialen Standards sowie seine Stellung als jüngster Sohn im familiären Generationenkontext hervorhebt: Er interveniert nicht, versucht nicht das Thema zu wechseln, verlässt nicht den Raum. Unbeteiligt sitzt er am Tisch und isst.

Unterstützung in der Ausgestaltung einer eigenen Definition von Männlichkeit findet er hingegen bei seiner Mutter. Sie ist es, die ihm Raum zum Ausloten neuer Praktiken von Männlichkeit gibt. Sie affirmiert seine femininen Seiten und bietet Ersatzhandlungen an.

„Ich hatte immer voll Angst davor, wenn ich mir die Augenbrauen zupfe, dass dann meine Brüder sagen: ‚Uah, du bist so schwul' und so. (...) Und dann zu Hause wurde das dann mal irgendwann angesprochen, da hat dann mein Bruder zu meiner Mutter gesagt: ‚Guck mal, der lässt sich seine Augenbrauen zupfen' und so. Und meine Mutter hat dann gesagt: ‚Ja, mach das nicht, das machen nur Frauen'. Aber das war dann nicht so irgendwie (...), das war dann eigentlich lustig. Meine Mutter sagt zwar immer noch ‚Nee, mach das nicht', aber (...) die lässt sich nun von mir ihre Augenbrauen zupfen!"

Durch die Praxis der Mutter, sich von Bekir die Augenbrauen zupfen zu lassen, erweist sie ihm implizite Anerkennung und bestätigt sein ästhetisches Empfinden. Da alleine die Mutter das Einkommen der Familie verdient, nimmt sie innerhalb der Familie eine bedeutende Rolle ein. Als Familienernährerin hat sie eine zentrale Funktion, so dass davon ausgegangen werden kann, dass Bekirs Aushandlung von Männlichkeit durch ihre Unterstützung auf symbolischer Ebene Zustimmung im Familienkontext findet oder zumindest hingenommen wird.

4.3 ,Respektable' und ,andere' Männlichkeiten

Die eigene Auseinandersetzung mit Männlichkeit, so zeigt die Analyse des Interviewmaterials, orientiert sich insbesondere an hegemonialen Bildern und Strukturen – jedoch nicht ausschließlich. Die jeweils eigene Repräsentation ist im Kern einem hegemonialen Ideal angelehnt, von dem die hier beschriebenen jungen Männer gleichwohl aufgrund der ethnisch-kulturellen Markierung als ,andere Männer' weit entfernt sind. Die peripheren Elemente dienen hingegen der Verhandlung, wozu beispielsweise der Körperkult gehört. Doch die Männlichkeitsmuster sind weitaus individueller und komplexer, da sie von Brüchen und Ambivalenzen durchzogen sind. Vor diesem Hintergrund muss perspektivisch der Transformation von peripheren Bereichen hin zu den Kernelementen von Männlichkeiten größere Aufmerksamkeit geschenkt werden.

Bekir führt die wohl deutlichste Auseinandersetzung mit geschlechtsspezifischen Stereotypen und hegemonialen Männlichkeitsmustern, wenn er sich in starkem Kontrast zu den Männern seiner sozialen Umgebung aus Schule und Familie beschreibt. Er verkörpert weder Attribute hegemonialer Männlichkeit, noch unterstützt er sie in komplizenhafter Manier. Vielmehr entwickelt er eigene Bedeutungsfelder in der Ausgestaltung männlicher Identität durch die Investition in seine Freundschaft zu Melanie. Die so gewonnenen Freiräume durch Emanzipationsanstrengungen sind Ausdruck seiner sozialen Ressourcen, die er selbstorganisiert nutzt und einsetzt. Die hier gewonnenen Umdeutungsoptionen von dominanten männlichen Zuschreibungen (z.B. Augenbrauenzupfen als Mann), werden von Bekir im vertrauten Umfeld der Peergroup getestet und versuchsweise in einem weiteren vertrauten Umfeld, nämlich der Familie, erneut auf die Probe gestellt. Erst nachdem sie sich auch dort unter Beweis gestellt haben, können die erprobten umgedeuteten Attribute in die weitere soziale Umgebung hineingetragen werden.

Ismail, der wohl die größte Schnittmenge in der Orientierung an Attributen hegemonialer Männlichkeit aufweist, zeigt dennoch eine facettenreiche Verkörperung von Zugehörigkeiten zu verschiedenen Männlichkeitsmustern. Während die Inszenierung als Gangsterrapper eher klassische maskuline Attribute wie Härte, Durchsetzungsvermögen und das Wetteifern um Führungspositionen betont, spiegelt die ästhetisch körperbetonte und bürgerlich anerkannte Inszenierung von Männlichkeit die Zugehörigkeit zu metrosexuellen Geschlechtsmustern, wie sie in großstädtischen Milieus zu finden sind, wider. Die starke emotionale Bindung an seinen Cousin beleuchtet wieder eine andere Seite von Ismails Männlichkeitsmuster. Seine Männlichkeitsinszenierung ist damit im Prinzip primär situativ und taktisch sowie in ihrer Verflechtung von Repressionen, Lebensphase, Heteronormativität, sozialer Klasse sowie der Zugehörigkeit zum aktuellen sozialen Milieu und den ihm zugestandenen gesellschaftlichen Optionsräumen zu verstehen (vgl. Riegel/Geisen 2007; Messerschmidt 2005; Kosnick 2012).

In den biografischen Erzählungen wird deutlich, dass die dominanten Diskurse über ,respektable Männlichkeit' in Verschränkung mit ethnisch-kulturellen und klassenbezogenen Zuschreibungen nur im sehr vertrauten Umfeld dekonstruiert und erneuert werden können. Erst wenn die Stereotypen in dekonstruierter Form dort stabil verankert und von bedeutungsvollen Personen der vertrauten sozialen Umgebung geteilt werden, erst dann werden sie in die weitere soziale Umwelt getragen.

5. Problematische Diskursfiguren

In vielen westlichen Gesellschaften wird mittlerweile die Verbindung von Männlichkeit, Homosexualität und Ethnie/Nation/Kultur benutzt, um eine Gruppe von ,Eingewanderten' und/oder ,Anderen' zu konstruieren, die durch männliches Dominanzverhalten, Sexismus und vor allem Homosexuellen-feindlichkeit charakterisiert wird; einer solchen ,Fremdgruppe' wird dann eine Gruppe von ,Eingesessenen' und/oder ,Eigenen' gegenübergestellt, die jeweils gegensätzliche Charakterzüge trägt und der sich Angehörige der Mehrheitsgesellschaft zuordnen können. Mit Hilfe solcher dichotomer Konstruktionen verläuft der Beweis für Liberalität und Fortschritt der ,eigenen' Kultur dann vor allem über die Differenzlinien Geschlecht und sexuelle Orientierung, und die Haltung zur Emanzipation von Frauen und gegenüber Homosexualität wird als eine Art Lackmusprobe für Demokratiefähigkeit und Zugehörigkeit vorgestellt. Eine solche Gegenüberstellung, die die Vorstellung zwei scheinbar einheitlicher Seiten erzeugt, spitzt zu, polarisiert und ,erleichtert' Angehörigen der Mehrheitsgesellschaft eine ausgrenzende Haltung. Zugleich wird Sexismus, Homosexuellenfeindlichkeit und eine massive Heteronormativität bei Angehörigen der Mehrheitsgesellschaft dethematisiert; genauso wie Liberalität und das Eintreten für geschlechterbezogene und sexuelle Egalität bei Menschen, die als anders, fremd und/oder eingewandert wahrgenommen werden, unsichtbar gemacht wird. Ohne Frage erschwert eine solche Dichotomisierung differenzierende Positionen erheblich.

Dabei ist dominierende Heteronormativität bzw. eine ablehnende Haltung gegenüber Homosexualität zweifellos eine gesamtgesellschaftliche Frage, und wer genauer hinschaut, entdeckt neben den positiven Entwicklungen hin zu mehr Gleichberechtigung eben auch – und wir können im Folgenden nur einige wenige Beispiele nennen –, dass ‚schwule Sau' unter Jugendlichen immer noch das Topschimpfwort Nr. 1 ist; dass es von vielen keineswegs als selbstverständlich angesehen wird, wenn schwule und lesbische Paare in der Öffentlichkeit Zärtlichkeiten austauschen; dass homosexuelle Paare auf dem Wohnungsmarkt oft eine schwierige Position haben; usw. In aller Regel ist es ein zentrales Merkmal der hierzulande respektablen und anerkannten Formen von Männlichkeit, nicht mit Homosexualität in Verbindung gebracht zu werden können.

Für homosexuelle Männer, die selbst oder deren Eltern oder Großeltern eingewandert sind, ergibt sich vor diesem Hintergrund eine schwierige Konstellation: Einerseits werden sie – wie auch Zülfukar Çetin in seiner biographischen Studie eindrücklich zeigen kann (vgl. Çetin 2012: 131ff.) – in ihrem Alltag mit Rassismus konfrontiert, andererseits erfahren sie subtile und massive Formen von Homosexuellenfeindlichkeit, wobei letzteres eine Erfahrung ist, die sie sowohl im Umgang mit Angehörigen der Mehrheitsgesellschaft, aber auch etwa auf dem türkischen Konsulat oder innerhalb der eigenen Familie machen. Die Thematisierung dieser letzteren Diskriminierungserfahrung ist keineswegs einfach: Das Thema ‚Ablehnung von Homosexualität durch Menschen mit Migrationshintergrund' wird in der Mehrheitsgesellschaft nicht selten gerne als eine Art Deckerzählung aufgegriffen, um über Heteronormativität und Rassismen auf der ‚eigenen Seite' nicht mehr reden zu müssen.

6. Diversitätsbewusste Soziale Arbeit

Männliche Jugendliche und junge Männer brauchen sozial unterstützte Räume zur Erprobung und Aushandlung von Männlichkeitsentwürfen. Hier liegt zweifellos ein großes Potential für die professionell Tätigen in den Praxisfeldern von Sozialarbeit und Sozialpädagogik (etwa in der Jugendarbeit). Gleichzeitig sind sie allerdings herausgefordert, sich bewusst und reflexiv zu den dominierenden Repräsentationen und problematischen Diskursfiguren zu verhalten. Die professionell Tätigen müssen in der Lage sein, sowohl Rassismuserfahrungen zum Thema zu machen als auch Diskriminierungserfahrungen, die mit Sexismus und Heteronormativität verbunden sind. Dabei geht es auch darum, sich insgesamt kritisch gegenüber Rassismus, Sexismus und Heteronormativität zu verhalten. Die Gefahr von Deckerzählungen müssen die Akteur_innen Sozialer Arbeit dabei erkennen und in angemessener Weise berücksichtigen, dies darf sie jedoch nicht daran hindern, Diskriminierungen und Diskriminierungserfahrungen insgesamt ernst zu nehmen.

In unserem empirischen Beispiel haben wir uns auf die Verbindung von Heteronormativität mit sozialen Repräsentationen von Männlichkeiten und ethnisch-kulturellen Zuschreibungen bei Jugendlichen konzentriert. Hierin liegt natürlich eine Beschränkung. Für die Soziale Arbeit wäre es mindestens ebenso bedeutsam, in grundsätzlicher Weise Migrationsverhältnisse in Verbindung mit sozialen Schichtungsverhältnissen und Geschlechterverhältnissen zu thematisieren; oder aber die spezifischen Überschneidungen zwischen (hohem) Lebensalter mit Geschlecht, Klasse und Ethnizität zu diskutieren, genauso wie entsprechende Intersektionalitätsanalysen, die körperliche Beeinträchtigungen in den Mittelpunkt stellen und nach Verbindungen zu Geschlecht und/oder sozialer Klasse und/oder Ethnie/Kultur/Nation fragen. Hier ist also jeweils von einem konkreten Handlungs- und Arbeitsfeld auszugehen, in dem sich eine diversitätsbewusste Aufmerksamkeit entwickelt.

Wir hoffen, mit unserem Beitrag deutlich gemacht zu haben, dass das Konzept Diversitätsbewusstsein und das Konzept Intersektionalität zusammengehören. Beide Konzepte sind zudem an bestimmte Theorieelemente gekoppelt, also z.B. der Reflexivität gegenüber sozialen Konstruktionen von ‚Großgruppen', einer macht- und ungleichheitssensiblen Perspektive, der Kritik von Essentialisierung in ihren naturalisierenden und kulturalisierenden Formen etc.[4]

Darüber hinaus sind für Professionelle in den Bereichen von Bildung und Sozialer Arbeit subjektbezogene Reflexionen unverzichtbar. Es gilt der Grundsatz, demzufolge Theorien oder Forschungsergebnisse kein Ersatz für Handlungsentscheidungen in der Praxis sein können und die professionelle Leistung gerade auch darin bestehen muss, Theorien oder Forschungsergebnisse sinnvoll zu verwenden, d.h. nicht über konkrete Personen oder Situationen zu stülpen. Das bedeutet, dass die Besonderheit eines Falles im Vordergrund stehen muss und das Verstehen dieses Falls einer Interpretationsleistung bedarf. Allgemeinere (erfahrungsbezogene) Erkenntnisse und Theorien dienen also dazu, einen besonderen Fall aufzuschlüsseln und angemessene Fragen zu stellen, wobei hinzugefügt werden muss, dass im Einzelfall stets der gesellschaftliche Kontext zu berücksichtigen ist. Es muss also darauf geachtet werden, das Verhältnis der Individuen zu ihrer Geschichte und ihren Zugehörigkeiten zu verschiedenen Kategorien und Schnittpunkten nicht zu vernachlässigen, genauso wenig wie die Eigenbewegung der Individuen in den mit diesen Kategorien und Schnittpunkten verbundenen gesellschaftlichen Räumen von Möglichkeiten und Behinderungen. Hier sind Konzepte wie doing gender, doing ethnicity oder doing class, die Kontext und Subjekt miteinander verbinden, unverzichtbar. Kontraproduktiv für die Theoriebildung von Differenzlinien wie Ethnizität, Geschlecht, Klasse, etc. ist ein Verständnis, das die Angehörigen einer anderen ethnischen Gruppe, eines ande-

---

4   vgl. hierzu ausführlich Riegel/Scharathow (2012).

ren Geschlechts oder einer anderen Klasse als Marionetten wahrnimmt, die an den Fäden der einzelnen Makrofaktoren hängen. Eine Erklärung des Handelns von Individuen, die lediglich auf der Ableitung von Makrofaktoren beruht, ist unangemessen, weil auf diese Weise allgemeine Vorstellungen von konkreten Einzelnen oktroyiert werden. Genaue Kenntnisse über die konkreten Adressat_innen, über deren subjektive Begründungsmuster, Biographien, Lebenslagen und Lebenssituationen, sind in der Sozialen Arbeit jedoch unverzichtbar. Dabei kommt es darauf an, Theorien und Erkenntnisse über Differenzlinien und ihre Genese und Geltung an Schnittpunkten für eine untersuchende Haltung zu nutzen, die zwar durch theorie- und erkenntnisgeleitete Fragen die ‚empirische Wirklichkeit' in besonderer Weise aufzuschlüsseln vermag, jedoch ihre Fragen nicht mit Antworten verwechselt.

Literatur

Brah, Avtar/Phoenix, Ann (2004): Ain't I a Woman? Revisiting Intersectionality. In: Journal of International Women's Studies, 5 (3), S. 75-86.

Combahee River Collective (1982): A Black Feminist Statement. In: Hull, G. T./Scott, P. B./Smith, B. (Hrsg.): But Some of Us Are Brave. Black Women's Studies. Old Westbury, S. 13-22.

Crenshaw, Kimberlé (1994): Mapping the margins: intersectionality, identity politics and violence against women of color. In: Fineman, M./Mykitiuk, R. (Hrsg.): The public nature of private violence. New York: Routledge, S. 93-118.

Haeger, Kaja (2012): Soziale Repräsentationen von Männlichkeiten. Der Einfluss geschlechtsspezifischer, ethnisch-kultureller und sozialer Zuschreibungen bei jungen Männern mit türkischem Migrationshintergrund in Deutschland. Oldenburg: Promotionsarbeit (eingereicht).

Haeger, Kaja/Leiprecht, Rudolf (2012): ‚Na, seid ihr schwul?' Soziale Repräsentationen von Männlichkeiten im Kontext von ethnisch-kulturellen Zuschreibungen und Heteronormativität. In: Sozial Extra, 36. Jg., Heft 9/10, 2012, S. 28-31.

Çetin, Zülfukar (2012): Homophobie und Islamophobie. Intersektionale Diskriminierungen am Beispiel binationaler schwuler Paare in Berlin. Bielefeld: Transcript.

Jacob, Susanne (2004): Soziale Repräsentationen und relationale Realitäten. Theoretische Entwürfe der Sozialpsychologie bei Serge Moscovici und Kenneth J. Gergen. Wiesbaden: DUV.

Kirton, Gill/Greene, Anne-marie (2005): The Dynamics of Managing Diversity. A Critical Approach. Elsevier Butterworth-Heinemann.

Kosnick, Kira (2010/2012): Sexualität und Migrationsforschung: Das Unsichtbare, das Oxymoronische und heteronormatives Othering. In: Lutz, H./Herrera Vivar, Maria Theresa/Supik, L. (Hrsg.): Fokus Intersektionalität. Frankfurt a.M.: VS, S. 145-164.

Lamp, Fabian (2007): Soziale Arbeit zwischen Umverteilung und Anerkennung. Der Umgang mit Differenz in der sozialpädagogischen Theorie und Praxis. Bielefeld: Transcript.

Leiprecht, Rudolf (2012): Einleitung (zum Themenschwerpunkt ‚Praxis aktuell: Intersektionalität'). In: Sozial Extra, 36. Jg., Heft 9/10, 2012, S. 18-19.

Leiprecht, Rudolf/Lutz, Helma (2005/2006[II]). Intersektionalität im Klassenzimmer: Ethnizität, Klasse, Geschlecht. In: Leiprecht, R./Kerber, A. (Hrsg.): Schule in der Einwanderungsgesellschaft. Schwalbach i.T.: Wochenschau, S. 218-234.

Lerner, Gerda (Hrsg.) (1972): Black women in white America. A documentary history. New York: Vintage.

Lutz, Helma/Herrera Vivar, Maria Theresa/Supik, Linda (Hrsg.) (2010): Fokus Intersektionalität - Bewegungen und Verortungen eines vielschichtigen Konzepts. Wiesbaden: VS.

Messerschmidt, James (2005): Men, Masculinities and Crime. In: Connell, R.W./ Hearn, J./Kimmel, M. (Hrsg.): Handbook of Men and Masculinities. Thousand Oaks/London/New Delhi: Sage Publications, S. 196-212.

Moscovici, Serge (1995): Geschichte und Aktualität sozialer Repräsentationen. In: Flick, U. (Hrsg.): Psychologie des Sozialen. Reinbeck bei Hamburg: Rowohlt, S. 266-314.

Riegel, Christine/Geisen, Thomas (2007): Zugehörigkeit(en) im Kontext von Jugend und Migration – eine Einführung. In: Riegel, C./Geisen, T. (Hrsg.): Jugend, Zugehörigkeit und Migration. Wiesbaden: VS, S. 7-23

Riegel, Christine/Scharathow, Wiebke (2012): Mehr sehen, besser handeln. Intersektionalität als Reflexionsinstrument in der Sozialen Arbeit. In: Sozial Extra, 36. Jg., Heft 9/10, 2012, S. 20-23.

Schröer, Hubertus (2006): Vielfalt gestalten. Kann Soziale Arbeit von Diversity-Konzepten lernen? In: Migration und Soziale Arbeit (iza). 28. Jg. Heft 1. Frankfurt a.M., S. 60-68.

Smith, Valerie (1998): Not just race, not just gender. Black feminist readings. London: Routledge.

Sozial Extra, 32. Jg., Heft 12, 2009.

Sozial Extra, 36. Jg., Heft 9/10, 2012.

Thompson, Neil (1992/2012[V]): Anti-discriminatory practice. Hampshire.

Teil II

Ebene der Profession und Professionalität der Sozialen Arbeit

Profession und Geschlecht.
Hierarchie und Differenz in der Sozialen Arbeit

Gudrun Ehlert

Hierarchische Geschlechterverhältnisse und Differenzkonstruktionen von Weiblichkeit und Männlichkeit bestimmen die Soziale Arbeit seit ihrer Entstehung als Beruf und sie sind auch gegenwärtig – offen oder verdeckt – von hoher Bedeutung für den Status und die fehlende Anerkennung der Profession. Um die Bedeutung und Wirkung von Geschlechterdifferenzierungen und Geschlechterverhältnissen empirisch und theoretisch zu erfassen, wird in diesem Beitrag Geschlecht als komplexe Kategorie in der Wechselwirkung von Geschlechterdifferenzen und -hierarchien, von sozialer Konstruktion und gesellschaftlicher Strukturierung gefasst (vgl. u.a. Bereswill 2008, Ehlert 2012, Becker-Schmidt 2013). Aus einer geschlechtertheoretischen Perspektive lässt sich feststellen, dass die Ausblendung der Kategorie Geschlecht im Mainstream der Wissenschaft der Sozialen Arbeit zu einer verkürzten Sicht auf die Profession und die Handlungsprobleme der Praxis beiträgt. Soziale Arbeit wird mehrheitlich von Frauen geleistet, sie ist horizontal und vertikal geschlechtlich segregiert und eng verbunden mit Formen der Arbeitsteilung nach Geschlecht. Männer sind statistisch betrachtet in der Sozialen Arbeit in der Minderheit. Aus einem geschlechtertheoretischen Blickwinkel geraten dementsprechend Fragen nach der strukturellen Bedeutung von Geschlecht für die Arbeitsverhältnisse, die Organisationsformen und den Arbeitsmarkt sowie die Konstruktion von Geschlechterdifferenz im Verhältnis zu den Tätigkeitsanforderungen sowie den gegenwärtigen sozialen Problemen in den Blick. Darüber hinaus kann auch für die Soziale Arbeit gefragt werden, ob sich vor dem Hintergrund des gesellschaftlichen Wandels und der Postulierung eines übergreifenden Gleichberechtigungsprinzips, Geschlechterstereotypisierungen verändern, ob Geschlechterhierarchien abgebaut werden und Geschlechterdifferenzierungen an Bedeutung verlieren. Wenn wir allerdings die gegenwärtigen Debatten um die Krise der Jungen betrachten und die damit einhergehenden Forderungen nach mehr männlichen Fachkräften in der Sozialen Arbeit und in den Kindertagestätten verfolgen, wird deutlich, dass hier gerade eine Überbetonung und Dramatisierung von Geschlechterdifferenz stattfindet. Die sich entwickelnde Männlichkeit von Jungen wird dabei als gefährdet inszeniert: durch die Dominanz von Frauen in der öffentlichen Erziehung. Dies geht einher mit einer essentialisierenden Sicht auf Geschlechtsidentität, verbunden mit der Reifzierung von Geschlechterdifferenz, mit der subtilen Aufwertung von Männlichkeit und der entsprechenden Abwertung von Weiblichkeit und weiblich konnotierten Tätigkeiten in der Sozialen Arbeit und Erziehung.

Entsprechend geht dieser Beitrag von der Annahme aus, dass Geschlecht in der Sozialen Arbeit nach wie vor eine zentrale und strukturierende Kategorie ist und es Aufgabe einer geschlechtertheroretisch fundierten Sozialarbeitsforschung ist, geschlechtliche Zuschreibungen und Hierarchisierungsprozesse im Kontext der Profession zu untersuchen.

Im ersten Teil wird die Relevanz von Geschlecht als Strukturkategorie auf der Grundlage aktueller Entwicklungen des Arbeitsmarktes skizziert (1). Ausgehend von der Erkenntnis, dass sich Geschlecht und Profession wechselseitig konstruieren, werden dann einige grundlegende Erkenntnisse aus der Frauen- und Geschlechterforschung zu Arbeitsteilung und Geschlechterkonstruktion (2) zusammengefasst. Im dritten Abschnitt werden Gleichzeitigkeiten und Widersprüche in der Bedeutung von Geschlecht diskutiert. Dabei geht es sowohl um die Gleichheitsnormen im professionellen Handeln als auch um geschlechterdifferenzierende Wahrnehmungen sowie um die Reproduktion von Differenz und Hierarchie in der Sozialen Arbeit (3). Abschliessend folgt ein kurzer Ausblick zu weiteren Forschungsperspektiven (4).

1. Hierarchie und Differenz auf dem Arbeitsmarkt

Geschlecht als Strukturkategorie wird gesellschaftstheoretisch als ein Prinzip gesellschaftlicher Gliederung und Hierarchiebildung betrachtet, als ein Muster, das Institutionen wie dem Arbeitsmarkt, der Arbeitsteilung oder der Familie zugrunde liegt (vgl. u.a. Becker-Schmidt 1993, Becker-Schmidt/Bilden 2009). Das heißt, die Zugehörigkeit zur Gruppe der Frauen oder Männer bestimmt strukturell über den Zugang zu gesellschaftlichen Ressourcen z.B. über die Position auf dem Arbeitsmarkt, der (immer noch) horizontal und vertikal entlang der Achse Geschlecht strukturiert ist. Am Beispiel des Arbeitsmarkts zeigen sich diskriminierende Strukturen und unterschiedliche, geschlechtsbezogene Bewertungen von Tätigkeiten besonders deutlich. Im Zuge der Berufskonstruktion und Professionalisierung im 19. und 20. Jahrhundert werden die geschlechterhierarchisierenden Strukturen und die Modi der Geschlechterkonstruktion institutionalisiert, der Zugang zu den gehobenen Berufen, den Professionen bleibt Frauen lange verwehrt. Ein Blick in die Geschichte der Professionen zeigt dementsprechend „deren rigide Geschlechterexklusivität" (Wetterer 2002: 45): Die klassischen, traditionsreichen akademischen Professionen und Disziplinen sind bis zu Beginn des 20. Jahrhunderts Männern vorbehalten. Mädchen und junge Frauen werden überhaupt erst ab 1894 zum externen Abitur (an Jungenbildungsanstalten) zugelassen. Seitdem stellt sich auch die Frage nach der Zulassung von Frauen zum höheren Lehramtsstudium. 1899 findet die Öffnung des Arztberufs für Frauen, 1908 die erste Verleihung des Abiturs durch die höheren Mädchenbildungsanstalten statt und ebenfalls 1908 erhalten Frauen den Zugang zum Universitätsstudium (jeweils in Preußen). Frauen erlangen also vor gut hundert Jahren formal den Zugang zu allen akademischen Berufen und betreten nun die Bühne der *male professions*, zu denen Soziale Arbeit allerdings nicht zählt (Bereswill/Ehlert 2012, Ehlert 2011).

Soziale Arbeit entwickelt sich zur gleichen Zeit im Kontext der bürgerlichen Frauenbewegung vom Ehrenamt zur bezahlten Tätigkeit für Frauen. In der Weimarer Republik wird der Ausbau des Wohlfahrtsstaats zum Verfassungsauftrag und Soziale Arbeit eine Aufgabe der kommunalen Verwaltung. „Die flächendeckende Verallgemeinerung der Konzepte bürgerlicher Sozialreform und weiblicher Sozialarbeit erfolgte in Form bürokratisch-professionell organisierter Maßnahmen und Leistungen" (Sachße 1994: 289). Damit verbinden sich Gegensätze „von weiblicher Sozialarbeit und männlicher Leitung, von ganzheitlichen Berufsideologien und bürokratischer Alltagsroutine" (ebd.). Sozialarbeit ist als ein exklusiver Frauenberuf entstanden, gerät aber schon in den 1920er Jahren unter ‚männliche Leitung'.

Diese geschlechtersegregierte Arbeitsteilung begleitet die Berufsgeschichte bis heute. Betrachtet man das gesamte Spektrum der sozialpädagogischen Berufe wird deutlich, dass der Frauenanteil in den jeweiligen Qualifikationsgruppen sehr ungleich verteilt ist. So sind KinderpflegerInnen fast ausschließlich Frauen, bei Diplom-PädagogInnen sind es nur noch 57%. Der Frauenanteil in den Positionen der Kinder- und Jugendhilfe ist am höchsten in den Berufen mit der niedrigsten formalen Qualifikation. Im Vergleich von Arbeitsfeldern der Kinder- und Jugendhilfe wie auch in Vergleichen von Handlungsfeldern in einzelnen Jugendhilfebereichen bestätigt sich die horizontale Segregation: Je älter die KlientInnen, desto niedriger ist der Anteil von Frauen in den jeweiligen Arbeitsfeldern (Fendrich et al. 2006). Die Sozialpädagogische Familienhilfe wird überwiegend von Frauen geleistet, in der Bewährungshilfe und in der Heimerziehung arbeiten relational zur gesamten Sozialen Arbeit mehr Männer, aktuelle Untersuchungen über die Geschlechterdifferenzierungen in unterschiedlichen Bereichen der Sozialen Arbeit stehen aber aus. In der horizontalen Segregation kommen sowohl Konstruktionen von Geschlechterdifferenzen als auch verdeckte Hierarchisierungen zum Tragen (Ehlert/Funk 2008, Ehlert 2010). Insgesamt haben mit der Akademisierung der Ausbildung in den 1970er Jahren mehr Männer Sozialarbeit/ Sozialpädagogik studiert als noch in den 1950er und 60er Jahren. „Je höher die Ausbildung, umso höher der Männeranteil und umgekehrt: Je niedriger das Niveau der Ausbildung, umso mehr bleiben Frauen unter sich. Und somit ballen sich die Männer auch in den gehobenen Berufspositionen, während die Frauen mit den unteren Etagen vorlieb nehmen müssen. Sozialarbeit: ein weiblicher Beruf unter männlicher Leitung" (Sachße 1994: 283).

Die Soziale Arbeit befindet sich seit den 1990er Jahren in massiven Umstrukturierungsprozessen im sich wandelnden Sozialstaat, die auf dem Arbeitsmarkt in den personenbezogenen Dienstleistungen mit einem wachsenden Lohndumping einhergehen: Die typischen Frauenberufe werden schlecht(er) bezahlt und erscheinen prädestiniert für Teilzeitarbeit. „Die Träger setzen ganz offensichtlich darauf, dass die Frauen trotz ihrer teilweise bereits jetzt oft prekären Einkommens- und Beschäftigungssituation weiterhin ungebrochen und mit vollem Einsatz zur Verfügung stehen" (Kühnlein/Wohlfahrt 2006: 15). Die ökonomische und gesellschaftliche Anerkennung der sozialen Berufe steigt nicht, was auch ein Grund dafür ist, dass sich in den letzten Jahren der Anteil der Männer, die ein Studium der Sozialen Arbeit aufnehmen, verringert, so dass sich tendenziell ein Verhältnis von 20% Männern und 80% Frauen in den Bachelorstudiengängen abzeichnet. In den Masterstudiengängen ist der prozentuale Anteil von Männern höher, diese Entwicklung von Differenz und Hierarchie in der Sozialen Arbeit gilt es in den nächsten Jahren weiter zu beobachten und zu untersuchen. Welche geschlechterbezogenen Verschiebungen und Trennlinien sich in der Struktur und Bezahlung sowie den Arbeits- und Beschäftigungsbedingungen der Sozialen Berufe zeigen werden, lässt sich aber bereits jetzt erkennen.

Der DBSH, der Deutsche Berufverband für Soziale Arbeit hat die Daten des „Gehaltsreports 2011/2012" der Zeitschrift „Focus" unter der Rubrik „Beschäftigungssituation in der Sozialen Arbeit" zusammengefasst (vgl. DBSH 2012). Für den „Focus" wertet das Hamburger Unternehmen „Statista" etwa 100 000 Gehaltsdaten von angestellten Vollzeit-Arbeitnehmerinnen und Arbeitnehmern und Selbstständigen auf der Grundlage des Sozioökonomischen Panels, Daten des Deutschen Instituts für Wirtschaftsforschung, Tarifdatenbanken, Besoldungstabellen, Online-Gehaltsportalen, Angaben des Statistischen Bundesamts und der Bundesagentur für Arbeit aus (vgl. FOCUS Online 2012). Danach beträgt das Bruttogehalt von Sozialarbeiterinnen und Sozialarbeitern im Durchschnitt einer Vollzeitstelle 2.621 €, das Bruttogehalt der Männer entspricht 2.995 €, das der Frauen 2.426 €. Frauen verdienen dementsprechend im bundesweiten Durchschnitt 569 € pro Monat weniger als Männer in Sozialen Arbeit. Im Vergleich mit anderen Berufsgruppen wird deutlich: Soziale Arbeit ist die akademische Profession mit der geringsten Bezahlung und innerhalb dieser Profession verdienen die Frauen eklatant weniger als die Männer. Hier zeigt sich „das bekannte Bild einer relativ dauerhaften Geschlechterungleichheit" (Gottschall 2009: 120), gekennzeichnet durch geringe Löhne in den feminisierten sozialen Dienstleistungen im Zusammenspiel mit vertikaler Segregation.

Diese Ungleichheiten werden verschärft durch die veränderte Tarif- und Personalpolitik in der Sozialwirtschaft und deren tarifpolitische Deregulierung. Vorreiter sind dabei die Änderungen in den arbeitsrechtlichen Regelungen der kirchlichen und freigemeinnützigen Verbände (vgl. Kühnlein et al.

2011). Die Höhe der Bezahlung, die Systematik der Eingruppierung, Befristung, die Arbeitszeit, Vollzeit- oder Teilzeitarbeitsplätze sind Indikatoren für die Prekarität oder die Attraktivität eines Berufsfeldes. In den letzten Jahren ist ein hoher Rückgang von Vollzeitarbeitsplätzen in den sozialen Berufen zu verzeichnen, im Jahr 2008 lag die Vollzeitquote der Sozialarbeiterinnen und Sozialarbeitern noch bei 58%, der Erzieherinnen bei 53%, im Gegensatz einer Vollzeitquote aller Erwerbstätiger von 73% (vgl. Fuchs-Rechlin 2012: 33). Die geringe Bezahlung, die hohe Zahl an befristeten Arbeitsverträgen und die überproportional hohe Zunahme von Teilzeitarbeitsplätzen verweisen auf die prekären Beschäftigungsbedingungen in der Sozialen Arbeit, unter denen ein eigenes existenzsicherndes Einkommen bzw. ein Familieneinkommen kaum noch zu erwirtschaften sind. Jan Wulf-Schnabel und Uta Klein sehen hier den „Schlüssel zur Erklärung des geringen Männeranteils" (Wulf-Schnabel/Klein 2011: 117) in der Sozialen Arbeit und sie kommen zu dem Schluss, dass die Transformation des Sozialen durch eine sozialpolitisch initiierte Schaffung von Quasimärkten nicht zu besseren Bedingungen für die mehrheitlich weiblich Beschäftigten in der Sozialen Arbeit geführt hat. Vielmehr ist das Gegenteil der Fall, was zeigt, dass die Kategorie Geschlecht ihre stratifikatorische Wirkung in dem gesellschaftlichen Teilbereich der personenbezogenen Dienstleistungen nicht eingebüßt hat.

Wir haben es auf der Strukturebene mit einer hochgradig vergeschlechtlichten Profession zu tun, trotz des gesellschaftlichen Wandels, formalisierter Gleichstellung der Geschlechter und einer konstatierten Semantik der Gleichberechtigung. Zeigt sich hier trotz des Wandels, die Beharrlichkeit einer gesellschaftlichen Geringschätzung von psychosozialen Unterstützungsleistungen, die mehrheitlich von Frauen erbracht werden? Wie hängen Strukturen des Arbeitsmarktes und die alltägliche Herstellung von Geschlechterkonstruktionen zusammen?

2. Arbeitsteilung und Geschlechterkonstruktionen

In der Frauen- und Geschlechterforschung ist der Zusammenhang von gesellschaftlicher Arbeitsteilung und der Ungleichheit zwischen den Geschlechtern ein zentraler theoretischer und empirischer Befund. Hier wird betont, dass gesellschaftliche Formen der Arbeit und der Arbeitsteilung und damit verbundene Vorstellungen und Bewertungen von nützlicher, wertvoller oder gesellschaftlich notwendiger Arbeit in einer engen Wechselbeziehung zu Konstruktionen von Geschlecht stehen (vgl. u.a. Aulenbacher/Wetterer 2009). Die Wurzeln von Theorien der Geschlechterkonstruktion liegen in der soziologischen Interaktionstheorie und der Kulturanthropologie. Am Beispiel der Transsexualität, des Wechsels von einem Geschlecht zum anderen, beschreibt

Harold Garfinkel bereits 1967, wie sich Prozesse der Geschlechtszuweisung und der Darstellung von Geschlecht vollziehen. Die Fallstudie zeigt, wie komplex und ineinander verwoben, Muster von Weiblichkeit und Männlichkeit sind, und dass sie „in jeweils situationsadäquater Weise im praktischen Handeln und Verhalten realisiert werden müssen" (Gildemeister 2004: 134). Weiblichkeit und Männlichkeit scheinen mit bestimmten Eigenschaften und Verhaltensweisen kompatibel zu sein und mit anderen nicht (Kessler/ McKenna 1978: 142). Dies ist nicht Ausdruck einer natürlichen Differenz zwischen Frauen und Männern, sondern das Ergebnis von Konstruktions- und Zuschreibungsprozessen. Dementsprechend konstruieren sich auch Geschlecht und Arbeit wechselseitig. „Die Konstruktion der Geschlechterdifferenz in der beruflichen Arbeit ist danach ein integraler Bestandteil von Strukturierungs- und Symbolisierungsprozessen von Berufsarbeit. Damit trägt der Berufsbereich in spezifischer Weise zur Reproduktion der Geschlechterverhältnisse bei" (Teubner 2004: 429). Das betont auch Angelika Wetter in ihren Überlegungen zu „Gender at work" (2002, 2009). Sie zeigt, wie Unterstellungen von „natürlichen" Eigenschaften der Geschlechter mit Zuschreibungen und Bewertungen von Tätigkeiten verknüpft sind. Frauen und Männer werden zu ungleichen und verschiedenen Gesellschaftsmitgliedern, weil und indem sie Verschiedenes tun und weil das, was sie tun, unterschiedlich bewertet wird (vgl. Wetterer 2009). Mit dem von Gayle Rubin 1975 formulierten „sameness taboo" zwischen den Geschlechtern lässt sich darüber hinaus belegen, dass selbst wenn Frauen und Männer gleiches tun, dieses unterschiedlich wahrgenommen und bewertet wird. Regine Gildemeister und Günter Robert (2008: 226f.) führen diesen Ansatz weiter aus: Mit der geschlechtlichen Kategorisierung werden Frauen und Männern in beruflichen Kontexten und besonders in Führungspositionen unterschiedliche Kommunikationsstrategien zugestanden. Männer dürfen Witze erzählen, eine zwanglose und lockere (Körper-)Sprache verwenden, während von Frauen ein „hochkontrolliertes Verhalten erwartet" wird (Gildemeister/Robert 2008: 226). Frauen werden stereotyp als emotional, Männer als rational klassifiziert und letzteren wird im beruflichen Handeln die Demonstration von Durchsetzungsmacht zugestanden. Und: wenn Frauen und Männer Gleiches tun (z.B. Witze erzählen, mit der Faust auf den Tisch hauen, sich kontrollieren) wird es verschieden wahrgenommen. Zugleich praktizieren Männer und Frauen im „Doing Gender" durch die „Enaktierung der Geschlechterkategorien" Unterschiedliches – die einen erzählen Witze, die anderen kontrollieren ihr Verhalten – und werden zu Verschiedenen. „Man kann diesen Grundgedanken für alle Ebenen und Bereiche der gesellschaftlichen Arbeitsteilung durchdeklinieren, ihn auf die grundlegende Trennung von Produktions- und teilweise privater Reproduktionsarbeit ebenso beziehen wie auf das *doing gender while doing work* und auf alle Formen und Spielarten der inter- wie intraberuflichen Arbeitsteilung" (Wetterer 2002: 26, Hervorhebungen im Original). Diese Hervorbringung der Geschlechterdifferenzierung durch Interaktionen und in Organisationen ist für die Soziale Arbeit noch nicht hinreichend untersucht worden. Welche geschlechtsbezogenen Codierungen werden mit welchen Tätigkeiten in Verbindung gebracht? Welche geschlechtsbezogenen Verhaltenserwartungen werden in welchen Feldern der Sozialen Arbeit reproduziert oder auch modifiziert und durchbrochen?

3. Gleichheitsnormen und Differenzkonstruktionen

Im Erwerbsleben und für professionelles Handeln gelten gleichzeitig unabhängig von Person und Geschlecht noch andere Normierungen, wie die von Fachkompetenz und Sachorientierung. Diese Normen finden sich auch in der Empirie: So antworten auf die Frage nach der Bedeutung der Geschlechtszugehörigkeit für das berufliche Handeln die Befragten in fast allen Projekten[1] des DFG-Forschungsschwerpunkts „Professionalisierung, Organisation, Geschlecht", dass das Geschlecht keine Rolle mehr spiele. „Was zählt für den Einstieg und Aufstieg im Beruf ist die Leistung und damit ein Kriterium, das aus der Perspektive der Befragten das Ergebnis individueller Anstrengung ist und zudem im Prinzip objektiv feststellbar" (Wetterer 2007: 195). Gleichberechtigung, Individualisierung und Leistungsorientierung kennzeichnen das berufliche Selbstverständnis. In einem der DFG-Forschungsprojekte zum Familienrecht antwortet ein Familienrechtsanwalt in einer Gruppendiskussion auf die Frage nach der Bedeutung von Geschlecht: „Wir sind uns sicher schnell einig, ob Männlein oder Weiblein auf der Richterbank, wenn es ne Persönlichkeit ist, die mit sachlicher und fachlicher Kompetenz und Persönlichkeit die Dinge im Griff hat, dann ist es meine ich gleichgültig, wer vorne sitzt" (Gildemeister/Robert 2008: 227). Diese Aussage des Anwalts steht für die bereits erwähnten Forschungsergebnisse und bestätigt eine weit verbreitete Erwartungshaltung an professionelles Handeln, unabhängig vom Geschlecht des professionell Handelnden und der Adressatinnen und Adressaten gleich zu handeln und alle gleich zu behandeln. Der gleiche Anwalt sagt dann aber in einem anderen Kontext in der Gruppendiskussion: „Frau denkt anders als Mann, gar kein Thema" (ebd.) und betont, dass es einen Unterschied macht, ob eine Richterin oder ein Richter der Gerichtsverhandlung vorsteht

---

1 Die Soziale Arbeit wurde hier nicht untersucht, folgende Projekte waren im Forschungsschwerpunkts vertreten: Segregation in Organisationen, Alleindienstleister in Kulturberufen, PsychologInnen und MedizinerInnen/Profil-Projekt, Familienrecht/FamilienrichterInnen, Führungskräfte einer Berliner Bezirksverwaltung, Polizei, Unternehmensberatung, Software-Entwicklung/Informatik, Darmstädter Wissenschaftsstudie, Außeruniversitäre Forschungsinstitute & Wirtschaftsforschung, Doppelkarrierepaare (vgl. Wetterer 2007: 208ff.)

oder ein Anwalt oder eine Anwältin die Interessen der Beteiligten vor Gericht vertritt. Mit diesen Beispielen lässt sich verdeutlichen, was wir gegenwärtig als ein typisches Muster in der Wahrnehmung der Bedeutung von Geschlecht vorfinden: „Eine *widersprüchliche Gleichzeitigkeit* gegeneinander laufender Wahrnehmungen, Aussagen und Interpretationen" (ebd., Hervorhebungen im Original). Auch in der Sozialen Arbeit ist die Haltung „Geschlecht spielt keine Rolle, es kommt auf das professionelle Wissen und Können an" genauso vertreten wie die Annahme, dass Geschlecht Bestandteil des professionellen Handelns ist. Mit der Semantik der Gleichheit und der Institutionalisierung von Gleichberechtigungsnormen haben wir es mit komplizierten Situationen zu tun, die zu widersprüchlichen Einschätzungen zur Bedeutung von Geschlecht und der Konstruktion von Geschlechterdifferenzen führen. Dabei haben verschiedene Untersuchungen deutlich gemacht, dass Kontextbedingungen wie der Segregationsgrad eines Berufs für die Reproduktion von Differenz und die Hervorbringung von Ungleichheiten zwischen Männern und Frauen eine wesentliche Rolle spielen. An dieser Stelle ist außerdem noch einmal zu betonen, dass die gesellschaftlichen, ökonomischen und sozialpolitischen Rahmenbedingungen, wie bereits dargestellt, in der Analyse von geschlechtlicher Differenzierung und Erwerbsarbeit zu berücksichtigen sind.

Neben den Gleichheitsnormen bestimmen nach wie vor aber auch Annahmen über Status- und Wertunterschiede zwischen den Geschlechtern, die *gender status beliefs* (Ridgeway 2011) die Wahrnehmung professionellen Handelns. Danach ist Männlichkeit beispielsweise mit höherer beruflicher Kompetenz besetzt. Die Wirkung von *gender status beliefs* in der Wahrnehmung der Professionsdiskurse in der Sozialen Arbeit lässt sich beispielsweise in Seminaren zur Professionalisierung an einer Fachhochschule zeigen: Weibliche und männliche Studierende verbinden Professionsdiskurse mit Männlichkeit, assoziieren Aussagen zu Professionalität aus der Fachliteratur mit männlichen Sozialarbeitern, die wenigsten haben Frauen vor Augen, wenn sie sich mit den Fachtexten auseinandersetzen.

Untersuchungen zu Profession und Geschlecht am Beispiel von Frauen in Männerberufen und Männern in Frauenberufen sind dementsprechend für Fragen nach der Bedeutung von Geschlecht und *gender status beliefs* besonders aufschlussreich. So hat Christine Williams (1989) bereits in den 1980er Jahren in den USA in ihren Studien zu *male nurses* und *female marines* gezeigt, wie interaktiv an der Herstellung und Aufrechterhaltung von Geschlechterdifferenz gearbeitet wird und diese Arbeit sich intensivieren muss, sobald ein Geschlecht in das Tätigkeitsfeld des anderen einwandert. Diese „Geschlechtsmigration" (Wetterer 2009) verläuft aber unterschiedlich, was die Arbeit an Weiblichkeits- und Männlichkeitszuschreibungen anbetrifft. Angelika Wetterer (1995) spricht hier treffend von einem „Tauziehen zwischen Differenzmaximierung und Differenzminimierung": Wandern Frauen in ein männlich konnotiertes Tätigkeitsfeld ein, arbeiten alle Akteurinnen und

Akteure in diesem Feld intensiv an der Minimierung von Geschlechterdifferenz; wandern Männer in einen Frauenberuf ein, wird ausgiebig an der Aufrechterhaltung und Schärfung der Grenzen zwischen Weiblichkeit und Männlichkeit gearbeitet. Diese Dynamik verweist auf die subtile Verknüpfung von Differenz und Hierarchie im Zusammenhang von Arbeit und Geschlecht: Männlichkeit ordnet Weiblichkeit unter – das haben Bettina Heintz und Eva Nadai (1998) am Beispiel der Krankenpflege im deutschsprachigen Kontext untersucht. Von den Krankenpflegern wird die Geschlechterdifferenz betont und am Beispiel männlicher „Coolness" wird ein neues Modell pflegerischer Professionalität hergestellt: „ruhig, sachlich, überlegt" (Heintz/Nadai 1998: 85), mit männlicher Autorität und Körperkraft ausgestattet. Der Rückgriff auf Geschlechterstereotype im Sinne der Differenzmaximierung steht für Frauen und Männer nicht im Widerspruch zum beruflichen Handeln, er führt im Gegenteil zu Aufwertungen von Professionalität. So erklärt sich umgekehrt auch der Malus, der mit weiblich konnotierten Tätigkeiten einher geht und abgewehrt werden muss, um einer Profession zu ihrem Aufstieg zu verhelfen. Was bedeuten diese Befunde für die Entwicklungen in der Sozialen Arbeit? Welche Widersprüche von Gleichheit und Differenz erleben wir hier im professionellen Handeln und in den Diskursen?

Für die Soziale Arbeit liegen bislang wenig Untersuchungen über Gleichheitsnormen und Differenzkonstruktion einer geschlechterdifferenzierenden Berufspraxis vor,[2] deshalb wird hier kurz auf zwei aktuelle Dissertationen eingegangen. Petra Ganß (2011) hat Interviews mit 18 männlichen Studierenden der Sozialen Arbeit geführt und Tendenzen der intraberuflichen Geschlechtersegregation sowie Fragen der Minimierung oder Verstärkung der Geschlechterdifferenz untersucht (vgl. Ganß 2011). Bei den Motiven für ein Studium der Soziale Arbeit und den beruflichen Zielen werden von den männlichen Studierenden organisatorische, administrative und freiberufliche Perspektiven sowie berufliche Aufstiegsmöglichkeiten eher betont als beziehungsorientierte Tätigkeiten. Studenten, die über Berufserfahrungen verfügen vertreten die Ansicht, dass Männer in dem frauendominierten Berufsfeld der Sozialen Arbeit eine Bereicherung darstellen würden und dass Defizite in der weiblichen Aufgabenerfüllung erst durch Männer behoben werden könnten. An dieser Stelle lässt sich fragen, was Sozialarbeiterinnen zu diesem Befund sagen. Ganß geht von einer Verfestigung der intraberuflichen Geschlechtersegregation in der Sozialen Arbeit aus, denn die Studenten setzten auf einen

---

2　Auf Untersuchungen zu geschlechterdifferenzierenden professionellen Wahrnehmungen der Adressaten und Adressatinnen durch die Professionellen und die Wahrnehmung der Professionellen durch die Adressatinnen und Adressaten Sozialer Arbeit wird an dieser Stelle nicht eingegangen, das wäre ein weiteres Thema (vgl. hierzu beispielsweise Plößer 2011, Sabla 2011).

„Männerbonus", der ihnen die Einnahme bestimmter beruflicher Arbeitsfelder und Positionen ermöglichen werde.[3]

Anja Pannewitz (2012) untersucht in ihrer Dissertation die Bedeutung von Geschlecht im Kommunikationsraum Leitungssupervision/Leitungs-coaching und fragt, wie Geschlecht und Führung in den Interaktionen in Verbindung gebracht werden. Sie rekonstruiert fünf Fälle von Beratungsinteraktionen über Führung und Geschlecht, von denen drei Berufsfeldern der Sozialen Arbeit zuzurechnen sind. Als zentrales Ergebnis zeigt sich hier, dass sich die Reproduktion von Geschlechternormen in der Interaktion stärker durchsetzt als Modifikationen. Weiblichkeit gilt vorrangig als Ausschlusskriterium für Führung, Männlichkeit als Einschlusskriterium. „Die Trennung der Sphären Familie und Erwerbsarbeit bzw. horizontale und vertikale Segregation kommen mitsamt ihrer geschlechtsbezogenen Bewertung, das heißt der Abwertung verweiblichter bzw. der Aufwertung vermännlichter Tätigkeiten, in den Beratungsinteraktionen vor. Es sind diese gesellschaftlichen Strukturen und ihre Bewertung, die in den Beratungsgesprächen offen oder verdeckt zur Deutung von Führung heran gezogen werden" (Pannewitz 2012: 352). Diese Ergebnisse zeigen im Kontext von Supervision und Coaching die Reproduktion einer androzentrischen Norm im Hinblick auf Führung in der Sozialen Arbeit und angrenzenden Berufsfeldern. Anstelle der Semantik der Gleichheit sind wir mit Geschlechterdifferenzierungen und Hierarchisierungen konfrontiert.

4. Ausblick

Bei der Wahl von Berufen und Studiengängen können wir feststellen, dass Geschlecht in diesem Kontext immer noch einen großen Unterschied macht. Betrachten wir die Entwicklung der Geschlechterverteilung in den Ingenieurwissenschaften wie Maschinenbau, Elektrotechnik und Informatik bilden hier Frauen in den vergangenen zwanzig Jahren unverändert eine Minderheit (vgl. Teubner 2009). Und wie lässt sich erklären, dass der Männeranteil bei der Ausbildung zur Erzieherin und zum Erzieher immer noch etwa 3% beträgt und 80% Frauen und nur 20% Männer einen Bachelorstudiengang Soziale Arbeit wählen? „Wir wissen noch zu wenig über Individuations-, Sozialisations- und Vergesellschaftungprozesse der männlichen Genus-Gruppe, in welchen jene Maskulinitätskonzepte entstanden sind, in denen ‚Weiblichkeit' und die mit ihr assoziierten Tätigkeitsbereiche herabgesetzt werden, um sie als für

---

3   Ergänzend sei angemerkt, dass in dem Moment, wo in einer Befragung (nur ein) Geschlecht adressiert wird, auch entsprechend geantwortet wird und Codierungen als männlich vorgenommen werden können, ohne einen Vergleich mit Studentinnen vorzunehmen.

Männer nicht zumutbare Praxen zu disqualifizieren" (Becker-Schmidt 2011: 16). Regina Becker-Schmidt verwendet hier den Begriff der Genus-Gruppe in einer strukturtheoretischen Perspektive, im Hinblick auf Strukturen und Relationen zwischen der sozialen Gruppe der Frauen und der Gruppe der Männer in einer Gesellschaft. Ihre zitierte Feststellung lässt sich erweitern, wenn wir fragen, welche Prozesse Frauen als Genus-Gruppe durchlaufen, um mit Weiblichkeitskonzepten ausgestattet zu sein, die diese Praxen wie auch die geringe gesellschaftliche Anerkennung und Entlohnung zumutbar machen. Solchen Fragen muss weiter nachgegangen werden, denn alle bisherigen Kampagnen mehr Frauen für technische Berufe oder MINT-Fächer zu gewinnen, sind nur mit geringem Erfolg verbunden. Umgekehrt stehen Untersuchungen über die Zunahme von Männern in weiblich konnotierten Berufsfeldern noch aus.

Segregierten Berufen liegen geschlechterbezogene symbolisch-kulturelle Aufladungen der Tätigkeiten zugrunde. Diese für die Soziale Arbeit der Gegenwart zu entschlüsseln ist eine vordringliche Aufgabe für eine geschlechtertheoretisch orientierte Sozialarbeitsforschung. Dabei gilt es die theoretischen Anregungen und Herausforderungen der Geschlechterforschung aufzugreifen und weiter auszubuchstabieren. Professionstheoretisch verweist ein Interaktions- und konstruktionsorientierter Zugang auf die Notwendigkeit empirischer Studien, die das Wechselverhältnis von geschlechtlichen Codierungen, Beharrungen und Wandel der Bedeutung von Geschlecht und den Anforderungen an professionelles Handeln sowie den Konstrukten von Professionalität untersuchen. Gesellschaftstheoretisch und professionspolitisch muss die Ungleichheitsrelevanz von Geschlecht herausgearbeitet und betont werden, um der gesellschaftlichen Abwertung und Prekarisierung der Sozialen Arbeit offensiv entgegenzuwirken.

Literatur

Aulenbacher, Brigitte/Wetterer, Angelika (Hrsg.) (2009): Arbeit. Perspektiven und Diagnosen der Geschlechterforschung. Münster: Westfälisches Dampfboot.

Becker-Schmidt, Regina (1993): Geschlechterdifferenz – Geschlechterverhältnis: Soziale Dimensionen des Begriffs „Geschlecht". In: Zeitschrift für Frauenforschung, Heft 1/2,1993, S. 37-46.

Becker-Schmid, Regina (2011): „Verwahrloste Fürsorge" – ein Krisenherd gesellschaftlicher Reproduktion Zivilisationskritische Anmerkungen zur ökonomischen, sozialstaatlichen und sozialkulturellen Vernachlässigung von Praxen im Feld „care work". In: GENDER Heft 3 | 2011, S. 9-23.

Becker-Schmidt, Regina (2013): Konstruktion und Struktur. Zentrale Kategorien in der Analyse des Zusammenhangs von Geschlecht, Kultur und Gesellschaft. In: Graf, J./Ideler, K. Kristin/Klinger, S. (Hrsg.), a.a.O, S. 19-42.

Becker-Schmidt, Regina/Bilden, Helga (2009): Krisenherde in gegenwärtigen Sozialgefügen: Asymmetrische Arbeits- und Geschlechterverhältnisse – vernachlässigte

Sphären gesellschaftlicher Reproduktion. In: Aulenbacher, B./Wetterer, A. (Hrsg.), a.a.O., S. 12-41.

Bereswill, Mechthild (2008): Geschlecht. In: Baur, N./Korte, H./Loew, M./Schroer, M. (Hrsg.): Handbuch Soziologie. Wiesbaden: VS, S. 97-116.

Bereswill, Mechthild/Ehlert, Gudrun (2010): Geschlecht. In: Bock, Karin/Miethe, Ingrid (Hrsg.): Handbuch Qualitativer Methoden in der Sozialen Arbeit. Opladen: Barbara Budrich, S. 143-151.

Bereswill, Mechthild/Ehlert, Gudrun (2012): Frauenberuf oder (Male) Profession? Zum Verhältnis von Profession und Geschlecht in der Sozialen Arbeit. In: Bütow, B./Munch, C. (Hrsg.) a.a.O., S. 92-107.

Bütow, Birgit/Munch, Chantal (Hrsg.) (2012): Soziale Arbeit und Geschlecht. Münster: Westfälisches Dampfboot.

DBSH (Deutscher Berufsverband für Soziale Arbeit e.V.) (2012): Beschäftigungssituation in der Sozialen Arbeit. http://www.dbsh.de/html/aktuelles.html [Zugriff 24.04.12].

Ehlert, Gudrun (2010): Profession, Geschlecht und Soziale Arbeit. In: Bereswill, M./Stecklina, G. (Hrsg.): Geschlechterperspektiven für die Soziale Arbeit. Weinheim: Juventa, S. 45-60.

Ehlert, Gudrun (2011): Profession. In: Ehlert, G./Funk, H./Stecklina, G. (Hrsg.): Wörterbuch Soziale Arbeit und Geschlecht. Weinheim: Juventa, S. 326-328.

Ehlert, Gudrun (2012): Gender in der Sozialen Arbeit: Konzepte, Perspektiven, Basiswissen. Schwalbach/Taunus: Wochenschau.

Ehlert, Gudrun/Funk, Heide (2008): Strukturelle Aspekte der Profession im Geschlechterverhältnis. In: Bütow, B./Chassé, K. A./Hirt, R. (Hrsg.): Soziale Arbeit nach dem Sozialpädagogischen Jahrhundert. Opladen: Barbara Budrich, S. 177-190.

Ehlert, Gudrun/Funk, Heide/Stecklina, Gerd (Hrsg.) (2011): Wörterbuch Soziale Arbeit und Geschlecht. Weinheim: Juventa.

Etzioni, Amitai (Hrsg.) (1969): The Semi-Professions and Their Organizations: Teachers, Nurses, Social Workers. New York.

FOCUS Online: Deutschlands größter Gehalts-Report: 150 Berufe im großen Gehaltsranking. http://www.focus.de/finanzen/karriere/berufsleben/deutschlands-groesster-gehalts-report-150-berufe-im-grossen-gehaltsranking_aid_681640.html [Zugriff: 22.12.12].

Fuchs-Rechlin, Kirsten: Soziale Berufe. Von der Wachstums- zur Zukunftsbranche? In: Sozial Extra, Heft 3/4 2012, S. 32-35.

Ganß, Petra (2011): Männer auf dem Weg in die Soziale Arbeit – Wege nach oben? Die Konstruktion von ‚Männlichkeit' als Ressource der intraberuflichen Geschlechtersegregation. Opladen: Budrich UniPress.

Gildemeister, Regine (2004): Doing Gender: Soziale Praktiken der Geschlechterunterscheidung. In: Becker, R./Kortendiek, B. (Hrsg.): Handbuch Frauen- und Geschlechterforschung. Theorie, Methoden, Empirie. Wiesbaden: VS, S. 132-140.

Gildemeister, Regine/Wetterer, Angelika (2007): Erosion oder Reproduktion geschlechtlicher Differenzierungen? Widersprüchliche Entwicklungen in professionalisierten Berufsfeldern und Organisationen. Münster: Westfälisches Dampfboot.

Gildemeister, Regine/Robert, Günter (2008): Geschlechterdifferenzierungen in lebenszeitlicher Perspektive. Interaktion – Institution – Biografie. Wiesbaden: VS.

Gildemeister, Regine/Robert, Günter (2011): Doing Gender. In: Ehlert, G./Funk, H./Stecklina, G. (Hrsg.), a.a.O. S. 95-98.

Gottschall, Karin: Arbeitsmärkte und Geschlechterungleichheit – Forschungstraditionen und internationaler Vergleich. In: Aulenbacher, B./Wetterer, A. (Hrsg.) a.a.O. 2009, S. 120-137.

Graf, Julia/Ideler Kristin/Klinger, Sabine (Hrsg.) (2013): Geschlecht zwischen Struktur und Subjekt. Theorie, Praxis, Perspektiven. Opladen: Barbara Budrich.

Heintz, Bettina/Nadai, Eva (1998): Geschlecht und Kontext. De-Institutionalisierungsprozesse und geschlechtliche Differenzierung, In: Zeitschrift für Soziologie, 27, 2, S. 75-93.

Hirschauer, Stefan (2013): Die Praxis der Geschlechter(in)differenz und ihre Infrastruktur. In: Graf, J./Ideler K./Klinger, S. (Hrsg.), a.a.O, S. 153-171.

Kessler, Suzanne/McKenna, Wendy (1978): Gender. An Ethnomethodological Approach. Chicago/London: The University of Chicago Press.

Kühnlein, Gertrud/Wohlfahrt, Norbert (2006): Sozialbranche: billig, flexibel und verunsichert? Eine Analyse der aktuellen Entwicklung der Arbeitsbedingungen im Sozialsektor. In: epd sozial, Nr. 10-10.3.2006, S. 14-15.

Kühnlein, Gertrud/Stefaniak, Anna/Wohlfahrt, Norbert (2011): Wettbewerb in der Sozialwirtschaft – Auswirkungen auf tarifliche Entwicklungen. In: Stolz-Willig/Christoforidis (Hrsg.): Hauptsache billig? Prekarisierung der Arbeit in den Sozialen Berufen. Münster: Westfälisches Dampfboot, S. 144-162.

Pannewitz, Anja (2012): Das Geschlecht der Führung. Supervisorische Interaktion zwischen Tradition und Transformation. Göttingen: Vandenhoeck & Ruprecht.

Plößer, Melanie (2012): Beratung durch die (Gender-)Differenzbrille betrachtet. In: Bütow, B./Munch, C. (Hrsg.) a.a.O., S. 196-211.

Ridgeway, Cecilia L. (2011): Framed by Gender. How Gender Inequality Persists in the Modern World. Oxford, New York: Oxford University Press.

Rubin, Gayle (1975): The Traffic in Women: Notes on the ‚Politcal Economy' of Sex. In: Reiter, Rayna (Hrsg.): Towards an Anthropology of Women, New York/London, S. 157-210.

Sabla, Kim-Patrick (2012): Soziale Arbeit mit Vätern. Geschlecht und Geschlechterverhältnisse im Kontext der Hilfen zur Erziehung. In: Bütow, B./Munch, C. (Hrsg.) a.a.O., S. 277-291.

Sachße, Christoph (1994): Mütterlichkeit als Beruf. Sozialarbeit, Sozialreform und Frauenbewegung 1871-1929, Opladen: Westdeutscher.

Teubner, Ulrike (2004): Beruf: Vom Frauenberuf zur Geschlechterkonstruktion im Berufssystem. In: Becker, R./Kortendiek, B. (Hrsg.): Handbuch Frauen- und Geschlechterforschung. Theorie, Methoden, Empirie. Wiesbaden: VS, S. 429-436

Teubner, Ulrike (2009): Technik – Arbeitsteilung und Geschlecht. In: Aulenbacher, B./Wetterer, A. (Hrsg.): a.a.O., S. 176-192.

Wetterer, Angelika (1995): Dekonstruktion und Alltagshandeln. Die (möglichen) Grenzen der Vergeschlechtlichung von Berufsarbeit. In: Wetterer, A. (Hrsg.): Die soziale Konstruktion von Geschlecht in Professionalisierungsprozessen. Frankfurt a.M.: Campus, S. 223-246.

Wetterer, Angelika (2002): Arbeitsteilung und Geschlechterkonstruktionen: Gender at work in theoretischer und historischer Perspektive. Konstanz: UVK Verlagsgesellschaft.

Wetterer, Angelika (2007): Erosion oder Reproduktion geschlechtlicher Differenzierungen? Zentrale Ergebnisse des Forschungsschwerpunkts „Professionalisierung, Organisation, Geschlecht" im Überblick. In: Gildemeister, R./Wetterer, A. (Hrsg.): Erosion oder Reproduktion geschlechtlicher Differenzierungen? Widersprüchliche Entwicklungen in professionalisierten Berufsfeldern und Organisationen. Münster: Westfälisches Dampfboot, S. 189-208.

Wetterer, Angelika (2009): Arbeitsteilung & Geschlechterkonstruktion – Eine theoriegeschichtliche Rekonstruktion. In: Aulenbacher, B./Wetterer, A. (Hrsg.): a.a.O., S. 42-63.

Williams, Christine L. (1989): Gender Differences at Work. Women and Men in Nontraditional Occupations. Berkeley: University of California Press.

Wulf-Schnabel, Jan/Klein, Uta (2011): Subjektivierungen, Leitung und Geschlecht in der Sozialen Arbeit. In: Stolz-Willig/Christoforidis (Hrsg.): Hauptsache billig? Prekarisierung der Arbeit in den Sozialen Berufen. Münster: Westfälisches Dampfboot, S. 104-123.

Professionell qua Geschlecht? (De)Thematisierungen von Professionalität und Geschlecht in der aktuellen Fachdebatte

Kim-Patrick-Sabla/Julia Rohde

Vor dem Hintergrund der gegenwärtigen Forderung nach einer Erhöhung des Anteils von männlichen Fachkräften in Sozialen Diensten, die im Kontext frühkindlicher Pädagogik als Lern- und Sozialisationsfeld ihren Ursprung findet und sich von dort auf unterschiedliche Handlungsfelder der Sozialen Arbeit ausgeweitet hat, kann das Wiederaufleben einer Debatte beobachtet werden, bei der unter anderem die Frage nach dem Zusammenhang von Geschlecht und (sozialpädagogischer) Professionalität neu aufgerollt wird (vgl. Kimmerle 2012, Deerberg/Sabla 2012). Auch wenn diese Debatte aktuell mit ganz unterschiedlichen Motiven und theoretischen Vorannahmen geführt wird, lässt sich hieran beispielhaft zeigen, wie in Fachdiskursen Sozialer Arbeit ‚klassische' theoretische Diskurse, wie etwa der Diskurs um Professionalität, teils sehr unterschiedlich mit geschlechtertheoretischen Diskursen verbunden werden oder eben auch nicht[1].

Der Beitrag geht dabei im doppelten Sinne von einer Konstruktion sozialer Phänomene durch die beteiligten Akteuerinn*en aus: Sowohl Professionalität als auch Geschlecht werden als Konzepte von Wirklichkeiten gesellschaftlich hergestellt und verhandelt. Die jeweiligen Konzepte von sozialpädagogischer Professionalität, die hier als Fragmente der Fachdebatten zitiert werden, werden daher verstanden als Beiträge zur nicht abgeschlossenen Bestimmung und Aushandlung der Frage, was das Professionelle im Handeln der Sozialen Arbeit eigentlich ausmacht (vgl. Helsper 2004, Dewe/Otto 2012, 2011). Wenn in diesem Beitrag von Geschlecht als sozialer Konstruktion die Rede ist, dann ist damit gemeint, dass die Zuordnung von Personen zu dem männlichen oder weiblichen Geschlecht ein ebenfalls unabgeschlossenes Produkt sozialer Zuordnungsprozesse darstellt. Das bedeutet, dass sowohl die Zuordnung von Individuen anhand von biologischen Kriterien (Chromosomen, äußeren Geschlechtsmerkmalen bei der Geburt) als auch die Zuordnung anhand von ‚sozialen' Kriterien (Gesten, Verhaltensweisen, Kleidung) als gesellschaftlich hervorgebrachte Zuordnungen verstanden werden (vgl. Wetterer 2010, Wetterer 1992). Das Geschlecht einer Person ist somit nicht etwas naturhaft Gegebenes. Vielmehr wird Zugehörigkeit zu einer Genusgruppe

---

1 Zum Verhältnis von Geschlecht und Sozialer Arbeit als Profession siehe Beitrag von Gundrun Ehlert in diesem Band.

alltäglich sowohl von der Person selbst (etwa durch das Tragen bestimmter Kleidung, Verhaltensweisen, die die Person ‚passend' für das Geschlecht klassifiziert hat), vor allem aber durch die Bewertungen Dritter in Interaktionen hergestellt (vgl. Faulstich-Wieland 2004: 175ff).

Innerhalb der Fachdebatte über sozialpädagogische Professionalität lassen sich unterschiedliche Diskurslinien bzw. Positionierungen nachzeichnen, die im Folgenden entlang von drei Tendenzen analysiert werden sollen: Zum einen sollen Tendenzen der (1) De-Thematisierung von Geschlecht und Geschlechterhältnissen in so genannten ‚geschlechtsneutralen' Konzepten von Professionalität, zum anderen Tendenzen der (2) Thematisierung von Geschlecht und Geschlechterverhältnissen als professionelle Kompetenz sowie (3) Ansätze genderreflexiver und dekonstruktivistischer Konzepte von sozialpädagogischer Professionalität diskutiert werden.

1. Die De-Thematisierung von Geschlecht und Geschlechterverhältnissen durch ‚geschlechtsneutrale' Konzepte

Entsprechend ihrer Funktionsbestimmung als moderne Dienstleistungsprofession ist professionelles Handeln in der Sozialen Arbeit personenbezogenes Dienstleistungshandeln, das in konkreten Interaktionssituationen mit Adressatinn*en vollzogen wird (vgl. Dewe/Otto 2011: 1147). Was zunächst sehr abstrakt klingt, wird in den alltäglichen professionellen Beziehungen zwischen Adressatinn*en und Professionellen realisiert und ist unausweichlich mit Fragen der Persönlichkeit aller Beteiligten verbunden. Die De-Thematisierung von Geschlecht und Geschlechterverhältnissen in der Debatte um Professionalität in der Sozialen Arbeit lässt sich vor allem in denjenigen Positionen nachzeichnen, die die Persönlichkeit der Fachkraft als Ausgangspunkt des professionellen Handelns sehen. Die Persönlichkeit wird in diesen Konzepten zum Instrument oder Mittel des professionellen Handelns – hier agiert die „Person als Werkzeug" (v. Spiegel 2006: 84). Daraus folgt, dass die Fachkraft als Träger*in dieser Persönlichkeit die Verantwortung für die Gestaltung professionellen Handelns inne hat.

Insbesondere in den 1980er Jahren wurde eine Vielzahl an Kompetenzmodellen entwickelt (vgl. v. Spiegel 2006: 83), denen gemeinsam ist, dass an die Persönlichkeit des/der Professionellen eine Vielzahl an Anforderungen gestellt werden, die diese als Standards erfüllen müssen, um als professionell handelnd bezeichnet zu werden. Werden diese Standards nicht erfüllt, so kann ihnen die Professionalität abgesprochen werden. Lüssi (1998) benennt beispielsweise sieben so genannte Persönlichkeitsqualitäten, die er als notwendig für die Persönlichkeit des/der Professionellen betrachtet, um professionell tätig sein zu können (Humane Tendenz, Kommunikations- und Kooperationsfähigkeit, Fähigkeit zur Selbstinstrumentalisierung, Initiative und Dynamik, Standfestigkeit, Soziale Intelligenz sowie moralische Integrität). Als Basisanforderung nennt er die psychische Gesundheit der Fachkraft. Ist diese nicht vorhanden, können sich dieser Argumentation folgend die einzelnen Persönlichkeitsmerkmale nicht ausbilden. Das ist bspw. dann der Fall, wenn die Fähigkeiten zu echter Kommunikation oder zur Selbstinstrumentalisierung nicht vorhanden sind. Die Abgrenzung zum Laien wird dabei über die Vollständigkeit der Persönlichkeitsmerkmale konstruiert (vgl. Lüssi 1998: 191f.). Da gerade in der Vollständigkeit der Persönlichkeitsqualitäten die notwendige Voraussetzung zur Arbeit als Sozialarbeiter*in gesehen wird, verhindert das Fehlen einer dieser Merkmale ein professionelles Handeln, was nicht hinnehmbar erscheint: „Es darf nicht sein, dass einem Sozialarbeiter ein solches berufsnotwendiges Merkmal abgeht und er nicht ernsthaft an sich arbeitet, um diesem Mangel abzuhelfen" (ebd.: 191).

Auffällig hierbei ist, dass innerhalb dieser Professionalitätsbestimmung das Geschlecht der Professionellen nicht als Teil der Persönlichkeit Berücksichtigung findet, auch wenn hier sprachlich nur der (männliche) Sozialarbeiter realisiert wird. Stattdessen wird so ein ‚geschlechtsneutrales' Konzept von Professionalität entworfen, das über Kompetenzaneignung zumindest jedem/jeder Sozialarbeiter*in zugänglich ist. Bereswill und Ehlert (2012) sehen dies als Ausdruck dafür, dass „auf ein Berufshandeln verwiesen [wird], das durch erworbene Fachkompetenzen bestimmt ist und das ohne Ansehen und Geschlecht der Person rein sachlichen Kriterien zu folgen scheint" (Bereswill/ Ehlert 2012: 95).

Sichtbar wird in ähnlicher Weise die De-Thematisierung des Geschlechts auch in den Positionen innerhalb der Professionalitätsdebatte, welche die Orientierung an einer bestimmten Berufsethik als Ausdruck professionellen Handelns beschreiben. Müller/Becker-Lenz (2011) benennen bspw. die Notwendigkeit eines verinnerlichten Berufsethos[2] „um Handlungsanforderungen in einer als professionell zu bezeichnenden Weise zu bearbeiten" (Müller/ Becker-Lenz 2011: 94). Die inhaltliche Bestimmung einer Berufsethik bzw. einer professionellen Haltung ist allerdings, wie auch die Bestimmung von ‚berufsnotwendigen' Kompetenzen bzw. Persönlichkeitseigenschaften, sehr vielfältig. Laut Rätz (2011) gäbe es zwar eine Übereinstimmung diesbezüglich, dass eine entsprechende Haltung ein Erfolgsfaktor für die professionelle Arbeit sei, allerdings fehle eine eindeutige Haltung als verbindliche Grundlage (vgl. Rätz 2011: 65). So wird neben einer advokatorischen Ethik und einem verständigungsorientiertes Handeln (vgl. Heiner 2007), Vertrauen, Reflexivität und bewusste Anerkennung des/der Anderen (Marquard 2006) so-

---

2 Berufsethos als verinnerlichte spezifische ethische Werte und Maxime, an denen sich Berufsangehörige orientieren (vgl. Müller/Becker-Lenz 2011: 98).

wie die Achtung des Lebensrechts und der Würde des Menschen, etc. (Berufsethische Prinzipien des DBSH) gefordert. In ähnlicher Weise wird neben der Orientierung an einem Berufsethos oder neben einer professionellen Haltung auch die Notwendigkeit eines „professionellen Habitus" (Becker-Lenz/ Müller 2009: 195f.) diskutiert. Dieser umschreibt die Fähigkeit der Professionellen, die in der Struktur professionellen Handelns angelegten widersprüchlichen Anforderungen und Handlungsparadoxien zu bewältigen (vgl. Nadai et al. 2005). Damit scheint eine Verknüpfung von Kompetenzen und Geschlecht, wie sie für die Soziale Arbeit historisch seit ihrer Institutionalisierung stattgefunden hat, überwunden und ‚geschlechtsneutralisiert': „Die enge Verknüpfung von Persönlichkeit und beruflicher Kompetenz, die in den Anfängen des Berufs in der Geschlechterdifferenz verankert wurde, lebt fort im Konzept des Habitus als unverzichtbarem Medium von Professionalität" (ebd: 64).

Diese vermeintliche Geschlechtsneutralität innerhalb der Bestimmung von Professionalität wird jedoch auch kritisiert. Zum einen wird angemerkt, dass ein ‚Ausblenden' der Geschlechterfrage nicht möglich sei, da jede Alltagssituation „schon immer vorstrukturiert [sei] durch die wechselseitigen Erwartung aller Beteiligten aneinander, dass jede und jeder ein Geschlecht ‚hat' und es auch im ‚doing work' zur Darstellung bringt. Niemand betrit die ‚institutional arenas' der Berufsarbeit als geschichtsloses, unbeschriebenes, quasi noch geschlechtsloses Individuum (Wetterer 2002: 131; vgl. Wetterer 1992). Zum anderen wird kritisiert, dass diese Konzepte bei genauerer Betrachtung nicht geschlechtsneutral seien, sondern sich an einer „männlich konnotierten Vorstellung des bürgerlichen Individuums" orientieren und durch die Idee einer vermeintlichen Geschlechtsneutralität möglicherweise eine „modernisierte Version der male profession" entstehe, durch die eine Aufwertung der Sozialen Arbeit angestrebt werde (vgl. Bereswill/Ehlert 2012: 95f., Heite 2010).

2. Geschlecht und Geschlechterdifferenz als professionelle Kompetenz

Während in der vorangegangenen Konzeptualisierung von sozialpädagogischer Professionalität Geschlecht und Geschlechterverhältnisse auf theoretischer Ebene entweder nicht thematisiert werden oder diese Verknüpfung im Zuge einer weiteren Professionalisierung Sozialer Arbeit überwunden scheint, gab es und gibt es unterschiedliche Gegenentwürfe, die die Zuordnungen der Fachkräfte zu einer bestimmten Genusgruppe als eine Grundlage professionellen Handelns diskutieren. Allerdings bleibt damit die Antwort auf die Frage, was das Professionelle im sozialpädagogischen Handeln ausmacht, erneut vage. Die Tendenz einer Vergeschlechtlichung von Professionalität ist keine neue Entwicklung, auch wenn sie wie eingangs erwähnt über die neuerliche Debatte um mehr Männer in der Sozialen Arbeit vermehrt Aufmerksamkeit erhalten hat. Während in der bürgerlichen Frauenbewegung Persönlichkeitseigenschaften wie bspw. Fürsorge, Empathie, etc. als typisch weibliche Eigenschaften deklariert wurden, um Frauen einen Zugang zur professionellen Arbeit zu ermöglichen, findet aktuell eine männlich konnotierte Vergeschlechtlichung statt, die auf die Stausaufwertung Sozialer Arbeit als „leistungsstark, effizient, effektiv und outputorientiert" zielt (vgl. Heite 2010: 33). So sei die „implizite Geschlechtersymbolik der aktivierungsprogrammatischen Umstrukturierung Sozialer Arbeit (…) um die Vermeidung weiblicher Vergeschlechtlichung und um die männlich codierte Aufwertung der Profession bemüht" (ebd.).

Die Forderung nach einer Erhöhung des Anteils von männlichen Fachkräften kann unter der Perspektive der Aufwertung Sozialer Arbeit gelesen werden. So arbeitet Fegter (2012) anhand einer Diskursanalyse der medialen Berichterstattung zum aktuellen Diskurs um „Mehr Männer in die Soziale Arbeit" verschiedene Argumentationslinien heraus, die, dem generativen Muster der hegemonialen Männlichkeit folgend, die Abwertung des professionellen Handelns der weiblichen Fachkräfte gemeinsam ist[3]. In diesem Zusammenhang wird unter anderem argumentiert, dass aufgrund der Überzahl der Frauen als Fachkräfte und ihrer mangelnden Fähigkeiten sich auf die Bedürfnisse von männlichen Adressaten einzulassen, die „Krise" der Jungen (als Bildungsverlierer) hervorgerufen wird (vgl. Fegter 2012a: 4ff.; vgl. auch Rose 2012). Gefordert werden nun männliche Fachkräfte, die als „strahlende Ritter" (Kimmerle 2012: 26) erscheinen, um die Probleme der Jungen zu beseitigen. Dadurch scheint es, dass nun nicht mehr die spezifisch weibliche Arbeitsweise als Ideal hervorgerufen wird, sondern diese stattdessen durch ein männliches, scheinbar funktionaleres Pendant abgelöst wird.

Während der Diskurs in Deutschland als relativ neu bezeichnet werden kann, wird er in Großbritannien und in Skandinavien bereits seit einigen Jahren geführt. Christie (1998) arbeitete in einem Vergleich zwischen Großbritannien und Dänemark unterschiedliche Argumentationslinien heraus, die in dem Diskurs um „Mehr Männer in der Sozialen Arbeit" auch in Deutschland wiederzufinden sind (u.a. Matzner/Hollstein 2007, Vandenbroeck/Peeters 2008, Böhnisch 2010, Lehner 2012). Neben den Argumenten, dass männliche Fachkräfte durch ihre ‚einzigartigen männlichen Qualitäten' fehlende männliche Vorbilder (Väter, Lehrer) kompensieren können, wird als weiteres Argument die Notwendigkeit einer ‚natürlichen Balance im Team' genannt. Erst wenn die Verschiedenheit von Frauen und Männern zusammengebracht werde, könne sich „the full range of human qualities" entfalten (vgl. Christie

---

3   Vergleiche hierzu den Beitrag von Susann Fegter in diesem Band.

1998: 10) bzw. könne eine „geschlechtsneutrale Struktur" geschaffen werden. In ähnlicher Weise argumentieren Vandenbroeck und Peeters (2008): "The presence of male staff members and the active involvement of fathers in the facilities are essential conditions for achieving a gender-neutral structure of professionalism" (Vandenbroeck/Peeters 2008: 706).

Ein weiteres Argument stützt sich darauf, dass eine Erhöhung des Anteils männlicher Fachkräfte zu mehr Gerechtigkeit und Gleichheit führe (vgl. Christie 1998: 11). Christie weist bei diesen Argumenten allerdings auf die ungewisse Antwort auf die Frage hin, ob durch einen höheren Anteil von Männern wirklich gerechtere Verhältnisse geschaffen werden oder ob eine Neustrukturierung der Geschlechterverhältnisse nicht auch beschrieben werden könnte als „the colonization by men of another area of work traditionally undertaken by women" (Christie 1998: 12).

Jenseits neuerer Debatten lassen sich in der Sozialen Arbeit Konzepte professionellen Handelns ausmachen, die über die Passung der Persönlichkeit von Adressatinn*en und Professionellen vergleichsweise unhinterfragt eine enge Verbindung von Geschlecht und Professionalität reklamieren. Eine solche Verbindung findet sich seit langem in den Konzepten und Handlungsmethoden der ausgewiesenen ‚geschlechtsspezifischen' Handlungsfeldern Sozialer Arbeit, wie bspw. in der Mädchen- und Jungenarbeit sowie in der Arbeit in Frauenhäusern. In Abgrenzung zu dem allgemeinen Diskurs um die Persönlichkeit der Fachkraft in der Sozialen Arbeit und wie diese ausgebildet zu sein hat, damit ihr Handeln als professionell bezeichnet werden kann, steht hier das Geschlecht der Fachkraft als alleiniges Professionalitätsmerkmal zur Diskussion (vgl. Deerberg/Sabla 2012). Für die Fachkräfte in den spezifischen Handlungsfeldern gilt bspw. die Betroffenheitsperspektive. So wird die eigene Erfahrung der Fachkraft, selbst Frau oder Mann bzw. auch einmal Mädchen bzw. Junge gewesen zu sein, als eine Voraussetzung für die geschlechtsbewusste Arbeit angesehen. Für die Jungenarbeit ist bspw. die Geschlechtsidentität des Pädagogen und die Selbstreflexion der eigenen Männlichkeit Voraussetzung für geschlechtsbewusste Arbeit von Männern mit Jungen (vgl. Sturzenhecker 2006: 49ff.). Ebenso geht die feministische und parteiliche Mädchenarbeit davon aus, dass für Mädchenpädagoginnen erst die eigenen „frauenspezifischen Erfahrungen" (Klees et al. 2000: 53) eine parteiliche Haltung gegenüber den Mädchen ermöglicht.

Geschlechtshomogene Settings werden in diesen Handlungsfeldern begründet als „Versuch der beruflichen Realisierung von Qualitäten einer (mehr oder weniger dosierten und begrenzten) Primärbeziehungshaftigkeit" (Gildemeister/Robert 2009: 57); hier wird versucht, neben den Geschlechterverhältnissen auch Generationenverhältnisse zwischen Geschlechtern zu realisieren. Die Fachkräfte nehmen aus der alters- und erfahrungsmäßigen Distanz heraus eine Vorbildfunktion für die Heranwachsenden vom gleichen Geschlecht ein. Die Mädchenpädagoginnen können so zum Beispiel „die Rolle übernehmen, sich als positive Identifikationsfiguren zur Verfügung zu stellen und den Mädchen Orientierungspunkte für die eigene Identitätsentwicklung geben" (Klees et al. 2000: 53). Mädchenarbeit als „Generationenarbeit" (Stauber 2001: 4) will durch eine generationsbedingte Differenz zwischen den Pädagoginnen und den Mädchen Anregungen zur Auseinandersetzung geben. Eine ähnliche Generationenarbeit wird auch im Kontext von geschlechtshomogenen Setting in der Jungenarbeit thematisiert (vgl. Sturzenhecker 2006). Vollkommen unberücksichtigt bleiben bei einer auf Identifikation ausgerichteten pädagogischen Arbeit weiterführende Fragen nach der vermeintlich ‚richtigen' Männlichkeit und Weiblichkeit der Professionellen. Ebenso unabgeschlossen scheint hierbei die Diskussion um den Stellenwert bzw. die Überkreuzung weiterer Differenzkategorien. In anderen Handlungsfeldern werden ganz andere ‚Persönlichkeitsmerkmale' als Ausdruck von Professionalität relevant gemacht, während Geschlechteraspekte in den Hintergrund treten. Etwa werden in den Fachdiskursen der interkulturellen oder migrationsbezogenen Sozialen Arbeit die Relevanz von Sprachkenntnissen und kulturellen Kenntnissen des jeweiligen Herkunftslandes sowohl der Professionellen als auch der entsprechenden Adressatinn*en relevant gemacht (vgl. Leiprecht/Vogel 2008: S. 39ff.)

Wie bereits mehrfach angeklungen ist, ist mit einer einseitigen Vergeschlechtlichung sozialpädagogischer Professionalität die Gefahr verbunden, dass weitere Elemente professionellen Handelns aus dem Blick geraten und sogar Kernannahmen bzw. der Kern einer sozialpädagogischen Berufsausbildung in Frage gestellt werden. Wenn durch eine männlich oder weiblich konnotierte Vergeschlechtlichung das jeweilige Handlungsfeld oder einzelne Aufgaben (Verwaltung versus pädagogische Arbeit mit Adressatinn*en) strategisch aufgewertet werden sollen, dann gleicht der Erfolg dieser Strategie einem Pyrrhussieg:

> „Indem die Ausbildung das hervorbringt, was sie bereits voraussetzt – nämlich die weibliche (Anmerkung: und aktuelle männliche) Geschlechtsnatur – verschwindet deshalb ihr Charakter als Berufsausbildung (...) die fachlichen Anteile sind derart eng mit den persönlichen verquickt, dass die beruflichen Fähigkeiten sowohl nach außen als auch nach innen schwer zu kommunizieren sind" (Nadai et al. 2005: 55).

3. Ansätze genderreflexiver und dekonstruktivistischer Konzepte von Professionalität

Die Prämisse geschlechtshomogener Setting in der Sozialen Arbeit, dass Frauen mit Frauen und Männer mit Männern arbeiten sollten, wird und wurde immer wieder aus verschiedenen theoretischen Blickwinkeln kritisiert. So weisen bspw. Bütow und Munsch (2012) auf die Gefahr hin, Geschlechterdifferenzen zu essentialisieren und nicht als soziale Konstruktionen wahrzunehmen (vgl. Bütow/Munsch 2012: 9). Kasiske et al. (2006) machen zudem auf die Gefahr aufmerksam, durch solche geschlechtspezifischen Zuschreibungen zu einer Verfestigung der geschlechtlichen Segregation beizutragen (vgl. Kasiske et al. 2006: 36). Eine Vielfalt von Geschlechtsidentitäten ist in diesen Konzepten oftmals nicht Ausgangspunkt, stattdessen wird von einer einheitlichen und stabilen Geschlechterrolle der Professionellen ausgegangen, die ein bestimmtes Verhalten beinhaltet, welches als professionell nutzbar gekennzeichnet wird.

Wie vage dieses Konstrukt einer vergeschlechtlichten Professionalität ist, wird in der Betrachtung der Auswahl der Eigenschaften und Kompetenzen deutlich. So führt Christie (1998) aus, dass innerhalb der Forderung um eine Erhöhung des Anteils männlicher Fachkräfte die ‚passenden, männlichen' Eigenschaften selektiv ausgewählt werden. So werden überwiegend die vermeintlich positiven Eigenschaften der Männer dargestellt, nicht aber die möglichen negativen Eigenschaften, die eine Passgenauigkeit unterlaufen würden (vgl. Christie 1998: 9).

Diese Kritik aufgreifend gibt es Positionen innerhalb einer geschlechterreflexiven Sozialen Arbeit, die dafür plädieren, die Ausgestaltung der sozialpädagogischen Interaktion so umzugestalten, dass die Dekonstruktion von Geschlecht möglich ist und die Adressatinn*en so die Möglichkeiten erfahren, sich und andere in ihrer geschlechtlichen Vielfalt erleben zu können (vgl. Voigt-Kehlenbeck 2001, Stuve 2001).

Diese Anforderung kommt insbesondere in der „Genderkompetenz" (vgl. Böllert/Karsunsky 2008) zum Ausdruck, welche im Zuge der Professionalisierung Sozialer Arbeit für die Persönlichkeit der Fachkraft als eine neue Kompetenz gefordert wird. Genderkompetenz umfasst „das Wissen und die Fähigkeit gesellschaftliche Zuschreibungen und Geschlechterverhältnisse zu erkennen und so damit umzugehen, dass daraus resultierende benachteiligende Strukturen verändert und allen Geschlechtern neue und vielfältige Entwicklungsmöglichkeiten eröffnet werden" (Blickhäuser/von Bargen 2006: 10). In Anlehnung an die Kompetenzmodelle der Sozialen Arbeit (z.B. v. Spiegel 2006) wird Gender-Kompetenz inhaltlich anhand drei bzw. vier Ebenen differenziert – Wissen, Können, Wollen bzw. Dürfen als Ergänzung von einigen Autorinn*en (vgl. Böllert/Karsunsky 2008: 8f.). Eine Gemeinsamkeit der Definitionen ist die Selbstreflexivität der Professionellen über ihre eigene Geschlechterrolle, die die Grundvoraussetzung für die geschlechtersensible Soziale Arbeit bildet: „Sind SozialarbeiterInnen auf das Geschlecht betreffende Projektionen gefasst und vorbereitet und tragen sie wohl die professionelle Autorität des Berufstandes in sich als auch die habituelle Sicherheit der Geschlechterrolle, so können sie geschlechtersensible Soziale Arbeit gewährleisten, indem sie Prozesse der Herstellung, der Konstruktion und Dekonstruktion des Geschlechts explizit in den Blick nehmen, reflexiv wahrnehmen und transparent machen" (Angerer 2008: 19). Die Entwicklung bzw. das Vorhandensein von Genderkompetenz gilt in einigen Fachdiskursen als Ausdruck der Professionalität der Fachkräfte. Welche Konsequenzen sich für die Fachkräfte oder die Adressatinn*en daraus ergeben, wurde bisher nicht empirisch untersucht.

Gleichzeitig kann festgestellt werden, dass ein Großteil der skizzierten Positionen in weiten Teilen die vermeintliche Notwendigkeit der Geschlechtshomogenität zwischen Adressatinn*en und Professionellen bislang nicht aufbricht. Stattdessen werden weitere Anforderungen an die Fachkräfte gesetzt – z.B. Frau bzw. Mann zu sein, ohne geschlechtstereotypes Verhalten zu reproduzieren bzw. Vorbild für eine geschlechtliche Vielfalt zu sein.

Queere Ansätze, die eine kritische Infragestellung (heteronormativer) Identitätsnormen anstreben, sowie Diversity-Konzepte, die im Sinne der Intersektionalität weitere Differenzlinien (Alter, sexuelle Orientierung, Klasse, etc.) in ihren vielfältigen Verknüpfungen und Überschneidungen in den Blick nehmen, haben bislang nur im geringen Umfang Einzug gefunden in die Fachdiskurse und die Konzepte von Handlungsmethoden Sozialer Arbeit (vgl. Czollek et al. 2009, Plößer 2012).

4. Ausblick

Die im Beitrag vorgenommene grobe Einteilung der aktuellen Fachdebatten um sozialpädagogische Professionalität in drei Argumentationslinien birgt wie andere Versuche von Typisierungen auch das Risiko, Überschneidungen dieser Linien nicht ausreichend kenntlich zu machen oder weitere Argumentationslinien gar völlig zu übersehen. Im Sinne von zeitlichen Überschneidungen kann festgehalten werden, dass alle Argumentationslinien derzeit angetroffen werden können und größtenteils unverbunden nebeneinander verhandelt werden. Letzteres findet darüber hinaus noch an je unterschiedlichen Orten statt: Während teils theoretisch elaborierte und vermeintlich ‚geschlechtsneutrale' Beiträge mittlerweile zu einem unverzichtbaren Bestandteil von Handbüchern geworden zu sein scheinen (Dewe/Otto 2011, 2012), finden jenseits davon die stärker essentialisierenden oder die stärker diversitätsreflektierenden Debatten an anderen Orten statt. Zu würdigen und gleichzeitig zu hinterfragen sind die skizzierten Diskussionsbeiträge und Konzeptualisierungen von sozialpädagogischer Professionalität als Versuche, diese einer wissenschaftlichen Analyse zugänglich zu machen und damit insgesamt dazu beizutragen, sich als Profession des eigenen Könnens zu vergewissern. Dadurch wird einerseits mit Blick auf die Rechtfertigungszwänge gegenüber der Öffentlichkeit, wie sie durch das Hinterfragen von Wirksamkeit und Qualität pädagogischen Handelns aufgebaut werden, andererseits mit Blick auf professionelle Abgrenzungsversuche gegenüber anderen Professionen versucht, eine theoretische Grundlage zu liefern. Hinsichtlich einer empirischen Basis dieser Argumentationslinien können aber aktuell noch große Lücken ausgemacht werden. Eine empirische Rekonstruktion professionellen Handelns lässt sich bislang nur vereinzelt antreffen (z.B. Köngeter 2009). Zudem sind empirische Untersuchungen für das Handlungsfeld der Sozialen Arbeit zur Verknüpfung von Geschlecht (und anderen Differenzkategorien) und Professionalität insgesamt kaum vorhanden. So bleiben Annahmen über die Zusammenarbeit von männlichen und weiblichen Fachkräften in Teams ebenso empirisch unbeleuchtet wie die Interaktionen von Sozialpädagoginn*en und Adressatinn*en etwa in geschlechtshomogenen Settings. Dies lässt nach wie vor viel Spielraum für teilweise sehr (geschlechter)politisch motivierte Argumente, die wiederum wenig Spielraum für eine erfolgreiche Professionalisierung sozialer Dienste lässt.

Anknüpfend an die eingangs aufgestellte These, dass es sich bei (sozialpädagogischer) Professionalität um ein unabgeschlossenes Konstrukt handelt, das stets neu realisiert und verhandelt werden muss, soll hier auf eine weitere empirische Lücke hingewiesen werden. Die Verknüpfung von Geschlecht und Professionalität findet nicht nur aktuell ihren Niederschlag in entsprechenden Diskursbeiträgen, sondern wird von den Professionellen selbst durch ihre alltäglichen Praxen hergestellt und entsprechend in Interaktionen im Geschlechterverhältnis stets neu ausgehandelt. Es kann davon ausgegangen werden, dass die Argumente des skizzierten Diskurses in diese Konstruktionsprozesse der Akteuerinn*en einfließen. Hier wäre es spannend, die Verbindung von Diskurs und Praktiken in den Blick zu nehmen, indem Prozesse der Subjektivierung und der performativen Hervorbringung von Professionalitätsverständnissen rekonstruiert werden. Denn nicht zuletzt sind in den entsprechenden Positionierungen und vor allem in denjenigen, die Professionalität vergeschlechtlichen, auch immer zugleich Adressierungen an die Professionellen als professionell handelnde Männer und Frauen enthalten. Als Adressierungen können sie dazu beitragen, Stereotype zu befördern und so aus einem gleichermaßen mit Macht- und Anerkennungsgefügen durchzogenen Geschlechterverhältnis zwischen männlichen und weiblichen Professionellen ein konflikthaftes Verhältnis werden zu lassen. Stattdessen sollten professionell handelnde Sozialpädagoginnen und Sozialpädagogen in die Lage versetzt werden, macht- und geschlechtertheoretisch nicht nur ihr eigenes professionelles Umfeld zu hinterfragen, sondern auch das ihrer Adressatinn*en.

Literatur

Angerer, Barbara (2008): Geschlechterreflexivität im Selbst- und Professionsverständnis der Sozialen Arbeit. In: Bramberger, A. (Hrsg.): Geschlechtersensible Soziale Arbeit. Münster: Lit-Verlag, S. 13-26.

Becker-Lenz, Roland/Müller, Silke (2009): Die Notwendigkeit von wissenschaftlichem Wissen und die Bedeutung eines professionellen Habitus für die Berufspraxis der Sozialen Arbeit. In: Becker-Lenz, R./Busse, S./Ehlert, G./Müller, S.: Professionalität in der Sozialen Arbeit: Standpunkte, Kontroversen, Perspektiven. Wiesbaden: VS, S. 195-221.

Bereswill, Mechthild/Ehlert, Gudrun (2010): Geschlecht. In: Bock, K./Miethe, I. (Hrsg.): Handbuch Qualitative Methoden in der Sozialen Arbeit. Opladen: Barbara Budrich, S. 143-151.

Berufsethische Prinzipien des DBSH. Beschluß der Bundesmitgliederversammlung vom 21. - 23.11.97 in Göttingen. http://www.dbsh.de/BerufsethischePrinzipien .pdf (Stand August 2012).

Blickhäuser, Angelika/v. Bargen, Henning (2006): Mehr Qualität durch Gender-Kompetenz. Königsstein/Taunus: Helmer.

Budde, Jürgen (2012): Sozialpädagogische Handlungsansätze: Jungenpädagogik in empirisch-rekonstruktiver Perspektive. In: Deutsche Jugend. Zeitschrift für Jugendarbeit. 60. Jg., H. 5, Mai 2012. Weinheim: Juventa, S. 201-208.

Böhnisch, Lothar (2010): Jungen- und Männerarbeit. In: Bock, K./Miethe, I. (Hrsg.): Handbuch Qualitative Methoden in der Sozialen Arbeit. Opladen: Barbara Budrich, S. 518-526.

Böllert, Karin/Karsunky, Silke (2008): Genderkompetenz. In: Böllert, K./Karsunky, S. (Hrsg.): Genderkompetenz in der Sozialen Arbeit. Wiesbaden: VS, S. 7-19.

Bütow, Birgit/Munsch, Chantal (2012): Soziale Arbeit und Geschlecht. Herausforderungen jenseits von Universalisierungen und Essentialisierungen. In: Bütow, B./ Munsch, C. (Hrsg.): Soziale Arbeit und Geschlecht. Münster: Westfälisches Dampfboot, S. 7-18.

Christie, Alastair (1998): A Comparison of Arguments for Employing Men as Child Care Workers and Social Workers in Denmark and the UK. Social Work in Europe, Vol 5, Number 1. S. 2-17.

Czollek, Leah Carola/Perko, Gudrun/Weinbach, Heike (2009): Lehrbuch Gender und Queer. Grundlagen, Methoden und Praxisfelder. Weinheim: Juventa.

Deerberg, Maren/Sabla, Kim-Patrick (2012): Der aktuelle Diskurs um „mehr Männer in die Soziale Arbeit" und die Bedeutung für die Mädchenarbeit. In: Landesarbeitsgemeinschaft Mädchenarbeit in NRW e.V. (Hrsg.): Betrifft Mädchen. 25. Jg. Heft 1, Weinheim: Beltz Juventa, S. 21-25.

Dewe, Bernd/Otto, Hans-Uwe (2011): Professionalität. In: Otto, H.-U./Thiersch, H. (Hrsg.): Handbuch Soziale Arbeit. 4. Aufl., S. 1143-1153

Dewe, Bernd/Otto, Hans-Uwe (2012): Reflexive Sozialpädagogik. Grundstrukturen eines neuen Typs dienstleistungsorientierten Professionshandelns. In: Thole, W. (Hrsg.): Grundriss Soziale Arbeit. Wiesbaden: VS, S. 197-217.

Fegter, Susann (2012a): Die Forderung nach mehr Männern als Gerechtigkeitsproblem. In: Betrifft Mädchen, 25.Jg. Heft 1. Weinheim: Beltz Juventa, S. 4-10.

Fegter, Susann (2012): Die Krise der Jungen in Bildung und Erziehung. Diskursive Konstruktion von Geschlecht und Männlichkeit. Wiesbaden: VS.

Gildemeister, Regine/Robert, Günter (2009): Die Macht der Verhältnisse. Professionelle Berufe und private Lebensformen. In: Löwe, M. (Hrsg.): Geschlecht und Macht. Analysen zum Spannungsfeld von Arbeit, Bildung und Familie. Wiesbaden: VS, S. 47-80.

Heiner, Maja (2007): Soziale Arbeit als Beruf. München: Reinhardt.

Heite, Catrin (2010): Soziale Arbeit – Post Wohlfahrtsstaat – Geschlecht. Zum Zusammenhang von Professionalität und Politik. In: Böllert, K./Oelkers, N.: Frauenpolitik in Familienhand? Wiesbaden: VS, S. 25-38.

Helsper, Werner (2004): Pädagogische Professionalität als Gegenstand des erziehungswissenschaftlichen Diskurses. Einführung in den Thementeil. In: Zeitschrift für Pädagogik. 50. Jg. Heft 3, S. 303-308.

Kasiske, Jan/Krabel, Jens/Schädler, Sebastian/Stuve, Olaf (2006): Zur Situation von Männern in „Frauen-Berufen" der Pflege und Erziehung in Deutschland. In: Krabel, J./Stuve, O. (Hrsg.): Männer in „Frauen-Berufen" der Pflege und Erziehung. Opladen: Budrich, S. 11-111.

Kimmerle, Christoph (2012): Strahlende Ritter oder zweifelhafter Verdachtsfall? In: Betrifft Mädchen, 25.Jg. Heft1. Weinheim: Beltz Juventa, S. 26-31.

Klees, Renate/Marburger, Helga/Schumacher, Michaela (2000): Mädchenarbeit. Praxishandbuch für die Jugendarbeit. Teil 1. 4. Auflage. Weinheim: Juventa.

Köngeter, Stefan (2009): Relationale Professionalität. Arbeitsbeziehungen mit Eltern in den Erziehungshilfen. Baltmannsweiler: Schneider Verlag Hohengehren.

Kunert-Zier, Margitta (2005): Erziehung der Geschlechter. Wiesbaden: VS.

Lehner, Erich (2011): Zur Bedeutung von männlichen Pädagogen für Jungen. In: Forster, E./Rendtorff, B./Mahs, C. (Hrsg.): Jungenpädagogik im Widerstreit. Stuttgart: Kohlhammer, S. 96-107.

Leiprecht, Rudolf/Vogel, Dita (2008): Transkulturalität und Transnationalität als Herausforderung für die Gestaltung Sozialer Arbeit und sozialer Dienst vor Ort. In: Homfeldt, H. G./Schröer, W./Schweppe, C. (Hrsg.): Soziale Arbeit und Transnationalität. Weinheim: Juventa, S. 25-44.

Lenz, Gaby (2003): Genderperspektive – eine Notwendigkeit in der Sozialen Arbeit. In: Beinzger, D./Diehm, I. (Hrsg.): Frühe Kindheit und Geschlechterverhältnisse. Johann Wolfgang Goethe-Universität, S. 53-70.

Lenz, Ilse (2008): Die neue Frauenbewegung in Deutschland. Abschied vom kleinen Unterschied. Eine Quellensammlung. Wiesbaden: VS.

Lüssi, Peter (1998): Systemische Sozialarbeit. Bern: Haupt.

Marquard, Peter (2006): Vertrauen, Reflexivität und Demokratisierung als Handlungskompetenzen. In: Neue Praxis 2/2006. 167-185.

Matzner, Michael/Hollstein, Walter (2007): Das integrierte Geschlecht – Voraussetzungen und Vorschläge zur Integration von Jungen, Männern und Männlichkeit in Wissenschaft, Ausbildung und Praxis der Sozialen Arbeit. In: Hollstein, W./Matzner, M.: Soziale Arbeit mit Jungen und Männern. München: Reinhardt, S. 341-353.

Müller, Silke/Becker-Lenz, Roland (2011): Professionalität in der sozialpädagogischen Betreuung von Behinderten. Szenen aus dem Wohngruppenalltag. In: Becker-Lenz, R./Busse, S./Ehlert, G./Müller, S. (Hrsg.): Professionelles Handeln in der Sozialen Arbeit. Wiesbaden: VS, S. 84-197.

Munding, Reinhold (2005): Sexualpädagogische Jungenarbeit. Eine Expertise im Auftrag der BZgA, Köln.

Nadai, Eva/Sommerfeld, Peter/Bühlmann, Felix/Krattiger, Barbara (2005): Fürsorgliche Verstrickung. Soziale Arbeit zwischen Profession und Freiwilligenarbeit. Wiesbaden: VS.

Plößer, Melanie (2012): Beratung durch die (Gender-)Differenzbrille betrachtet. In: Bütow, Birgit/Munsch, Chantal (Hrsg.) (2012): a.a.O., S. 196-211.

Rabe-Kleberg, Ursula (1996): Professionalität und Geschlechterverhältnis oder: Was ist ‚semi' an traditionellen Frauenberufen. In: Combe, A./Helsper, W. (Hrsg.): Pädagogische Professionalität: Untersuchungen zum Typus pädagogischen Handelns, Frankfurt a.M.: Suhrkamp, S. 276-302.

Rätz, Regina. (2011): Professionelle Haltungen in der Gestaltung pädagogischer Beziehungen. In: Düring, D./Krause, H.-U. (Hrsg.): Pädagogische Kunst und professionelle Haltungen Frankfurt/Main: IGFH-Eigenverlag, S. 65-74.

Rose, Lotte (2012): Wiederkehr von Ying und Yang? In: Betrifft Mädchen, 25. Jg. Heft1. Weinheim: Beltz Juventa, S. 10-16.

Spiegel, Hiltrud v. (2006): Methodisches Handeln in der Sozialen Arbeit. München: Reinhardt.

Sturzenhecker, Benedikt (2006): Arbeitsprinzipien aus der Jungenarbeit. In: Sturzenhecker, B./Winter, R. (Hrsg.): Praxis der Jungenarbeit. Weinheim: Juventa, S. 37-62.

Sturzenhecker, Benedikt/Winter, Reinhard (2006): Kumpel und/oder Vater? Zur Beziehungsgestaltung in der Jungenarbeit. In: Dies. (Hrsg.): Praxis der Jungenarbeit. Weinheim: Juventa, S. 63-80.

Stuve, Olaf (2001): „Queer Theory" und Jungenarbeit. Versuch einer paradoxen Verbindung. In: Fritzsche, B. (Hrsg.): Dekonstruktive Pädagogik. Opladen: Leske und Budrich, S. 281-295.

Tünte, Markus (2007): Männer im Erzieherberuf. Saarbrücken: VDM.

Vandenbroeck, Michel/Peeters, Jan (2008): Gender and professionalism: a critical analysis of overt and covert curricula. Early Child Development and Care, 178 (7), S. 703-715. Verfügbar unter: http://www.ecmenz.org/docs/Peeters-ECDC-gender-and-professionalism.pdf (Stand 19.05.2012).

Voigt-Kehlenbeck, Corinna (2001): ... und was heißt das für die Praxis? Über den Übergang von einer geschlechterdifferenzierenden zu einer geschlechterreflektierenden Pädagogik. In: Fritzsche, B. (Hrsg.): Dekonstruktive Pädagogik. Opladen: Leske und Budrich, S. 237-254.

Wetterer, Angelika (1992): Hierarchie und Differenz im Geschlechterverhältnis. In: Dies. (Hrsg.): Profession und Geschlecht. Über die Margimnalität von Frauen in hochqualifizierten Berufen. Frankfurt a.M.: Campus, S. 13-40.

Wetterer, Angelika (2002): Arbeitsteilung und Geschlechterkonstruktionen: Gender at work in theoretischer und historischer Perspektive. Konstanz: UVK Verlagsgesellschaft.

Wetterer, Angelika (2010): Konstruktion von Geschlecht: Reproduktionsweisen der Zweigeschlechtlichkeit. In: Becker, R,/Kortendiek, B. (Hrsg.): Handbuch Frauen- und Geschlechterforschung. 3., erweiterte und durchgesehene Auflage. Wiesbaden: VS, S. 126-136.

Mehr Männer in die Soziale Arbeit? Neuordnungen von Profession und Geschlecht im aktuellen (fach-)öffentlichen Diskurs

Susann Fegter

1. Einleitung

Der folgende Beitrag nimmt seinen Ausgangspunkt in der aktuellen und kontrovers geführten Diskussion um ‚mehr Männer' im Sozial- und Bildungswesen (Rose/May 2013, Hurrelmann/Schultz 2012, Betrifft Mädchen 1/2012, Cremers/Krabel 2012). Im Zentrum der Diskussion steht eine Forderung, die erst seit wenigen Jahren, dafür aber verstärkt auf der öffentlichen Agenda steht und von politischen Programmen gerahmt wird. Hierzu zählen das 2010 gestartete Bundesmodellprogramm „MEHR Männer in Kitas" sowie das vom BMFSFJ geförderte Netzwerk „Neue Wege für Jungs", das darauf zielt, Jungen und junge Männer für Sozial- und Pflegeberufe zu interessieren. Bezogen auf die Soziale Arbeit fand 2011 in Frankfurt a.M. eine erste Tagung zum Thema statt, die vom gFFZ organisiert wurde und auf große Resonanz bei Fachkräften stieß, 2013 folgt nun eine weitere Tagung mit dem Thema „Mehr Männer in das Studium Soziale Arbeit?". Es ist also eine virulente Diskussion und die Forderung nach ‚mehr Männern' richtet sich dabei auf jene Berufs- und Professionsfelder, die alltagssprachlich als so genannte ‚Frauenberufe' gelten. Kennzeichnend für solche ist nicht nur, dass sie weiblich codiert sind und mehr Frauen als Männer in diesen Berufen arbeiten[1]. Ein Charakteristikum ist vielmehr auch, dass entsprechende Berufsgruppen institutionell über einen niedrigen Status verfügen. Dies zeigt sich in den verhältnismäßig schlechten Verdienstmöglichkeiten in Sozial- und Pflegeberufen, aber auch in Positionierungen wie jener der Sozialen Arbeit als Semi-Profession. Dass und wie diese (abwertende) Statuszuweisung mit der weiblichen Codierung Sozialer Arbeit zusammenhängt, ist verschiedentlich herausgearbeitet worden (vgl. Rabe-Kleberg 1996, Heite 2008, Mauerer 2011). Susanne Mauerer etwa führt aus, dass die historische Naturalisierung von Weiblichkeit sowie deren Un-

---

[1] Vernachlässigt wird dabei häufig eine genauere Analyse, wer in Teilzeit und wer in Vollzeit arbeitet. Festzuhalten ist darüber hinaus, dass auch in den so genannten Frauenberufen überdurchschnittlich häufig Männer in Leitungspositionen anzutreffen sind. (vgl. Heintz, et al. 1997.)

terordnung unter Männlichkeit sich auf jene Bereiche gesellschaftlicher Arbeit überträgt, die Frauen zugeordnet werden (vgl. Maurer 2011: 129). Die Verbindung von Sozialer Arbeit mit Weiblichkeit ist somit innerhalb der modernen Geschlechterordnung mit Abwertungsprozessen verbunden. Catrin Heite (2008) hat in diesem Zusammenhang aus einer anerkennungstheoretischen Perspektive die Ambivalenz des Konzepts Geistiger Mütterlichkeit für die Professionalisierung Sozialer Arbeit herausgestellt und Geschlecht auf diese Weise als zentrale Kategorie der Theorie Sozialer Arbeit markiert. So gelang es mit dem Konzept Geistiger Mütterlichkeit und dessen Argument einer besonderen, wesensmäßigen Eignung von Frauen für soziale und fürsorgliche Tätigkeiten, bürgerlichen Frauen um 1900 einem öffentlichen Tätigkeitsbereich zu erschließen (namentlich die soziale Arbeit mit Angehörigen proletarischer Familien) und so ihre relative Freisetzung aus der privaten Sphäre der (eigenen) Familie voran zu treiben. Das dezidiert innerhalb der modernen Geschlechternormen und der Vorstellung zweier verschiedener Geschlechtscharaktere (Hausen 1976) angesiedelte Konzept stellt sich somit historisch als erfolgreiche „emanzipative Strategie" (Heite 2008: 160) bürgerlicher Frauen und als erfolgreiche Professionalisierungsstrategie dar, im Zuge derer sich Soziale Arbeit als professionelle „Arbeit an und mit der Bedürftigkeit" (Maurer 2011:125) bzw. als Care-Tätigkeit konstituiert. Zugleich aber hat sich mit der weiblichen Codierung und dem Rekurs auf eine natürliche Befähigung auch ein strukturelles Anerkennungsdefizit in Soziale Arbeit als Profession eingeschrieben, das u.a. in der Positionierung als Semi-Profession ihren Ausdruck findet.

Die aktuelle Forderung nach ‚mehr Männern' kann vor dem Hintergrund dieser konstitutiven Verbindung von Sozialer Arbeit und Geschlecht als *Neuordnung des Zusammenhangs von Profession und Geschlecht* verstanden und als ein Diskursphänomen analysiert werden. Von einem solchen kann im Anschluss an Foucault dann gesprochen werden, wenn ein lange Zeit unproblematisches Erfahrungsfeld zum Problem gemacht und neu verhandelt bzw. geordnet wird.[2] Gerade vor dem Hintergrund, dass der Sozialen Arbeit mit dem Konzept geistiger Mütterlichkeit ein Geschlechterdifferenzkonzept historisch eingeschrieben ist, stellt sich die Frage danach, wie die diskursiven Prozesse im Zusammenhang der heutigen Forderung nach ‚mehr Männern' verlaufen? Mit welchen Argumenten werden ‚mehr Männer' gefordert? Welche Bedeutung haben Geschlechterdifferenzkonzepte in diesem Zusammenhang? Werden Care-Tätigkeiten in ihrer weiblichen Codierung verschoben oder wird Care als zentrales Moment Sozialer Arbeit in Frage gestellt wird? Und wie verhält es sich aus intersektionaler Perspektive mit der Verbindung von Geschlecht und Klasse, die sich bei Geistiger Mütterlichkeit als Professi-

---

2   Neu ist dabei im Fall der Diskussion um ‚mehr Männer' in Sozial- und Pflegeberufe vorrangig die öffentliche und mediale Thematisierung.

onalisierungsstrategie so deutlich zeigt? Wie also werden Geschlecht und Profession in den aktuellen Debatten (neu) verwoben und welche weiteren Differenzkategorien spielen hierbei ggf. eine Rolle? Die Relevanz dieser Fragen an die aktuelle Diskussion ergibt sich daraus, dass entsprechende Neuordnungen von Profession und Geschlecht in pädagogische Praxisfelder hinein wirken (und es über sozial- und bildungspolitische Programme wie ‚Neue Männer in Kitas' auch bereits tun). Zu erwarten steht etwa, dass sie wirkmächtig werden auf der Ebene der Verteilungspraxis von Stellen aber sowie auf der Ebene professioneller (Selbst-)Praktiken und Wissensbestände und darüber auch auf der Ebene der professionellen Beziehungen zu Klient_innen und Kolleg_innen.

Das Anliegen dieses Beitrags ist vor diesem Hintergrund, den aktuellen öffentlichen Diskurs um ‚mehr Männer' mit Blick auf die *Wissensordnungen* zu sortieren, die hier erzeugt werden (Gegenstände, Begründungskonzepte, Subjektpositionen, Adressierungen). In einem ersten Schritt wird die Diskursanalyse als methodologischer Rahmen erläutert (Kap. 2). Danach wird der gegenwärtige (fach-)öffentliche Diskurs zunächst nach drei zentralen Topoi geordnet, die sich identifizieren lassen (Kap. 3.1). Der dominierende Argumentationsstrang wird dann mit Fokus auf seine Performanz in den Medien ausgeleuchtet (Kap. 3.2.) In einem abschließenden Kapitel folgt schließlich eine Kommentierung aus geschlechter- und professionstheoretischer Perspektive (Kap. 4).

2. Diskursanalytische Perspektiven

In den späteren Berkley-Vorlesungen von 1983 charakterisiert Michel Foucault sein Projekt einer Geschichte des Denkens als „die Analyse der Art und Weise, wie ein unproblematisches Erfahrungsfeld oder eine Reihe von Praktiken, die als selbstverständlich akzeptiert wurden (…) also außer Frage stehen, zum Problem werden, Diskussionen und Debatten hervorruft [sic], neue Reaktionen" (Foucault 1996: 78). Hintergrund dieses Interesses für neue Problematisierungen ist bei Foucault ein erkenntnistheoretischer Standpunkt, der nicht von einer „einfachen Verschränkung der Dinge und der Wörter" (Foucault 1981: 74) ausgeht, eine Verbindung zwischen Wörtern und Dingen zugleich aber auch nicht negiert. Ganz im Gegenteil siedelt Foucault in diesem „Zwischenbereich" (Sarasin 2003: 34) die Diskurse an und charakterisiert sie als „Praktiken […], die systematisch die Gegenstände bilden, von denen sie sprechen." (Foucault 1981: 74). In seinen eigenen historischen Arbeiten führt Foucault dieses produktive, wirklichkeitskonstituierende Moment von Diskursen eindrücklich vor. In „Wahnsinn und Gesellschaft" (Foucault 1993) etwa untersucht er den gesellschaftlichen Umgang mit ‚Wahnsinnigen' in der Perspektive, dass sich hierüber zugleich eine Geschichte der ‚vernünftigen' Gesellschaft erzählen lässt, die sich in dieser Differenzierung konstituiert. Wo nämlich die Grenze zwischen Wahnsinn und Vernunft gezogen wird, zeigt sich historisch sehr verschieden. Jede Gesellschaft erzeugt ein anderes Wissen zum Wahnsinn und damit verbunden andere Praktiken der Differenzierung und des Ausschlusses. Das Wissen zum Wahnsinn erscheint damit weniger vom Gegenstand selbst bestimmt, als vielmehr von den sozialen Verhältnissen, Anforderungen und Denkweisen der jeweiligen Zeit.

Eine empirische Diskursforschung im Anschluss an Foucault befindet sich trotz dieser einige Jahrzehnte zurückliegenden Arbeiten Foucaults gegenwärtig erst im Prozess ihrer Etablierung (vgl. Fegter/Langer 2008, für die Soziale Arbeit vgl. Kessl 2011). Eine bildungsphilosophische Rezeptionswelle Foucaults lässt sich in den Erziehungswissenschaften zwar bereits ab den späten 1970er ausmachen, als empirischer Zugang zu Bildungs- und Erziehungsverhältnissen wird auf den Diskursbegriff hingegen erst seit wenigen Jahren zurückgegriffen und entsprechende methodologische Reflexionen angeboten (vgl. Wrana 2006, Langer/Wrana 2010, Fegter et al. 2013). Wie in konkreten Studien geforscht und gearbeitet wird, unterscheidet sich dabei stark in Abhängigkeit davon, ob etwa wissenssoziologische, linguistisch-pragmatische oder dekonstruktive Perspektiven mit dem Diskursbegriff verbunden werden. Als gemeinsamen Nenner des Diskursbegriffs in erziehungswissenschaftlichen Studien bestimmt Wrana – einer Definition Maingeneaus folgend – „die Sprache im Kontext, das Sprechen in sozialen Konstellationen" (Wrana 2007: 1) spezifiziert dahingehend, dass gegenüber anderen Herangehensweisen der qualitativen Sozialforschung „das Sprechen mit seinen diskursiven Strategien, seinen semantischen Implikationen, den Bedingungen des Äußerungsaktes in den Blick kommt und reflexiv wird" (ebd.). Eine Methode im engeren Sinne einheitlicher Schritte und Verfahren ist die Diskursanalyse nicht. Manche beschreiben Diskursanalyse vielmehr als eine theoretisch informierte Haltung, die sie als kritische Ontologie bezeichnen (vgl. Bublitz 2003: 14), als permanente Frage also nach den Voraussetzungen des historischen Seins. Andere wiederum fassen Diskursanalyse als „Methodologie, die diskursanalytische Forschungsprozesse organisiert, steuert und reflektiert" (Diaz-Bone 2006: 1). Wenn man bei all der Unterschiedlichkeit doch eine Gemeinsamkeit diskursanalytischer Forschung ausmachen will, könnte diese folgende Punkte umfassen: Diskursanalysen gehen vom Konstruktionscharakter sozialer Wirklichkeit aus und betrachten Wissen ebenso wie Wahrheit als historisch kontingent. Sie fragen danach *wie*, in welchen machtvollen Praktiken und Prozessen Wissensgegenstände und -ordnungen emergieren und sich verändern. Und sie schauen hierzu auf situationsübergreifende, nicht subjektgebundene Diskurspraktiken und Ordnungsmuster in der Perspektive, dass sie es sind, die die Genese von Bedeutung und Sinn organisieren. Auf eine entsprechende Beschreibung von Gegenständen und

Subjektpositionen im Rahmen der aktuellen Diskussion um ‚mehr Männer' richtet sich die folgende Darstellung.

3. Wissensbestände und Subjektpositionierungen in der Diskussion um ‚mehr Männer'

3.1 Der (fach-)öffentliche Diskurs und seine drei zentralen Topoi

Für die aktuelle Diskussion um ‚mehr Männer' in Sozial- und Pflegeberufe liegen erste Diskursanalysen vor, die auf zentrale Diskursfiguren aufmerksam machen. So weist Rose (2012) mit Blick auf politische und fachwissenschaftliche Verlautbarungen auf drei Argumentationsfiguren hin, die im Folgenden als Heuristik dienen, um die aktuelle Diskussion zu sortieren. Es handelt sich hierbei nach Rose erstens um ein geschlechterpolitisches Argument, zweitens um ein arbeitsmarktpolitisches Argument und drittens um ein sozialisationstheoretisches Argument (vgl. ebd.). Diskursiver Bezugspunkt des *geschlechterpolitischen Arguments* (1) ist – so Rose – „das Ideal partnerschaftlich-gleichberechtigter Geschlechterverhältnisse" (ebd.: 10). ‚Mehr Männer' im Bildungs- und Sozialwesen werden dann gefordert, weil es als erstrebenswert angesehen wird, Aufgaben, Tätigkeiten und Verantwortungsbereiche in einer Gesellschaft nicht nach Geschlechtszugehörigkeiten zu ordnen. Die diskursive *Adressierung*, die in diesem Zusammenhang an männliche (Sozial-)Pädagogen ergeht, fordert sie dazu auf, auch traditional weiblich codierte Care-Tätigkeiten in gleicher Weise als die ihren zu betrachten (vgl. ebd.) und positioniert sie somit als ‚Gleiche'. Die *Theoretisierung von Geschlechterdifferenz* wiederum, die in entsprechenden Argumentationen zum Ausdruck kommt, fasst Geschlecht(erdifferenz) als soziale Konstruktion und die moderne Geschlechterdifferenzordnung als Voraussetzung sozialer Ungleichheit sowie als Machtstruktur. Den Stellenwert der geschlechterpolitischen Argumentationsfigur in der öffentlichen Auseinandersetzung setzt Rose gering an. Hinzuzufügen ist, dass diese Diskussion aktuell an Fahrt gewinnt in Verbindung mit einem sozialisationstheoretischen Argument: Kinder sollten im Prozess des Aufwachsens Männer *und* Frauen als gleichermaßen Zuständige (sowie gleichermaßen Fähige) im Hinblick auf Care-Tätigkeiten erleben und Männer ebenso wie Frauen dabei in ihrer geschlechtlichen Vielfalt und Heterogenität erleben (z.B. Möller-Dreischer 2012). Dafür aber brauche es vor allem Qualifikation, also nicht einfach ‚mehr Männer', sondern qualifizierte Männer *und* Frauen, die auf einer entsprechenden Grundlage professionell handeln und Genderkompetenz besitzen – so lautet zusammengefasst eine wiederkehrende Argumentation in der jüngst im Beltz Verlag erschienen

Streitschrift zur Frage einer Männerquote in Kitas und Schulen (vgl. Hurrel-mann/Schultz 2012), in der sich die Mehrheit der Autor_innen gegen eine solche Quote ausspricht (vgl. z.B. Faulstich-Wieland 2012, Ihlau 2012, Winter 2012). Zusammenfassend lässt sich sagen, dass diese mit ihrer Argumentation der quantitativen Rationalität, die der Forderung nach ‚mehr Männern‘ zu eigen ist, eine qualitative Rationalität entgegensetzen.

Nicht an geschlechterpolitischen Fragen sondern an den Bedarfen des Arbeitsmarktes ausgerichtet zeigt sich das *arbeitsmarktpolitische Argument (2)*, das nach Rose zwar eher unterschwellig anklingt aber in den Veröffentlichungen der Bundesministerien und von ihnen geförderter Projekte klar benannt wird: Das Anliegen einer Erhöhung des Männeranteils in den Sozial- und Pflegeberufen wird dort vielfach mit dem Hinweis auf einen Fachkräftemangel in diesen Berufsfeldern verbunden. Nur exemplarisch sei hier aus der Darstellung des Stuttgarter Modellprojektes ‚eMANNzipation – Kita sucht Mann‘ zitiert, das sich in Baden-Württemberg mit einem breit gefächerten Programm darauf richtet, „die Arbeitsbedingungen von Männern und Frauen im Erzieherberuf und dessen Image zu verbessern sowie die Hindernisse für Männer abzubauen“.[3] Neben Konzeptentwicklungen für eine geschlechterbewusste Pädagogik und einer Imagekampagne liegen weitere Schwerpunkte des Projekts im Bereich der Ausbildung und des Personalmarketings. Hierzu heißt es: „Angesichts des sich abzeichnenden Fachkräftemangels hat Konzepte die Konzeption für eine eigene ‚Freie Duale Fachschule für Pädagogik – Schwerpunkt Jugend und Heimerziehung‘ entwickelt. (…) Im Personalmarketing wird es darum gehen, Strategien und Wege zu finden, um gezielt Männer anzusprechen“ (ebd.). Wie Rose formuliert verweist dies auf eine „enge Allianz zwischen profanen Arbeitsmarktzwängen und der aktuellen thematischen Konjunktur der Männerförderung in sozialen Berufen“ (Rose 2012: 11), die sich ähnlich auch bei der auf Mädchen und jungen Frauen bezogenen MINT-Förderung beobachten lässt.

Bei der Forderung nach einer Erhöhung des Männeranteils in Sozial- und Pflegeberufen spielen neben dem Fachkräftemangel auch Strukturveränderungen im Bereich klassischer Männerberufe eine Rolle. Dies wird im Zusammenhang der Kampagnen und Programme zum *Quereinstieg* in den Erzieherberuf deutlich, die einen wichtigen Baustein im Bundesmodellprogramm ‚MEHR Männer in Kitas‘ bilden. Ganz explizit adressieren diese Quereinstiegsoptionen arbeitslose Männer: „Es sollen Einstiegswege für arbeitslose, aber auch wechselinteressierte Männer entstehen. Die Bundesagentur für Arbeit (BA) und die Jobcenter unterstützen die Initiative des BMFSFJ, indem sie zum Beispiel interessierte Männer informieren und beraten sowie

---

3   Zitiert aus der Projektbeschreibung von ‚eMANNzipation – Kita sucht Mann‘, online auf
     Seiten der Koordinationsstelle Männer in Kitas: http://www.koordination-maennerinkitas.
     de/?id=458 (Stand 22.02.2013).

geeignete Qualifizierungen für Arbeitslose finanzieren".[4] Die Gewerkschaft für Erziehung und Wissenschaft (GEW) warnt in diesem Zusammenhang von Bemühungen, gering qualifizierte Arbeitslose in das Berufsfeld Erzieher/in zu bringen, davor, „die Qualitätsstandards der Erzieherausbildung aufzuweichen, um so auf die Schnelle Personal zu gewinnen" (Eibeck 2011). Ulrike Graff und Bettina Bretländer (2012) wiederum machen auf die Widersprüchlichkeit aufmerksam, die sie darin sehen, dass einerseits gegenwärtig im Kontext der Diskussion um frühe Bildung die Ansprüche an Erzieher_innen deutlich angestiegen seien, während gleichzeitig gering qualifizierte und/oder langzeitarbeitslose Männer als Erzieher angesprochen und zum fachfremden Quereinstieg motiviert werden (vgl. ebd.: 2).

Als stärkstes Argument in der (fach-)öffentlichen Diskussion identifiziert Rose ein *sozialisationstheoretisches (3)*: Mehr Männer im Sozial- und Bildungswesen werden in der öffentlichen Diskussion mit dem Argument gefordert, dass ihre Anwesenheit für eine gelingende kindliche Entwicklung notwendig sei und insbesondere für die gelingende Entwicklung von Jungen, denen ohne männliche Identifikationsfiguren Störungen und/oder Probleme im Bindungs- und Sozialverhalten sowie im schulischen Bereich drohten (vgl. Rose 2012: 11). Insbesondere in der öffentlichen Diskussion um Jungen als Bildungs- und Modernisierungsverlierer (vgl. Fegter 2012) spielt dieses Argument eine wichtige Rolle und tritt dort in Gestalt der Feminisierungsthese auf: Jungen machen demnach auch deswegen gegenwärtig im Durchschnitt schlechtere Schulabschlüsse als Mädchen, weil im Erziehungs- und Bildungswesen zu wenige Männer präsent seien. Aktuell zeigt sich diese Verbindung auch im Fachdiskurs auf. So trägt die bereits erwähnte Streitschrift zur Frage einer Männerquote in Kitas und Schulen den Titel: „Jungen als Bildungsverlierer. Brauchen wir eine Männerquote in Kitas und Schulen?" (Hurrelmann/Schultz 2012). Das Thema ‚mehr Männer' wird so unmittelbar mit dem Thema ‚Jungen als Bildungsverlierer' verbunden und insofern eng geführt als die Frage nach einer Männerquote sich nicht notwendig mit dem Jungenthema verbindet, sondern auch anders gerahmt werden könnte. Die *Theoretisierung von Geschlechterdifferenz*, die sich im Zusammenhang des sozialisationstheoretischen Arguments im (fach-)öffentlichen Diskurs ereignet, fokussiert Geschlecht und geschlechtliche Identität nicht in dekonstruktiver Perspektive als permanenten, stets in Verschiebung begriffenen Differenzierungsprozess, sondern fokussiert auf eine gewordene (und werdende) Differenz zwischen Jungen und Mädchen, Männern und Frauen, der es in Form einer Erhöhung des Männeranteils im Sozial- und Bildungswesen Rechnung zu tragen gelte. Männer werden entsprechend in dieser Argumentation nicht als ‚Gleiche' sondern als ‚die Anderen' *adressiert*, die etwas repräsentieren

---

4   Informationsseite der Koordinationsstelle Männer in Kitas zum *Quereinstieg* im Rahmen des Bundesmodellprogramms: http://www.koordination-maennerinkitas.de/index.php?id= 441 (Stand 22.02.2013)

und in die (sozial-)pädagogische Arbeit einbringen können, das von Frauen in dieser Form nicht geleistet werden kann. Als *Gegenstand des Wissens* wird auf diese Weise ein ‚Passungsverhältnis qua Geschlecht' erzeugt, das für das Verhältnis zwischen (Sozial-)Pädagog_innen und ihrem Klientel unmittelbare Relevanz besitzt: Männliche (Sozial-)Pädagogen sind demnach qua Geschlecht in besonderer Weise für bestimmte (sozial-)pädagogische Aufgaben und für die Arbeit mit Jungen geeignet, entsprechendes gilt umgekehrt für weibliche (Sozial-)Pädagoginnen unter entgegengesetztem Vorzeichen. Differierende Positionen aus dem Bereich der feministischen Mädchenarbeit, die in den vergangenen Jahren zu diesen Fragen entwickelt wurden, werden in diesem Zusammenhängen nicht aufgegriffen. Melanie Plößer (2005) etwa hat im Anschluss an Derrida den Parteilichkeitsbegriff und die professionelle Beziehung zwischen Mädchen und (Sozial-)Pädagoginnen in einer Weise theoretisch profiliert, die von *keiner* Passung qua Geschlecht ausgeht, sondern stattdessen von einer Nicht-Identität, aus der heraus sich eine besondere ethische Dimension und Verantwortung ableitet.

3.2 Der mediale Diskurs um eine Krise der Jungen als ein Entstehungskontext des sozialisationstheoretischen Arguments

Wie in der Einleitung erwähnt, soll nun das sozialisationstheoretische Argument – also jenes, das ‚mehr Männer' für eine gelingende Entwicklung von Kindern und im Speziellen Jungen fordert – als das dominierende im fachöffentlichen Diskurs um ‚mehr Männer' in einem eigenen Kapitel vertieft werden. Hierzu wird auf den medialen Diskurs um Jungen als Bildungs- und Modernisierungsverlierer fokussiert, der sich als populärer Entstehungskontext des sozialisationstheoretischen Argumentes für ‚mehr Männer' darstellt. ‚Entstehung' ist hier im Anschluss an Foucault nicht als Frage nach einem Ursprung, einer Intention oder einem handelnden Akteur gemeint, sondern – genealogisch – als Frage nach den disparaten Herkünften (Foucault 1971), mit denen Foucault nach den verschiedenen Ereignissen in ihrem jeweiligen Kontext fragt, bei denen Forderungen und Problematisierungen historisch emergieren. Fragt man nach den Ereignissen, in denen sich das sozialisationstheoretische Argument für ‚mehr Männer' in den vergangenen Jahren öffentlichkeitswirksam formiert hat, so spielt die mediale Diskussion um Jungen als Modernisierungsverlierer hierbei eine zentrale Rolle, die seit der Jahrtausendwende in Deutschland geführt wird: „Die neuen Prügelknaben" titelt etwa 2003 die ZEIT und fasste im Anschluss die Problemkonstruktion folgender Maßen zusammen: „Nicht Mädchen sondern Jungen werden in Schule und Elternhaus benachteiligt. Doch die Erkenntnis setzt sich bei (Sozial-) Pädagogen nur zögernd durch" (ebd.). Mädchenförderung – heißt es weiter – gehe längst an die falsche Adresse, benachteiligt seien in Wirklichkeit die Jungen.

Sie hätten die größeren schulischen Probleme, ihnen würde aufgrund von Geschlecht mit Ablehnung und Abwertung begegnet und dies nicht zuletzt deswegen, weil zu wenig Männer im Prozess des Aufwachsens präsent seien (vgl. ebd.) Dieser Mediendiskurs wird im Folgenden als ein Entstehungskontext des sozialisationstheoretischen Arguments aufgegriffen und es soll auf wiederum drei Diskursmuster aufmerksam gemacht werden, die sich hier mit der Forderung nach ‚mehr Männern' verbinden: Erstens das Diskursmuster einer Problematisierung anwesender Frauen und abwesender Männer, zweitens das Diskursmuster der moralisierenden Adressierung von Eltern und (Sozial-)Pädagog_innen sowie drittens das Diskursmuster der Vermännlichung. Grundlage dieser Ausführungen ist eine diskursanalytische Auswertung der Medienberichterstattung zu Jungen als Bildungsverlierer aus dem Zeitraum 1999 bis 2009 (vgl. Fegter 2012).

Anwesende Frauen – abwesende Männer

Die Forderung nach ‚mehr Männern' steht in den medialen Berichten zu Jungen als Bildungsverlierer im Zusammenhang der Ursachenbestimmung von deren (schulischem) Misserfolg. Als Ursachen der Probleme von Jungen werden dabei drei Mangelerfahrungen thematisiert: ein Mangel an Gerechtigkeit, ein Mangel an Wertschätzung sowie ein Mangel an Unterstützung im Prozess männlicher Identitätsentwicklung. Beispiele für Thematisierungen eines Mangels an Wertschätzung als Ursache der Probleme von Jungen – um einen Strang herauszugreifen – lesen sich folgendermaßen: „Wir müssen die Jungs wieder lieben lernen" titelt z.B. die FAZ 2009 und fährt fort: „Jungen werden ausgegrenzt, zu Versagern gestempelt und versagen tatsächlich, weil Eltern, Lehrer und Gesellschaft mit ihnen nichts anzufangen wissen". In dem Beilagenmagazin Chrismon wiederum ist zu lesen: „Sie sind laut, benehmen sich rüpelhaft, leben in einer eigenen Welt. Eltern, Schule und Gesellschaft haben ihre liebe Mühe mit den Jungs. Oder müsste ihnen nur mal jemand richtig zuhören?" (Chrismon 2004). Thematisiert wird hier also ein möglicher Mangel an Aufmerksamkeit und Zuwendung für Jungen. Vordergründig richten sich diese Problematisierungen an Erwachsenen generell. Schaut man jedoch genauer hin, werden Männer und Frauen wiederkehrend unterschiedlich positioniert: Identifizieren lässt sich dabei ein Muster, dass Frauen durchgängig als Anwesende und Männer als Abwesende problematisiert. „Das Problem" – heißt es etwa weiter im Chrismon-Artikel – „ist durchaus hausgemacht, halten sich doch viele Männer noch immer aus dem Erziehungsgeschäft heraus. Daheim die Mutter, im Kindergarten die Kindergärtnerin, in der Grundschule die Lehrerin – sie reagieren intuitiv kritisch, einschränkend und oft schlicht hilflos, wenn Jungen sich so zeigen, wie sie (auch) sind: unbändig, Grenzen auslotend, körperbetont" (Chrismon 2004, Das verdächtige Geschlecht). „Dabei haben Jungen" – ist wiederum in einem

Artikel in der TAZ zu lesen – „genauso wie Mädchen – ganz eigene Sorgen, erwachsen zu werden", doch erst die von männlichen (Sozial-) Pädagogen geleitete Jungen-Arbeit „eröffnet vielen Jungen die Erfahrung, Sorgen besprechen zu können" (TAZ 2005, Kleiner Mann, was nun?). Jungen kritisch zu begegnen, ihnen kein Verständnis entgegenzubringen, sie mit ihren Sorgen alleine zulassen: Diese Zuschreibungen richten sich somit – wenn es konkret wird – auf Mütter und (Sozial-)Pädagoginnen. Väter und männliche (Sozial-) Pädagogen werden dagegen ausschließlich in ihrer Abwesenheit problematisiert. Wären sie anwesend, gäbe es für Jungen keinen Mangel an Gerechtigkeit, Wertschätzung und guter Erziehung – so die diskursive Konstruktion.

Die Forderung nach ‚mehr Männern' für ein besseres Aufwachsen männlicher Kinder kennzeichnet sich somit zusammenfassend durch eine Subjektpositionierung, die männliche (Sozial-)Pädagogen diskursiv als *Retter* der Jungen positioniert, (Sozial-)Pädagoginnen hingegen als *Problemverursacherinnen,* deren pädagogische Arbeit auf diese Weise zugleich eine Abwertung erfährt. Die Frage nach dem Beitrag *anwesender* Männer zu den behaupteten Mangelerfahrungen von Jungen wird in entsprechenden Beiträgen nicht gestellt und auf diese Weise zu einer diskursiven Leerstelle.

Moralisierung

Ebenfalls kennzeichnend für den medialen Diskurs um eine Krise der Jungen und seine Verkoppelung mit der Forderung nach ‚mehr Männern' ist das Diskursmuster der Moralisierung, das professionelle pädagogische Fachkräfte ebenso wie Eltern adressiert. Wie im vorigen Abschnitt angedeutet, besitzt die diskursiv erzeugte ‚Krise der Jungen' eine doppelte Struktur. Sie werden in den medialen Beiträgen nicht nur als Scheiternde in Bezug auf Bildungserfolg positioniert, sondern in ihrem Verhältnis zu Erwachsenen (Eltern, Pädagog_innen) auch als Vernachlässigte und Leidende. Es handelt es sich somit nicht nur um eine Bildungs- und Leistungskrise sondern zugleich um eine Beziehungs- und Erziehungskrise Erwachsener in ihrem Verhältnis zu Jungen, die in den medialen Berichten als Gegenstand des Wissens erzeugt und als Ursache der Probleme von Jungen ausgewiesen wird. Mädchen wiederum werden in diesem Zuge nicht nur als Bildungsgewinnerinnen sondern auch als Bevorzugte und Privilegierte im Hinblick auf erfahrende Beziehungsqualitäten positioniert und dies mit der Abwesenheit von Männern im Erziehungs- und Bildungsgeschehen verbunden: „Im Unterricht und im täglichen Umgang sind bei der weiblichen Übermacht zwangsläufig typisch weibliche Muster vorherrschend" steht etwa in der ZEIT (Die ZEIT 2008, Lasst sie Männer sein) und in der Süddeutschen Zeitung: „Ein Kind hat heute gute Aussichten, bis zum Ende der Grundschule keinen männlichen Erzieher und Pädagogen zu erleben (…) Der Kinderpsychologe (…) vermutet, dass Jungen dadurch benachteiligt sind. Heute ziele die Pädagogik auf Verständigung, Harmonie und Frieden ab, argumentiert er. Den körperlich aktiveren und risikobereite-ren Jungen ginge das schnell auf die Nerven." (SZ 2009, Das schwache Ge-schlecht). Mädchen – so die Problemkonstruktion – werden gegenwärtig bevorzugt, weil (Sozial-)Pädagoginnen in erster Linie als Frauen agieren und qua Geschlecht den Interessen von Jungen nicht gerecht werden können. Zugeschrieben werden (Sozial-)Pädagoginnen dabei stereotype Qualitäten wie Gefühl, Verständigung und Harmonie. Da Männer fehlen, die ebenfalls qua Geschlecht Jungen gerecht werden könnten, sind Jungen heute benachtei-ligt – so die diskursive Konstruktion. Die Forderung nach ‚mehr Männern' wird auf diese Weise zur Lösung eines Gerechtigkeitsproblems (gemacht). Relevant aus diskursanalytischer Perspektive ist hierbei, dass erst durch die essentialisierende Vergeschlechtlichung von Mädchen und Jungen, Männern und Frauen dieses Gerechtigkeitsproblem als solches entstehen kann, das dann wiederum die Forderung nach ‚mehr Männern' zu einer legitimen For-derung macht. Die moralisierende Adressierung, die sich damit verbunden an Männer und Frauen als Eltern oder (Sozial-)Pädagog_innen richtet, beinhal-tet, dass sie zur Aufrechterhaltung der Ungerechtigkeit gegenüber Jungen beitragen und Mädchen auch zukünftig einseitig bevorzugen, wenn sie Jungen männliche (Sozial-)Pädagogen weiterhin vorenthalten. Die Wirkmächtigkeit dieser Adressierung ist als hoch einzuschätzen, denn die Zuschreibung eines ungerechten, einseitig begünstigenden Erziehungsverhältnisses stellt einen gravierenden Vorwurf an Eltern und (Sozial-)Pädagog_innen dar. Erzie-hungsvorstellungen gestalten sich historisch kontingent, doch Kinder und Jugendliche gleichermaßen gerecht zu behandeln, gehört im Kontext gegen-wärtiger pädagogischer Diskurse zu den normativen Ansprüchen guter Eltern-schaft und guter Pädagogik. Eltern, Lehrer_innen und Erzieher_innen medial in einer Weise zu adressieren, diesen Ansprüchen nicht zu genügen, heißt, sie als schlechte Eltern und schlechte (Sozial-) Pädagoginnen zu adressieren, die ihrer Verantwortung im Umgang mit männlichen Kindern und Jugendlichen nicht gerecht werden bzw. unprofessionell handeln.

Vermännlichung

Ein drittes Diskursmuster, das im Zusammenhang des sozialisationstheoreti-schen Arguments steht und die mediale Diskussion um Jungen als Bildungs-verlierer maßgeblich kennzeichnet, ist das der *Vermännlichung*. Vermännli-chung meint, dass ‚mehr Männer' in die Soziale Arbeit oder auch in andere Bereiche des Sozial- und Bildungswesens mit der Begründung gefordert wer-den, dass sie spezifisch ‚männliche Eigenschaften' wie z.B. Rationalität, Wettbewerbsorientierung oder auch einen ‚natürlichen Spaß' am Raufen und Toben mitbrächten, die wiederum wichtig und notwendig seien um für eine gelingende Entwicklung von Kindern bzw. insbesondere von Jungen. Männer werden mit diesem Argument nicht als ‚Gleiche' gefordert, durch deren An-

wesenheit Kinder eine Vielfalt und Heterogenität geschlechtlicher Existenz-
weisen (Maihofer 1995) erleben können. Genau umgekehrt werden sie in der
medialen Diskussion um eine Krise der Jungen überwiegend mit dem Argument der Differenz, des ,Anders-seins' gefordert: „Heute ziele die Pädagogik
auf Verständigung, Harmonie und Frieden ab" wurde im Absatz oben aus der
SZ zitiert und es folgte die differenzierende und *vermännlichende* Argumentation: „Den körperlich aktiveren und risikobereiteren Jungen gingen das
schnell auf die Nerven. Männer hätten eine direkte Art, mit Kindern zu kommunizieren. Das tue gerade den Jungen gut". In der FAZ wiederum ist zu
lesen: „Was die Jungs nicht aushalten, ist mehr noch als das Erziehungsmatri-
archat das Fehlen der Väter, Lehrer (...) und Erzieher" (FAZ 2009 Wir müssen die Jungs wieder lieben lernen). Ein guter Erzieher wird dann folgender
Maßen beschrieben und in seiner besonderen Eignung als männlicher Pädagoge betont: „Der Erzieher nimmt sie [die Jungen, S.F.] hart ran, lehrt sie,
ihre Irrsinnsenergie ins Positive zu wenden (...). Vor allem an Regeln müssen
sie sich gewöhnen. Und dafür braucht es einen, der sie ihnen vorgibt und den
Kampf darum aus- und nicht für eine Strafe hält" (ebd.). Männer werden in
diesen Begründungen nicht nur als ,die Anderen' profiliert, ihnen werden
auch die traditionalen Männlichkeitsnormen essentialisierend zugeschrieben:
Leistung, Strenge, Disziplin und Autorität. Sie werden zusammenfassend als
Repräsentanten von Männlichkeit gefordert und diese wird für die pädagogische Arbeit mit Kindern bzw. Jungen relevant gemacht. Die Forderung verbindet sich dann sowohl mit der Reproduktion von Geschlechterdifferenz als
auch mit der von traditionaler Männlichkeit und Weiblichkeit. Dies gilt sowohl in Bezug auf Männer und Frauen als auch in Bezug auf Jungen und
Mädchen, denen Eigenschaften und Bedürfnisse geschlechterstereotypisie-
rend zugeschrieben werden.

3. Professionalisierung – Deprofessionalisierung: Eine Kommentierung aus geschlechter-und professionstheoretischer Perspektive

Wie eingangs ausgeführt ist Geschlechterdifferenz der Sozialen Arbeit als
Profession historisch eingeschrieben und konstitutiv (vgl. auch Ehlert in diesem Band). Mit den aktuellen Debatten um ,mehr Männer' kommt Bewegung
in diese Zusammenhänge. Lange Zeit Selbstverständliches, wie die zahlen-
mäßige Überrepräsentanz von Frauen in Sozial- und Pflegeberufen, steht in
Frage und ruft – wie Foucault für Diskursphänomene formuliert – Debatten
hervor und Diskussionen. Anliegen dieses Artikels war es vor diesem Hintergrund in diskursanalytischer Perspektive eine Sortierung vorzunehmen und

nach den Wissensbeständen zu fragen (Gegenständen, Subjektpositionen, Adressierungen und Topoi) die in den (fach-)öffentlichen Diskussionen erzeugt werden. Wie gezeigt wurde, dominieren in der fachöffentlichen Diskussion drei Topoi mit denen sich spezifische Wissensbestände zu Geschlecht und Sozialer Arbeit verbinden sowie spezifische Adressierungen an Professionelle und das Klientel erfolgen. Ausgeführt wurde dies im Anschluss an Roses (2012) Heuristik zum einen mit Blick auf das geschlechtertheoretische Argument, das ‚mehr Männer' mit dem Ziel geschlechtlicher Gleichstellung, Heterogenität und Vielfalt fordert und sich von ‚mehr Männern' eine Dekonstruktion des Gender-Bias in der Sozialen Arbeit verspricht. Des Weiteren wurde das arbeitsmarktpolitische Argument aufgegriffen, das mit einem Fachkräftemangel argumentiert sowie drittens das sozialisationstheoretische Argument, das ‚mehr Männer' für eine gelingende Entwicklung von Kindern und insbesondere von Jungen fordert. Mit Blick auf den medialen Diskurs um Jungen als Bildungsverlierer als populärer Entstehungskontext des sozialisationstheoretischen Arguments ließen sich drei weitere Diskursmuster aufzeigen, die eine sozialisationstheoretische Argumentation nicht notwendig kennzeichnen, sich bei Forderungen nach mehr Männern *für die Jungen* aber häufig zeigen und die Soziale Arbeit als Disziplin und Profession herausfordern. Hierzu gehört u.a., dass die Forderung nach ‚mehr Männern' häufig mit einer Bestätigung von Geschlechterdifferenz sowie mit der Reproduktion traditionaler Normen von Männlichkeit und Weiblichkeit einhergeht. Nachzudenken ist ebenfalls über die wiederkehrend anzutreffende Abwertung der erzieherischen Arbeit von Frauen im Zusammenhang der Forderung nach ‚mehr Männern' sowie über deren Positionierung als *Retter*. Möglich wird diese Positionierung (die ein geradezu klassisches Männlichkeitsmuster reproduziert) wie oben erwähnt nur dadurch, dass der Beitrag *anwesender* Männer zu den diskutierten Problemen von Jungen in den medialen Beiträgen ausgespart bleibt. Auch wenn dies im Rahmen des Artikels aus Platzgründen nicht aufgegriffen wurde, so soll doch an dieser Stelle zumindest abschließend erwähnt werden, dass diese Leerstelle einzuklammern ist: Problematisiert werden nämlich z.B. ‚türkisch-migrantische' Väter und deren ‚falsche' Erziehung ihrer Söhne. Diese hierarchisierende Differenzierung *zwischen Männern*, die dem generativen Modus hegemonialer Männlichkeit entspricht, gibt Hinweise darauf, wie sich neben Geschlecht weitere soziale Differenzkategorien in den Zusammenhang von Zusammenhang von Geschlecht und Profession einschreiben (können).

Abschließend soll nun noch einmal aus professionstheoretischer Perspektive eine Kommentierung dieser Neujustierungen vorgenommen werden. Zugrunde gelegt werden dabei die anerkennungstheoretischen Arbeiten Heites (2008), die die Relevanz der Kategorien Geschlecht und Klasse für Professionalisierung(en) Sozialer Arbeit herausgearbeitet und in einen diskurstheoretischen Analyserahmen gestellt hat. Mit den Anerkennungsrationalitäten Liebe/Fürsorge, Leistung und Recht stehen der Sozialen Arbeit demzufolge drei Dimensionen zur Verfügung, die sie in ihre Konstitution als Profession einbringen kann. Mit der Anerkennungsrationalität Liebe/Fürsorge hat etwa das Konzept ‚Geistiger Mütterlichkeit' als Professionalisierungsstrategie operiert, über dessen weibliche Codierung jedoch zugleich ein strukturelles Anerkennungsdefizit eingehandelt wurde (vgl. ebd.). In Verbindung damit, als pädagogisch wichtig markiert zu werden, bringt die oben beschriebene ‚Vermännlichung' im Zuge der Forderung nach ‚mehr Männern' nun genau gegenteilige Rationalitäten in Bezug auf (sozial-)pädagogische Arbeit in Spiel, die geeignet scheinen mögen, dem Anerkennungsdefizit entgegenzuwirken, das sich mit der weiblichen Codierung verbindet. Die Forderung nach ‚mehr Männern' im Sinne einer Repräsentanz von Männlichkeit bleibt zugleich eine Professionalisierungsstrategie, die mit *vorberuflichen*, nicht im Rahmen einer Ausbildung erworbenen Eignungen operiert, eben einer Eignung qua Geschlecht. Wie Faulstich-Wieland (2012) problematisiert, werden auf diese Wiese professionelle Anforderungen naturalisiert, die keine natürlichen seien (vgl. ebd: 151). Kimmerle (2012) bewertet Argumentationen, die ‚mehr Männer' für die Soziale Arbeit damit begründen, dass diese ‚männliche' Kompetenzen mitbrächten entsprechend als einen Beitrag zur Deprofessionalisierung Sozialer Arbeit. „Wenn angenommen wird, dass die erforderliche Eignung in erheblichem Maße auf vorberuflichen Personeneigenschaften beruht und weniger auf einer über berufliche Qualifizierung erworbene Reflexionsfähigkeit bezüglich der eigenen Personenmerkmale und Lebenserfahrungen (...) dann reproduziert sich hier ein Wahrnehmungsmuster, das die Weiterentwicklungs- und Anerkennungsfähigkeit eines Berufes und seiner Fachkräfte erheblich mindert" (Kimmerle 2012: 29f.). Wie aber ist das dritte, das gleichstellungspolitische Argument für mehr Männer professionstheoretisch einzuordnen, das teilweise auch in Verbindung mit dem sozialisationstheoretischen Argument auftaucht, dann aber für das gelingende Aufwachsen von Jungen (und Mädchen) keine Repräsentanz von Männlichkeit sondern Vielfalt und Heterogenität fordert? An welche professionsbezogenen Anerkennungsrationalitäten schließen diese Argumentationen potenziell an? Entscheidend ist zunächst, dass Care, die Fürsorgetätigkeit, das Zentrum der Argumentation bleibt. Soziale Arbeit bleibt hier als „Arbeit an und mit der Bedürftigkeit" (Maurer: 2011: 125) profiliert, zugleich wird Care jedoch der Verbindung mit Weiblichkeit entzogen. In Anlehnung an Rose formuliert, wird Care „aus dem Zustand erlöst [...], ein Teil jedweder Art ‚weiblicher Natur' zu sein" (Rose 2004: 45f.), ohne Care wiederum männlich zu profilieren. Anschlussfähig zeigt sich dies innerhalb der Care-bezogenen Theoriedebatten Sozialer Arbeit an solche Positionen, die Care-Tätigkeit als gesellschaftlich notwendige Tätigkeit verstehen und in den Bereich einer öffentlich verantworteten Sozialpolitik stellen (vgl. Tronto 2008, Heite 2008, Bitzan 2005). Eine entsprechend gerechtigkeitstheoretisch aufgestellte Forderung nach ‚mehr Männern' für Soziale

Arbeit als Care-Tätigkeit, *auf die* alle Gesellschaftsmitglieder ein Recht haben und *für die* Gesellschaftsmitglieder aller Genusgruppen professionell befähigt werden und Verantwortung tragen, wäre dann Bestandteil und Ausdruck einer Professionalisierungsstrategie, die auf Recht, statt auf die (historisch gegenderten) Rationalitäten der Liebe/Fürsorge oder der Leistung setzt. Wie sehr ein entsprechendes Professionsverständnis mit den geschlechterpolitischen Argumentationen verbunden ist, stand bislang nicht im Fokus von Analysen und stellt eine empirisch zu klärende Frage dar.

Gänzlich fehlen zudem bislang Studien, die danach fragen, wie diejenigen, die in den (fach-)öffentlichen Debatten zentral adressiert werden – Professionelle aus (sozial-)pädagogischen Arbeitsfeldern – sich selbst im Kontext der Diskussion um ‚mehr Männer‘ äußern. Interessant zu wissen wäre sowohl, wie sie sich zu den (fach-)öffentlichen Anrufungen ins Verhältnis setzen als auch, wie sie selbst die Relevanz von Geschlechtszugehörigkeit im Zusammenhang professionellen Handels fassen. Wie also wird die Forderung von Professionellen der Sozialen Arbeit selbst thematisiert? Welche Zusammenhänge werden von ihnen relevant gemacht? Welche Selbst- und Fremdpositionierungen finden statt? Wie wird das Verhältnis von Profession und Geschlecht in diesen Äußerungen geordnet und als welcher Gegenstand des Wissens (re)produziert? Der Sozialen Arbeit gäben entsprechende Studien nicht nur Hinweise darauf, wie sich die Profession gegenwärtig im Machtfeld sozialer Geschlechterordnungen (neu) ordnet, sondern auch, wie Diskurse auf der Ebene der Professionellen selbst wirkmächtig sind.

Literatur

Betrifft Mädchen (2012): Themenheft: Hat Professionalität ein Geschlecht? Zur Debatte um mehr Männer in Erziehung und Bildung, Heft 1/2012, Weinheim.

Bitzan, Maria (2005): Geschlechterverhältnis und Soziale Arbeit. In: Engelfried, C. (Hrsg.): Soziale Organisation im Wandel. Fachlicher Wandel, Genderperspektive und ökonomische Realität. Frankfurt a.M.: Campus, S. 81-100.

Bretländer, Bettina/Graff, Ulrike (2012): Hat Professionalität ein Geschlecht? Zur Debatte um mehr Männer in Erziehung und Bildung. Editoral. In: Betrifft Mädchen, 25. Jg., Heft 1, S. 2-3.

Bublitz, Hannelore (2003): Diskurs. transcript: Bielefeld.

Cremers, Michael/Krabel, Jens (2011). Mehr männliche Fachkräfte in Kindertagesstätten als gleichstellungspolitische Aufgabe. KiTa aktuell spezial, Nr. 2/2011, 10-13.

Diaz-Bone, Rainer (2006): Paper zum Workshop „Foucaultsche Diskursanalyse" (Interpretative Analytik) auf dem Berliner Methodentreff 2006 http://www.rainer-diaz-bone.de/DiazBone_Methodentreffen_3.pdf [Zugriff: 28.10.2012]

Eibeck, Bernhard (2011): ErzieherIn – ein Beruf mit Zukunft. In: blz – die Mitgliederzeitschrift der GEW Berlin, 06/2011, Online: http://www.gew-berlin.de/blz/22116.htm [Zugriff: 22.02.2013]

Faulstich-Wieland, Hannelore (2012): Quoten sind Machtinstrumente – Erziehung aber braucht Qualität. In: Hurrelmann, K./Schultz, T. (Hrsg.): Jungen als Bildungsverlierer. Brauchen wir eine Männerquoten in Kitas und Schulen? Weinheim: Beltz Juventa, S. 144-154.

Fegter, Susann/Kessl, Fabian/Langer, Antje/Ott, Marion/Rothe, Daniela/Wrana, Daniel (Hrsg.) (2013): Erziehungswissenschaftliche Diskursforschung. Empirische Analysen zu Bildungs- und Erziehungsverhältnissen. Wiesbaden: Springer VS.

Fegter, Susann/Langer, Antje (2008): Diskursforschung im Prozess ihrer Etablierung. Tagungsessay: Sprache – Macht – Wirklichkeit: Gegenstand, Methodologie und Methoden der Diskursanalytik. Internationale und interdisziplinäre Tagung zur Diskurstheorie und Diskursforschung [56 Absätze]. Forum Qualitative Sozialforschung/Forum: Qualitative Social Research, 9(2), Art. 18, http://nbn-resolving. de/urn:nbn:de:0114-fqs0802181 [Zugriff: 25.02.2013].

Fegter, Susann (2012): Die Krise der Jungen in Bildung und Erziehung. Diskursive Konstruktion von Geschlecht und Männlichkeit. Wiesbaden: VS.

Foucault, Michel (1971): Nietzsche, die Genealogie, die Historie. In: Foucault, Michel (2002): Schriften.: in vier Bänden. 1. Aufl. Frankfurt a.M.: Suhrkamp, Bd. 2, S. 166-191.

Foucault, Michel (1993): Wahnsinn und Gesellschaft. Eine Geschichte des Wahns im Zeitalter der Vernunft. Suhrkamp: Frankfurt a.M.

Foucault, Michel (1981): Archäologie des Wissens. Suhrkamp: Frankfurt a.M.

Foucault, Michel (1996): Diskurs und Wahrheit. Die Problematisierung der Parrhesia, 6 Vorlesungen, gehalten im Herbst 1983 an der Universität von Berkeley, Kalifornien, Berlin.

Hausen, Karen (1976): Die Polarisierung der ‚Geschlechtscharaktere' – Eine Spiegelung der Dissoziation von Erwerbs- und Familienleben. In: Conze, W. (Hrsg.): Sozialgeschichte der Familie in der Neuzeit Europas. Stuttgart, S. 363-393.

Heintz, Bettina; Nadai, Eva; Ummel, Hannes (1997): Ungleich unter Gleichen. Studien zur geschlechtsspezifischen Segregation des Arbeitsmarktes, Frankfurt a.M.: Campus.

Heite, Catrin (2008): Soziale Arbeit als Kampf um Anerkennung, Professionstheoretische Perspektiven. Weinheim: Juventa.

Hurrelmann, Klaus/Schultz, Schultz (Hrsg.) (2012): Jungen als Bildungsverlierer. Brauchen wir eine Männerquoten in Kitas und Schulen? Weinheim: Juventa.

Ihlau, Uwe (2012): Eine Männerquote behindert Qualifizierungsprozesse. In: Hurrelmann, Klaus; Schultz, Schultz (Hrsg.): Jungen als Bildungsverlierer. Brauchen wir eine Männerquoten in Kitas und Schulen? Beltz Weinheim: Juventa, S. 155-168.

Kessl, Fabian (2011): Diskursanalytische Vorgehensweisen. In: Oelerich, G./Otto, H.-U. (Hrsg.) (2011): Empirische Forschung und Soziale Arbeit: ein Studienbuch. Wiesbaden: VS, S. 313-322.

Kimmerle, Christoph (2012): Strahlender Ritter oder zweifelhafter Verdachtsfall – zu den Dilemmata der Anerkennung sozialpädagogischer Arbeit im Spiegel der Wahrnehmung männlicher Erzieher. In: Betrifft Mädchen, 25. Jg., Heft 1, S. 26-30.

Maihofer, Andrea (1995): Geschlecht als Existenzweise. Frankfurt a.M.: Ulrike Helmer.

Maurer, Susanne (2011): GeschlechterUmOrdnungen in der Sozialen Arbeit? In: Böllert, K.; Heite, Catrin (Hrsg.): Sozialpolitik als Geschlechterpolitik. Wiesbaden: VS, S. 123-148.

Möller-Dreischer, Sebastian (2012): Zur Dynamik der Geschlechter in pädagogischen Berufen. Eine exemplarische empirische Untersuchung an männlichen Studenten der Rehabilitationswissenschaften/ Sonderpädagogik. Bad Heilbrunn: Klinkhardt.

Plößer, Melanie (2005): Dekonstruktion – Feminismus – Pädagogik. Vermittlungsansätze zwischen Theorie und Praxis. Königstein: Helmer.

Rabe-Kleberg, Ursula (1996): Professionalität und Geschlechterverhältnis oder: Was ist ‚semi‘ an traditionellen Frauenberufen. In: Combe, Arno; Helsper, Werner (Hrsg.): Pädagogische Professionalität: Untersuchungen zum Typus pädagogischen Handelns, Frankfurt a.M.: Campus, S. 276-302.

Rose, Barbara (2004): Sich sorgen, gestern, heute und morgen. Alte und neue kitchen stories. In: Widersprüche, Heft 92, S. 37-51.

Rose, Lotte (2012): Wiederkehr von Yin und Yang? Versteckte Geschlechterpolarisierung im Ruf nach mehr Männern in Erziehung und Bildung. In: Betrifft Mädchen, 25. Jg, Heft 1, S. 10-15.

Rose, Lotte/May, Michael (i. E.): Männer in der Sozialen Arbeit? Opladen: Barbara Budrich.

Sarasin, P. (2003): Geschichtswissenschaft und Diskursanalyse. Frankfurt a.M.: Campus.

Tronto, Joan C. (2008): Feminist Ethics, Care and citizenship. In: Homfeldt, Hans-Günther/Schröer, Wolfgang/Schweppe, Cornelia (Hrsg.) (2008): Soziale Arbeit und Transnationalität. Weinheim: Juventa, S. 185-202.

Winter, Reinhard (2012): Qualität statt Quote! In: Hurrelmann, Klaus; Schultz, Schultz (Hrsg.): Jungen als Bildungsverlierer. Brauchen wir eine Männerquoten in Kitas und Schulen? Beltz Weinheim: Juventa, S. 169-176.

Wrana, Daniel (2007): Forschungsfelder der Diskursanalyse im pädagogischen Feld, dem Bildungssystem und in Lernprozessen. Vortrag auf der Tagung ‚Sprache – Macht – Wirklichkeit‘ 10.10.-12.10. 2007 an der Universität Augsburg. (unveröffentlichtes Vortragsmanuskript).

Wrana, Daniel (2006): Das Subjekt schreiben. Reflexive Praktiken und Subjektivierung in der Weiterbildung – eine Diskursanalyse. Baltmannsweiler: Schneider.

Dokumente aus dem Datenkorpus

Chrismon 2004	Das verdächtige Geschlecht (01.03.2004), Heft 3, S. 14-19.
FAZ 2009	Wir müssen die Jungs wieder lieben lernen (08.04.09), Nr. 83, S. 33.
SZ 2009	Das schwache Geschlecht (12.02.09), Nr. 35, S. 9.
taz 2005	Kleiner Mann, was nun? (14.11.05), Nr. 5467, S. 22.
Die ZEIT 2008	‚Lasst sie Männer sein‘ (23.10.08), Nr. 44, S. 77f.
Die ZEIT 2002	Die neuen Prügelknaben (25.07.02), Nr. 31, S. 23f.

Gleichheit und Freiheit als Ansatzpunkte für Geschlechtergerechtigkeit

Nina Oelkers/Julia Rohde

Geschlechtergerechtigkeit ist ein Thema, mit dem sich die Soziale Arbeit mit unterschiedlichem Interesse und Stellenwert auseinandersetzt. So wird in dem Vorwort dieses Sammelbandes festgestellt, dass in den letzten Jahren eine erfreuliche Themenbreite zu dem Schlagwort Gender entstanden ist. Einschränkend wird angemerkt, dass Genderperspektiven unter einigen Studierenden, Praktiker/innen und Forscher/innen noch den Ruf eines ‚Spezialthemas' haben.

Aktuell werden mit dem Begriff der Geschlechtergerechtigkeit unterschiedliche Zielsetzungen, Programme und Maßnahmen assoziiert – z.b. die Zielsetzung der Gleichstellung, verbunden mit Fördermaßnahmen für Frauen sowie einer Sensibilisierung und Information von Männern oder die Zielsetzung der Schaffung von demokratischen Geschlechterverhältnissen, welche durch Maßnahmen sowohl auf struktureller als auch auf individueller Ebene erreicht werden sollen (vgl. Blickhäuser/v. Bargen 2006: 16). Subsumiert werden können diese Zielsetzungen und Maßnahmen unter dem Konzept des Gender Mainstreaming (vgl. ebd.), welches in den 90er Jahren Einzug in die professionelle Arbeit fand und bspw. in dem Handlungsfeld der Jugendhilfe gesetzlich verankert ist (§9 SGB VIII). Laut der Definition des Europarats (1998) besteht Gender Mainstreaming „in der (Re-)Organisation, Verbesserung, Entwicklung und Evaluierung der Entscheidungsprozesse" (Europarat 1998) und beinhaltet Strategien zur nachhaltigen Förderung der Chancengleichheit von Frauen und Männern bzw. Mädchen und Jungen sowie Strategien zur Veränderung von Geschlechterverhältnissen (vgl. Blickhäuser/v. Bargen: 14f.). Prinzipien dieses Konzepts sind der Top-Down-Ansatz bei der Implementierung, die Konzeption als Doppelstrategie (spezifische Maßnahmen sowohl für Frauen als auch für Männer) sowie die Ausweitung der Verantwortlichkeit der Umsetzung (auf alle Fachressorts und nicht mehr einzelne Gleichstellungsbeauftragte) (vgl. ebd.: 17).

Inwieweit das Konzept Gender Mainstreaming Anschlussfähigkeit zu einem Verständnis von Geschlechtergerechtigkeit in Anlehnung an den Capability-Ansatz nach Nussbaum und Sen aufweist, soll in diesem Beitrag nachgezeichnet werden.

Im Vordergrund dieses Ansatzes stehen die Verwirklichungschancen und Befähigungen des Menschen, Chancengleichheit wird als Gleichheit zentraler Möglichkeiten zur Verwirklichung als wertvoll erachteter Lebensweisen und Wohlergehen konzipiert. Die Menge von Verwirklichungschancen und Befähigungen gilt als Maß zur Beurteilung sozialer Gerechtigkeit und Wohlfahrt. Zentrale Werte menschlichen Lebens sind dabei die Fähigkeit und die Möglichkeit von Personen, ihre Lebensweisen selbst wählen zu können. Grundlegende menschliche Fähigkeiten können nicht (ausschließlich) als angeborene Eigenschaften betrachtet werden und müssen folglich durch Fürsorge, Bereitstellung von Ressourcen, Erziehung und Bildung entwickelt werden (vgl. Oelkers 2012: 4f.). Diesen Entwicklungsprozess sozial gerecht einzurichten, ist nach Nussbaum (1999) Aufgabe des Staates bzw. der öffentlichen Institutionen, umso „jedem Bürger die materiellen, institutionellen sowie pädagogischen Bedingungen zur Verfügung zu stellen, die ihm einen Zugang zum guten menschlichen Leben eröffnen und ihn in die Lage versetzen, sich für ein gutes Leben und Handeln zu entscheiden" (Nussbaum 1999: 24).

Aber wie steht es um die Bereitschaft und vor allem um die Möglichkeiten bei Mitarbeitenden und Führungskräften in Sozialen Dienstleistungseinrichtungen diese genannten Bedingungen zur Verfügung zu stellen? Welches subjektive Empfinden von Gleichheit und Freiheit, welche als zentrale Aspekte bzw. als „normative Prinzipien" (Pimminger 2012: 70) von Geschlechtergerechtigkeit betrachtet werden, hat diese Gruppe, die aufgrund ihrer Position als Initiatoren/Initiatorinnen bzw. als „Stellschrauben" (Fendrich/Pothmann 2006: 4) zur Veränderungen von geschlechterungerechten Strukturen gefordert werden?

Zur Beantwortung dieser Fragen werden nachfolgend gesamtgesellschaftliche Entwicklungstendenzen aus Sicht von Oechsle und Geissler (2000) zusammenfassend reflektiert, um anschließend erste empirische Ergebnisse aus dem Projekt GEMAINSAM in den Kontext des gerechtigkeitstheoretisch fundierten Capability-Ansatzes zu stellen und mit Blick auf Anknüpfungspunkte für Geschlechtergerechtigkeit in Sozialen Dienstleistungseinrichtungen aufzuarbeiten. Geschlechtergerechtigkeit wird in Anlehnung an den Capability-Ansatz als Ausweitung von Verwirklichungschancen aller Geschlechter, im Sinne der Gleichheit zentraler Möglichkeiten zur Verwirklichung als wertvoll erachteter Lebensweisen sowie einer selbstbestimmten Lebensgestaltung verstanden (vgl. Oelkers 2012 in Anlehnung an Sen 1992).

Dargestellt werden nachfolgend Ergebnisse aus der qualitativen Untersuchung des Projekts GEMAINSAM (GEnderMAINStreAMing – GEMAIN-SAM Veränderungen erreichen), innerhalb derer zehn Experten-/Expertinnen-Interviews mit Mitarbeitenden und Führungskräften aus Sozialen Dienstleistungseinrichtungen geführt und anhand des Auswertungsverfahrens nach Meuser und Nagel (u.a. 2004) analysiert wurden. Das Projekt GEMAINSAM ist ein interdisziplinäres BMBF-Verbundprojekt der Universität Vechta und der Universität Kassel, im Rahmen dessen eine Erhöhung der Akzeptanz sogenannter Gender Mainstreaming-Maßnahmen erreicht werden soll. Zu diesem Zweck wurden in verschiedenen Arbeitsfeldern (Wirtschaft, Universitäten und Soziale Dienstleistungen) qualitative und quantitative Befragungen durchgeführt, um das individuelle und organisationale Genderbewusstsein zu erheben. Des Weiteren werden Interventionen zur Erhöhung des erfassten Genderbewusstseins entwickelt und evaluiert. Aufgrund der Zielsetzung des Projekts liegt der Fokus der Befragtengruppe auf Fachkräften, die mit Maßnahmen zur Herstellung von Geschlechtergerechtigkeit in Berührung kommen (einerseits als Initiatoren/Initiatorinnen, anderseits als Adressaten/Adressatinnen solcher Maßnahmen). Dabei wurde eine paritätische Verteilung hinsichtlich des Geschlechts und den Initiierungsmöglichkeiten (Angestellte mit und ohne Führungsaufgabegabe) angestrebt.

1. Geschlechtergerechtigkeit als schon erreichtes Ziel?

Ein Blick auf die gesamtgesellschaftlichen Geschlechterverhältnisse zeigt einen Umbruch in allen sozialen Schichten, der in der Konsequenz die Geschlechterverhältnisse modernisiert habe. Dies stellen u.a. Geissler und Oechsle (2000) auf Grundlage unterschiedlicher Studien fest. So sei das Selbstverständnis von Frauen nun durch einen Gleichheitsanspruch geprägt und Probleme und Herausforderungen, denen sich Frauen gegenüber gestellt sehen, würden nicht (mehr) in Bezug zu ihrem Geschlecht gesetzt. Stattdessen erklären gerade junge Frauen die Geschlechterdifferenz als irrelevant, sehen sich nicht an geschlechtstypische Rollen gebunden und verweisen auf ihre individuelle Handlungsfreiheit. In dem Rückbezug auf ihr Geschlecht sehe der Großteil der Frauen wenig Erklärungs- bzw. Lösungspotential. So würden diese den Hinweis auf ,frauenspezifische' Benachteiligungen sogar eher als diskriminierend erleben. Neben dem Selbstverständnis der Frauen haben sich nach Geissler und Oechsle auch die Geschlechterverhältnisse geändert. Hier sei eine Angleichung der Geschlechter erkennbar – insbesondere hinsichtlich der Zukunftsvorstellungen und Orientierungen. So lasse sich eine erhöhte Karriere- und Einkommensorientierung bei Frauen feststellen bzw. eine erhöhte Familienorientierung bei Männern. Traditionelle weibliche bzw. männliche Lebensläufe seien aufgelöst, stattdessen werde der Lebenslauf zur Gestaltungsaufgabe des Einzelnen, unabhängig von geschlechtstypischen Lebensmustern (vgl. Geissler/Oechsle 2000: 1ff). Durch diese Auflösung traditioneller Lebensläufe entstehe eine Vielfalt an Arten und Weisen der Lebensgestaltung und durch die scheinbare Wahlfreiheit wirkt es, als ob die Möglichkeiten einer selbstbestimmten Lebensgestaltung, unabhängig des Geschlechts, gestiegen seien. Als Beleg dafür wird häufig die steigende Anzahl von Frauen im Erwerbsleben, Männern in ,Väterzeit' oder die steigende Anzahl von Patchwork-Familien, Ein-Eltern-Familien und Unverheirateten angeführt.

Dieser Argumentation folgend, scheint es nicht mehr notwendig, Maßnahmen zur Herstellung von Geschlechtergerechtigkeit zu initiieren, da die Möglichkeiten einer selbstbestimmten Lebensgestaltung für jede/jeden vorhanden zu sein scheinen. Benachteiligungen können nun nicht mehr anhand des Geschlechts und daraus resultierenden ungleich verteilten Möglichkeitsräumen begründet werden, sondern mit der mangelnden Fähigkeit des Einzelnen, das Leben selbstbestimmt nach ihren bzw. seinen Vorstellungen zu gestalten. Dieses Phänomen lässt sich vor dem Hintergrund gouvernementalitätsanalytischer Studien (im foucaultschen Sinne) interpretieren: Wenn zunehmend der Lebensstil von Männern und Frauen als sichtbares Zeichen einer gelungenen oder eben mangelnden Selbstbeherrschung und Selbstbestimmung dient, und dies ohne dass externe Erklärungsschemata für Erfolg oder Misserfolg herangezogen werden, dann steht das Individuum in der Pflicht, sich selbst angemessen zu ,regieren' und eine adäquate Form der Lebensführung zu praktizieren. Die hegemonialen gesellschaftlichen Interpretationen verweisen zunehmend auf die Etablierung einer ,Selber-Schuld-Mentalität', die den Blick auf strukturelle Bedingungen des Scheiterns verstellen. Der/die „Unternehmer/in seiner/ihrer selbst" ist verantwortlich für sein/ihr Scheitern sowie für die Selbstverwaltung seines/ihres individuellen Humankapitals (vgl. Bröckling 2000: 155ff.). Dies gilt für Frauen und Männer gleichermaßen. Eine solche gouvernementalitätsanalytische Interpretation bleibt hier als Hintergrund nur angerissen. Vielmehr stehen in diesem Beitrag die zunehmend verdeckten Benachteiligungen von Frauen und Männern in verschiedenen Bereichen im Vordergrund.

Der Blick auf diese Benachteiligungsstrukturen wird auch von der propagierten Gestaltungsfreiheit und der individualisierten Lebensführungsverantwortung verstellt.

Diese Gestaltungsfreiheit, die aus einer möglichen Angleichung der Geschlechter sowie aus der Auflösung traditioneller Lebensläufe resultiert, wird allerdings auch kritisch gesehen. Hartwig und Muhlack (2006) bspw. sehen in der Ausdifferenzierung der Lebenslagen kein Indiz dafür, dass Geschlechterhierarchien und daraus resultierende Benachteiligungen aufgelöst wurden bzw. werden (vgl. Hartwig/Muhlack 2006: 100f.). Sichtbar wird dies u.a. daran, dass durch die Kategorie Geschlecht nach wie vor die gesellschaftliche Arbeitsteilung organisiert wird und sich Grenzen zwischen privat und öffentlich konstituieren. So zeigt sich ein Gefälle zwischen veröffentlichter und bezahlter Produktionsarbeit einerseits sowie privatisierter, abgewerteter und unbezahlter Reproduktions- und Familienarbeit andererseits (vgl. Heite 2010: 29; Bereswill/Ehlert 2011: 167). Daraus resultiert auch eine Ungleichbewertung von männlich codierten (produktiv, leistungsstark und effizient), relativ besser bezahlten und weiblich codierten (fürsorglich-sozial), relativ schlechter bezahlten (Dienstleistungs-) Berufen (vgl. Heite 2010: 29). Durch die Kategorie Geschlecht werden somit nach wie vor Tätigkeiten hierarchisiert,

Karrierechancen vergeschlechtlicht und Lohnungleichheiten stabilisiert (vgl. Bothfeld et al. 2005; Heite 2010: 29, IAB 2009, Leitner 2006; Veil 2002). Trotz aller scheinbaren Veränderungen wirkt die Kategorie Geschlecht somit weiter als maßgeblicher Faktor, anhand derer aufgrund von ‚angeblicher' geschlechtsbedingter Differenzen ungleiche Möglichkeitsräume begründet werden. Unter Berücksichtung dieser Ausführungen ist es fraglich, inwieweit von einer bestehenden Geschlechtergerechtigkeit im Sinne der Gleichheit zentraler Möglichkeiten sowie einer selbstbestimmten Lebensgestaltung ausgegangen werden kann.

2. Gleichheit und Freiheit aus der Perspektive von Mitarbeitenden und Führungskräften Sozialer Dienstleistungseinrichtungen

Erste Ergebnisse der Interviews aus dem Projekt GEMAINSAM mit Mitarbeitenden und Führungskräften aus Sozialen Dienstleistungseinrichtungen lassen darauf schließen, dass die Interviewten für sich individuell *keine* Gleichheit von zentralen Möglichkeiten sehen und sich auch in ihrer Gestaltungsfreiheit als eingeschränkt erleben. Auf die Frage, ob die Interviewten in der Vergangenheit Ungleichheitserfahrungen bzw. Benachteiligungen aufgrund ihres Geschlechts erlebt haben, benennen insbesondere die interviewten Frauen aus dem Bereich Erwerbsleben Ungleichheitserfahrungen, bspw. geringere Zugangs- und Aufstiegsmöglichkeiten. Zustande kommen diese geringeren Zugangsmöglichkeiten, laut Aussage der Interviewten, aufgrund von stereotypen Erwartungen des Gegenübers, z.B. Männer in Entscheidungspositionen. So bspw. Frau H. (Berufseinsteigerin ohne Führungsposition):

„(…) als junge Frau wurde man erstmal gar nicht zur Besprechung mitgenommen obwohl man die vorbereitet hatte oder auch nachbereiten sollte währenddessen der männliche Einsteiger direkt mitgenommen wurde oder auch dessen Aussagen hatte ich einfach im Gefühl dass die Aussagen anders wahrgenommen werden" (Interview H. Z. 320-324).

Aber auch Männer bestätigen den subjektiven Eindruck, dass Frauen Zugänge im Erwerbsleben erschwert bzw. nicht ermöglicht werden. Begründet wird dies unter anderem mit den traditionellen Vorstellungen, die regional vorhanden seien, wie folgender Interviewausschnitt mit Herrn F. (tätig im mittleren Management) zeigt:

„wenn ich jetzt Entscheider wäre in unserem Bereich wäre ein Mann klar im Vorteil keine Frage (…) hier in der Gegend also ist es häufig immer noch schwer vorstellbar dass Frauen naja äh größere Unternehmen führen und leiten können" (Interview F. Z. 268-299).

Insbesondere die Zuschreibung an Frauen, zuständig für die Betreuung und Fürsorge von Kindern zu sein, wird als Begründung genannt, weshalb Frauen geringe Zugangsmöglichkeiten haben. So wird bspw. angeführt, dass Frauen als weniger zuverlässig gelten, wenn sie Kinder haben, da sie in Krankheitsfällen des Kindes beruflich kürzer treten oder ausfallen. Neben dieser Zuschreibung zeigt sich auch die implizite Vorstellung, dass jede Frau einen Kinderwunsch habe und das ‚Frau-Sein' somit gleichgesetzt wird mit ‚Mutter-Sein'. So bringt es Herr F. deutlich auf den Punkt:

> „ok ähm das ist dann halt so ähm ähm das ist wahrscheinlich nur eine temporäre Erscheinung äh dass ne Frau beschäftigt ist" (Interview F. Z. 355-356).

Die befragten Frauen nehmen folgerichtig wahr, dass sie nicht die gleichen Möglichkeiten haben, ihre Interessen und Fähigkeiten einzubringen und verwirklichen zu können. Als Erklärung für diese ungleichen Verwirklichungschancen nennen Frauen und Männer das Vorhandensein scheinbarer geschlechtstypischer Differenzen, aus denen stereotypen Erwartungen abgeleitet werden. Aber nicht nur Frauen erfahren ungleich verteilte Zugangsmöglichkeiten. Sowohl Männer als auch Frauen sehen die Möglichkeiten von Männern im Bereich des Familienlebens eine aktiv gestaltende Rolle einzunehmen als eingeschränkt an. Begründet wird dies ebenfalls durch Reaktionen von Außenstehenden, welche diesen Wunsch entweder nicht ernst nehmen oder negative Auswirkungen auf die Entwicklungen der Kinder vorhersagen oder auch, weil Frauen nicht bereit seien, die Verantwortung für diesen Zuständigkeitsbereich zu teilen, wie folgender Interviewausschnitt zeigt:

> „(..) ich geb es nicht ab ne so ich will es einfach nicht abgeben merk ich so (…) ich hab jetzt grad so gedacht warum geb ich sie jetzt grad nicht ab. Ich tu`s jetzt aktiv er ist zu Hause und er macht es hmm aber nicht die hundertprozentige Verantwortung sondern die Zeit von sechs Uhr bis fünf äh siebzehn Uhr hab ich ihm für heut gegeben (..) aber nicht die Entscheidung in welche Schule kommt jetzt K. (Tochter) zum Beispiel demnächst ne die Entscheidung geb ich ihm nicht ab das ist meine Entscheidung" (Interview P. Z 364-373)

Die Interviewten erleben sich nicht als gleichbehandelt bzw. mit gleichem Zugang zu Lebensräumen ausgestattet, sondern erfahren durch von Außen zugeschriebene Differenzen, Benachteiligungen und Einschränkungen hinsichtlich ihrer Lebensgestaltung. Die differenzbezogenen Zuschreibungen erfolgen durch extern herangetragene Erwartungen. Als Träger/innen dieser Erwartungen bzw. als erlebtes einschränkendes Gegenüber wird von beiden Geschlechtern eine ganze Bandbreite unterschiedlichster Personengruppen genannt – von Kollegen/Kolleginnen und Vorgesetzten über Partner/innen und Herkunftsfamilie bis hin zur Tagesmutter, die das Kind einer berufstätigen Mutter betreut und Verwunderung darüber äußert, dass der Vater das Kind vom Kindergarten abholt und nicht die Mutter selbst. So berichtet Frau P. (tätig im oberen Management):

„[…] kam so dieses Spiegelbild ‚oh Frau P. Sie waren ja jetzt lange nicht mehr da. Wir haben schon gedacht irgendwie ne ob was mit Ihnen ist.' […] Da denk ich so ja der Vater war doch da (lacht) ne so es war noch nicht mal jemand anderes es war der Vater (betont) der gekommen ist und es hat dieser Tagesmutter trotzdem nicht gereicht" (Interview P. Z. 473-493).

Interessanterweise wird die Äußerung der Tagesmutter von Frau P. als Kritik an dem Ausfüllen der Mutterrolle gedeutet, nicht aber z.b. als Sorge über ihr Wohlergehen. Eine mögliche Begründung für diese Deutung sind die Erwartungen, die Frau P. selbst an sich als Mutter stellt, und sich somit selbst in ihrem Verhalten kritisiert. Auch an anderen Stellen der Interviews lassen sich Hinweise finden, dass die traditionellen gesellschaftlichen Erwartungen an eine Frau derart verinnerlicht sind, dass nicht nur ein Gegenüber bzw. das Außen die Gestaltungsfreiheit einschränkt, sondern auch die Erwartungen, die selbst an die eigene Geschlechterrolle gestellt werden. Im Vergleich zu einem Leben als Mann beschreibt Frau P. beispielsweise folgendes:

„ich hätte nen ganz großen Toleranzbereich so den ich als Frau nicht habe so von meinem Verhalten her (…) das ist ja n Kerl der darf ja" (Interview P. Z. 787-792).

Während Frau P. Männern an dieser Stelle einen größeren Toleranzbereich zuspricht, nimmt sie wahr, dass dieser ihr als Frau nicht zusteht. Frau P. selbst bewertet das Verhalten und die Möglichkeiten von Männern und Frauen somit unterschiedlich und schreibt sich, aufgrund von befürchteten Widerständen von Außen, wie an anderer Stelle deutlich wird, selbst einen kleineren Raum zu. Bedingt durch die eigenen Erwartungen an die Gestaltung der Geschlechterrolle ‚Frau' sowie vermuteten Erwartungen von Außen erlebt sich Frau P. als ungleich und dadurch eingeschränkt in ihrer Freiheit, Räume einzunehmen. Und auch Frau H. beschreibt, dass sie als Frau, und damit gleichgesetzt zukünftige Mutter, ihre jetzige sichere Stelle bevorzugt. Wäre sie ein Mann, würde sie allerdings eine Stelle in der freien Wirtschaft präferieren:

„(…) man geht ja auch als Frau in die Verwaltung um ne gewisse Sicherheit für die Familie so zu haben ich glaube dass ich als Mann dann eher in die Privatwirtschaft gegangen wäre aus finanziellen Gründen weil man halt einfach ja finanziell mehr verdient ist schlichtweg so und äh auch aus den Gründen weil ich die Sicherheit nicht bräuchte dass ich irgendwann vielleicht Stunden reduzieren möchte oder so irgendwas sondern dass man da dann schon ja durcharbeiten kann und vielleicht auch Richtung Karriere sich irgendwie was aufbauen kann was dann ja als Frau weil man irgendwann Familie haben will sowieso" (Interview H. Z. 108-113).

Die impliziten stereotypen Erwartungen von Außen korrelieren somit mit den eigenen stereotypen Erwartungen, was dazu führt, dass eine Freiheit der Lebensgestaltung nicht mehr gesehen und vor allem nicht gelebt werden kann. Somit sind es nicht nur die stereotypen Erwartungen von Außen, die als hemmende Faktoren auf die Gestaltungsfreiheit von Frauen wirken, sondern auch die eigenen Erwartungen zeigen sich als hinderlich. Gleichzeitig besteht ein großer Wunsch und auch Wille, diese Erwartungen aufzubrechen. Einige

Frauen benennen explizit den Versuch, eigenständig dafür zu „kämpfen", gleiche Möglichkeitsräume in Anspruch nehmen zu können. So bspw. Frau T.:

„ich kämpf dafür dass ich nicht benachteiligt werde aufgrund meines Geschlechts das ist mir immer ganz wichtig das noch mal hervorzuheben dass das kein Grund ist (…) Ich zeig dass ich das hm ich zeig das was ich kann dann und wenn andere dann das in Frage stellen vielleicht mal dann beton ich noch mal dass ich auch Fähigkeiten kann die vielleicht auch n Typ genauso gut kann" (Interview T. Z. 245-256).

Programme und Maßnahmen, die mit dem Ziel der Herstellung von Geschlechtergerechtigkeit von Außen initiiert werden, schätzen die Befragten größtenteils als wenig hilfreich und unterstützend ein. Auf die Frage, was den Interviewten spontan zu dem Begriff Gender Mainstreaming einfalle, wurde der Begriff häufig mit Inhalten des Frauenempowerments in Verbindung gebracht, aufgrund der starken Fokussierung auf Frauen abgewertet und als für sich oder die Organisation nicht passend bezeichnet. Zudem wurde das Ziel der Gleichstellung bzw. Gleichberechtigung mit einer Idee von ‚Gleichmacherei' assoziiert, aufgrund dessen Gender Mainstreaming ebenfalls abgelehnt wurde. Als größter Widerstand zeigt sich allerdings das Top-Down-Prinzip von Gender Mainstreaming sowie das daraus resultierende Gefühl, es würde nun von Außen vorgegeben, wie man sich als Frau bzw. als Mann zu verhalten habe bzw. was als Fehlverhalten angesehen würde. Entgegen der Programm- und Maßnahmenziele, Wahlfreiheit und Chancengleichheit zu ermöglichen (vgl. u.a. Blickhäuser/v. Bargen 2006: 21), werden diese Maßnahmen selbst als einschränkend erlebt und stattdessen als Anpassung verstanden. Im Gegensatz dazu wurden Maßnahmen als Ideale beschrieben, die auf die Herstellung von Gerechtigkeit abzielen und dabei gleichzeitig eine selbstbestimmte Lebensgestaltung fokussieren. So u.a. Herr M. (ohne Führungsaufgaben):

„ich glaube wenn Leute den Eindruck haben dass etwas von Außen oder Oben vorgegeben ist weil man sagt OK man hat jetzt ein Programm und jetzt sollen sich alle nach einem gewissen Bild verhalten, dann wird das eher für Widerstände sorgen [...] weil jeder hat ja andere Vorstellungen bringt andere Werte mit die er irgendwo aus seiner Familie aus seinem Freundeskreis aus seiner Umgebung mitgebracht hat und ich glaube dann ist es schon wichtig dass es eben Instrumentarien gibt die jedem wirklich die freie Wahl lassen" (Interview M., Z. 501-508, Z. 639-643).

Deutlich wird in diesem Interviewausschnitt ebenfalls die Verbindung von individualisierter Verantwortung als „Unternehmer seiner selbst" (vgl. Bröckling 2000) mit vermeintlichen Gerechtigkeitsvorstellungen. Erfolg soll eine individuelle Leistung bleiben. Programme, die Differenzen nivellieren, werden als Beschränkung von Individualität und Freiheit betrachtet.

3. Voraussetzungen zur Geschlechtergerechtigkeit im Kontext Sozialer Dienstleistungseinrichtungen

Zusammenfassend zeigt eine erste Analyse der Interviews, dass sich Mitarbeitende und Führungskräfte in Sozialen Dienstleistungseinrichtungen zum einen aufgrund von Außen herangetragenen stereotypen Erwartungen, wie auch aufgrund von verinnerlichten eigenen Erwartungen, als mit ungleichen Zugangsmöglichkeiten ausgestattet und in ihrer Gestaltungsfreiheit eingeschränkt erleben. Zum anderen zeigt die Analyse, dass die Interviewten die Maßnahmen zur Herstellung von Geschlechtergerechtigkeit – sofern bekannt – ebenfalls als einschränkend erleben und nicht als Möglichkeit bzw. Unterstützung diese Einschränkungen zu beseitigen. Dies gilt sowohl für weibliche als auch für männliche Befragte. Mit Rückblick auf die ausgeführten Ansätze, die implizieren, dass es genau diese Personengruppen sind, die als ‚Stellschrauben' zur Herstellung von Geschlechtergerechtigkeit tätig sein sollen, scheint es fraglich, inwieweit diese Idee überhaupt realisierbar ist. Darüber hinaus stellt sich die Frage, ob es möglich ist, dass Menschen, die für sich selbst wenig Gestaltungsfreiheit erleben, Rahmenbedingungen – im Sinne einer Ermöglichung – schaffen können, innerhalb derer sich Menschen befähigen, ihr Leben selbst und frei zu gestalten. Um andere bei der Realisierung der benötigten Fähigkeiten zu einem selbstbestimmten Leben unterstützen zu können, sollten nach Scherr (1997) diese Unterstützenden sich selbst als selbstbestimmte Subjekte erleben und erfahren können (vgl. Scherr 1997: 178f.). Selbstbestimmung meint in diesem Zusammenhang, das Recht und die Fähigkeit sein eigenes Leben im Rahmen von materiellen, politischen, kulturellen und sozialen Ausgangsbedingungen bewusst zu gestalten. Die Voraussetzungen dafür sind eine Selbstachtung, ein Selbstbewusstsein, die Ausstattung mit erforderlichen Ressourcen und vor allem die Freiheit, dies umzusetzen (vgl. ebd.: 57f.). In Anlehnung an den Capability-Ansatz von Nussbaum und Sen wird Freiheit hier verstanden als „reale praktische Freiheit", sich für oder gegen die Realisierung von Funktionsweisen entscheiden zu können (capabilities). Nach diesem Ansatz hängt der Wert des menschlichen Lebens ganz entscheidend davon ab, ob Personen in der Lage sind, ihre Lebensweisen selbst wählen zu können. Capabilities stehen für den Handlungsspielraum einer möglichen gesellschaftlichen Praxis von Personen. Individuelle Möglichkeiten gelten als gesellschaftlich strukturiert. Die Auswahlmenge an Verwirklichungschancen und die Wahlmöglichkeiten bei der individuellen Lebensführung sind allerdings abhängig von den kollektiven Unterstützungsstrukturen (ökonomische Ressourcen und institutionelle Anspruchsvoraussetzungen) (vgl. Oelkers 2012, 2011; Ziegler/Schrödter/Oelkers 2010: 304). Der Capabilities-Approach führt strukturtheoretische, subjekttheoretische und normative Perspektiven zusammen. Die vom Befähigungsansatz zur Verfügung gestellte „starke vage Konzeption des Guten" (vgl. Nussbaum 1999: 45) bietet Ansatzpunkte, die zwar normativ, aber nicht im negativen Sinne paternalistisch sind (vgl. Oelkers/Steckmann/Ziegler 2008). Die Entscheidung für die Realisierung eines bestimmten Funktionenprofils bleibt Sache der Individuen. Mit Blick auf diesen Unterschied besteht Martha Nussbaum darauf, dass sich politische Maßnahmen – und darum handelt es sich ja im Falle der Gender Mainstreaming Maßnahmen – auf Befähigungen und nicht auf die konkreten Funktionen von spezifischen Akteurinnen und Akteuren zu beziehen haben. Zwar manifestiere sich das gute Leben in Form real verwirklichter Funktionsweisen, nichtsdestoweniger ist es, mit Blick auf politische Zwecksetzungen, angemessen, dass sie auf die Befähigungen zielen – und nur darauf. Selbst dann wenn wir uns sicher sind zu wissen, worin ein gedeihliches Leben besteht und dass eine spezifische Handlungs- und Daseinsweise hierin eine bedeutende Rolle spielt, sind wir respektlos gegenüber Menschen, wenn wir sie in diese Funktionsweise ‚zwängen' (vgl. Nussbaum 2000: 87f.). Zentral für den Ansatz ist die Erhöhung der Qualität und Menge von objektiven Möglichkeiten, Funktionsweisen zu realisieren. Befähigungen sind als die Verbindung von personalen Dispositionen und gesellschaftlichen Möglichkeiten zu verstehen (vgl. Nussbaum 2000: 84f.).

Aufgabe von Staat und Gesellschaft ist es somit, Rahmenbindungen zu schaffen, innerhalb derer Menschen sich selbst als Subjekte erfahren und in der Ausbildung der Fähigkeiten zu einer selbstbestimmten Lebensgestaltung unterstützt werden. Programme sind in diesem Ansatz legitim, sofern sie den Individuen ein Mehr an Handlungs- und Gestaltungsmöglichkeiten für ihr Leben eröffnen. Geschlechtergerechtigkeit in diesem Sinne bedeutet dann nicht, einem starren Set von Maßnahmen oder vorgegeben Standards entsprechen zu müssen, stattdessen wird Geschlechtergerechtigkeit als fortlaufender Prozess verstanden (vgl. Flax 1996: 241) und als Möglichkeit, „wie Gruppen den Anforderungen der Vermittlung gerecht werden – der Vermittlung zwischen individuellen Subjektivitäten, aus denen sie sich zusammensetzen, und den Objektivitäten, wie zum Beispiel beschränkte Ressourcen, vergangene Traditionen und die Konsequenzen zurückliegender Entscheidungen und Praktiken, auf die diese Individuen reagieren müssen, obwohl sie sich nicht hervorgebracht haben" (Flax 1996: 242).

Die Maßnahmen, die in den Experten-/Expertinnen-Interviews aus dem Projekt GEMAINSAM als Ideale beschrieben werden, lassen in sich in diesen theoretischen Rahmen einbetten. Ziel dieser Maßnahmen müsste somit sein, Möglichkeiten bereit zu stellen, innerhalb derer diese Gruppe von Führungskräften und Mitarbeitenden ihre Möglichkeitsräume hinsichtlich einer Gestaltungsfreiheit erhöhen sowie hemmende personale (z.B. verinnerlichte stereotype Erwartungen an die Geschlechterrolle) und auch hemmende situationalstrukturelle Faktoren (z.B. geringe Aufstiegsmöglichkeiten von Frauen) verändern kann. Somit geht es bei der Idee der Geschlechtergerechtigkeit darum „gleich und anders zu sein, ohne daß dies Benachteiligung nach sich zieht" (Pauer-Studer 1996: 66). Nicht der Abbau von Differenzen steht dementsprechend im Fokus, sondern die Anerkennung von Verschiedenheit und Differenz, bei gleichzeitigem Abbau der Benachteiligungen, die aus den Differenzen entstehen. Daraus resultiert eine Freiheit, die es ermöglicht „unterschiedliche – aber nicht vorgezeichnete – Lebensweisen zu realisieren, ohne dass daraus Nachteile erwachsen" (Pimminger 2012: 70). Soziale Arbeit, als Profession und Disziplin, steht hier in einer besonderen Pflicht, auf unterschiedlichsten Ebenen und in verschiedenen Handlungsfeldern Geschlechtergerechtigkeit als Perspektive und Querschnittsthema für alle Geschlechter zu implementieren.

Literatur

Bereswill, Mechthild/Ehlert, Gudrun (2011): Geschlechterverhältnisse. In: Ehlert, G./ Funk, H./Stecklina, G.: Wörterbuch Soziale Arbeit und Geschlecht. Weinheim: Juventa, S. 167-169.

Blickhäuser, Angelika/v. Bargen, Henning (2006): Mehr Qualität durch Gender-Kompetenz. Königsstein/Taunus: Helmer.

Bohn, Irena (2002): Geschlechterdifferenzierte Jugendhilfeplanung und Gender Mainstreaming-Prozesse. Schriftenreihe des Bundesministeriums für Familie, Senioren, Frauen und Jugend. Band 216. Stuttgart: Kohlhammer.

Bothfeld, Silke/Klammer, Ute/Klenner, Christina/Leiber, Simone/Thiel, Anke/Ziegler, Astrid (2005): WSI-Frauendatenreport 2005. Handbuch zur wirtschaftlichen und sozialen Situation von Frauen, Berlin: editionsigma.

Bröckling, Ulrich (2000): Totale Mobilmachung. Menschenführung im Qualitäts- und Selbstmanagement. In: Bröckling, U./Krasmann, S./Lemke, T. (Hrsg.): Gouvernementalität der Gegenwart, Studien zur Ökonomisierung des Sozialen, Frankfurt a.M.: Suhrkamp.

Europarat (1988): Gender Mainstreaming. Konzeptueller Rahmen, Methodologie und Beschreibung bewährter Praktiken. Straßburg.

Fendrich, Sandra/Pothmann, Jens (2006): Ist das gerecht? Zur Geschlechterverteilung bei erzieherischen Hilfen. In: Komdat Jugendhilfe. 9. Jg. Heft 2/06,

Flax, Jane (1996): Jenseits von Gleichheit: Geschlecht, Gerechtigkeit und Differenz. In: Nagl-Docekla, H./Pauer-Studer, H. (Hrsg.): Politische Theorie, Differenz und Lebensqualität. Frankfurt a.M.: Suhrkamp, S. 223-250.

Geissler, Birgit/Oechsle, Mechtild (2000): Die Modernisierung weiblicher Lebenslagen. http://www1.bpb.de/publikationen/3H0XZP,0,Die_Modernisierung_weiblicher_Lebenslagen.html stand. [Zugriff 19.11.12].

Hartwig, Luise/Muhlak, Kirsten (2006): Mädchenarbeit in Theorie und Praxis. In: Zander, M./Hartwig, L./Jansen, I. (Hrsg.): Geschlecht Nebensache? Zur Aktualität einer Gender-Perspektive in der Sozialen Arbeit. Wiesbaden: VS, S. 86-117.

Heite, Catrin (2010): Soziale Arbeit – Post-Wohlfahrtsstaat – Geschlecht. Zum Zusammenhang von Professionalität und Politik. In: Böllert, K./Oelkers, N. (Hrsg): Frauenpolitik in Familienhand? Neue Verhältnisse in Konkurrenz, Autonomie oder Kooperation. Wiesbaden: VS, S. 25-38.

IAB (2009): http://doku.iab.de/grauepap/2009/ep.pdf [Zugriff 20.11.2012].

Leitner, Sigrid (2006): Von der indirekten zur direkten Förderung von Familienarbeit: Bekannte Enttäuschungen und neue (falsche) Hoffnungen, In: Degener, U./ Rosenzweig, B. (Hrsg.): Die Neuverhandlung sozialer Gerechtigkeit. Feministische Analysen und Perspektiven, Wiesbaden: VS, S. 321-339.

Meuser, Michael/Nagel, Ulrike (2004): ExpertInneninterview. In: Becker, R./Kortendiek, B. (Hrsg.): Handbuch Frauen- und Geschlechterforschung. Theorie, Methoden, Empirie. Wiesbaden: VS, S. 326-329.

Meyer, Dorit (2001): Gender Mainstreaming: Bedeutung-Entstehung-Kontexte einer neuen politischen Strategie. In: v. Ginsheim, G./Meyer, D. (Hrsg.): Gender Mainstreaming. Neue Perspektiven für die Jugendhilfe. Berlin: Stiftung SPI, S. 25-40.

Nussbaum, Martha C. (2000): Woman and Human Development. The Capabilites Approach, Cambridge: University Press.

Nussbaum, Martha C. (1999): Gerechtigkeit oder Das gute Leben. Frankfurt a.M.: Suhrkamp.

Oelkers, Nina (2012): Geschlechtergerechtigkeit: Die Gleichheit von Verwirklichungschancen. In: Boomgaarden, T. /Matthes, M. (Hrsg.): Standpunkte. Diskussionen und Beiträge zu pädagogischen Grundbegriffen und Haltungen. Greven: OUTLAW/der Verlag, S. 33-40.

Oelkers, Nina (2011): Befähigung und Bildung nichtprivilegierter Jugendlicher in der Kinder- und Jugendarbeit. In: Der Paritätische Gesamtverband (Hrsg.): Dokumentation des Fachforums der Paritätischen Jugendwerke: „Jugendarbeit als milieuübergreifendes Bildungsprojekt" vom 8. Juni 2011 auf dem Fachkongress 14. Dt. Kinder- und Jugendhilfetag in Stuttgart. Berlin, S. 13-20.

Oelkers, Nina/Steckmann, Ulrich/Ziegler, Holger (2008): Normativität in der Sozialen Arbeit. In: Ahrens, J./Beer, R./Bittlingmayer, U. H./Gerdes, J. (Hrsg.): Beschreiben und/oder Bewerten I. Normativität in sozialwissenschaftlichen Forschungsfeldern. Münsteraner Schriften zur Soziologie Bd. 1. Berlin: LIT, S. 231-256.

Pauer-Studer, Herlinde (1996): Geschlechtergerechtigkeit: Gleichheit und Lebensqualität. In: Nagl-Docekla, H./Pauer-Studer, H. (Hrsg.): Politische Theorie, Differenz und Lebensqualität. Frankfurt a.M.: Suhrkamp, S. 54-86.

Pimminger, Irine (2012): Was bedeutet Geschlechtergerechtigkeit? Normative Klärung und soziologische Konkretisierung. Opladen: Barbara Budrich.

Riedmüller, Barbara (2009): Ein neues Geschlechterverhältnis? Familienpolitik muss sich veränderten Realitäten anpassen In: Starke Familie - Solidarität, Subsidiarität und kleine Lebenskrise. Bericht der Kommission „Familie und demographischer Wandel", Biedenkopf, K./Bertram, H./Niejahr, E. im Auftrag der Robert Bosch Stiftung, Stuttgart, S. 120-129.

Scherr, Albert (1997): Subjektorientierte Jugendarbeit. Weinheim: Juventa.

Scherr, Albert (2001): Gender Mainstreaming als Lernprovokation – Anforderungen an die Ausbildung, Fortbildung und Personalentwicklung in der Jugendhilfe. In: v. Ginsheim, G./Meyer, D. (Hrsg.): Gender Mainsteaming. Neue Perspektiven für die Jugendhilfe. Berlin: Stiftung SPI, S. 81-94.

Sen, Amartya (1992): Inequality Re-examined. Oxford: Clarendon Press.

Veil, Mechthild (2002): Familienpolitik und sozialpolitische Konstruktionen der Geschlechterverhältnisse im deutsch-französischen Vergleich, in: Widersprüche, 22. Jg., Heft 84, S. 17-27.

Ziegler, Holger/Schrödter, Mark/Oelkers, Nina (2010): Capabilities und Grundgüter als Fundament einer sozialpädagogischen Gerechtigkeitsperspektive. In: Thole, W. (Hrsg.): Grundriss Soziale Arbeit. Ein einführendes Handbuch. 3., überarb. und erw. Auflage. Wiesbaden: VS, S. 297-310.

Teil III

Ebene der theoretischen Gegenstandsbestimmung Sozialer Arbeit als Arbeit mit Differenz und Differenzierungen

Herausforderungen genderbezogener Sozialer Arbeit

Christiane Micus-Loos

Sollte die These, dass Geschlechterfragen in der Theoriebildung zur Sozialen Arbeit bislang Randthemen sind (vgl. Stecklina 2012: 109), richtig sein, könnte der Rekurs auf Theorien der Frauen- und Geschlechterforschung für die Theoriebildung und Praxis der Sozialen Arbeit von Gewinn sein. Dieser Überlegung folgend werden drei Paradigmen der Frauen- und Geschlechterforschung des 20. Jahrhunderts – Differenztheorie, Konstruktivismus, Poststrukturalismus – aufgegriffen und auf ihre Relevanz für die Profession der Sozialen Arbeit hin untersucht. Die Analyse der Herausforderungen dieser drei Paradigmen für die Soziale Arbeit erfolgt auf drei verschiedenen Ebenen: der der Professionell Tätigen in der Sozialen Arbeit, der der Diagnose sowie der der Intervention.

1. Differenzparadigma und Soziale Arbeit

Anfang der 1970er Jahre gründete sich in Abgrenzung von der in weiten Teilen von männlichen Studenten getragenen Studentenbewegung, die Zweite Frauenbewegung, deren zentrale Themen Sexualität, der Kampf gegen den § 218 und damit einhergehend ein Recht auf selbstbestimmte Mutterschaft und die Verfügung über den eigenen Körper, patriarchale Gewalt und Unterdrückung sowie geschlechtsspezifische Arbeitsteilung in bezahlte Erwerbsarbeit und unbezahlte Familien- und Hausarbeit waren. Mitte der 1970er Jahren entstanden dann erste Ansätze feministischer Theorien: Feministische Wissenschaftlerinnen in Westdeutschland richteten einen kritischen Blick auf vorherrschende androzentristische Strukturen in der Wissenschaft. Mit der Etablierung erster Frauenforschungsprofessuren kam es zu zentralen Analysen des Geschlechterverhältnisses als ein soziales Ungleichheitsverhältnis. In diesen Anfängen sah sich die Frauenforschung gezwungen, sich des „fundamentalen Anders-Seins zu vergewissern" (Hagemann-White 2007: 28), beispielsweise in der Entdeckung der „weiblichen Moral" (vgl. Gilligan 1984) oder auch des „weiblichen Arbeitsvermögens" (vgl. Beck-Gernsheim/Ostner 1979). Diese Entdeckung weiblicher Subjektivität, die Anerkennung der Frauen als Subjekte ermöglichte es, die Bedeutung von Geschlecht als Kategorie sozialer Schließung zu thematisieren, um auf diese Weise dem Androzentrismus vieler Wissenschaftstheorien, der „Logik des einen Maßstabs" (Maihofer 1995: 167), zu begegnen.

In einer Kultur, die zweigeschlechtlich organisiert ist, werden an heranwachsende Mädchen und Jungen, an Frauen und Männer, offen oder subtil verschiedene Erwartungen, Aufgaben, Angebote und Sanktionen gerichtet (vgl. Hagemann-White 1984). Der von Simone de Beauvoir formulierte Satz „man kommt nicht als Frau zur Welt, man wird es" (Beauvoir 1951) gibt den Geist der Debatte um die geschlechtsspezifische Sozialisation wieder, die im Zusammenhang mit der neuen Frauenbewegung einsetzte. Dieser Satz wendet sich gegen die These eines unveränderbaren „natürlichen" Geschlechts, das genetisch festgelegt ist. Doch bei allem Sinn für die sozial definierte Dimension des Geschlechts bleibt die biologische, von der Natur festgeschriebene Dimension bestehen (vgl. Hagemann-White 2007).

Das Konzept der geschlechtsspezifischen Sozialisation gewann in den 1970er Jahren an Bedeutung (erstmals Gisela Brandt et al. 1973). Dem damaligen Zeitgeist entsprechend, wurden vor allem lerntheoretische Zugangsweisen herangezogen, um geschlechtsspezifische Sozialisationsprozesse zu erklären (vgl. Bandura 1979). Ursula Scheu (1977) zeigt, wie frühzeitig und wirkungsvoll Mädchen zur „Weiblichkeit" sozialisiert werden. Sozialisation, so Scheu, deformiere Jungen, aber vor allem Mädchen von Geburt an und hindere sie an der Entfaltung und Ausübung ihrer Autonomie. Das kulturelle System der Zweigeschlechtlichkeit wird aber nicht nur in seinen Zwängen und Zumutungen beschrieben, sondern gilt als fundamentaler Orientierungs- und Ordnungsrahmen: Die Aneignung einer eindeutigen weiblichen oder männlichen Geschlechtlichkeit – natürlich nicht nur auf kognitiver Ebene – schenkt nicht nur Identität und kohärente Erfahrung, sondern führt zur gelungenen Verortung in der symbolischen Ordnung der Zweigeschlechtlichkeit (vgl. Hagemann-White 2007).

In den 1980er Jahren kam es zu zentralen Ausdifferenzierungen, die hier in ihrer Komplexität nicht dargestellt werden können: Mädchen und Jungen sind nicht nur Produkte ihrer Sozialisation, sondern „produktiv Realität verarbeitende Subjekte" (Hurrelmann 2006: 20). In diese Zeit fiel auch die Auseinandersetzung um die weibliche „Mittäterschaft" (Thürmer-Rohr 1983), in deren Zusammenhang die Beteiligung und Mitgestaltung von Frauen an der Aufrechterhaltung patriarchaler Strukturen analysiert und das einseitige Bild der Frau als Opfer männlicher Gewalt relativiert wurde.

Die „Ikonisierung" und „Positivierung" (Knapp 1988) von Weiblichkeit wurde Ende der 1980er Jahre von verschiedenen Seiten in Frage gestellt. Darüber hinaus fanden Kritik an der Homogenisierung ‚der' westdeutschen Frauenbewegung sowie kritische Positionen Schwarzer Feministinnen langsam Gehör (vgl. Gümen 1998; Gutiérrez Rogríguez 1996; Kalpaka/Räthzel 1985; Schultz 1990). Später führte die Bewegung von der Frauen- zur Geschlechterforschung Gender als relationale Kategorie ein. Neben der Geschlechterdifferenz wurde die Analyse der Verwobenheit und des Zusammenwirkens verschiedener Differenzkategorien und unterschiedlicher Dimensionen sozialer Ungleichheit wie beispielsweise Ethnizität, Klasse, Religion, Behinderung, Alter, sexuelle Orientierung, etc. fokussiert.

Im Jahre 2000 haben die Richtlinien zum Kinder- und Jugendplan des Bundes die Verpflichtung zur Umsetzung von Gender Mainstreaming in die Maßnahmen der Kinder- und Jugendhilfe aufgenommen (vgl. Bothfeld et al. 2002; Frey 2003).

Bedeutungen des Differenzparadigmas für die Soziale Arbeit

Für *Professionell Tätige* in der Sozialen Arbeit ist ein Bewusstsein für geschlechtsbezogene Aspekte des jeweiligen Handlungsfeldes von großer Bedeutung. Darüber hinaus ist es notwendig, um die eigenen Geschlechterstereotype zu wissen und diese kritisch zu reflektieren, u.a. mit der Frage, inwiefern sie das eigene Handeln konkret beeinflussen. Daher kommt der biographischen Selbstreflexion (Wie bin ich selber sozialisiert worden? Wie bin ich zu der/dem geworden, die/der ich heute bin? Was zeichnet für mich Frau-Sein/Mann-Sein aus?) wesentliche Bedeutung zu.

Die Anerkennung der Geschlechterdifferenzen bildet einen zentralen Ansatzpunkt für Handlungsansätze in der Sozialen Arbeit und ist somit für den Bereich der *Diagnose* von herausragender Bedeutung (vgl. Zander/Hartwig/Jansen 2006). Ohne die Berücksichtigung der Kategorie Geschlecht sind die vielfältigen Realitäten, sozialen Probleme und Leidensgeschichten der Menschen nicht zu verstehen. Professionell Tätige in der Sozialen Arbeit müssen um die geschlechtsspezifischen Lebenswelten wissen, machtvolle Zuschreibungsprozesse und bedeutsame Sozialisationserfahrungen zur Erklärung von Geschlechterdifferenzen nicht nur wahrnehmen, sondern analysieren und reflektieren.

Feministische Handlungsmaxime wie ‚Parteilichkeit' und ‚Gemeinsame Betroffenheit' gewinnen im Bereich der *Intervention* an Bedeutung. Die Offenlegung androzentrisch vorherrschender Strukturen in der Sozialen Arbeit führte in den 1980er Jahren zu einer Kritik an der Gestaltung und Verteilung vorhandener Räumlichkeiten und einer Kritik an sozialpädagogischen Angeboten, die Mädchen in traditionellen Bildern festzuhalten und sie von bestimmten Aktivitäten und Angebotsstrukturen auszuschließen versuchten (vgl. Savier/Wildt 1978). Seit Beginn der 1980er Jahre sind parteiliche Mädchen- und Frauenarbeit mit dem Ziel, Schutz- und Unterstützungsräume zu etablieren und die Autonomie über das eigene Leben und die Befreiung aus Rollenzwängen zu fordern und zu fördern, aus der Sozialen Arbeit nicht mehr wegzudenken (vgl. Bitzan 1993, 2007). Neben geschlechtshomogener Mädchen- und Frauenarbeit, sind geschlechtersensible Angebote für Mädchen *und* Jungen relevant, die Heranwachsende auf ihrer Suche nach geschlechtlicher Identität, auf ihrem Übergang ins Erwachsenenleben begleiten und unterstützen.

In diesen Angeboten geht es nicht darum, geschlechtstypisches Verhalten zu fördern, sondern Mädchen wie Jungen in ihrer Differenziertheit – vor allem auch in ihren geschlechtsspezifischen „Problemen- und Unterstützungsbedürftigkeiten" (Voigt-Kehlenbeck 2001: 251) – wahrzunehmen, verschiedene Erfahrungen und Handlungsoptionen zu eröffnen und in ihrer selbstbestimmten Entwicklung reflexiv zu begleiten. Seit 1990 ist die Kategorie Geschlecht und das Ziel der Gleichstellung in das Kinder- und Jugendhilfegesetz aufgenommen worden:

> „[D]ie unterschiedlichen Lebenslagen von Mädchen und Jungen [seien] zu berücksichtigen, Benachteiligungen abzubauen und die Gleichberechtigung von Mädchen und Jungen zu fördern" (§ 9 Abs. 3 des KJHG).

Um dies zu erreichen ist eine „subjekt- und ressourcenorientierte Perspektive" (Cremers 2011: 220) vonnöten, die die Analyse von Macht und Zugang zu Ressourcen nicht vernachlässigt.

Abb. 1:   Bedeutung des Differenzparadigmas für die Soziale Arbeit am Beispiel der Professionell Tätigen in der Sozialen Arbeit, dem Bereich der Diagnose und der Intervention.

Differenzparadigma	
Profession	Sensibilität und Bewusstsein für geschlechtsbezogene Aspekte des Handlungsfeldes Fähigkeit zur Reflexion von (eigenen) Geschlechterrollenbildern Sensibilisierung für geschlechtsbedingte Vorurteile und Verhaltensweisen Biographische Selbstreflexion
Diagnose/ Wahrnehmung	Berücksichtigung der Kategorie „Geschlecht" Anerkennung und Verstehen von Geschlechterdifferenzen Differenzierung zwischen weiblichen und männlichen Lebenswelten Wissen um geschlechtsspezifische Sozialisationsprozesse, Bewältigungsstrategien, kritische Lebensereignisse etc.
Intervention	Feministische Handlungsmaxime: Parteilichkeit, Gemeinsame Betroffenheit, Autonomie, Ganzheitlichkeit Feministische Mädchen- und Frauenarbeit Geschlechtersensible und -reflektierende Jugendarbeit Unterstützung bei der Entwicklung einer geschlechtlichen Identität/Orientierung Gender Mainstreaming

2. Konstruktivismus und Soziale Arbeit

Zunächst gilt es, verschiedene „Spielarten des Konstruktivismus" (Knorr-Cetina 1989) zu unterscheiden: der kognitionstheoretische Konstruktivismus, der Sozialkonstruktivismus und der ethnomethodologische Konstruktivismus, von denen hier nur die beiden letztgenannten von Bedeutung sind, die zudem einen ähnlichen Ausgangspunkt haben: Die gesellschaftliche Wirklichkeit wird als eine durch soziale Handlungen innerhalb von Interaktionsprozessen kollektiv hervorgebrachte Sozialordnung verstanden. Während der ethnomethodologische Konstruktivismus versucht, den empirischen Nachweis über soziale Konstruiertheit gesellschaftlicher Tatbestände zu erbringen, unterstellt der Sozialkonstruktivismus ihre Konstruiertheit theoretisch (vgl. ebd.).

Für die Geschlechterforschung ist vor allem der ethnomethodologische Konstruktivismus von Bedeutung, da er seine Aufmerksamkeit auf die Ebene der sozialen Handlungen richtet und das Wie alltäglicher Zuschreibungs-, Wahrnehmungs- und Darstellungsroutinen betrachtet, in denen sich der „sinnhafte Aufbau der Wirklichkeit von Geschlechtszugehörigkeit bzw. Geschlechterbeziehungen vollzieht" (Micus-Loos 2004: 116). Zweigeschlechtlichkeit wird als Effekt sozialer Praktiken verstanden. Im Anschluss an Candace West und Don Zimmerman (1987) verstehen die ethnomethodologischen Konzeptualisierungen Geschlecht als *doing gender*. Die mit diesem Begriff zum Ausdruck gebrachte dynamische Sichtweise auf Geschlecht stellt die Rede von „Geschlechtszugehörigkeit" oder „Geschlechtsidentität" in Frage, weil „Geschlecht nicht etwas [ist], was wir ‚haben‘ oder ‚sind‘, sondern etwas, was wir tun" (Hagemann-White 1993: 68). Geschlecht wird nicht als Eigenschaft oder Merkmal von Individuen betrachtet, sondern es werden die alltäglichen Interaktionen untersucht, in denen Geschlechtszugehörigkeit als Unterscheidung immer wieder hergestellt bzw. reproduziert wird. Im alltäglichen *doing gender* werden Geschlechterdifferenzen dadurch erzeugt, dass die Handelnden sich kontinuierlich zu Mädchen und Jungen, Frauen und Männern machen und machen lassen.

Doing gender, doing masculinity, doing femininity sind unvermeidbar, weil die geschlechtliche Verortung im kulturellen System der Zweigeschlechtlichkeit immer relevant ist und geltend gemacht werden kann, da eine Zuordnung sozial erwartet und erfüllt wird (vgl. West/Zimmerman 1987). Sarah Fenstermaker und Candace West (2001) prägen den Begriff der „accountability" (West 2001: 244): Menschen stehen in einem ständigen Prozess der Rechtfertigung, in dem das eigene Handeln und das der anderen ständig daraufhin überprüft wird, ob es sinnvoll und angemessen ist.

In den Studien zu Transsexualität (vgl. Garfinkel 1967; Kessler/McKenna 1978; Hirschauer 1993) wird zum einen deutlich, dass Geschlecht auch etwas ist, das gewählt und gewechselt werden kann, zum anderen, wie individuelle Geschlechtszugehörigkeit konstruiert wird.

Die Agnes-Studie von Harold Garfinkel (1967) zeigt, wie voraussetzungsvoll das „Frau Sein" ist. Während die meisten Menschen nach Erving Goffman von klein auf lernen, das eigene Geschlecht möglichst überzeugend darzustellen und die Geschlechtszugehörigkeit anderer möglichst sofort und sicher zu identifizieren, wird am Beispiel Agnes deutlich, wie mühsam und anstrengend Konstruktionsprozesse verlaufen: West und Zimmerman (1987) sprechen von „accomplishment"; dies meint die aktive Hervorbringung („work") eines Verhaltens, das als männlich oder weiblich gewertet werden kann. An Transsexualität wird aber auch deutlich, wie restriktiv Zweigeschlechtlichkeit fungiert: Eine Zuordnung zu einem der beiden Geschlechter ist zwingend.

Wie ist es möglich, dass „derartig irrelevante biologische Unterschiede zwischen den Geschlechtern" (Goffman 1994: 139) als Erklärung für die großen sozialen Ungleichheiten zwischen den Geschlechtern und generell für die hochkomplexen Geschlechteranordnungen moderner westlicher Gesellschaften herangezogen werden? „Wie wurden diese biologischen Unterschiede, ohne biologische Notwendigkeit, sozial erweitert?" (ebd.). Geschlechterdifferenzen und bestehende Geschlechterarrangements werden nicht nur in Interaktionen stets aufs Neue hervorgebracht und reproduziert – Goffman nennt dies „Performanz" –, sondern gleichzeitig in Institutionen geregelt: er spricht von institutionalisierten Genderismen (vgl. Goffman 1994: 113f.). Die auf individueller Ebene stattfindenden Prozesse werden durch strukturell verankerte Institutionen abgesichert. Institutionalisierte Genderismen sind institutionelle Arrangements und Rahmenbedingungen, die Prozesse der zweigeschlechtlichen Geschlechtsherstellung im Alltag stützen, geschlechtliche Handlungsweisen immer wieder hervorbringen, wie beispielsweise normative Handlungserwartungen an geschlechtstypische Verhaltensweisen, Kulturinstitutionen, Kulturereignisse oder auch institutionelle Strukturen (vgl. West/Zimmerman 1987).

Mit diesen institutionalisierten genderismen werden aber nicht nur tagtäglich Geschlechterdifferenzen reproduziert und verfestigt, sondern zugleich auch naturalisiert. Das geschlechtsspezifische Verhalten erscheint in Folge allen Beteiligten als Ausdruck der natürlichen Geschlechterdifferenz zwischen Frauen und Männern statt als Resultat gesellschaftlicher Prozesse. Diese Zirkularität sozialer Interaktionen bezeichnet Goffman (1994) als „institutionelle Reflexivität" (Goffman 1994: 162).

Bedeutungen des Ethnomethodologischen Konstruktivismus für die Soziale Arbeit

Für *Professionell Tätige* in der Sozialen Arbeit ist ein Bewusstsein für die alltägliche Mitkonstruktion von Geschlecht unabdingbar (vgl. Hagemann-White 1993). Der Ethnomethodologische Konstruktivismus öffnet den Blick für die eigene Beteiligung an der Herstellung von Geschlechterdifferenzen, aber auch von anderen für die Soziale Arbeit relevanten Konstruktionen (doing inequality, doing age, doing family etc.). Er verdeutlicht die große Verantwortung der Professionell Tätigen, insofern sie in die Interaktion involviert und daher stets Teil der Zuschreibungs-, Wahrnehmungs- und Darstellungspraxis sind. Außerdem ermöglicht er eine kritische Analyse der gesellschaftlichen Übereinkünfte, Normen und Werte als Voraussetzungen der Zuschreibungs- und Darstellungsprozesse.

Der Blick im Bereich der *Diagnose* richtet sich auf soziales Handeln und soziale Prozesse, in denen Geschlechterunterschiede entstehen. Verhaltensweisen von Adressat_innen in der Sozialen Arbeit werden (auch) als Folge von Zuschreibungsprozessen verstanden, an denen Soziale Arbeit mitbeteiligt ist. Darüber hinaus unterstreicht die Sichtweise auf das „*doing* deviance", „*doing* violence" oder auch „Magersucht als lifestyle", dass Verhaltensweisen keine Wesensmerkmale oder festen Eigenschaften der Adressat_innen sind (beispielsweise er/sie *ist* deviant), sondern immer wieder hergestellt, gewählt und ausgeübt werden. Diese Sicht impliziert einen dynamischen Blick auf Geschlechtlichkeit und eröffnet Spielräume für Veränderungen von Verhaltensweisen.

Raewyn Connell (1999) schärft darüber hinaus den Blick für Geschlecht im Plural (Männlichkei*ten* und Weiblichkei*ten*) und verabschiedet sich von der homogenen Gruppe der Frauen wie der Männer: Nicht alle Jungen und Männer profitieren gleichermaßen vom Patriarchat bzw. hegemonialer Männlichkeit sowie nicht alle Mädchen und Frauen unter patriarchalen Strukturen leiden. Sie sensibilisiert für die vielfältigen Beziehungen zwischen Männlichkeiten und Weiblichkeiten sowie die Widersprüche, Brüche und Konflikte innerhalb einer Geschlechtskategorie, die für den Bereich der Diagnose eine große Rolle spielen.

Intervention aus Sicht des Ethnomethodologischen Konstruktivismus heißt, Adressat_innen beim doing gender zu unterstützen. Dieser Prozess ist nicht konfliktfrei, weil in der Bewältigung von Geschlechtszuschreibungen vielfältige Widersprüche, Diskontinuitäten, Krisen, aber auch Herausforderungen und Chancen verborgen sein können. Für eine professionelle Soziale Arbeit ist es wichtig, alltägliche machtvolle Zuschreibungen und Erwartungshaltungen zu erkennen und zu reflektieren, inwiefern sie die Lebensbewältigung hemmen oder unterstützen. Es gilt, sich von geschlechterstereotypen Vorstellungen zu verabschieden, den Blick für die Vielfalt von weiblichen wie männlichen Geschlechtsentwürfen zu öffnen und die Handlungsoptionen für beide Geschlechter zu erweitern. Um diese Ziele zu verfolgen, mag es in bestimmten Kontexten hilfreich sein, eine „Balance zwischen Dramatisierung und Entdramatisierung von Geschlecht" (Faulstich-Wieland et al. 2004: 224) zu finden.

Abb. 2:   Bedeutung des Ethnomethodologischen Konstruktivismus für die Soziale Arbeit am Beispiel der Professionell Tätigen in der Sozialen Arbeit, dem Bereich der Diagnose und der Intervention.

Ethnomethodologischer Konstruktivismus	
Profession	Bedeutung der Interaktion (Sozialarbeiter_in – Adressat_in): Beide sind Konstrukteure von Geschlecht Reflexion der eigenen Herstellung und Reproduktion von Geschlecht (doing gender) Berücksichtigung gesellschaftlicher Normen und Werte Analyse institutioneller genderismen
Diagnose/ Wahrneh- mung	Verhaltensweisen werden als Resultat von Interaktionen, als Folge von Zuschreibungen verstanden Verhaltensweisen werden zu gewählten, wenn auch nicht immer ganz freien Handlungsoptionen Geschlechterstereotype Zuschreibungen erkennen und auflösen Blick auf Männlichkeit*en* und Weiblichkeit*en* Konzept hegemonialer Männlichkeit (Instabilität und Brüchigkeit von Geschlechterordnungen)
Intervention	Unterstützung bei doing gender Erweiterung von Handlungsoptionen für beide Geschlechter Anerkennung und Förderung von (Geschlechter-)Vielfalt „Balance zwischen Dramatisierung und Entdramatisierung von Geschlecht" (Faulstich-Wieland et al. 2004: 224) Sensibilisierung für die Brüche, Uneindeutigkeiten und Wandelbarkeit von Weiblichkeit*en* und Männlichkeit*en*

3. Poststrukturalismus und Soziale Arbeit

Der Poststrukturalismus – dem eine heterogene Theoriebildung eigen ist – wendet sich

„gegen ein sinngenerierendes Zentrum, das heißt, [...] dass es keine Essenzen oder festgelegte Bedeutungen gibt. [...] Bedeutungen sind nicht in Begriffen von Präsenz oder Essenz zu denken, sondern immer als Repräsentanz" (Wartenpfuhl 2000: 28).

Signifikat und Signifikant, Begriffe und ihre Bedeutungen sind nicht für immer festgelegt, sondern können verschoben werden. Eine zentrale Annahme des Poststrukturalismus besteht darin, dass Bedeutungen nicht vor der Sprache existieren, sondern dass Bedeutungen erst durch Sprache geschaffen werden.

Sprache meint im Poststrukturalismus mehr als das bloße Wort, Sprache wird als symbolische Ordnung, die durch Diskurse geschaffen wird, verstanden. Diskurse sind nach Michel Foucault

„systematische Aussagen über einen Gegenstand in einem historisch spezifischen Kontext. Dazu gehören beispielsweise Architektur, Wissenschaft, Körperpraktiken, gesellschaftliche Praxis, Institution" (Wartenpfuhl 2000: 29; vgl. Foucault 1994).

Für Foucault gehören Macht und Wissen eng zusammen: Macht vollzieht sich nicht ohne Wissen und Wissen bringt stets Machtwirkungen hervor.

Von zentraler Bedeutung ist, dass Diskurse wesentliche Träger von Macht sind, ihnen wohnt eine hegemoniale Logik inne, d.h. sie entscheiden darüber, welche Bedeutungen sich durchsetzen und welche nicht, sie entfalten in der Gesellschaft vor allem ausschließende und unterdrückende Wirkung.

Macht ist bei Foucault jedoch nicht nur repressiv, sondern vor allem produktiv zu verstehen. Foucault vertritt ein Verständnis von relationalen und komplexen Machtverhältnissen:

„Die Macht gibt es nicht. (...) Bei der Macht handelt es sich in Wirklichkeit um Beziehungen, um ein mehr oder weniger organisiertes, mehr oder weniger pyramidialisiertes, mehr oder weniger koordiniertes Bündel von Beziehungen" (Foucault 1978: 126).

Foucault spricht von der „Allgegenwart der Macht" (Foucault 1997: 114), in der die Individuen in „vielfältig bewegliche Machtbeziehungen" (ebd.: 119) eingebunden sind.

Das erkennende Subjekt ist nur innerhalb dieser Machtverhältnisse zu denken, da es für Foucault kein Subjekt außerhalb des Machtgefüges gibt. Die Wirkungsweise produktiver Macht geht so weit, dass sie die Subjekte erst hervorbringt.

Mit der Wende zum Poststrukturalismus geht ein Abschied vom Subjektbegriff Descartes' einher. Das Subjekt ist nicht mehr wie im Differenzparadigma und auch im ethnomethodologischen Konstruktivismus Urheber und Schöpfer der Dinge, die aufklärerische Auffassung vom autonomen, aus sich selbst heraus seienden und erkennenden Subjekt wird in Frage gestellt. Es gibt dem Subjekt vorgängige Strukturen, d.h. Subjekte werden „bewirkt", durch performative Sprechakte hervorgebracht:

„Performativität (…) ist der Modus, um den sich alles dreht: Der Konstitutionsmodus. (…) Performativität – die Produktivität von Sprechakten – ist der Motor, der alles am Leben hält und ins Leben ruft" (Lorey 1997: 171).

Performativität meint die zitatförmige Wiederholung von Sprechakten: Die Aussage „Dies ist ein Mädchen" ist nicht nur Beschreibung oder bloße Fest-stellung, sondern in ihrer Performativität zugleich Anweisung, ein weibliches Geschlecht zu sein. Das Zum-Mädchen-machen des Mädchens ist mit dieser einen Anrufung noch nicht abgeschlossen, sondern

„wird von den verschiedensten Autoritäten und über diverse Zeitabschnitte hinweg immer aufs neue wiederholt, um die naturalisierte Wirkung zu verstärken oder anzufechten. Das Benennen setzt zugleich eine Grenze und wiederholt einschärfend eine Norm" (Butler 1995: 29).

Das Subjekt ist zur Wiederholung der gesellschaftlichen Norm gezwungen, durch die es hervorgebracht wurde, sonst treten Sanktionen auf. Die „Matrix der Intelligibilität" (Butler 1995) eröffnet den Blick für die Ordnungen, die in der Gesellschaft intelligibel, d.h. mit dem Verstand fassbar sind, was vorstell-bar ist, was als „vernünftig" und „normal" gilt: Als zentrale machtvolle Ach-sen nennt Butler die Heterosexualität und die Zweigeschlechtlichkeit. Die Matrix gibt die normativen Regelungen vor, nach denen Geschlechter kon-struiert werden, legt Normalisierungs- und Disziplinierungspraktiken fest, nach denen performative Sprechakte zu erfolgen haben. Damit wird nicht nur Zweigeschlechtlichkeit stabilisiert, sondern „über die Norm der Heterosexua-lität auch heterosexuelles Begehren naturalisiert wie privilegiert" (Hartmann 2012: 152). Es gibt für Butler immer auch die Möglichkeit, dass es mittels der Performativität zur Umdeutung oder Verschiebung von Bedeutungen kommt. Innerhalb der Matrix der Macht zu operieren, bietet nach Butler die Möglich-keit, in der Wiederholung die Norm zu verschieben, statt zu festigen. Hierin liegt genau das Potential der Subversion: Die Möglichkeit, im Resignifikati-onsprozess Bedeutungen absichtsvoll zu verfehlen, zu erweitern oder zu ver-schieben. Das postsouveräne Subjekt kann in die Momente der Wiederholung eingreifen, die zwischen der Reproduktion und der Verfehlung entstehen (vgl. Butler 2001).

Anrufungsprozesse sind einerseits handlungsmächtig und können Aner-kennung verleihen, können andererseits aber auch mit Ausschlüssen verbun-den sein, weil sie Menschen an Orte verweisen, an denen sie keine Anerken-nung erfahren (vgl. Butler 2006: 15; Butler 2010).

„Das, was als normal und intelligibel verstanden wird, hat seine Bedeutung nur auf Kosten dessen, was damit gleichzeitig als unbedeutend, unsichtbar, unmöglich und unnormal gilt" (Lorey 1996: 18).

Darüber hinaus sind performative Sprechakte nach John Langshaw Austin „perlokutionäre Sprechakte" (Butler 2006: 11), d.h. sie sind in ihrer Wirkung „nicht auf den Augenblick der Äußerung selbst beschränkt" (ebd.: 12).

„So genügt es nicht, den entsprechenden Kontext für den fraglichen Sprechakt festzuhalten, um seine Effekte einschätzen zu können. Die Sprechsituation ist keine bloße Spieleart des Kontextes, der einfach durch sprachliche und zeitliche Grenzen zu definieren wäre. Durch das Sprechen verletzt zu werden bedeutet, dass man Kontext verliert, also buchstäblich nicht weiß, wo man ist" (ebd.: 13).

Bedeutungen des Poststrukturalismus für die Soziale Arbeit

Professionell Tätige in der Sozialen Arbeit sind an performativen Anrufungs- und Adressierungsprozessen, die Subjekte konstituieren, beteiligt. Im Anschluss an das Foucault'sche produktive Machtverständnis stehen sie nicht außerhalb dieser Macht oder betrachten das Geschehen nur von einer Metaebene aus, sondern sind immer Akteur_innen in diesem Machtgewebe. Wenn beispielsweise Menschen mit Demenz nur in ihrer Demenzerkrankung angerufen werden bzw. ihre Anrufung durch Nummern der Pflegestufe ersetzt wird, dann werden diese Menschen immer wieder auf ihre Demenzerkrankung reduziert und nur so ins Leben gerufen. Diese „repressive Sprache vertritt nicht die Stelle der Erfahrung von Gewalt; sie übt ihre eigene Form von Gewalt aus" (Butler 2006: 21), sie „verwundet" (ebd.: 26). Hier gilt es zu reflektieren, wie Normen „das Leben einschränken oder ermöglichen, wie sie im Vorhinein kennzeichnen, was eine lebenswerte Existenz darstellt und was nicht" (Butler 2002: 6). An diesen Normierungsprozessen „lebenswerter Existenzen" (ebd.) wirkt Soziale Arbeit mit und trägt zur Stabilisierung und Reproduktion dieser bei – ob sie das will oder nicht. Es bleibt eine Herausforderung, „im eigenen Verhalten die Gewalt der eigenen Subjektbildung nicht zu wiederholen" (Butler 2010: 155).

Nach Silvia Staub-Bernasconi sind Professionell Tätige in der Sozialen Arbeit dazu aufgerufen, nicht nur systemimmanent zu agieren, sondern im Sinne des Tripel-Mandats an den Schnittstellen von Institutionen und Gesellschaft zu wirken, die Menschenrechte als Handlungsorientierung im Blick zu behalten, sich im Sinne des politischen Mandats einzumischen, die eigene Beteiligung an Machtprozessen zu reflektieren, Begrenzungsmacht für mehr soziale Gerechtigkeit einzusetzen und Behinderungsmacht zu verhindern suchen (vgl. Staub-Bernasconi 1995). So kann Soziale Arbeit im Sinne Staub-Bernasconis auch daran mitarbeiten, Diskurse, Normen und Ideale, zu denen sich Subjekte in Beziehung setzen, an denen sie sich zu orientieren haben, zu erweitern und zu verschieben.

Für den Bereich der *Diagnose* ist es wichtig, aufmerksam zu sein für das, was in Anrufungsprozessen markiert wird bzw. unmarkiert bleibt. Butler sensibilisiert in ihren Texten für das, was bisher verschwiegen und nicht erkannt wurde bzw. was bisher als marginalisiert unentdeckt blieb, weil es beispielsweise den „Normen der kulturellen Erkennbarkeit" (Wartenpfuhl 2000: 31) nicht entspricht. Nicht selten sind Menschen, die aus der Matrix der Erkennbarkeit herauszufallen drohen bzw. ihn bereits verlassen haben oder denen der Subjektstatus aberkannt wurde, Adressat_innen der Sozialen Arbeit. Angesichts der Beteiligung sozialpädagogischer Anrufungsprozesse an Subjektkonstitutionen kommt die besondere Verantwortung zutage, die der Profession Sozialer Arbeit obliegt.

Darüber hinaus ist die Analyse von wirkmächtigen Diskursen unabdingbar, seien es Diskurse, die die Soziale Arbeit selber betreffen (Diskurse um Hilfe und Kontrolle, Professionalisierungsdiskurs etc.) oder auch gesellschaftliche Diskurse wie beispielsweise der über „Jungen als Bildungsverlierer". Letztgenannter lässt beispielsweise unmarkiert, dass erstens Jungen nicht nur bei den Risikoschüler_innen zahlenmäßig überwiegen, sondern auch in der Gruppe der sehr erfolgreichen Schüler_innen, zweitens, dass Bildungschancen im deutschen Schulsystem vor allem von der Schichtzugehörigkeit, der staatlichen bzw. ethnischen Zugehörigkeit oder auch den familiären Bildungsabschlüssen abhängen und drittens, dass männliche Jugendliche je nach ethnischer Zugehörigkeit trotz schlechterer Schulabschlüsse einen vergleichsweise besseren Zugang zu Ausbildungsberufen und Einstiegschancen ins Erwerbsleben finden (vgl. Baumert 2002; Budde 2008; Choi 2009). Das Unmarkierte im wirkmächtigen Diskurs „Jungen als Bildungsverlierer" hat wiederum (auch) Auswirkungen auf die Soziale Arbeit: So werden die Geschlechter aus Konkurrenz um öffentliche Fördergelder gegeneinander ausgespielt, so dass die spezifische Arbeit mit Mädchen zugunsten einer Jungenförderung von Kürzungen bedroht ist bzw. Mädchen- und Frauenprojekte in ihrem Fortbestehen bedroht sind (vgl. Fegter in diesem Band).

Im Bereich der *Intervention* kommt der Dekonstruktion eine hohe Bedeutung zu. Von Jacques Derrida Mitte der 1960er Jahre eingeführt impliziert der Begriff der Dekonstruktion eine „doppelte Perspektive" (Wartenpfuhl 2000: 123):

„Auf der einen Seite geht es um das Aufspüren binärer Logiken, die spezifische Bedeutungen erzeugen und privilegieren und andere Möglichkeiten von Bedeutungen wiederum verwerfen, verschweigen oder herabsetzen. […] In einem nahezu gleichzeitig erfolgenden zweiten Schritt wird durch das Erkennen von Abhängigkeitsbeziehungen zwischen dem Privilegierten und Herabgesetzten die entweder/oder Struktur dezentriert, und es wird sichtbar, wie das Eine in und durch das Andere geschaffen wird" (Wartenpfuhl 2000: 123).

Die Dekonstruktion, so Melanie Plößer, „regt […] an, ihr Verhältnis zum Anderen immer wieder zu überprüfen und die eigenen allgemeinen Theorien und Konzepte zu hinterfragen, um die Verantwortung für den Anderen nicht zu verstellen" (Plößer 2005: 77). Sie ist „niemals auf eine Finalität hin ausgerichtet, an deren Ende eine unumstößliche Erkenntnis oder Wahrheit zu finden wäre" (Paulus 2001: 31; vgl. Elam 1994).

Das mit der Dekonstruktion verbundene Hinterfragen bzw. „Aufbrechen binärer Logiken" (Wartenpfuhl 2000: 123) ist für die Profession Soziale Arbeit insofern von Bedeutung, weil ihre Grundlage nicht selten binäre Ordnungen sind: gesund-krank, männlich-weiblich, jung-alt, integriert-desintegriert, marginal-grundlegend, homosexuelle-heterosexuell, Täter-Opfer, parteilich-unparteilich etc. Die Dekonstruktion von Differenzordnungen oder auch Normalitätsvorstellungen sensibilisiert den Blick für die vielfältigen, nicht anerkannten Zwischenräume der Dichotomien und schärft die Wahrnehmung von Ungerechtigkeiten, die nicht selten mit einer binaren Grenzziehung einhergehen. Sie ermöglicht es, hegemoniale Ein- und Ausschlussverfahren aufzudecken, durch die Subjektpositionen konstruiert werden. Aufgabe Sozialer Arbeit ist es, Inklusion und Exklusion zu reflektieren, zu analysieren, wer sich wie, in welcher Weise von Angebotsstrukturen angesprochen fühlt und wer nicht. So ist es möglich, (sozialpädagogische) Spielräume zu eröffnen, in denen „vielfältige Lebensweisen" (Hartmann 2002) Anerkennung erfahren.

Die Anerkennung eigener Inkohärenz bzw. die Selbstreflektion eigener Identitätslogiken sowie die Ermutigung zu Inkohärenz beim Gegenüber sind für die Soziale Arbeit aus poststrukturalistischer Perspektive von Bedeutung (vgl. Kessl/Plößer 2010). So geht es weniger darum, Menschen zu einer kohärenten, vollständigen, stabilen Identität zu verhelfen, die einmal erreicht als gesichert gilt, sondern sie auf ihrer Identitätssuche zu begleiten, ihre Handlungsfähigkeit und Autonomie zu stärken angesichts der vielfältigen Identitätsanforderungen und Identitätszumutungen. Für gelingende professionelle Bildungsprozesse zwischen Sozialpädagog_in und Adressat_in ist die Anerkennung von Brüchen, Zweifeln und Diskontinuitäten in meinem „Verhältnis zu meinem Selbstbild" (Mollenhauer 1991: 159) viel bedeutender als das Erreichen einer stabilen Identität. Die Herausforderung besteht darin, Identität nicht ohne lebenslange Entwicklung, Kontinuität nicht ohne Veränderung, Kohärenz nicht ohne Erfahrungen der Inkohärenz zu denken. Gerade letztgenannter Aspekt öffnet den Blick für die Identitätszumutungen und Anforderungen, die damit einhergehen, Kohärenz und Intelligibilität zu präsentieren, sich zum eindeutigen Geschlecht und zum heterosexuellen Begehren einzufinden (vgl. Butler 1991, 1995, 2005).

Hier setzen auch Melanie Plößers Überlegungen zur sozialpädagogischen Fragehaltung an, deren Voraussetzung es ist,

„der Anderen weniger normierend zu begegnen, indem die eigene Unsouveränität und Abhängigkeit eingestanden wird *und* die Vorstellungen darüber, wie diese Abhängigkeiten (weniger gewaltförmig) gestaltet werden können [...]. Für beide Bewegungen gilt es, Voraussetzungen (Räume, Ressourcen, etc.) zu schaffen, die es auch marginalisierten [...] Subjekten ermöglichen, ihre Positionen gefahrlos zu äußern" (Plößer 2005: 221).

Die „Anerkennungsfrage ‚Wer bist du?'" (ebd.) kann zum einen eine Entlastung sein, sich nicht als identisches, kohärentes Subjekt präsentieren zu müssen, das „nach vorgängigen Normen [bereits] anerkennbar" (ebd.) ist, zum anderen wird den Adressat_innen die Definitionsmacht überlassen, im Sinne Hans Thiersch' eine radikale Lebensweltorientierung (vgl. Thiersch 1992).

Abb. 3: Bedeutung des Poststrukturalismus für die Soziale Arbeit am Beispiel der Professionell Tätigen in der Sozialen Arbeit, dem Bereich
der Diagnose und der Intervention.

Poststrukturalismus	
Profession	Beteiligung an performativen Anrufungsprozessen Infragestellung eigener Intelligibilitätsmuster Anerkennen eigener Inkohärenz Reflexion der eigenen Beteiligung an (produktiven) Machtprozessen Sensibilisierung für das, was nicht gesagt, gezeigt und nicht repräsentiert werden darf Wissen um die Reproduktion (und/oder Verschiebung) der Matrix der Intelligibilität durch Soziale Arbeit
Diagnose/ Wahrneh- mung	Perspektivenwechsel (Metaebene): Berücksichtigung von Macht- und Herrschaftsverhältnissen Analyse der Macht von Diskursen Wie und was wird Menschen in diskursiven Prozessen der „Anrede" zu- bzw. abgeschrieben? Sensibilisierung für das, was nicht gesagt, gezeigt, markiert und nicht repräsentiert werden darf Anerkennung „vielfältiger Lebensweisen" (Hartmann 2002)
Inter- vention	Dekonstruktion von Differenzordnungen Dekonstruktion von „Normalitätsvorstellungen" Aufzeigen von Ausschlüssen Fragehaltung (wie begreifen sich die Adressat_innen selbst?) Adressat_innen die Definitionsmacht überlassen Offenhalten von Identitäten Anerkennung von Inkohärenz Ermutigung zu Inkohärenz als Ausdruck individueller Vielschichtigkeit, zum Spiel und Überschreiten von eindeutigen geschlechtsspezifischen Zuschreibungen

4. Plädoyer für eine genderbezogene Soziale Arbeit

„Denken in Differenzen, Aushalten eines Widerstreits, ohne eine übergreifende Versöh-
nung anzustreben, ist nur möglich, wenn es sich dem Gestus der letzten Bestimmung in der
Alternative von Entweder-Oder entziehen kann" (Meyer-Drawe 1990: 82).

In diesem Sinne plädiere ich für eine genderbezogene Soziale Arbeit, die sich nicht dem „Entweder-Oder" (ebd.) der drei dargestellten Paradigmen verschreibt, sondern in einem dreifachen Blick die konstruktiven Herausforderungen für die Soziale Arbeit aufgreift.

Solange das Geschlechterverhältnis ein soziales Ungleichheitsverhältnis ist und solange eine androzentrische Sicht die Grundlage vieler Theorien in Wissenschaft und Handlungsbezüge in Praxis darstellt, ist die Anerkennung und Analyse von *Geschlechterdifferenzen* von zentraler Bedeutung. Das Wissen um geschlechtsspezifische Benachteiligungen sowie die Sensibilisierung für geschlechtsspezifische Lebenswelten, Umgangsformen und Bewältigungsstrategien sind wesentliche Voraussetzung für Handlungsansätze in der Sozialen Arbeit. Es fehlt nach wie vor eine geschlechterdifferente Perspektive auf soziale Probleme (vgl. Staub-Bernasconi 1995), in Bezug auf Lebenswelten (vgl. Thiersch 1992) sowie in Bezug auf die Verarbeitung von gesellschaftlichem Wandel (vgl. Beck 1986). Individualisierungsprozesse sind für Mädchen und Jungen, Frauen und Männer mit unterschiedlichen Chancen, Gefährdungen und Herausforderungen verbunden (vgl. Beck-Gernsheim 1983), die es zu analysieren und zu berücksichtigen gilt. Die Rede von einer Flexibilisierung der Rollenzuweisungen und -verpflichtungen sowie der Zunahme von Wahlmöglichkeiten und der Abschied von Normalbiographien dürfen nicht darüber hinwegtäuschen, dass die beschriebenen Ausdifferenzierungen nicht zwangsläufig zur Veränderung normativer Vorstellungen und Idealbilder von Mütterlichkeit und Väterlichkeit führen. Trotz Veränderung der Geschlechterrollen zeigen sich Resistenzen in der Geschlechtsspezifik der Lebensführung (vgl. Krüger/Born 2000; Micus-Loos 2012).

Insofern Partizipations- und Gestaltungsmöglichkeiten zwischen den Geschlechtern ungleich verteilt sind, bedarf es (auch) geschlechtshomogener Räume, es bedarf weiterhin der Anerkennung und Förderung von Mädchentreffs, feministischen Beratungsstellen und Frauenhäusern sowie der Unterstützung beider Geschlechter, damit sie individuelle Lebensentwürfe in selbstbestimmter Weise leben können, ohne durch Geschlechtstypisierungen eingeschränkt zu werden. Die feministische Handlungsmaxime der Parteilichkeit ist nach wie vor – vor allem bei Gewalt im sozialen Nahraum – von existentieller Bedeutung.

Gleichzeitig gilt es, einer Essentialisierung entgegenzutreten und für vielfältige Differenzierungen zu sensibilisieren. Die Erkenntnis, dass Professionell Tätige in der Sozialen Arbeit Mitkonstrukteur_innen des „doing gender", aber natürlich auch des doing difference, doing inequality, doing familiy, doing class etc. sind, zeigt die Notwendigkeit des zweiten Paradigmas, demzufolge Geschlechtlichkeit permanent *in alltäglichen Interaktionen und institutionellen genderismen konstruiert* und symbolisiert wird. Das Wie rückt an die Stelle des Warums. Für eine professionelle Soziale Arbeit ist damit die Verantwortung verbunden, eigene Konstruktionen zu reflektieren, Handlungsoptionen für beide Geschlechter zu erweitern und die Konflikte, Zwänge und Brüche anzuerkennen, die mit der Herstellung von Weiblichkei*ten* und Männlichkei*ten* verbunden sind. Das zweite Paradigma lenkt aber auch den Blick auf normative Zuschreibungsprozesse, mit denen Professionell Tätige nicht nur im Bereich von Diagnosen konfrontiert sind: Körperliche Gewalt ist z.b. normativ männlich verortet (vgl. Böhnisch/Winter 1993; Schnack-Neutzling 1990; Böhnisch/Funk 2002), während weibliches Gewaltverhalten im Widerspruch zur tradierten Geschlechterordnung und zum Konstrukt der „friedfertigen Frau" (Mitscherlich 1985) steht. Normativ weiblich verortet sind hingegen Essstörungen und selbstverletzende Verhaltensweisen (vgl. Böhnisch/Funk 2002).

Mit dem *Poststrukturalismus* werden nicht nur binäre Differenzordnungen dekonstruiert, sondern auch das Subjekt in seiner Kohärenz und Autonomie in Frage gestellt. Für die Soziale Arbeit heißt dies, den Blick dafür zu schärfen, was in bestimmten Diskursen durch Binarität ermöglicht oder aber verworfen und nicht-gedacht wird, wie Macht- und Unterordnungsverhältnisse begründet bzw. stabilisiert werden und wie Subjekte durch solche Ein- und Ausschlussverfahren auf der Ebene der hegemonialen gesellschaftlichen Machtverhältnisse konstituiert oder in ihrer Konstitution beeinträchtigt werden.

Literatur

Bandura, Albert (1979): Sozial-kognitive Lerntheorie. Stuttgart: Klett.

Baumert, Jürgen (Hrsg.) (2002): Die Länder der Bundesrepublik Deutschland im Vergleich. Opladen: Leske und Budrich.

Beauvoir, Simone de (1951): Das andere Geschlecht. Sitte und Sexus der Frau. Hamburg: Rowohlt.

Beck, Ulrich (1986): Risikogesellschaft. Auf dem Weg in eine andere Moderne. Frankfurt a.M.: Suhrkamp.

Beck-Gernsheim, Elisabeth (1983): Vom „Dasein für andere" zum Anspruch auf ein Stück „eigenes Leben". In: Soziale Welt 3, S. 307-340.

Beck-Gernsheim, Elisabeth/Ostner, Ilona (1979): Mitmenschlichkeit als Beruf. Frankfurt/New York: Campus.

Bitzan, Maria (1993): Parteilichkeit zwischen Politik und Professionalität. In: Heiliger, A./Kuhne, T. (Hrsg.): Feministische Mädchenpolitik. München: Frauenoffensive, S. 196-206.

Bitzan, Maria (2007): Weibliche Sozialräume? Lokale Handlungsbedingungen unter geschlechtertheoretischer Perspektive. In: Kessl, F./Otto, H.-U. (Hrsg.): Territorialisierung des Sozialen. Regieren über Soziale Nahräume. Opladen: Barbara Budrich, S. 193-214.

Böhnisch, Lothar/Funk, Heide (2002): Soziale Arbeit und Geschlecht. Weinheim: Juventa.

Böhnisch, Lothar/Winter, Reinhard (1993): Männliche Sozialisation. Bewältigungsprobleme männlicher Geschlechtsidentität im Lebenslauf. Weinheim: Juventa.

Bothfeld, Silke/Gronbach, Sigrid/Riedmüller, Barbara (Hrsg.) (2002): Gender Mainstreaming – eine Innovation in der Gleichstellungspolitik. Zwischenberichte aus der politischen Praxis. Frankfurt a.m.: Campus.

Brand, Gisela/Kootz, Johanna/Steppke, Gisela (1973): Zur Frauenfrage im Kapitalismus. Frankfurt a.M.: Suhrkamp.

Budde, Jürgen (2008): Bildungs(miss)erfolge von Jungen und Berufswahlverfahren bei Jungen/männlichen Jugendlichen. Hg. vom Bundesministerium für Bildung und Forschung. Bd. 23. Bonn/Berlin.

Butler, Judith (1991): Das Unbehagen der Geschlechter. Frankfurt a.M.: Suhrkamp.

Butler, Judith (1995): Körper von Gewicht. Die diskursiven Grenzen des Geschlechts. Frankfurt a.M.: Suhrkamp.

Butler, Judith (2001). Psyche der Macht. Das Subjekt der Unterwerfung. Frankfurt a.m.: Suhrkamp.

Butler, Judith (2002): Zwischen den Geschlechtern. Eine Kritik der Gendernormen. In: Aus Politik und Zeitgeschichte 33-34, S. 6-8.

Butler, Judith (2005): Gefährdetes Leben. Politische Essays. Frankfurt a.M.: Suhrkamp.

Butler, Judith (2006). Haß spricht. Zur Politik des Performativen. Frankfurt a.M.: Suhrkamp.

Butler, Judith (2010): Raster des Krieges. Warum wir nicht jedes Leid beklagen. Frankfurt: Campus.

Choi, Frauke (2009): Leistungsmilieus und Bildungszugang. Zum Zusammenhang von sozialer Herkunft und Verbleib im Bildungssystem. Wiesbaden: VS.

Connell, Robert (1999): Der gemachte Mann. Konstruktion und Krise von Männlichkeiten. Opladen: Leske und Budrich.

Cremers, Michael (2011): Jungenarbeit. In: Ehlert, G./Funk, H./Stecklina, G. (Hrsg.): Wörterbuch Soziale Arbeit und Geschlecht. Weinheim: Juventa, S. 219-220.

Elam, Diane (1994): Feminism and Deconstruction. London/New York: Routledge.

Faulstich-Wieland, Hannelore/Weber, Martina/Willems, Katharina (2004): Doing gender im heutigen Schulalltag. Empirische Studien zur Konstruktion von Geschlecht in schulischen Interaktionen. Weinheim: Juventa.

Fenstermaker, Sarah/West, Candace (2001): „Doing difference" Revisited. Probleme, Aussichten und der Dialog in der Geschlechterforschung. In: Heintz, B. (Hrsg.): Geschlechtersoziologie. Kölner Zeitschrift für Soziologie und Sozialpsychologie. Sonderheft. Wiesbaden, S. 236-249.

Foucault, Michel (1978): Dispositive der Macht. Über Sexualität, Wissen und Wahrheit. Berlin: Merve.

Foucault, Michel (1994): Überwachen und Strafen. Die Geburt des Gefängnisses. Frankfurt a.M.: Suhrkamp.

Foucault, Michel (1997): Der Wille zum Wissen. Sexualität und Wahrheit. Bd. 1. Frankfurt a.M.: Suhrkamp.

Frey, Regina (2003): Gender im Mainstreaming. Geschlechtertheorie und -praxis im internationalen Diskurs. Königstein/Taunus: Ulrike Helmer.

Garfinkel, Harold (1967): Studies in Ethnomethodology. Oxford: Polity Press.

Gilligan, Carol (1984): Die andere Stimme. Lebenskonflikte und Moral der Frau. München: Piper.

Goffmann, Erving (1994): Interaktion und Geschlecht. Frankfurt: Campus.

Gümen, Sedef (1998): Das Soziale des Geschlechts. Frauenforschung und die Kategorie ‚Ethnizität'. In: Das Argument 224, S. 187-202.

Gutiérrez Rogríguez, Encarnación (1996): Frau ist nicht gleich Frau, nicht gleich Frau, nicht gleich Frau … Über die Notwendigkeit einer kritischen Dekonstruktion in der feministischen Forschung. In: Fischer, U. L./Kampshoff, M./Keil, S./ Schmitt, M. (Hrsg.): Kategorie: Geschlecht. Empirische Analysen und feministische Theorien. Opladen: Leske und Budrich, S. 163-190.

Hagemann-White, Carol (1984): Sozialisation: weiblich-männlich? Alltag und Biographie von Mädchen. Opladen: Leske und Budrich.

Hagemann-White, Carol (1993): Die Konstrukteure des Geschlechts auf frischer Tat ertappen? Methodischen Konsequenzen einer theoretischen Einsicht. In: Feministische Studien 2, S. 164-174.

Hagemann-White, Carol (2007): Wir werden nicht zweigeschlechtlich geboren … In: Hark, S. (Hrsg.): Dis/Kontinuitäten: Feministische Theorie. Wiesbaden: VS, S. 27-37 (erstmals 1988 erschienen).

Hartmann, Jutta (2002): Vielfältige Lebensweisen. Dynamisierungen in der Triade Geschlecht-Sexualität-Lebensform. Kritisch-dekonstruktive Perspektiven für die Pädagogik. Opladen: Leske und Budrich.

Hartmann, Jutta (2012): Improvisation im Rahmen des Zwangs. Gendertheoretische Herausforderungen der Schriften Judith Butlers für pädagogische Theorie und Praxis. In: Ricken, N./Balzer, N. (Hrsg.): Judith Butler. Pädagogische Lektüren. Wiesbaden: VS, S. 149-178.

Hirschauer, Stefan (1993): Die soziale Konstruktion der Transsexualität. Frankfurt a.M.: Suhrkamp.

Hurrelmann, Klaus (2006): Einführung in die Sozialisationstheorie. Weinheim: Beltz.

Kalpaka, Annita/Räthzel, Nora (1985): Paternalismus in der Frauenbewegung? Zu den Gemeinsamkeiten und Unterschieden zwischen eingewanderten und einheimischen Frauen. In: Informationsdienst zur Ausländerarbeit 3, S. 21-28.

Kessl, Fabian/Plößer, Melanie (Hrsg.) (2010): Differenzierung, Normalisierung, Andersheit. Soziale Arbeit als Umgang mit den Anderen. Wiesbaden: VS.

Kessler, Suzanne/McKenna, Wendy (1978): Gender. An Ethnomethodological Approach. New York: University of Chicago Press.

Knapp, Gudrun-Axeli (1988): Die vergessene Differenz. In: Hark, S. (Hrsg.): Dis/Kontinuitäten. Feministische Theorie. Opladen, S. 252-272.

Knorr-Cetina, Karin (1989): Spielarten des Konstruktivismus. Einige Notizen und Anmerkungen. In: Soziale Welt 40, S. 86-96.

Krüger, Helga/Born, Claudia (2000): Vom patriarchalen Diktat zur Aushandlung – Facetten des Wandels der Geschlechterrollen im familialen Generationenbund. In: Kohli, M./Szydlik, M. (Hrsg.): Generationen in Familie und Gesellschaft. Opladen: Leske und Budrich, S. 203-221.

Lorey, Isabell (1996): Immer Ärger mit dem Subjekt. Tübingen: Diskord.

Lorey, Isabell (1997): Das Problem des Souveräns. In: Texte zur Kunst 28, 7, S. 171-175.

Maihofer, Andrea (1995): Geschlecht als Existenzweise. Frankfurt a.M.: Ulrike Helmer.

Meyer-Drawe, Käte (1990): Provokationen eingespielter Aufklärungsgewohnheiten durch ‚postmodernes Denken'. In: Krüger, H.-H. (Hrsg.): Abschied von der Aufklärung. Perspektiven der Erziehungswissenschaft. Opladen: Leske und Budrich, S. 81-90.

Micus-Loos, Christiane (2004): Gleichheit-Differenz-Konstruktion-Dekonstruktion. In: Glaser, E./Klika, D./Prengel, A. (Hrsg.): Handbuch Gender und Erziehungswissenschaft. Bad Heilbrunn/Obb.: Klinkhardt, S. 112-126.

Micus-Loos, Christiane (2012): Bildung, Identität, Geschichte. Ost- und westdeutsche Generationserfahrungen im Spiegel autobiographischer Texte. Paderborn: Schöningh.

Mitscherlich, Margarete (1985): Die friedfertige Frau. Frankfurt a.M.: Fischer.

Mollenhauer, Klaus, 1991: Vergessene Zusammenhänge. Über Kultur und Erziehung. Weinheim: Juventa.

Paulus, Stanislawa (2001): Identität außer Kontrolle. Handlungsfähigkeit und Identitätspolitik jenseits des autonomen Subjekts. Hamburg: Lit.

Plößer, Melanie (2005): Dekonstruktion-Feminismus-Pädagogik. Bielefeld: Ulrike Helmer.

Savier, Monika/Wildt, Carola (1978): Mädchen zwischen Anpassung und Widerstand. München: Frauenoffensive.

Scheu, Ursula (1977): Wir werden nicht als Mädchen geboren, wir werden dazu gemacht. Frankfurt a.M.: Fischer.

Schnack, Dieter/Neutzling, Rainer (1990): Kleine Helden in Not. Jungen auf der Suche nach Männlichkeit. Reinbek.

Schultz, Dagmar (1990): Unterschiede zwischen Frauen – ein kritischer Blick auf dem Umgang mit ‚den Anderen' in der feministischen Forschung weißer Frauen. In: Beiträge zur feministischen Theorie und Praxis 27, S. 45-57.

Staub-Bernasconi, Silvia (1995): Systemtheorie, Soziale Probleme und Soziale Arbeit. Bern/Stuttgart/Wien: Haupt.

Stecklina, Gerd (2012): Zum Verhältnis von Theorien der Sozialen Arbeit und Geschlechterdimension. In: Bütow, B./Munsch, C. (Hrsg.): Soziale Arbeit und Geschlecht. Münster: Westfälisches Dampfboot, S. 108-127.

Thiersch, Hans (1992): Lebensweltorientierte Soziale Arbeit. Aufgaben der Praxis im sozialen Wandel. Weinheim: Juventa.

Thürmer-Rohr, Christina (1983) Aus der Täuschung in die Ent-täuschung: zur Mittäterschaft von Frauen. In: Beiträge zur feministischen Theorie und Praxis 6, 8, S. 11-25.

Voigt-Kehlenbeck, Corinna (2001): … und was heißt das für die Praxis? In: Fritzsche, B. et al. (Hrsg.): Dekonstruktive Pädagogik. Opladen: Leske und Budrich, S. 237-254.

Wartenpfuhl, Birgit (2000): Dekonstruktion von Geschlechtsidentität-Transversale Differenzen. Eine theoretisch-systematische Grundlegung. Opladen: Leske und Budrich.

West, Candace; Zimmerman, Don H. (1987): Doing Gender: In: Gender and Society 1, 2, S. 125-151.

Zander, Margaretha/Hartwig, Luise/Jansen, Irma (Hrsg.) (2006): Geschlecht Nebensache? Zur Aktualität einer Gender-Perspektive in der Sozialen Arbeit. Wiesbaden: VS.

Die Macht der (Geschlechter-)Norm. Überlegungen zur Bedeutung von Judith Butlers dekonstruktiver Gendertheorie für die Soziale Arbeit

Melanie Plößer

1. Zur Bedeutung der (Geschlechter-) Differenzforschung für die Soziale Arbeit

Wenngleich die durch die zweite Frauenbewegung angeregte Entwicklung einer geschlechterbewussten Sozialen Arbeit seit den 1970er Jahren eine beeindruckende Weiterentwicklung und Ausdifferenzierung erfahren hat, überrascht dennoch das nach wie vor in Wissenschaft, sozialer Praxis und Ausbildung zu verzeichnende Verständnis von „Gender" als einem „Spezialthema" Sozialer Arbeit (vgl. Bütow/Munsch 2012, vgl. dazu auch Rose und Stecklina in diesem Band). Anerkennung der Geschlechterdifferenz scheint – so der Eindruck beim Blick auf aktuelle Publikationen, Ausbildungscurricula, Handlungsfelder und Konzepte Sozialer Arbeit – immer nur ein zusätzlicher Fokus zu sein, der den allgemeinen Blick, die allgemeinen Theorien und Lehrinhalte ergänzen, nicht aber ersetzen kann.

Diese Ausweisung der Geschlechterdifferenz als spezielles und/oder zusätzliches Thema der Sozialen Arbeit verwundert umso mehr, als „die Konstruktion von Unterschieden und die Praxis des Unterscheidens (…) als nicht vermeidbare und stets zu hinterfragende Voraussetzung Sozialer Arbeit gesehen werden" (Mecheril/Melter 2010: 117) kann. So zeigt auch Susanne Maurer (2001) auf, dass und wie Soziale Arbeit durch den gleichsam doppelten Bezug auf Differenz – und zwar einerseits im Sinne einer theoretischen Orientierung auf Differenz und andererseits im Sinne eines praktischen Umgangs mit dieser Differenz – Adressaten und Adressatinnen differenzierend ordnet, diese als normal oder als anders konstruiert und damit sowohl zu einer Normalisierung und Stabilisierung als aber auch zu einer Skandalisierung und Kritik bestehender Differenz- und Ungleichheitsverhältnisse beitragen kann.

Weil Soziale Arbeit also immer auch als „(…) Umgang mit Differenzen und zwar sowohl im Sinne von Ungleichheit wie auch von Verschiedenheit" (Rommelspacher 2007: 70) verstanden werden kann, muss davon ausgegangen werden, dass diese eine große Chance vergibt, wenn sie sich nicht den angeblichen Spezialdisziplinen wie der Migrationsforschung, den Disability

Studies oder eben den Gender Studies zuwendet und nach der Bedeutung der durch diese Differenzforschungen entwickelten Perspektiven und Theorien für die Bestimmung der Gegenstände und Aufgaben Sozialer Arbeit fragt. Schließlich können Differenztheorien der Sozialen Arbeit Antworten auf die Fragen geben, was Differenzen überhaupt sind, wie mit diesen in Forschung und sozialer Praxis umgegangen werden kann und welche Effekte aus diesen Umgangsweisen resultieren können. Die für diese Diskurse charakteristischen Fokussierungen der Differenz können mithin als Lupen verstanden werden, durch die solche Fragen und Probleme hervorgehoben werden, die sich der Sozialen Arbeit stellen. Dementsprechend können auch die in der Genderforschung entwickelten Antworten auf Fragen von Differenzierung, Ungleichheit und Macht Hinweise auf allgemeine Herausforderungen und Themen sozialarbeiterischer Theorie und Praxis geben.

Nun gibt es allerdings nicht *die* Gendertheorie, deren allgemeine Bedeutung für die Soziale Arbeit diskutiert werden kann, sondern eine Vielzahl gendertheoretischer Ansätze, die für die Soziale Arbeit eine ebenso große Vielfalt an Implikationen und Übertragungsmöglichkeiten bereitstellen (vgl. zu den aktuellen Themenfelder und Theorien der Genderforschung etwa Becker/Kortendiek 2010). Während etwa strukturtheoretische Ansätze die gesellschaftlichen Geschlechterverhältnisse zu analysieren und dabei strukturelle Ungleichheiten aufzudecken suchen, geht es in den sozialkonstruktivistischen wie auch in den dekonstruktiven Theorien eher um die Frage, wie das Individuum eine männliche oder weibliche Geschlechtsidentität erhält, bzw. sich selber als weiblich oder männlich versteht. Und während sozialkonstruktivistische Ansätze die Differenz dabei vor allem als Resultat sozialen Tuns begreifen und das Doing Gender innerhalb von Interaktionen und Institutionen zu analysieren suchen, geht es der sogenannten dekonstruktiven Gendertheorie darum, die Ordnungen und Normen, nach denen die Konstruktionen erfolgen, aufdecken und in Frage stellen zu wollen (vgl. Degele 2008, vgl. zu den Konsequenzen der jeweiligen Theorien für die Soziale Arbeit auch Micus-Loos in diesem Band). So versteht etwa die US-amerikanische Philosophin und Gendertheoretikerin Judith Butler, derzeit bekannteste Vertreterin einer dekonstruktiven Geschlechtertheorie, die Konstruktion von Geschlechterdifferenzen als machtvollen Prozess, im Zuge dessen sich das Subjekt vorgängigen Normen unterwerfen muss, um als sozial intelligibel und anerkennbar zu erscheinen (vgl. Butler 1991, 2009). Wie Kerstin Jergus (2012) deutlich macht, werde durch Butlers dekonstruktive Analyse des Zusammenhangs von Geschlechterdifferenz und Norm „eine grundlegend sozialtheoretische Perspektive der Konstitution von Subjektivität und sozialer Ordnung" (Jergus 2012: 32) eröffnet. So gibt Judith Butler (2009) Hinweise auf die „Macht der Geschlechternormen" (vgl. Butler 2009) und verdeutlicht dabei, wie Subjekte durch Normen sowohl hervorgebracht wie auch diszipliniert und begrenzt werden. Für die Soziale Arbeit, für die der Bezug auf die

Differenz und Normen konstitutiv ist, erweist sich eine solche Perspektiveröffnung als vielversprechend. Insofern Soziale Arbeit nämlich als „(…) organisierte Prozesse einer aktiven Unterstützung von Subjektivierungsweisen, die als sozial problematisch markiert werden" (Kessl/Otto 2010: 1079), mithin als Differenz- oder „Grenzbearbeiterin" (Kessl/Maurer 2011), zu verstehen ist, bietet es sich an, die dekonstruktive Gendertheorie danach zu fragen, wie Subjektivierungsweisen und Differenzierungen erfolgen. Es gilt danach zu fragen wie und warum Subjekte als ‚anders' und mithin als problematisch markiert werden (können) und welche Effekte der (sozialarbeiterische) Bezug auf die als problematisch markierten Subjektivierungsweisen und Differenzpositionen zeitigen kann.

Im Folgenden soll deshalb der Bedeutung dekonstruktiver Gendertheorien für die Soziale Arbeit nachgegangen werden. Vor diesem Hintergrund interessiert in einem ersten Schritt, wie Judith Butler als Vertreterin einer dekonstruktiven Gendertheorie die Erzeugung geschlechtlicher Subjekte versteht. Wie erfolgen also geschlechtliche Subjektivierungen? Und welche Konsequenzen haben diese Subjektivierungsprozesse, bzw. die Bedingungen entlang derer diese erfolgen, für die Subjekte? In einem zweiten Schritt sollen dann mögliche Implikationen aus der dekonstruktiven Gendertheorie für die Soziale Arbeit aufgezeigt werden. Welche Perspektive eröffnet der Ansatz auf den Gegenstand und die Funktion Sozialer Arbeit? In einem abschließenden Zugang werden dann mögliche Perspektiven und Verständnisse einer von der dekonstruktiven Gendertheorie informierten Sozialen Arbeit vorgestellt.

2. Subjektivierungsweisen: Die Perspektive der dekonstruktiven Gendertheorie

Dekonstruktive Ansätze der Geschlechterforschung richten ihren Fokus auf die Normen und Ordnungen, entlang derer intelligible und anerkannte Identitäten wie auch Ausschließungen und nicht anerkannte Subjektpositionen produziert werden. So erweisen sich für Judith Butler Identitäten als vorläufige Ergebnisse sprachlicher Anrufungen (vgl. Butler 2001). Diese performative Wirkmacht sprachlicher Anrufungen wird von der Philosophin am Beispiel des Ausrufs einer Hebamme bei der Geburt eines Kindes verdeutlicht. So werde mit dem Ausruf „Es ist ein Mädchen" ein Vorgang der Erzeugung einer Geschlechtsidentität eingeleitet, im Zuge derer das Kind zum Mädchen wird (vgl. Butler 1997: 318f.). Durch den Ausspruch wird also nichts festgestellt oder repräsentiert, sondern ganz im Gegenteil erst ein „Prozeß initiiert, mit dem ein bestimmtes ‚Zum Mädchen-Werden' erzwungen wird" (Butler 1997: 318). Die Anrufung besitzt damit für das Subjekt einen normativen Aufforderungscharakter: „Werde ein Mädchen!" (vgl. dazu auch Mecheril/Plößer 2012). Eine Geschlechtsidentität wird also erst in dem Akt der Anrufung hervorgebracht; sie erweist sich damit

„als performativ, d.h., sie selbst konstruiert die Identität, die sie angeblich ist. [...] Hinter den Äußerungen der Geschlechtsidentität (gender) liegt keine geschlechtlich bestimmte Identität (gender identity). Vielmehr wird diese Identität gerade performativ durch diese Äußerungen konstituiert, die angeblich ihr Resultat sind" (Butler 1991: 49).

Allerdings erfolgen die Anrufungen und damit die Produktionen von Geschlechteridentitäten nicht frei, sondern entlang vorgängiger Normen. So zieht die Anrufung ihre produktive Kraft, eine Identität hervorzubringen, erst aus einer Kette von Wiederholungen, die sich zu Normen verdichtet haben (Butler 1993: 124f.). Diese Normen, die durch das Prinzip der Wiederholbarkeit in der sprachlichen Äußerung wirken, sind damit dem Subjekt immer schon vorgängig. Die Normen müssen von dem Subjekt – will es intelligibel sein bzw. nicht außerhalb der Ordnung sein – aufgegriffen, angenommen und bearbeitet werden.

Dabei stellt eine zentrale Norm, entlang derer die Anerkennbarkeit von Männlichkeiten und Weiblichkeiten reguliert und geordnet wird, die Norm der Heterosexualität dar. Das heißt: Eine Geschlechtsidentität erscheint dann als ‚richtig' und ‚normal', wenn Geschlechtskörper und Geschlechtsidentität gemäß einer heterosexuellen Norm aufeinander bezogen sind, wenn also eine weibliche Geschlechtsidentität auf einem als weiblich markierten Geschlechtskörper basiert und ein auf Männer gerichtetes Begehren zeigt (Butler 1991: 37ff.). Die Anrufung als Mann oder Frau ist also machtvoll – so das Ergebnis der Butlerschen Analyse – weil in diesen Anrufungen immer auch Normen, zum Beispiel die der Heteronormativität, widerhallen. Weiblich oder männlich werden, bedeutet damit auch der heterosexuellen Matrix entsprechen zu sollen.

Judith Butler versteht Subjektivierung damit als Prozess, im Zuge dessen sich das Individuum vorgängigen Identitätsnormen – beispielsweise der Norm der Heteronormativität oder der Zweigeschlechtlichkeit – unterwirft. Normen wirken also für Butler „innerhalb sozialer Praktiken als impliziter Standard der *Normalisierung*" (Butler 2009: 73), insofern in ihnen wirkmächtige Vorstellungen darüber transportiert werden, was z.B. ein anerkennenswertes weibliches Lebensmodell ist, und sie fungieren als Formen „sozialer Macht" (Butler 2009: 84), weil durch sie geregelt und definiert wird, was als männlich oder was als weiblich gilt.

Subjektbildung und Identitätskonstitution werden damit immer auch als normativ vermittelte Phänomene verstanden. Träger dieser symbolischen Repräsentationen und Normen und damit Medium der machtvollen Erzeugung von Identitäten sind Diskurse und Sprache. In und durch Diskurse(n) und Wissensordnungen werden Normen vermittelt und Identitätspositionen – und zwar sowohl Identitätspositionen, die als anerkennbar und lebbar gelten, als auch diejenigen, die dies nicht sind – produziert (vgl. Butler 1991). Die von Butlers Theorie beförderte Einsicht in die Abhängigkeit von Geschlechtsidentitäten von vorgängigen Normen verdeutlicht mithin,

„dass ein bestimmtes Wissen darüber, was Männer und Frauen sind (gleichgültig, ob sich dieses Wissen im konkreten Fall als zutreffend erweist oder nicht), den Rahmen dafür schafft, welche Formen von Identität existieren können und dürfen" (Winker/Degele 2009: 21).

Allerdings sind Identitäten nicht allein Ergebnisse normativer Anrufungen, vielmehr erweisen sich diese auch als Effekte einer psychischen „Umwendung" auf diese Anrufungen (Butler 2001: 157). Wird ein Individuum z.b. als ‚Mann' angerufen, wirken in dieser Anrufung vorgängige Bilder, Bedeutungen und Normen (aus Medien, Alltagshandlungen, wissenschaftlichen Diskursen usw.) mit, die in die Identifizierung des Subjekts mit hineinwirken und die Subjektivierungen und Identitätskonstruktionen des Subjekts prägen (Butler 2002: 312). Ein Mann zu werden, heißt für Butler, als Mann angerufen zu werden und diese Anrufungen auch identitäts-bildendend umzusetzen, sich selber als ‚männlich' zu verstehen und zu inszenieren und z.b. einen als ‚männlich' codierten Beruf zu wählen. Im Rahmen der notwendigen Bezugnahme der Subjekte auf die Normen erfolgt also immer auch eine Wendung der Normen auf die eigene Identität, indem sich die Subjekte als männlich oder weiblich identifizieren und damit die Normen aktiv bestätigen oder auch in Frage stellen und verschieben. Identitäten sind Ergebnis vorgängiger Differenzordnungen, deren impliziten Normen von den Subjekten – um intelligibel zu werden – angeeignet und bearbeitet werden. Folglich regiert die Norm die soziale Intelligibilität einer Handlung und sie ermöglicht, dass Individuen als Subjekte, als Frauen oder Männer anerkannt werden (Butler 2009: 73). Zugleich formiert sich für die Subjekte über die Aneignung und Auseinandersetzung mit diesen Normen ein Verständnis von sich selbst als ‚Mann' oder ‚Frau'. Eine Identitätsposition erweist sich damit für Butler als „eine Praxis der Improvisation im Rahmen des Zwangs" (Butler 2009: 9).

Die dekonstruktive Theorie der Geschlechterdifferenz macht damit deutlich, dass Geschlechteridentitäten weder natürlich noch Ausdrucksformen eines autonomen Selbst sind. Vielmehr erweist sich die Geschlecht-Werdung, wie auch allgemein die Subjektivierung, als Praxis der ständigen Wiederholung und Zitation vorgängiger Normen (vgl. Butler 1991).

Diese Wiederholungspraxis impliziert nun zweierlei: Zum einen ist sie – wie Paula Irene Villa (2006) in ihren Auseinandersetzungen mit den Arbeiten Butlers deutlich macht – anstrengend und aufwendig (vgl. Villa 2006: 219). Sie verlangt den Subjekten ein hohes Maß an (Selbst-)Disziplinierung ab. Um etwa als Frau oder als Mann (an-)erkennbar zu sein, braucht es eine Vielzahl von Prozeduren, Wiederholungen und Anstrengungen, die als solche nie zu einem Ende kommen und für die „ein enormer disziplinärer Aufwand nötig" (Villa 2007: 183) ist. So sind beispielsweise „vielfältige Strapazen, Kontrollen, Zurückhaltungen usw. (...) Diäten, schmerzhaftes Epilieren von Körper-haaren, unbequeme Kleidung, Sport usw. (...) Teil der Mühen eine ‚normale' Frau zu sein" (ebd.).

Zweitens macht das dekonstruktive Verständnis von Geschlecht deutlich, dass die Norm vom Subjekt zwar wiederholt, niemals aber „vollständig verin-nerlicht werden kann" (Butler 1991: 207). So kann die im Zuge der Subjekt-werdung geforderte Wiederholung von Normen, insofern sich diese an einem imaginären Idealbild orientiert, nie ganz rein sein und nie ganz gelingen. Um also als Subjekt lebbar und intelligibel zu werden, um also als ‚richtige' Frau oder als ‚richtiger' Mann erkannt und anerkannt zu werden, ist der Bezug auf die Norm unhintergehbar und sind vielfältige Disziplinierungen und Anpas-sungen an die Idealbilder notwendig. So sind diese „normative(n) Idealvor-stellungen, z.B. von ‚der' Heterosexualität oder ‚des' Geschlechts abstrakte Konstrukte, Abstraktionen von der Wirklichkeit, die als idealisierte Vorstel-lungen die faktisch vielfältige Wirklichkeit regulieren" (Villa 2007: 183).

Gerade weil die Identifizierung als Frau oder Mann also keinem Original folgt, sondern an imaginären Frauen- bzw. Männer-Bildern ausgerichtet ist, kann diese auch nie vollständig gelingen. Während sich durch Wieder-holungen von Identitätsnormen also auf der einen Seite eine Identität for-miert, wird eine vollständige Identifizierung angesichts des imaginären Status dieser Norm nun auf der anderen Seite genau verfehlt. Ein Umstand der neue Wiederholungen und Rezitationen zeigt.

„Reale Subjekte (...) schaffen (konstruieren) sich aktiv in der Auseinandersetzung mit normativen Konstitutionsverhältnissen eine Identität – und zwar andauernd, immer wieder (und wenn auch nur minimal) anders, eigensinnig. Wir scheitern – so betrachtet – bei dieser alltäglichen Konstruktionsarbeit an der Verkörperung von ‚Normen'" (Villa 2006: 229).

Erweisen sich die Zitationen der Geschlechternorm und die damit einherge-henden Praxen der Disziplinierung und Anstrengungen, diese zu verkörpern, also einerseits als unvermeidbar, um als Subjekt anerkennbar zu werden, so muss die Norm andererseits immer auch als unerreichbares Ideal verstanden werden, als Idealbild, das von den Subjekten ob seines imaginativen Charak-ters nie verkörpert werden kann.

Der Rückgriff auf Butlers Gendertheorie, innerhalb derer Subjekte als durch vorgängige Normen und Differenzordnungen hervorgebracht verstan-den werden, eröffnet nun – so die These dieses Aufsatzes – weiterführende Perspektiven für die Theorien der Sozialen Arbeit: Zum einen macht die dekonstruktive Gendertheorie deutlich, dass die Anrufung von Subjekten als produktiver wie auch als machtvoller Prozess verstanden werden muss: Pro-duktiv ist die Anrufung, weil das Individuum durch die Annahme, aber auch durch die Bearbeitung und Verschiebung der Anrufung zum Subjekt, mithin zum Mann oder zur Frau wird. Und machtvoll ist die Anrufung, weil in ihr immer auch Normen zitiert und transportiert werden, die die Anerkennbarkeit des Subjekts vorgängig regulieren und damit sowohl anstrengende Prozeduren und Disziplinierungen notwendig machen, diese Subjektivierungsprozeduren aber auch stets vom Scheitern und Nicht-Erreichen bedroht sind. Butlers dekonstruktive Gendertheorie lässt damit erkennbar werden, dass es sich bei Differenzkategorien wie Geschlecht, Sexualität, Migration immer auch um Kategorien der Macht handelt, insofern bestimmte Subjektpositionen privilegiert und solche Positionen abgewertet und diskriminiert werden, die den dominanten Normen nicht entsprechen. Zugleich wird mit Butlers Genderverständnis erkennbar, welche Anstrengungen die Subjekte aufbringen müssen, um den aktuellen Geschlechternormen zu entsprechen, und damit als anerkennbar und intelligibel zu gelten.

Ihre Überlegungen zur Konstituierung der Geschlechterdifferenz entlang von Normen bieten damit bedeutsame Anhaltspunkte für die theoretischen Bestimmungsversuche Sozialer Arbeit (vgl. zum pädagogischen Gehalt der Theorien von Judith Butler genauer Balzer/Ricken 2012). Zum einen helfen sie der Sozialen Arbeit ihren *Gegenstand* näher bestimmen zu können. Genauer: Die dekonstruktive Gendertheorie eröffnet der Sozialen Arbeit ein weiterführendes Verständnis von den sozialen Problemen, mit denen sie es zu hat. Weiterhin können die Butlerschen Überlegungen herangezogen werden, um die *Verstrickung der Sozialen Arbeit* in Normalisierungsanforderungen und -praxen aufzudecken und zu erhellen. Insofern sich Soziale Arbeit nämlich in einem (an-)kennenden Sinne auf Subjektpositionen bezieht, drohen die den Subjekten vorausgehenden Differenz- und Normalitätsordnungen durch diesen anerkennenden Bezug (re-)produziert zu werden.

3. Perspektiven der dekonstruktiven Genderforschung auf den Gegenstand Sozialer Arbeit

Im Zuge der Butlerschen Überlegungen zur Konstituierung eines (an)erkennbaren Subjekts entlang vorgängiger Geschlechternormen wird eindrucksvoll vorgeführt, inwieweit die Anerkennbarkeit des Subjekts insgesamt von der Wiederholung von Normen abhängt, also Subjektwerdung immer auch Normalisierung und Disziplinierung bedeutet. So erweisen sich Subjektivierungsweisen vor dem Hintergrund der Butlerschen Überlegungen dann als problematisch bzw. drohen dann als problematisch markiert zu werden, wenn die jeweiligen Subjektpositionen als außerhalb der Norm, als ‚anders' konstruiert werden.

So macht das Butlersche Subjektverständnis zum einen darauf aufmerksam, dass durch die Subjektivierung entlang vorgängiger Normen immer auch ein Bereich entworfen wird, der als das Andere, das Nicht-Normale gilt.

Schließlich bildet sich das Subjekt erst „durch Differenzierungsakte, die das Subjekt von einem konstitutiven Außen scheiden, einem Gebiet verworfener Andersheit" (Butler 1995: 44). Wie insbesondere auch Studien zur Gouvernementalität im Anschluss an Foucault (vgl. dazu etwa Anhorn/Bettinger/ Stehr 2007; Kessl 2005) deutlich machen, erzeugen Normen Homogenität und Normalität. Gleichzeitig werden durch genau diese Normalisierungsverfahren Ausschlüsse und nicht-intelligible Subjektpositionen erzeugt, die dann als „sozial problematisch markiert werden" (Kessl/Otto 2010: 1079). Die Konstituierung normaler Subjektpositionen führt allerdings – auch das macht Butlers Ansatz deutlich – nicht nur zu einem Ausschluss und einer Abwertung von Positionen, die als anders gelten, sondern auch zu einer erhöhten Anforderung an die (noch) als anerkennbar geltenden, mithin die als ‚normal' markierten Subjekte. So impliziert der drohende Ausschluss aus dem Bereich des Intelligiblen auch die Aufforderung zur Selbstdisziplinierung und Aktivierung der Subjekte, das heißt zu einer Anregung von Selbstführungsweisen, die den je aktuellen Normalitätsanforderungen entsprechen. Problematisch wird die geforderte Normalisierungsarbeit nun vor allem dann, wenn die Subjekte nicht oder nicht in einem ausreichendem Maße über Ressourcen verfügen, um den je aktuellen Normen nachzukommen, entlang derer reguliert wird, was denn ein (an)erkennbares Subjekt ist, was also beispielsweise ein anerkennbarer Schüler, eine gute Mutter, ein richtiger Mann oder eine gute Arbeitnehmerin ist.

Subjektivierungsweisen, so ließe sich also mit Butler festhalten, werden also auch dann zum Gegenstand sozialarbeiterischer Interventionen, wenn die Subjekte in ihren Bemühungen den gängigen Normen und Ordnungen, so etwa den Körper-, Sexualitäts-, Arbeits- oder Geschlechternormen zu entsprechen, nicht über die für diese Normalisierungsarbeiten erforderlichen Ressourcen verfügen. Dies erweist sich umso problematischer als sich aktuell eine Erhöhung der Selbstdisziplinierungsanforderungen an die Subjekte verzeichnen lässt (z.B. in der Arbeit flexibel zu sein, Familie und Karriere vereinbaren zu können, gute und kundige KonsumentInnen zu sein usw.). Die scheinbare ‚Freiheit' zur Lebensgestaltung entpuppt sich dabei als neoliberale Responsibilisierungsstrategie, als Aufforderung zum Selbstmanagement und zur selbstverantwortlichen Lebensgestaltung (vgl. Kessl 2005; Kessl/Otto 2010).

Gleichzeitig geraten die für diese normativen Selbstdisziplinierungs- und Subjektivierungsweisen notwendigen strukturellen Bedingungen und Voraussetzungen, wie auch die dafür notwendigen ökonomischen und sozialen Ressourcen, im Zuge der Reorganisationen des Wohlfahrtsstaates zunehmend aus dem Blick (auch aus der Sozialen Arbeit) und droht die Verantwortung für das Gelingen der Subjektivierungsanforderungen den Einzelnen überantwortet zu werden (vgl. Kessl/Otto 2010). Eine solche Entwicklung lässt sich aktuell im Diskurs um die ‚neue Unterschicht' nachzeichnen. Hier machen

Fabian Kessl, Christian Reutlinger und Holger Ziegler (2007) deutlich, wie durch diskursive Konstruktionen Armut nicht mehr als Ausdruck struktureller Ungleichheit, sondern als personen- und verhaltensbezogenes Problem bestimmt wird – mit der Konsequenz, dass Ausschlüsse aus dem Bereich der Anerkennbaren nicht mehr als Folgen ungleicher Ressourcen und problematischer Normen erkennbar, sondern als falsche Kultur oder als problematische Verhaltensweise den Subjekten selber angelastet werden.

Der Rückgriff auf dekonstruktive Gendertheorien, die auf die Macht der (Gender-)Normen verweisen, kann damit das Verständnis vom Gegenstand sozialarbeiterischer Interventionen erweitern helfen. Während lebensweltorientierte Konzepte den Gegenstand Sozialer Arbeit vor allem in den ungleichen lebensweltlichen Bedingungen der AdressatInnen zu bedenken suchen oder systemtheoretische Ansätze die Ausschlüsse von Subjekten aus Funktionssystemen thematisieren, wird durch dekonstruktive Ansätze eine Ebene der Ausgrenzung in den Fokus gerückt, die sich durch die Konstituierung des Subjekts entlang normativer Ordnungen ergibt. Im Zuge dekonstruktiver Geschlechtertheorien erweisen sich nämlich nicht erst die fehlende Anerkennung oder die mangelnde Ausstattung von Subjekten mit Ressourcen oder Rechten als problematisch, sondern bereits solche Normen (z.B. über Weiblichkeit oder Männlichkeit, Körper, Sexualität oder Gesundheit), die im Zuge der Subjektivierung wirksam werden, entlang derer die Produktion von anerkennbaren und nicht-anerkennbaren Identitätspositionen reguliert wird und anhand derer die Verteilung von Ressourcen vorgenommen wird (vgl. Butler 1997: 310ff.). Unterstützungsbedarfe der Subjekte resultieren dann zum einen daraus, dass diese wie etwa im Fall des Unterschichtsdiskurses als ,anders', ihre Subjektivierungsweisen als nicht anerkennbar konstruiert werden, gleichzeitig aber die Normen und Bedingungen, entlang derer die Subjektivierungsweisen erfolgen und mithilfe derer dann über Anerkennbarkeit oder Nicht-Anerkennbarkeit entschieden wird, ausgeblendet und nicht berücksichtigt werden. Darüber hinaus entstehen Unterstützungsbedarfe darüber, dass Subjekte an den Normalitätsanforderungen und den damit einhergehenden Selbst-Disziplinierungen und Selbst-Responsibilisierungen zu scheitern drohen, dass sie unter den Anstrengungen, derer es bedarf, um als intelligibel oder anerkennbar zu gelten, leiden.

Aufgabe der Sozialen Arbeit – so die Erkenntnis dekonstruktiver Gendertheorien – wäre dann die Unterstützung und Normalisierung solcher Subjektpositionen, die den Normalitätsordnungen nicht entsprechen bzw. als anders markiert sind. Und Aufgabe der Sozialen Arbeit wäre es weiterhin, die Subjekte in ihren Bemühungen zu unterstützen, Normalitätsanforderungen nachzukommen, indem ihnen Ressourcen zur Verfügung gestellt werden oder strukturelle Benachteiligungen verändert werden.

Allerdings – auch das kann als eine Einsicht aus der Beschäftigung mit der dekonstruktiven Gendertheorie Judith Butlers verstanden werden – ist die Soziale Arbeit nicht nur Teil der Lösung, sondern auch Teil des Normierungsproblems. So wird vor dem Hintergrund der dekonstruktiven Gendertheorien auch ersichtlich, dass sich die Differenz zwischen den als normal geltenden Subjektpositionen und denen, die als problematisch oder unterstützungswürdig gelten, nicht als natürliche, sondern als konstruierte, als durch Bezug auf vorgängige Normen produzierte Differenz erweist. An dieser (Re-) Produktion der Differenz ist nun aber gerade auch die Soziale Arbeit aktiv beteiligt. Schließlich wird die Einteilung in anerkennbare und nicht anerkennbare Subjekte und Subjektivierungsweisen, mit der für die Soziale Arbeit konstitutiven Orientierung an der Unterscheidung zwischen als sozial problematisch und nicht-problematisch markierten Subjektivierungsweisen und dem Auftrag der Bearbeitung dieser Differenz, immer wieder (re-)produziert und bestätigt.

Soziale Arbeit erweist sich somit immer auch als Teil einer „Normalisierungsmacht" (Maurer 2001: 125), insofern sie Differenzierungen der Subjekte entlang von Normalitätsmodellen vornimmt, Subjektivierungsweisen als entweder problematisch oder unproblematisch markiert und die Subjekte entlang dieser normativen Ordnungen zu integrieren und normalisieren sucht. Wenn Soziale Arbeit zum Beispiel arbeitslose Menschen ‚aktivieren' und in Arbeit integrieren will oder Kochkurse für Mütter anbietet, die ALG II Leistungen beziehen, wird diese Verstrickung Sozialer Arbeit in die Unterscheidungen von Subjektivierungsweisen, die als normal und solchen, die als problematisch gelten, besonders deutlich (vgl. Plößer 2010: 223). Die Subjekte werden in den genannten Beispielen durch die institutionellen Angebote als sich nicht gesund ernährende Mütter oder als nicht aktive, unmotivierte Subjekte angerufen und mit und in dieser Anrufung werden ihre Subjektpositionen und ihre Formen der Subjektivierung als problematisch markiert und produziert (vgl. dazu auch Szemerédy 2001: 262ff.).

Dementsprechend fordert die dekonstruktive Geschlechtertheorie die Soziale Arbeit auch dazu auf, die für sie konstitutive Unterscheidungspraxis in ‚unterstützenswerte' und ‚nicht-unterstützenswerte' Subjekte zu bedenken (vgl. Mecheril/Melter 2010: 125f.). Wenn nämlich die Konstitutierung von lebbaren, anerkennbaren und mithin unterstützenswerten Subjektpositionen untrennbar mit der Konstitutierung von Positionen verwoben ist, die als nicht anerkennbar und unterstützungsbedürftig gelten, gilt es den Blick darauf zu richten, durch welche Normen, die jeweiligen Differenzen und Positionen (re-)produziert werden. Wessen Subjektivierungsweisen gelten warum als problematisch oder unterstützungsbedürftig? Und wer wird von den sozialarbeiterischen Leistungen und Angeboten ausgeschlossen? Wer darf und soll durch Soziale Arbeit nicht unterstützt werden? Kann die illegalisierte Migrantin Zuflucht im Frauenhaus finden und dort Unterstützung und Beratung er-

halten oder findet sie dort kein Angebot (vgl. zu diesem Beispiel Groß-
maß/Perko 2011: 63f.)? Wie Paul Mecheril und Claus Melter deutlich machen, steht Soziale Arbeit zum Beispiel immer auch

„in einem Spannungsfeld zwischen fördernder Sozialgesetzgebung und ausgrenzender
Zuwanderungsgesetzgebung. Die historische Praxis der Einteilung in Hilfebedürftige,
denen Hilfe zukommt, da sie als ‚eigene‘ und damit legitim hilfsbedürftig gelten, und
‚Hilfsbedürftigen‘, die keine Unterstützung bekommen, da sie als ‚Fremde‘ gelten, wird
von ihr fortgesetzt" (Mecheril/Melter 2010: 126).

4. Möglichkeiten einer durch dekonstruktive Gender- theorien informierten Sozialen Arbeit

Wie kann Soziale Arbeit nun mit dieser Verstrickung in die Normen, entlang
derer Anerkennung reguliert wird, umgehen? Wie kann sie den Blick auf ihre
eigene Ausschlüsse und Normierungsprozesse richten? Auch darauf gibt die
dekonstruktive Gendertheorie Judith Butlers erste Antworten. Unterscheiden
lassen sich dabei mögliche Konsequenzen der dekonstruktiven Geschlechtertheorien auf sozialpolitischer und institutioneller Ebene (a), auf der interaktiven Handlungsebene (b) und schließlich auf der Ebene der Handlungsziele
(c).

a) Infragestellung gesellschaftlicher und institutioneller Normen

Insofern Anerkennung entlang von Normen reguliert wird, ist es Aufgabe von
Sozialer Arbeit, solche Bedingungen und Normen zu bedenken, die Anerkennung ermöglichen, aber auch verhindern. Da nämlich die Norm als den
Subjekten und ihrer Anerkennung bzw. ihrer Nicht-Anerkennung vorgeschal-
tet erkannt wird, würde es im Rahmen einer dekonstruktiven Praxis immer
auch darum gehen, zu fragen und zu bedenken, „was es bedeuten könnte,
restriktiv normative Konzeptionen des von Sexualität und Gender [oder von
Arbeit, Konsum, Migrationsverhältnissen usw., Anmerkung M.P.] bestimmten
Lebens aufzulösen" (Butler 2009: 9). Aufgabe Sozialer Arbeit wäre es dann,
die in den gesellschaftlichen und institutionellen Diskursen herrschenden
Vorstellungen des Normalen immer wieder zu reflektieren und auch in Frage
zu stellen: Welche Funktionen haben diese Normen? Wen schränken sie ein?
Wie werden durch Normen Ausschlüsse produziert und legitimiert? Dies sind
Fragen, die deutlich machen, dass und wie Subjektvierungsweisen und deren
Markierungen als ‚problematisch‘ oder ‚unproblematisch‘, als ‚unterstützens-
wert‘ oder ‚nicht unterstützenswert‘ mit Macht- und Herrschaftsverhältnissen

verwoben sind. Zugleich wird durch diese Fragen deutlich, dass und wie Subjektpositionen erst durch vorgängige Normen hervorgebracht werden. Arbeitslose, Migranten, usw. sind mithin keine Identitätspositionen als solche. Stattdessen werden die Positionen selber, wie auch ihre (Nicht-)Anerkennbarkeit erst durch der Identität vorgängige Normen und Ordnungen hervorgebracht und reproduziert.

Diese Einsicht erweist sich vor allem für den Umgang mit Subjekten als hilfreich, deren Subjektivierungsweisen insgesamt als das Andere der Norm gelten. Hier würde eine Erweiterung und Infragestellung von Normen dazu führen, dass der normative Konstruktionscharakter dieser Positionen als ‚anders' erkennbar würde und so bestimmte Subjektpositionen möglicherweise als etwas weniger ‚anders' (re-)produziert würden. Die Einsicht in die Verwobenheit von Anerkennung in vorgängige Normen und Ordnungen, bedeutet dabei für die Soziale Arbeit nicht, alle Normen, nach denen Anerkennung verliehen wird, abzulehnen oder im Sinne einer ‚Anti-Normalisierung' nun gerade solche Subjektvierungsweisen zu fördern, die den gängigen Normen widersprechen. So geht es nicht darum, die Konsumentin illegaler Drogen ob ihrer anti-normalisierenden Subjektivierungsweise zu loben und zu bestärken. Wohl könnte es ihr bzw. der Anerkennung ihrer Subjektpositionen aber helfen, wenn bestehende Normen, wie die Unterscheidung in legale und illegale Drogen (z.B. durch Programme kontrollierter Heroinvergabe oder Methadonprogramme) hinterfragt und aufgebrochen werden würden. Die aktuellen Bemühungen um eine kontrollierte Heroinvergabe für Schwerstabhängige, aber auch die Kritik an der Kategorie ‚Behinderung' können deshalb auch als Beispiele für eine Form des Umgangs mit Differenz gelten, bei dem es nicht allein um die Anpassung der Klientel an eine gesellschaftliche Norm, sondern auch um den Abbau solcher Diskriminierungen, Ausschlüsse und Benachteiligungen geht, die für die Betroffenen erst durch normative Differenzierungen (z.B. die Einteilung in legale und illegale Drogen oder die Unterscheidung zwischen Gesunden und Behinderten) und damit auch durch gesellschaftliche Normvorstellungen entstehen (vgl. Plößer 2010). Als Aufgabe Sozialer Arbeit kann dann verstanden werden, dafür einzutreten, dass die den Anderen „hervorbringenden, begrenzenden Bedingungen" (Butler 2003: 143) etwas weniger begrenzend geformt werden.

b) Anrufungen bedenken

Neben der Infragestellung und Erweiterung von Normen auf gesellschaftlicher und institutioneller Ebene, sensibilisieren dekonstruktive Gendertheorien auch dafür, die Anrufungen in den konkreten Interaktionen der Sozialen Arbeit zu hinterfragen: Wie werden die AdressatInnen angesprochen und mit welchen Begriffen? Handelt es sich bei den Begriffen um Begriffe der Subjekte oder um die der Professionellen? Welche kulturellen, geschlechtlichen sexuellen Normen schwingen in diesen Begriffen und Anrufungen mit? Wie werden durch Anrufungen – so z.b. durch psychiatrische Diagnosen – die Wahrnehmungsweisen der Subjekte ihre Begriffe und Deutungen zugedeckt und zum Verstummen gebracht. Beispielsweise fordern Julie Tilsen und David Nylund (2010) die soziale Paxis auf, sich die Frage zu stellen: „How can we use language and discourse in ways that invite a proliferation of possible identity conclusions and performances rather than discourses that mandate and regulate identities?" (Tilsen/Nylund 2010: 99).

Aufgabe einer Sozialen Arbeit wäre es vor diesem Hintergrund auf der interaktiven Ebene, mithin im konkreten Kontakt mit den AdressatInnen für „Möglichkeitsräume" (Leiprecht 2011: 39f.) einzutreten, die den AdressatInnen helfen, Erfahrungen und Bedürfnisse, mit den für sie relevanten und passenden Begriffen und Deutungsweisen zur Geltung bringen zu können und dabei auch Erfahrungen von Nicht-Anerkennung, von Diskriminierung und Missachtung (auch durch die soziale Praxis) kommunizieren zu können. Sozialer Arbeit würde somit die Aufgabe zukommen, einen Raum für dieses (versetzte) Sprechen zu eröffnen oder solche Verengungen, Normen und Begrenzungen in der sozialen Praxis aufzuspüren, die die Handlungsfähigkeiten und Ausdrucksmöglichkeiten der Subjekte verstellen bzw. zusätzlich regulieren und erschweren.

Die Anrufungen der AdressatInnen durch die Soziale Arbeit würden dann weniger als Aussagen und Feststellungen, denn als Fragen, als Eröffnungen von Erzählungen zu erfolgen haben. Eine solche anerkennende Anrufung als Frage würde offener lassen, wie Subjekte erkannt und verstanden werden wollen. Sie würde „den Subjekten Spielraum für multiple, in Widerspruch zueinander stehende, sich überlagernde Identitätskonstruktionen" (Fegter/ Geipel/Horstbrink 2010: 241) geben und deren jeweilige Ausdrucksformen nicht zu vereindeutigen suchen.

c) Dekonstruktion der Handlungsziele Sozialer Arbeit

Die dekonstruktive Geschlechtertheorie sensibilisiert dafür, dass und wie allein durch die Androhung des Ausschlusses Prozeduren der Anpassung und Normalisierungsarbeit befördert werden. Diese Prozeduren erfordern ein hohes Maß an Selbstdisziplinierung von den Subjekten. Zugleich drohen diese Normalisierungsversuche und die Bemühungen, anerkennbar zu werden, dann zu scheitern, wenn Ressourcen für die um Normalisierung und Anerkennung bemühten Subjektivierungsweisen fehlen. Hier kann Soziale Arbeit mit Rückgriff auf gerechtigkeitstheoretische Überlegungen als Profession verstanden werden, die den Subjekten Ressourcen zugänglich zu machen sucht, die benötigt werden, um entlang bestehender Normen Anerkennung zu

erfahren. Fragen nach der Anerkennung oder der Normalisierung von Subjektvierungsweisen, die als problematisch oder prekär markiert sind, gilt es
mithin immer auch an kritische Analysen sozialer Strukturen, das heißt an
Fragen nach gerechteren Lebensverhältnissen und Umverteilungen rückzu-
koppeln (vgl. Heite 2008). Dabei kommt der Sozialen Arbeit zunächst die
Aufgabe zu, zu analysieren, durch welche gesellschaftlichen Strukturen und
durch welche fehlenden oder ungleich verteilten Ressourcen die Anerken-
nungsarbeiten und Normalisierungsbemühungen ihrer AdressatInnen (wie
auch ihrer MitarbeiterInnen) denn be- und verhindert werden. Darüber hinaus
würde Soziale Arbeit den Wunsch ihrer AdressatInnen nach Anerkennung,
nach Normalisierung ernst nehmen und damit auch zum Gegenstand machen.
Um als Subjekt anerkennbar zu werden, um sozial intelligibel zu sein, ist der
Bezug auf die sozialen Normen also trotz ihres ausschließenden Charakters
notwendig, und ist es Aufgabe Sozialer Arbeit, AdressatInnen zu unterstützen, entlang bestehender Normen anerkennbar zu werden, indem sie ihnen
solche Zugänge und Handlungsmöglichkeiten eröffnet, mittels derer anerkennbare Subjektpositionen eingenommen werden können.

Allerdings wäre es wenig hilfreich diese Positionen dann als selbstbestimmt oder autonom zu bezeichnen. Wie Catrin Heite (2011) deutlich
macht, werde nämlich durch die Einsicht, dass die Anerkennung von Subjektivierungsweisen wie auch deren Markierung als ‚intelligibel' oder als ‚problematisch' entlang von Normen erfolgt, auch die Vorstellung einer autonomen, von vorgängigen Normen unabhängigen Subjektposition hinfällig. Ganz
im Gegenteil „zeigen sich Begriffe wie Autonomie und Handlungsfähigkeit
als untertheoretisch und unbestimmt" (2011: 51) und zwar gerade weil Subjektivierungsweisen immer nur als Unterwerfungen unter eine Norm verstanden werden können, die „erst ‚normale', überhaupt anerkennungswerte, zum
Beispiel eindeutig vergeschlechtlichte oder ‚beschäftigungsfähige' Subjekte
mit (begrenzten) Handlungsmöglichkeiten hervorbringt" (ebd.). Die Rede der
Sozialen Arbeit von Zielen wie Autonomie oder Selbstbestimmung verschlei-
ert also, dass Handlungsfähigkeit entlang von Normen reguliert wird und dass
die für Handlungsmöglichkeiten benötigten Ressourcen genau entlang dieser
Normen ungleich verteilt, bewertet und reguliert werden. Darüber hinaus
bergen Zielsetzungen der Autonomie oder der Selbstbestimmung die Gefahr,
den AdressatInnen eine neue und auch unerreichbare Norm zuzumuten, so
dass jedes Nicht-Erreichen eines autonomen Subjektideals, jede Erfahrung
von Abhängigkeit oder Inkohärenz als Scheitern des Subjekts, wiederum als
Beweis für seinen defizitären Status verstanden werden können.

Stattdessen kann gerade die Einsicht in die eigene Inkohärenz, die Nicht-
Autonomie und Abhängigkeit – so Butler (2003) – Anlass für Bildungsprozesse geben (vgl. Butler 2003: 95). Indem das Subjekt erkennt, dass es nicht
autonom ist, sondern nur durch vorgängige Normen (an-)erkennbar wird,
kann im Kontext sozialarbeiterischer Interventionen und Angebote die Frage

angeregt werden „wer dieser Andere [ist], von dessen Bezugsrahmen, von dessen normativem Rahmen der Vergabe von Anerkennung ich so grundlegend abhänge" (Butler 2003: 34). Genau deshalb sieht Butler (2009) in der für die sozialarbeiterische Praxis charakteristische Aufforderung an die AdressatInnen, von sich zu erzählen nicht nur eine transformative Macht in Form der Disziplinierung und Unterwerfung unter die Normen (dazu näher Duttweiler 2007), sondern auch ein sprachliches Bemühen, durch die sich das Subjekt in Anwesenheit eines Anderen anders hervorbringen kann (vgl. Butler 2009: 263f.). So eröffnet gerade die Aufforderung von sich zu erzählen, auch die Möglichkeit, der Normen, von denen das Subjekt und seine Positionen abhängen, gewahr zu werden und jene Bedingungen zu reflektieren, die die Handlungs- und Darstellungsmöglichkeiten der Subjekte unterlaufen (vgl. Butler 2003: 20ff.). Soziale Arbeit kann dann damit auch ein Ort sein, an dem Formen der Diskriminierung, der Nicht-Anerkennung oder Ausgrenzung und der verletzenden Anrufungen des Selbst be- und umgearbeitet werden können. Dabei würde es aber gerade nicht um die Veränderung psychischer Strukturen oder die Responsibilisierung der Klientel, sondern im Gegenteil um Empowerment, politische Bildung und um eine Konzeption von Sozialer Arbeit als kritischer und emanzipativer Praxis gehen.

5. Schluss

Die dekonstruktive Gendertheorie Judith Butlers eröffnet der Sozialen Arbeit neue Verständnisse über ihren Gegenstand, über die Probleme ihrer Adressat Innen und auch darüber, wie Soziale Arbeit an der (Re-)Produktion dieser Probleme beteiligt sein kann. Und: Butlers Theorie eröffnet zugleich Perspektiven, wie mit diesen Problemen und Dilemmata anders, mithin weniger disziplinierend umgegangen werden kann. Der Gewinn der dekonstruktiven Gendertheorie besteht also zum einen darin, zu einer grundlegenden Problematisierung der Differenzen und Subjektivierungsweisen, auf die sich die Soziale Arbeit in ihren Deutungen, ihren Analysen und Umgangsweisen bezieht, beizutragen. Die von der dekonstruktiven Geschlechterforschung herausgestellte Verquickung von Subjektivierungsweisen mit Normen erhellt, wie Ausschlüsse und Andersheit produziert werden und welche Leistungen Subjekte vollbringen müssen, um den je aktuellen normativen Anforderungen zu entsprechen. Und sie verdeutlicht, wie durch einen unreflektierten Bezug auf diese Differenz – eben auch durch die Soziale Arbeit – diese vorgängigen Normen und Differenzordnungen bestätigt und damit Ausschlüsse und Disziplinierungsanforderungen (re-)produziert werden. Anerkennung von Differenz durch die Soziale Arbeit muss daher mit Nicole Balzer (2007) immer in seiner doppelten Bedeutung erkannt und thematisiert werden: Als Ermöglichung von Subjektivität und Anerkennung von AdressatInnen, aber auch als ausgrenzende und disziplinierende und normierende Praxis. Die durch die dekonstruktive Gendertheorie herausgestellte Einsicht in Verwobenheit von (Geschlechter-) Normen, Subjektivierungsweisen und Anerkennung macht der Sozialen Arbeit damit eindrucksvoll deutlich,

„dass wir zwar Normen brauchen, um leben zu können und gut leben zu können, und um zu wissen, in welche Richtung wir unsere soziale Welt verändern wollen, dass wir aber auch von den Normen in Weisen gezwungen werden, die uns manchmal Gewalt antun, so dass wir sie aus Gründen sozialer Gerechtigkeit bekämpfen müssen" (Butler 2009: 327).

Literatur

Anhorn, Roland/Bettinger, Frank/Stehr, Johannes (Hrsg.) (2007): Foucaults Machtanalytik und Soziale Arbeit: Eine kritische Einführung und Bestandsaufnahme. Wiesbaden: VS.

Balzer, Nicole (2007): Die doppelte Bedeutung der Anerkennung – Anmerkungen zum Zusammenhang von Anerkennung, Macht und Gerechtigkeit. In: Pongratz, L./Reichenbach, R./Wimmer, M. (Hrsg.): Bildung und Gerechtigkeit. Stuttgart: Schöningh, S. 49-75.

Becker, Ruth/Kortendiek, Beate (2010) (Hrsg.): Handbuch Frauen- und Geschlechterforschung. Theorie, Methoden, Empirie. 3., erweiterte und durchgesehene Auflage. Wiesbaden: VS.

Bütow, Birgit/Munsch, Chantal (2012): Soziale Arbeit und Geschlecht. Herausforderungen jenseits von Universalisierung und Essentialisierung. Einleitung. In: Dieselben (Hrsg.): Soziale Arbeit und Geschlecht. Herausforderungen jenseits von Universalisierung und Essentialisierung. Münster: Westfälisches Dampfboot, S. 7-17.

Butler, Judith (1991): Das Unbehagen der Geschlechter. Frankfurt a.M.: Suhrkamp.

Butler, Judith (1993): Für ein sorgfältiges Lesen. In: Benhabib, S./Butler, J./Cornell, D./Fraser, N. (Hrsg.) (1993): Der Streit um Differenz. Feminismus und Postmoderne in der Gegenwart. Frankfurt a.M.: Fischer, S. 121-132.

Butler, Judith (1995): Körper von Gewicht. Frankfurt a.M.: Suhrkamp.

Butler, Judith: (1998): Haß spricht. Zur Politik des Performativen. Berlin: Berlin.

Butler, Judith (2001): Psyche der Macht. Das Subjekt der Unterwerfung. Frankfurt a.M.: Suhrkamp.

Butler, Judith (2002): Performative Akte und Geschlechterkonstitution. Phänomenologie und feministische Theorie. In: Wirth, U. (Hrsg.): Performanz. Zwischen Sprachphilosophie und Kulturwissenschaft. Frankfurt a.M.: Suhrkamp, S. 301-320.

Butler, Judith (2003): Kritik der ethischen Gewalt. Frankfurt a.M.: Suhrkamp.

Butler, Judith (2009): Die Macht der Geschlechternormen. Frankfurt a.M.: Suhrkamp.

Degele, Nina (2008): Gender/Queer Studies. Eine Einführung. München: Fink (UTB).

Duttweiler, Stefanie (2007): Beratung als Ort neoliberaler Subjektivierung. In: Anhorn, R./Bettinger, F./Stehr, J. (Hrsg.): Foucaults Machtanalytik und Soziale Arbeit: Eine kritische Einführung und Bestandsaufnahme. Wiesbaden: VS, S. 261-275.

Fegter, Susann/Geipel, Karen/Horstbrink, Janina (2010): Dekonstruktion als Haltung in sozialpädagogischen Handlungszusammenhängen. In: Kessl, F./Plößer, M. (2010) (Hrsg.): Differenzierung, Normalisierung, Andersheit. Soziale Arbeit als Arbeit mit den Anderen. Wiesbaden: VS, S. 233-248.

Großmaß, Ruth/Perko, Gudrun (2011): Ethik für soziale Berufe. Stuttgart: Fink (UTB).

Heite, Catrin (2008): Soziale Arbeit im Kampf um Anerkennung. Weinheim: Juventa.

Heite, Catrin (2011): Anerkennung. In: Otto/H.-U./Thiersch, H. (Hrsg.): Handbuch Soziale Arbeit. München: Reinhard, S. 48-56.

Jergus, Kerstin (2012): Politiken der Identität und Differenz. Rezeptionslinien Judith Butlers im erziehungswissenschaftlichen Terrain: In: Ricken, N./Balzer, N. (Hrsg.): Judith Butler: Pädagogische Lektüren. Wiesbaden: VS, S. 29-53.

Kessl, Fabian (2005): Der Gebrauch der eigenen Kräfte. Eine Gouvernementalität Sozialer Arbeit, Weinheim: Juventa.

Kessl, Fabian/Reutlinger, Christian/Ziegler, Holger (2007): Erziehung zur Armut? Soziale Arbeit und die neue Unterschicht – eine Einführung. In: Dieselben (Hrsg.): Erziehung zur Armut? Soziale Arbeit und die neue Unterschicht. Wiesbaden: VS, S. 7-16.

Kessl, Fabian/Otto, Hans-Uwe (2010): Soziale Arbeit. In: Albrecht, G./Groenemeyer, A. (Hrsg.): Handbuch Soziale Probleme. Wiesbaden: VS, S. 1079-1106.

Kessl, Fabian/Maurer, Susanne (2010): Praktiken der Differenzierung als Praktiken der Grenzbearbeitung. Überlegungen zur Bestimmung Sozialer Arbeit als Grenzbearbeiterin. In: Kessl, F./Plößer, M. (Hrsg.): Differenzierung, Normalisierung, Andersheit. Soziale Arbeit als Arbeit mit den Anderen. Wiesbaden: VS, S. 154-169.

Kessl, Fabian/Plößer, Melanie (2010): Differenzierung, Normalisierung, Andersheit. Soziale Arbeit als Arbeit mit den Anderen – eine Einleitung. In: Dieselben (Hrsg.): Differenzierung, Normalisierung, Andersheit. Soziale Arbeit als Arbeit mit den Anderen. Wiesbaden: VS, S.7-14.

Leiprecht, Rudolf (2011): Auf dem langen Weg zu einer diversitätsbewussten und subjektorientierten Sozialpädagogik. In: Derselbe (Hrsg.): Diversitätsbewusste Soziale Arbeit. Schwalbach/Ts.: Wochenschau, S. 15-44.

Maurer, Susanne (2001): Das Soziale und die Differenz. Zur (De-)Thematisierung von Differenz in der Sozialpädagogik. In: Lutz, H./Wenning, N. (2001): Unterschiedlich verschieden. Differenz in der Erziehungswissenschaft. Opladen: Leske und Budrich, S. 125-142.

Mecheril, Paul/Melter, Claus (2010): Differenz und Soziale Arbeit. Historische Schlaglichter und systematische Zusammenhänge. In: Kessl, F./Plößer, M. (Hrsg.): Differenzierung, Normalisierung, Andersheit. Soziale Arbeit als Arbeit mit den Anderen. Wiesbaden: VS, S. 117-131.

Mecheril, Paul/Plößer, Melanie (2012): Iteration und Melancholie. Identität als Mangel(ver)waltung. In: Ricken, N./Balzer, N. (Hrsg.): Judith Butler: Pädagogische Lektüren. Wiesbaden: VS, S. 125-148.

Ricken, Norbert/Balzer, Nicole (2012) (Hrsg.): Judith Butler: Pädagogische Lektüren. Wiesbaden: VS.

Plößer, Melanie (2010): Differenz performativ gedacht. Dekonstruktive Perspektiven auf und für den Umgang mit Differenz. In: Kessl, F./Plößer, M. (Hrsg.): Differenzierung, Normalisierung, Andersheit. Soziale Arbeit als Arbeit mit den Anderen. Wiesbaden: VS, S. 218-232.

Rommelspacher, Birgit (2003): Zum Umgang mit Differenz und Macht. Sozialarbeit als Menschenrechtsprofession. In: Kleve, H./Koch, G./Müller, M. (Hrsg.): Differenz und Soziale Arbeit. Sensibilität im Umgang mit dem Unterschiedlichen. Berlin: Schibri, S. 70-86.

Szemerédy, Susanne (2001): Der/die spezifische Intellektuelle Foucaults. Leitfigur für ein neues sozialarbeiterisches Ethos im Geiste der Dekonstruktion? In: Fritzsche, B./Hartmann, J./Schmidt, A./Tervooren, A. (Hrsg.): Dekonstruktive Pädagogik. Erziehungswissenschaftliche Debatten unter poststrukturalistischen Perspektiven. Opladen: Leske und Budrich, S. 255-268.

Tilsen, Julie/Nylund, David (2010): Heternormativity and Queer Youth Resistance: Reversing the Discourse. In: Moon, L. (Hrsg..): Counselling Ideologies. Queer Challenges to Heteronormativity. Farnham: Ashgate Publishing, S. 93-104.

Villa, Paula-Irene (2006): Scheitern – ein produktives Konzept zur Neuorientierung der Sozialisationsforschung. In: Bilden, H./Dausien, B. (Hrsg.): Sozialisation und Geschlecht. Theoretische und methodologische Ansprüche. Opladen: Barbara Budrich, S. 218-238.

Villa, Paula-Irene (2007): Kritik der Identität, Kritik der Normalisierung – Positionen von Queer Theory. In: Villa, P.-I./Hieber, L. (Hrsg.): Images von Gewicht. Soziale Bewegungen, Queer Theory und Kunst in den USA. Bielefeld: Transcipt, S. 165-190.

Winker, Gabriele/Degele, Nina (2009): Intersektionalität. Bielefeld: Transcript.

Systemtheorien Sozialer Arbeit: Ein geschlechterpolitisch/HERRschaftskritischer Kommentar

Michael May

Die möglicherweise etwas merkwürdig anmutende Schreibweise von HERR-schaftskritik lässt erahnen, dass ich damit einen geschlechterpolitischen Be-zug des Herrschaftsbegriffes zum Ausdruck bringen will. Am Beginn meines Beitrages soll zunächst dieser Begriff unter Bezug auf das Konzept „hegemo-nialer Männlichkeit" erläutert werden. Zudem soll der Standort, von dem aus ich solche HERRschaftskritik betreiben will, nicht nur markiert, sondern auch die damit sich verbindenden Dilemmata der Kritik reflektiert werden. Auf dieser Grundlage will ich dann zwei sehr unterschiedlich angelegte Sys-temtheorien Sozialer Arbeit HERRschaftskritisch ausleuchten: Zum einen das sogenannte „systemtheoretische Paradigma der Zürcher-Schule", das bezüg-lich Sozialer Arbeit in Deutschland vor allem von Silvia Staub-Bernasconi propagiert wird und in der Profession eine hohe Orientierungsrelevanz be-sitzt. Zum anderen sind es Ansätze einer Soziologie Sozialer Arbeit im An-schluss an die Systemtheorie von Niklas Luhmann, die sich als rein diszipli-näres Unterfangen verstehen und in den letzten Jahren großen Einfluss auf die deutschsprachige Theoriedebatte Sozialer Arbeit ausgeübt haben.

1. Reflexive Vorüberlegungen zur Standortgebundenheit von HERRschaftskritik

Nach dem Deutschen Wörterbuch der Gebrüder Grimm bezeichnet der Be-griff ‚Herrschaft' „das herr sein, herrschen" (Grimm/Grimm Bd. 10, Sp. 1152: 18). Dies ist an eine zunächst nicht auf ein Geschlecht bezogene soziale Posi-tion gebunden, die gleichermaßen „der oder die über irgend ein gebiet gewalt habenden" (ebd.) umfasst. Wenn ich demgegenüber ‚HERRschaft' auch als einen geschlechterpolitischen Begriff zu profilieren versuche, ist für mich etymologisch der Hinweis der Gebrüder Grimm von Bedeutung, dass Herr „eigentlich ein comparativ" (ebd.: Sp. 1127: 65) ist. Dies legt eine hegemo-nietheoretische Fassung des Herrschaftsbegriffes nahe, wie sie von Antonio Gramsci (1998) vorgelegt wurde. In Gestalt des auf die australischen Männer-forscher Tim Carrigan, Bob Connell und John Lee (1985) zurückgehenden Konzeptes der ‚Hegemonialen Männlichkeit' wurde dieser Ansatz auch für

eine Analyse moderner Geschlechterverhältnisse fruchtbar zu machen versucht. Da diese sich nicht als eine Konfrontation zwischen zwei jeweils in
sich homogenen Blöcken von ‚Männern' und ‚Frauen' begreifen lassen, ist es
Anspruch des Konzeptes, verschiedene kollektive Praxen der Geschlechtlichkeit als insgesamt in einer hegemonialen Struktur zusammengeschlossene in
den Blick zu nehmen.

In diesem Sinne hat Connell vorgeschlagen, „hegemoniale Männlichkeit"
als jene „Konfiguration geschlechtsbezogener Praxis" (Connell 2006: 98) zu
fassen, welche die „momentan akzeptierte Antwort auf das Legitimationsproblem des Patriarchats verkörpert und die Dominanz der Männer sowie die
Unterordnung der Frauen gewährleistet (oder gewährleisten soll)" (ebd.).
Geschlecht ist somit als eine soziale Kategorie in den Blick zu nehmen, die
sich nicht jenseits geschlechterpolitischer Verhältnisbestimmungen und Fragen von HERRschaft begrifflich bestimmen lässt. Da es darüber hinaus auch
um Prozesse von Vergeschlechtlichung geht, werde ich in diesem Beitrag im
Unterschied zu Connell nicht von ‚Männern' und ‚Frauen' reden, sondern von
‚als Männer Identifizierten (= MI)' bzw. ‚als Frauen Identifizierten (= FI)'.

Eine weitere Schwierigkeit von Connells Definition hegemonialer Männlichkeit liegt sicher darin, dass sie auf den ebenfalls nicht unproblematischen
Begriff des Patriarchates zurückgreift. Der Intention des Konzeptes hegemonialer Männlichkeit folgend, zielt der Patriarchatsbegriff aus meiner Sicht
nicht auf eine historisch überdauernde HERRschaftsform, die sich seit einer
„Ur-Unterwerfung der Frauen durch die Männer" bis heute durchgetragen und
kaum verändert habe. Vielmehr gilt es die Verknüpfung einer HERRschaftlichen Organisation der Geschlechterverhältnisse mit der Reproduktion einer
darüber hinaus auch noch andere Unterdrückungs-, Ausschließungs- und Aus-
beutungsmomente umfassenden spezifischen Gesellschaftsformation jeweils
historisch konkret zu analysieren. Bezüglich kapitalistischer Gesellschafts-
formationen wäre dabei vor allem herauszuarbeiten, wie die HERRschaftliche
Organisation des Geschlechterverhältnisses mit dazu beiträgt, den Antago-
nismus zwischen einerseits den Verwertungszwängen des Kapitals, das des
Gebrauchswerts der Ware Arbeitskraft bedarf, und andererseits den Ge-
brauchswertansprüchen und Lebensinteressen eben dieser Arbeitskraft so
auszubalancieren, dass sowohl die kapitalistische, wie auch die geschlechterbezogenen Herrschaftsverhältnisse sich zu reproduzieren vermögen. Dies hier
näher auszuführen, würde jedoch den Rahmen dieses Beitrages sprengen. Ich
habe dies allerdings an anderer Stelle (vgl. May 2005) zu skizzieren versucht.

Zumindest hinzuweisen ist, dass Connells Begriff „Konfiguration geschlechtsbezogener Praxis" (Connell 2006: 98) sich in diesem Zusammenhang nicht in einem „doing gender" erschöpft, sondern auch strukturelle Momente mit einzubeziehen versucht. Wie ich andernorts zu zeigen versucht
habe (May 2002; i.E.b.) lässt er sich durchaus auch auf Institutionalisierungs-
formen und Praxen Sozialer Arbeit beziehen. Ja, sogar Theorien der Sozialen

Arbeit lassen sich – wie dieser Beitrag darlegen will – als „momentan akzeptierte Antwort auf das Legitimationsproblem des Patriarchats" (Connell 2006: 98) lesen. Dass sich der Herrschafts-Begriff auch schon von seinen etymologischen Wurzeln her anbietet, auf Wissenschaft und dann auch auf die Disziplin und Profession Sozialer Arbeit bezogen zu werden, wird deutlich, wenn die Gebrüder Grimm in ihrem Wörterbuchartikel weiter schreiben, dass an „das herr sein, herrschen" (Grimm/Grimm Bd. 10, Sp. 1152: 18), „angeschlossen [...] ist ein herrschender blick" (ebd.: Sp. 1155: 37). Dieser lässt sich – wie ich in diesem Beitrag ebenfalls zeigen will – auch in einer bestimmten Form von Wissenschaft Sozialer Arbeit aufweisen.

In dieser Form HERRschaftskritik der Theorien Sozialer Arbeit betreiben zu wollen, erfordert jedoch zuvorderst eine Reflexion der eigenen sozialen Position, von der aus diese formuliert wird, einschließlich der sich daraus für dieses Vorhaben ergebenden Widersprüche. Diesbezüglich ist zunächst einmal festzuhalten, dass – im Vergleich zu feministischen Ansätzen – ich als MI hegemoniale Männlichkeit von einer privilegierteren Position aus kritisiere. Jeff Hearn (1987) hat in diesem Zusammenhang schon sehr früh auf die Gefahr hingewiesen, dass sich von feministischer Seite kritisierte Formen hegemonialer Männlichkeit via flankierender Kritik von MIs wieder zu rezentrieren vermögen. Umgekehrt würde ein Schweigen von mir als MI zur feministischen Kritik die „partriarchale Dividende" (Connell) reproduzieren, zu der ja auch gehört, sich geschlechterpolitischen Auseinandersetzung durch Schweigen entziehen zu können ohne damit die HERRschaftliche Position zu gefährden.

Weitere Widersprüche von HERRschaftskritik ergeben sich aus meiner Verortung in der Disziplin Sozialer Arbeit. Werner Thole (2011) zufolge konstituiert und reproduziert sich Soziale Arbeit als Disziplin über die Her- und Bereitstellung von Wissen – und zwar nicht nur als „Feld der wissenschaftlichen Theoriebildung und Forschung" (Thole 2011: 21), sondern auch als „Handlungsfeld, in dem sich diese Forschungs- und Theoriebildungsprozesse realisieren" (ebd.). Nicht nur im Rahmen feministischer Diskurse, sondern auch in denen Kritischer Sozialer Arbeit wurde verschiedentlich eine Überwindung der mit der traditionellen Her- und Bereitstellung von Wissen verbundenen Begrenzungen jenes akademischen Handlungsfeldes gefordert (vgl. May i.E.b.a). Notwendig dazu sei eine neue Form der Produktion von Erfahrung, in der sich Bewusstheit *(awareness)* alle Sinne übergreifend als eher eine des bewussteren Seins zu verwirklichen vermag. Demgegenüber muss die von mir hier geübte HERRschaftskritik – der Form eines Buchbeitrages geschuldet – rein akademisch beschränkt bleiben. Ja, um die instrumentelle Rationalität sowie die rein rationalistischen Abstraktionen systemtheoretischer Konzepte Sozialer Arbeit als Ausdruck hegemonialer Männlichkeit zu kritisieren, muss ich auf eine diesbezüglich zumindest ähnlich fungierende analytisch-sezierende Form von Bewusstsein *(consciousness)* wie diese zurückgreifen. Damit aber bleibt meine HERRschaftskritik in der für dieses „Feld der wissenschaftlichen Theoriebildung und Forschung" (Thole 2011: 21) charakteristischen HERRschaftlichen Produktionsweise von Wissen gefangen, aus der sie eigentlich herausführen will.

Aufheben ließen sich all diese Widersprüche nur dann, wenn es gelänge, die Auseinandersetzung um hegemoniale Männlichkeit und „patriarchale Dividende" in der Disziplin – und selbstverständlich auch Profession – Sozialer Arbeit rückzubinden in ein (geschlechter-)politisches Projekt zur Demokratisierung der Organisationsformen und Institutionen Sozialer Arbeit als Praxis und Wissenschaft. Zentrales Ziel dieses Projektes wäre die Aufhebung des mit der HERRschaftlichen Institutionalisierung dieses Feldes als „herrschender blick" (Grimm/Grimm Bd 10, Sp. 1155: 37) verbundenen Bruches zwischen theoretischer und politischer Allgemeinheit.

2. HERRschaftskritik des systemtheoretischen Paradigmas der Zürcher Schule

In dieser Weise setzt der Versuch, die verallgemeinerten Interessen an menschlicher Verwirklichung mit der wissenschaftlichen Verallgemeinerung einer darauf bezogenen Theoriebildung zusammenzubringen (vgl. May 2008: 230; 2010: 236), eine Demokratisierung der Organisationsformen und Institutionen Sozialer Arbeit als Praxis und Wissenschaft voraus. Demgegenüber trennt die *„systemische Wirklichkeits- und Erkenntnistheorie"* – als sich transdisziplinär verstehendes Paradigma der Zürcher Schule (vgl. Obrecht 2001: 20; 2009: 64ff.) – systematisch zwischen der „Lösung kognitiver Probleme", welche Aufgabe der „Wissenschaft der Sozialen Arbeit (Disziplin)" sei und der „Lösung praktischer Probleme", für welche die Profession sowie „Soziale Institutionen" zuständig seien. Innerhalb dieses auch als Metatheorie Sozialer Arbeit fungierenden Bezugsrahmens beansprucht Obrecht (ebd.) das Wissen verschiedener *„Objekttheorien"* aus den für die entsprechenden Wirklichkeitsbereiche zuständigen wissenschaftlichen Disziplinen sowohl untereinander verknüpfen zu können, als auch mit einer *„allgemeinen normativen Handlungstheorie"* (vgl. Obrecht 2009: 67ff.) und schließlich sogar mit entsprechenden *„speziellen Handlungstheorien (Methoden)"* bzw. *„Arbeitsweisen"* Sozialer Arbeit.

Die *„systemische Wirklichkeits- und Erkenntnistheorie"* geht davon aus, dass die unterschiedlichen Wirklichkeitsbereiche, welche Gegenstand der verschiedenen Objekttheorien sind, im Rahmen der Evolution als sich selbstorganisierend herausbildende Systeme gleicher Art hervorgegangen seien. Zugleich markierten diese bestimmte „ontologische Niveaus": „zuunterst das physikalische, dann das chemische, gefolgt vom biologischen, dieses überführend zum psychischen und – letzteres voraussetzend – zum sozialen und kulturellen" (Geiser 2000: 35) System. Indem Merkmale der einfacheren, unteren ontologischen Niveaus in denjenigen der komplexeren, oberen Niveaus als Subsysteme enthalten seien, nicht aber umgekehrt, folgt die systemische Wirklichkeits- und Erkenntnistheorie also nicht nur einem ontologischen, sondern zugleich auch „emergentistischen" Paradigma (vgl. Obrecht 2009: 55ff.). Der Begriff der Emergenz unterstreicht in diesem Zusammenhang die holistische Grundauffassung des Systemismus, dass Systeme Eigenschaften aufwiesen, die ihren Komponenten nicht zukämen. Das Ganze (des Systems) sei deshalb mehr als die Summe seiner Teile (Komponenten), weil es als Ergebnis von Interaktionen zu neuer Strukturbildung komme.

Die systemische Wirklichkeits- und Erkenntnistheorie ignoriert auf diese Weise nicht nur, dass den verschiedenen wissenschaftlichen Disziplinen ihre Gegenstände nicht vorgängig gegeben sind. Vielmehr werden diese Gegenstände umgekehrt erst durch die Disziplinen konstituiert. Darüber hinaus ist die ontologische Ausrichtung der systemischen Wirklichkeits- und Erkenntnistheorie jedoch auch insofern mit HERRschaft verbunden, als – wie Lefebvres (1975) kritisiert hat – in einer „approximativen und damit formbaren Welt" (Lefebvres 1975: 352) die Ontologie dem „Wirklichen" eine nahezu endgültige Form aufzwingt. Sie konstituiert es in dieser Form erst zum Wirklichen, indem sie es im doppelten Sinn des Wortes ‚sein' ließe.

Schon in der systemischen Wirklichkeits- und Erkenntnistheorie werden verschiedene Wissensformen nicht einfach erkenntnistheoretisch unterschieden, sondern zugleich auch hierarchisiert: an oberster Stelle die „Substantiven Metawissenschaften" mit ihren „Metatheorien", dann die „Objekttheorien" der sogenannten „Bezugswissenschaften" Sozialer Arbeit, schließlich die „allgemeine normative Handlungstheorie" und zu Letzt die „speziellen Handlungstheorien (Methoden)" (vgl. Obrecht 2001: 20; 2009: 64ff.). Diese Hierarchisierung verschiedener Wissensformen wiederholt sich dann noch einmal im „Psychobiologischen Erkenntnis- und Handlungsmodell des Individuums". Mit diesem Modell beansprucht Obrecht (vgl. 1996: 132f.) nicht nur die logische Verlaufsstruktur kognitiver Prozesse rekonstruiert zu haben, wie sie problembearbeitenden Handlungen zugrunde lägen. Zugleich glaubt er damit auch jene schon angesprochene „allgemeine normative Handlungstheorie" (vgl. Obrecht 2009: 67ff.) als Voraussetzung für systematisches professionelles Handeln in der Sozialen Arbeit entwickelt zu haben.

In der 1. Phase – der „Situationsanalyse", in der unschwer die klassische „Anamnese" zu erkennen ist – komme dem Psychobiologischen Erkenntnis- und Handlungsmodell des Individuums zufolge „Erklärungswissen" zum Tragen. Obrecht unterscheidet dabei „Erklärungs-" und „Beschreibungstheorien". Letztere differenziert er dann noch einmal weiter in „nomologische" (akteursunabhängige Gesetze) und „nomopragmatische Theorien" (Gesetze

bezüglich Wirkungen von Handlungen) (vgl. 1996: 132f.). Der HERRschaftscharakter zeigt sich dabei einerseits in der ontologischen Ausrichtung und der
Behauptung „akteursunabhängiger Gesetze", vermittels derer eine durch
HERRschaftliches Einwirken maßgeblich mitgestaltete Welt als unveränder-
lich postuliert wird. Zum anderen erfolgt in der Behauptung gesetzmäßiger
Wirkungen von Handlungen durch nomologische Theorien eine rein mecha-
nistische Konzeption von Wirklichkeit, die HERRschaft nicht nur zu legiti-
mieren, sondern auch zu operationalisieren erlaubt.

Der damit verbundene „herrschenden Blick" wird besonders in dem deutlich, wie Obrecht (vgl. ebd.) dann bezüglich der 2. Phase der „Bewertung und
Problemdefinition" – implizit mit starkem Bezug auf die klassische „Diagnose" –„Wertwissen" im Sinne von „Was-ist-gut-Fragen" und „Problemwissen"
im Sinne von „Was-ist-nicht-gut-Fragen" operationalisiert. Gleiches gilt für
die *„prozessual-systemische Denkfigur"* von Silvia Staub-Bernasconi (vgl.
1983: 143f.; vgl. auch 2007: Teil III, Kap. 1), die zwischen „sozialen Kriteri-
enproblemen", „Macht- bzw. sozialen Verknüpfungsproblemen", sowie „sozialen Austausch-" und „-Ausstattungsproblemen" unterscheidet. Und ebenso
gilt dies für das daran anknüpfende praxisbezogene Modell von Kaspar Geiser (2000: Kap. H) zur Problem- und Ressourcenanalyse in der Sozialen Arbeit und Begründung entsprechender Interventionsentscheidungen.

Werden diese Operationalisierungen beispielsweise auf MIs bezogen, die
aufgrund nicht streng heterosexueller Orientierungen dem Ideal hegemonialer
Männlichkeit nicht entsprechen, dann zeigt sich zwar bei Austausch- (vgl.
ebd.: Kap. E), Macht- (vgl. ebd.: Kap. F) sowie Kriterien und Wertproblemen
(vgl. ebd.: Kap. G) ein etwa ausgewogenes Verhältnis zwischen Problemen, die den MIs selbst angelastet werden, und problematischen Beziehungen
anderer zu ihnen. So lassen sich mit diesen Operationalisierungen beispielsweise auch Stigmatisierungen und Formen sexueller Gewalt diagnostizieren,
wobei Letztere auch untereinander vorkommen kann. Demgegenüber werden
aber in dem nach Geiser für Soziale Arbeit zentralen Bereich der „Ausstat-
tungsprobleme" (vgl. ebd.: Kap. C) zu Dreiviertel die MIs, die dann möglicherweise von einigen gar nicht mehr als solche identifiziert werden, selbst
problematisiert. Dies beginnt damit, dass den entsprechenden Operationalisierungen folgend bei ihnen „problematische Selbstbilder" zu diagnostizieren
sind, die sich „in fehlendem Wertewissen" (ebd.) ausdrückten und „im sozialen Kontext oftmals sozialproblematische Sachverhalte" (ebd.) erzeugten,
„die sich in nicht-menschengerechten Interaktionsverhältnissen" (ebd.) äußer-
ten. Und so kulminiert eine diesen Operationalisierungen folgende Diagnostik
solch „sozial abweichende[n] Verhalten[s]" (ebd.) schließlich in der Zuschreibung, solche „Menschen zeig[t]en sich unfähig, sich situations-, prob-
lem-, und/oder rollenadäquat zu verhalten" (ebd.).

Ähnliches zeigt sich auch bei FIs mit anderen geschlechtlichen und/oder
von der Heteronormativität abweichenden sexuellen Orientierungen. Wenn in

dieser Weise auch Operationalisierungen von Silvia Staub-Bernasconi (vgl. u.a. 1983: 143f.) einer HERRschaftskritik unterliegen, soll damit keinesfalls ihre Leistungen bezüglich der Erinnerung an die feministische Traditionslinie in der Disziplin und Profession Sozialer Arbeit geschmälert werden (vgl. 2007: Teil 1 & Teil IV, Kap. 2). Allerdings ließen sich auch viele der von FIs in der Geschichte Sozialer Arbeit entwickelten Konzepte – allen voran das auf Henriette Schrader-Breymann zurückgehende der „geistigen Mütterlichkeit" (vgl. Toppe 1996) – zur Legitimation des Patriarchates heranziehen.

Um auf Obrechts Psychobiologisches Erkenntnis- und Handlungsmodell des Individuums zurückzukommen, so folgt auch dieses, wie schon angedeutet, weitgehend dem auf Mary Richmond (1917) zurückgehenden Schema von Anamnese, Diagnose, Behandlung und Evaluation. Während jedoch im klassischen Schema auf die Diagnose die Behandlung folgt, welche bei Obrecht (vgl. 1996: 132f.) als 4. Phase jetzt *„Entscheidung und Implementierung"* heißt, sieht sein Psychobiologisches Erkenntnis- und Handlungsmodell (vgl. ebd.) dazwischen noch eine 3. Phase der „Zielsetzung und Planung" vor, in der vor allem „Interventionswissen" zum Tragen zu kommen habe. Wie in der 5. Phase der „Evaluation" geht es dabei vor allem darum, eine „instrumentelle" und „ökonomische Rationalität" (vgl. ebd.) zum entsprechenden Einsatz zu bringen. Empathie und Formen von Beziehungsarbeit, die als im Hegelschen Sinne „reiner Anerkennung" (Hegel 1979: Bd. 3) auf die Produktion von Autonomie zielen, finden sich weder in den Operationalisierungen des *Psychobiologischen Erkenntnis- und Handlungsmodell* noch in dem von Staub-Bernasconi (vgl. 1983: 143f.; 2007: Teil III, Kap. 1) beschriebenen „problemlösungsbezogenen Wissen" bzw. dem „Verfahrenswissen". Allerdings bezieht sie sich in ihrem Lehrbuch „Soziale Arbeit als Handlungswissenschaft: Systemische Grundlagen und professionelle Praxis" im Teil III: „Soziale Arbeit als professionelle Praxis: spezielle Handlungstheorien für spezielle soziale Probleme" (vgl. ebd. Kap. 3.2) u.a. auch auf Paulo Freires (1975) dialogisches Konzept einer „Pädagogik der Unterdrückten", in der „Bildung als Praxis der Freiheit" zu profilieren versucht wird.

HERRschaftsstabilisierend auswirken dürfte sich jedoch, dass mit Ausnahme dieses dynamischen, auf „Grenzüberschreitung" zielenden Konzeptes, sowohl das „problemlösungsbezogene Verfahrens-" oder auch „Interventionswissen" (vgl. Obrecht 1996: 132f.), ebenso wie das, was Staub-Bernasconi (vgl. 2007: Teil II, Kap. 1.3 & 1.4) und Obrecht „Problemwissen" nennen, in erheblichem Ausmaß durch jene Problemsituationen geprägt ist, auf die es sich in der Vergangenheit richtete. Das im konstruktivistischen Diskurs gerne bemühte Beispiel, dass für einen Hammer alle Probleme solche sind, die sich durch Draufhauen lösen lassen, verdeutlicht in extremer Form, in welcher Weise ein zur Lösung eines bestimmten Problems entwickeltes Instrument, sich in anderen Situationen als selbst sehr problematisch erweisen kann. Deshalb sehe ich auch in dem, wie im Rahmen des Zürcher Paradigmas „Prob-

lemwissen" und „problemlösungsbezogenes Interventionswissen" sozialar-
beitswissenschaftlich miteinander in Beziehung zu setzen versucht werden
(vgl. Obrecht 2009; Staub-Bernasconi 2007: Teil II, Kap. 3), die Gefahr, dass
es die Bedingungen der Problemsituationen reproduziert, deren Produkt es in
letzter Konsequenz ist (vgl. May 2005a: 180). Diese Bedingungen aber sind
HERRschaftlich – bzw. patriarchal im oben skizzierten Sinn – geprägt.

3. HERRschaftskritik des systemtheoretischen Paradigmas der Soziologie Sozialer Arbeit in der Tradition von Niklas Luhmann

In der „2. völlig überarbeitete[n] Auflage" des „Handbuch Sozialarbeit Sozialpädagogik" – wie es damals noch hieß – begann Dirk Baecker (2001) seinen Artikel zu „Systemtheorie" noch bescheiden damit:

> „Es gibt keine ausgearbeitete Systemtheorie Sozialer Arbeit. Stattdessen gibt es eine Reihe
> von Versuchen, die soziologische Systemtheorie, die sich bei der Untersuchung und Be-
> schreibung vieler anderer sozialer Phänomene bewährt hat, auch auf Problemstellungen der
> Sozialarbeit anzuwenden" (Baecker 2001: 1870).

Zehn Jahre später behaupten nun Tobias Kosellek und Roland Merten (2011)
in ihrem Artikel „Systemtheorie und Soziale Arbeit" für die „4., völlig neu
bearbeitete Auflage" des ‚nur' noch „Handbuch Soziale Arbeit" betitelten
Nachfolgebandes, dass „Luhmanns Systemtheorie [...] diejenige Theorie ist,
die aktuell auf die Theorieentwicklung der Sozialen Arbeit den größten Einfluss ausübt" (Kosellek/Merten 2011: 1614). Baecker rekurrierte in seinem
Artikel u.a. noch auf den klassischen Strukturfunktionalismus des amerikanischen Soziologen Talcott Parsons (1976). Demgegenüber ‚beschränken' sich
Kollek/Merten (2011) in ihrem Artikel nicht nur aus besagtem Grunde, sondern auch deshalb, weil es sich „bei der Systemtheorie Luhmanns um eine
Theorie mit universalistischen Anspruch" (Kollek/Merten 2011: 1614) handelt, rein auf diese systemtheoretische Variante. Während Parsons noch von
der inneren Ordnung eines Systems ausging und Funktionen als Erhaltung
dieser Strukturen theoretisierte, dreht die Luhmannsche Variante von Systemtheorie dieses Verhältnis um, indem sie von Funktionen ausgeht und
Strukturen nachrangig die Aufgabe zuordnet, diese konstant zu halten.
    Entsprechend „entsteht und erhält sich" aus der Perspektive Luhmanns)
ein System dadurch, „dass Operationen aneinander anschließen" (1992: 271).
Aufgrund seines Postulates, dass der Ablauf einer Operation von der jeweils
vorangegangenen Operation abhänge, theoretisiert er Systeme als „selbstreferentielle" (vgl. Luhmann 1988) bzw. „operational geschlossene". Darüber
hinaus spricht er von „autopoietischen Systemen" (von gr. autos = selbst und

poiein = machen), wenn diese darüber hinaus auch noch „die Elemente, aus denen sie bestehen, selbstproduzieren und selbstreproduzieren. Alles, was solche Systeme als Einheit verwenden, ihre Elemente, ihre Prozesse, ihre Strukturen und sich selbst, wird durch eben solche Einheiten im System erst bestimmt" (Luhmann 1985: 403).

Allerdings ist Autopoiesis für Luhmann kein Vorgang im leeren Raum, sondern bezieht seine materiellen und informationellen Voraussetzungen aus einer Umwelt, von der sich das System gerade durch den Akt der autopoietischen Abgrenzung emanzipiert. Theoriekonsistent haben Systeme für Luhmanns jedoch keinen unmittelbaren Umweltzugang, sondern konstituieren Umwelt entsprechend ihrer Operationsweise.

Im Unterschied zu Maturana, auf den das Konzept der Autopoiese als Ansatz zu einer rein mechanistischen Erklärung des Phänomens Leben zurückgeht, sieht Luhmann Autopoiese nicht nur auf Zellen als Lebewesen 1. Ordnung und biologische Organismen als Lebewesen 2. Ordnung begrenzt (vgl. May 2010: Kap. 4.3). Wie durch das aneinander Anschließen organischer Operationen in dieser Weise „organische Systeme" als autopoietische entstehen, entwickelten sich Luhmann (vgl. 1987: 16ff.) zufolge darüber hinaus durch ein aneinander Anschließen gedanklicher Operationen „psychische Systeme" als Autopoiese des Bewusstseins und durch aneinander Anschließen kommunikativer Operationen als davon zu unterscheidende dritte Form von Autopoiese „soziale Systeme".

Zwar räumt Luhmann in seiner Theorie die Möglichkeit ein, dass soziale Systeme mit psychischen Systemen durch Sprache, die selbst kein System darstelle, *„strukturell gekoppelt"* werden. Aus seiner Sicht erzeugen psychische Systeme jedoch nur Gedanken und können von sich aus *nicht* kommunizieren. Soziale Systeme hingegen – die Luhmann noch einmal nach „Interaktionssystemen", „Organisationssystemen" und „Gesellschaftssystemen" (vgl. Luhmann 1991) ausdifferenziert, erzeugten Kommunikationen, könnten jedoch nicht denken. Deshalb gehören nach Luhmann (vgl. 1987: 325) psychische Systeme zur Umwelt sozialer Systeme und umgekehrt. So könnten doch „Kommunikationen [...] sich nur durch Kommunikationen reproduzieren; bewusste Gedanken nur durch bewusste Gedanken; und das Leben lebt sein Leben, ohne dass ihm Bewusstsein oder Kommunikation hinzugefügt werden könnte" (Luhmann 1988: 48). Demnach vermögen sich – Luhmann (vgl. 1985: 404) zufolge – psychische Systeme untereinander bestenfalls zu irritieren, verarbeiteten aber diese Irritationen nach ihren eigenen Gesetzen, wenn nicht gar die Äußerungen des anderen für sie bloß „Rauschen" oder „Lärm" der Umwelt blieben (vgl. Luhmann 1987: 197).

HERRschaftskritisch ist diesbezüglich zu vermerken, dass mit diesem axiomatischen Ausgangspunkt von Luhmanns Theoriebildung die für Soziale Arbeit überaus bedeutsame Frage, was Menschen trennt und voneinander entfremdet, überhaupt nicht mehr aufkommt. Hegels (1979) Dialektik der

Anerkennung (vgl. Hegel 1979: Bd. 3) und Marx Entfremdungstheorie (vgl.
Marx/Engels 1978) liefern aber plausible Argumente, dass – wenn das Trennende nicht aufgrund des monadischen Ausgangspunktes der Theorie als sich
selbst erklärend vorausgesetzt wird – im Verfolgen der Frage, was Menschen
voneinander entfremdet, nahezu unvermeidlich Herrschaftsverhältnisse in den
Blick der Analyse geraten.

Dass diese auch die Geschlechterverhältnisse betreffen, hat Jessica Benjamin (1982) im Anschluss an die Hegelsche Dialektik der Anerkennung
herausgearbeitet. Dabei fokussiert sie sehr stark auf die Generalisierung der
instrumentellen Vernunft. Ihrer HERRschaftskritischen Theorie zufolge ist
diese nicht allein im Anschluss an Horkheimer/Adornos (1988) „Dialektik der
Aufklärung" im Gegensatz zur substantiellen Rationalität zu analysieren.
Vielmehr sieht Benjamin (1982) die instrumentelle Rationalität sich sowohl
gattungs- wie individualgeschichtlich als Gegensatz zu den Prinzipien der
intersubjektiven Wahrnehmung und Bewusstseinsbildung vor allem aus der
„Ablehnung der persönlichen, prozeßorientierten Formen der Sorge, Pflege,
und Aufrechterhaltung des Wachstums Anderer" (Benjamin 1982: 441) durch
MIs herausbilden. Gattungsgeschichtlich ersetze die instrumentelle Vernunft
als neue, formale, abstrakte, von menschlichen Inhalten und Zielen entleerte
Form der Rationalität, ihrer Analyse zufolge zunehmend die patriarchalische
Religion und die sichtbare Rolle des pater familias. Wie entpersonifiziert und
undurchsichtig diese Rationalität auch erscheine, HERRschaftskritisch müsse
sie als historische Weiterführung der patriarchalen Herrschaft analysiert werden. Dies gilt meiner Auffassung nach auch für die Luhmannsche Systemtheorie.

In Weiterführung von Jessica Benjamins sozialwissenschaftlich aufge-
klärter Psychoanalyse ließe sich Luhmanns monadische Axiomatik auch als
theoretische Verallgemeinerung einer basalen Getrenntheitserfahrung von
MIs interpretieren. Eine Deutung auch in diese Richtung wird durch Luhmann
selbst nahegelegt, wenn er ausgerechnet das sehr stark sexuell männlich konnotierte Wort „Penetration" (vgl. Luhmann 1987: 290) heranzieht, um begrifflich seine Erkenntnis zu fassen, dass eigene Komplexität autopoietischer
Systeme auch zum Aufbau eines anderen autopoietischen Systems zur Verfügung gestellt werden kann (z.B. die dem organischen System zuzurechnenden
neuronalen Netzwerke des Gehirns für die Autopoiese des Bewusstseins eines
psychischen Systems). Auf jeden Fall aber stellen die Bezeichnung eines
solchen Zur-Verfügung-Stellens als „Penetration" – und die Benennung der
wechselseitige Ermöglichung von Systemen durch Einbringen ihrer vorkonsti-
tuierten Eigenkomplexität als „Interpenetration" – ein deutliches Indiz dafür
dar, dass auch seine Variante von Systemtheorie Benjamins HERRschaftskritik der instrumentellen Rationalität unterliegt.

Auch in den von Luhmann als „Interpenetration" bezeichneten Fällen bleiben
die einzelnen Systeme – der Axiomatik seiner Theorie zufolge – füreinander

Umwelt. Hegel (vgl. 1979: Bd. 3) hat in seiner Dialektik der Anerkennung gezeigt, dass das eigene Bemühen, Autonomie zu erlangen, des anderen bedarf, der den Wunsch nach Selbsterhaltung bzw. die Fähigkeit dazu anerkennen muss. Demgegenüber löst Luhmann in seiner Theorie das Paradoxon der Anerkennung in einer Weise auf, dass sich eine Subjekt/Subjekt-Dialektik als konkrete Möglichkeit gar nicht mehr denken lässt.

Schon Parsons hat im Hinblick auf das aneinander Anschließen von kommunikativen Operationen in sozialen Systemen das Problem der – da ja zwei miteinander Kommunizierende jeweils eine Fülle von Handlungsoptionen haben – gleich „doppelten Kontingenz" angesprochen. Luhmann versucht dieses in seinem Konzept von „Interpenetration" dadurch zu lösen, dass die Kommunizierenden nicht nur Erwartungen, sondern auch „Erwartungserwartungen" (als Erwartungen, was von den anderen zu erwarten ist) bildeten. Luhmann (1998) versteht Kommunikation in dieser Weise als eine „Synthese aus drei Selektionen" (Luhmann 1998: 190) in Form zunächst einer Selektion von Information, dann einer Selektion der Mitteilung dieser Information und schließlich dem selektiven Verstehen dieser Mitteilung und ihrer Information durch ein Gegenüber, wobei diese „dreistellig Selektion" als Erwartungserwartung reziprok antizipiert würde. Auf diese Weise eröffneten sich Möglichkeiten, dass die Handlung des/der einen an die Handlung des/der anderen anschließen könne.

Um die sich durch die doppelte Kontingenz ergebende Unwahrscheinlichkeit erfolgreicher Kommunikation in Wahrscheinlichkeit zu transformieren, haben sich nach Luhmann (vgl. 1974; 1991) in Zuge der Evolution auch „symbolisch generalisierte Kommunikationsmedien" – wie er sie nennt – herausgebildet, die Kommunikation ihrem jeweiligen Schematismus gemäß unterstellten. Für das Funktionieren moderner Gesellschaft hält Luhmann (vgl. 1998: 743ff.) vor allem solche Medien von Bedeutung, wie z.B. Macht, Geld und Recht. Luhmann sieht dadurch funktionale Teilsysteme der Gesellschaft als Ausdifferenzierungen innerhalb der Gesamtheit der füreinander erreichbaren Kommunikationen sich herausbilden. Diese theoretisiert er dahingehend, dass sie im Rahmen ihrer Grenzziehung und Selbstbeschreibung auf binäre Codes – wie Macht/Ohnmacht, Zahlen/Nichtzahlen (bzw. Haben/Nichthaben), sowie Recht/Unrecht – zurückgriffen.

Entsprechend könnten die sich funktional ausdifferenzierenden gesellschaftlichen Teilsysteme Ausmaß und Form der Teilnahme von Einzelnen an ihrer Kommunikation nach teilsystemeigenen Erfordernissen festlegen. Luhmann spricht diesbezüglich von Inklusion, die sich aber immer auf die jeweiligen funktionssystemspezifischen Gesichtspunkte von Politik, Wirtschaft und Recht – um bei den angesprochenen Beispielen zu bleiben – beschränke und so die Einzelperson niemals als Ganze erreiche. Deshalb könne gesellschaftstheoretisch betrachtet „das Individuum nicht mehr durch *Inklusion*, sondern nur noch durch *Exklusion* definiert werden" (Luhmann 1993: 158; Hervorhebung durch M.M.). Und diese „Exklusionsindividualität" (ebd.) sieht Luhmann als strukturelle Voraussetzung und Folge des „Inklusionsuniversalismus" (ebd.) der Funktionssysteme.

Dennoch seien die sich funktional ausdifferenzierenden gesellschaftlichen Teilsysteme auch in der Lage, Teilnahme nach quantitativen und qualitativen Kriterien zu limitieren. Als Mittel solcher Begrenzung fungierten Organisationen. Diese verfügten als soziale Systeme mit Exklusionsbefugnis über die Möglichkeit, Mitgliedschaften an spezifische Bedingungen zu binden. Jene Möglichkeit des Ausschlusses aus Teilsystemen qua Ausschluss aus Organisationen stelle umgekehrt aber eine basale Bedingung der Bildung selbstreferentieller Funktionssysteme dar.

HERRschaftskritisch betrachtet, bedeutet dieses Postulat eine implizite Legitimation von Exklusionen (zur Modifizierung des Exklusionsbegriffes bei Luhmann vgl. May 2012: Kap. 3). Dabei ist die Frage, ob mit dem analytischen Instrumentarium der Luhmannschen Systemtheorie Formen von HERRschaft überhaupt zu fokussieren sind, die sich beispielsweise darin ausdrücken, dass in der Soziale Arbeit die Chancen eines MIs schon auf die Leitung einer kleineren Einrichtung oder einer Abteilung – geschweige denn von noch höheren Positionen – etwa doppelt so hoch ist, wie die von FIs (vgl. May i.E.b.). So bleibt selbst in kritischen Lesarten der Luhmannschen Theorie – wie sie beispielsweise Albert Scherr für sich beansprucht – der HERRschaftscharakter, welcher sich darin äußert, dass soziale Systeme „Ausmaß und Form der Teilnahme von Einzelnen an ihrer Kommunikation nach teilsystemeigenen Erfordernissen festlegen" (Scherr 2000: 73f.), unkritisiert.

Im Rahmen seiner kritischen Rezeption liest Scherr das Luhmannsche Theorem der Exklusionsindividualität als theoretische Reformulierung jenes Sachverhalts, „der in der Tradition kritischer Theorie und in Anschluss an die Marxschen Frühschriften – vor allem in Blick auf die industrielle Arbeitsorganisation – als Verselbständigung der gesellschaftlichen Verhältnisse gegenüber dem Willen und Bewusstsein der Individuen und als Ursache von Entfremdung verstanden wurde" (ebd.: 71). Allerdings vermag die Marxsche Entfremdungstheorie nicht nur die Systematik der Vermittlungsmechanismen detailliert nachzuzeichnen, durch die sich in dem real identischen Prozess die Nicht-Identität von subjektiv-intentionalem Handeln und jenem Verhalten vollzieht, durch das sich die gesellschaftlichen Verhältnisse blind reproduzieren. Mit ihr lässt sich zugleich auch die Notwendigkeit und Möglichkeit von Subjektivität innerhalb der kapitalistisch geprägten gesellschaftlichen Verhältnisse aufweisen.

Demgegenüber konstruiert die Luhmannsche These der Exklusionsindividualität einen ohnmächtigen Gegensatz zwischen den spezialisierten Funktionssystemen der Gesellschaft, in denen Einzelne nur als „Adresse für eine hoch spezialisierte teilsystemische Kommunikation" (ebd.: 67) relevant wer-

den, und einer dann nur mehr außerhalb dieser kommunikative Inanspruchnahme und damit zugleich auch nur außerhalb der Gesellschaft möglichen
Individualität. Was Hegel in seiner Dialektik von Einzelheit und Allgemeinheit noch zusammenzudenken vermochte, und was dann auch sozialwissenschaftlichen Ansätze zur Vermittlung von Subjekt- und Gesellschaftstheorie
inspiriert hatte, wird so bei Luhmann auseinandergerissen.

Auf gesellschaftlicher Ebene widerholt sich hier, was schon im Hinblick
auf Luhmanns Auflösung des Paradoxons der Anerkennung im Anschluss an
Jessica Benjamin einer HERRschaftskritik unterzogen wurde. Jürgen Ritsert
(2007) hat verdeutlicht, dass Anerkennungsverhältnisse als „autonomieför-
dernde Interaktionen" (Ritsert 2007: 68) auch eine „institutionelle Bestätigung des freien Willens" (ebd.: 65) voraussetzen. Besonders pädagogische
Institutionen wie auch Institutionen Sozialer Arbeit wären demnach daran zu
messen, inwieweit sie „den freien Willen der Einzelnen, seine Empathie sowie anerkennende Interaktionen mit ihrerseits selbständigen Anderen" (ebd.:
64) unterstützen und nicht untergraben.

Demgegenüber besteht in der systemtheoretischen Debatte um Soziale
Arbeit (Luhmann 1973: 37; Baecker 1994: 98; Bommes/Scherr 1996: 114;
Merten 1997: 97ff. und 2000: 186ff.; Scherr 2000: 70f.; Hillebrandt 2002:
223; Hohm 2003: 82f.) weitgehend Einigkeit darüber, dass Hilfe in funktional
ausdifferenzierten modernen Gesellschaften primär auf die humanen Folge-
probleme der modernen Inklusionsverhältnisse bezogen sei. So wird die spezifische Bezugsproblematik Sozialer Arbeit in funktional ausdifferenzierten
Gesellschaften in großer Übereinstimmung dieser verschiedenen systemtheoretischen Analysen in der Tradition Luhmanns „als teilsystemspezifische
Exklusionsgefährdung mit direkten sowie möglichen indirekten negativen
Folgeeffekten" (Scherr 2000: 74f.) zu fassen versucht, „als deren Auswirkung
eine Hilfsbedürftigkeit beobachtet wird" (ebd.).

HERRschaftskritisch ist diesbezüglich anzumerken, dass es sich bei Ex-
klusionsgefährdungen – und seien sie auch nur teilsystemspezifischer Art –
um eigentlich das gesellschaftliche Zusammenleben betreffende und damit im
Grunde politische Fragen handelt. Diese werden nun unter der Hand zu Problemen sozialarbeiterischer Hilfen umdefiniert. Damit werden dann auch nicht
mehr der eigentlich problemgenerierende Kontext und die je konkreten Ursachen dieser Notlage zum Gegenstand sozialarbeiterischer Bearbeitung, sondern paradoxer Weise die von Exklusion Betroffenen bzw. Bedrohten selbst.

Wenn in der an Luhmann anschließenden Debatte vergleichsweise ein-
mütig die Leistungen Sozialer Arbeit „als Exklusionsvermeidung, Inklusions-
vermittlung und/oder Exklusionsverwaltung" (Bommes/Scherr 1996) bestimmt werden, bleibt darüber hinaus die Frage des „Wohin" der Reinkludie-
rung unproblematisiert. Zu Recht erinnert Scherr (vgl. 2000: 68) daran, dass
Teilsysteme nicht aus Organisationen und sonstigen Einrichtungen bestehen.
Aus der Sicht Luhmanns stellen sie – wie bereits skizziert – Kommunikati-

onssysteme dar, für die eine je spezifische Perspektive der Beobachtung ihrer Umwelt kennzeichnend ist und die in entsprechender Weise auch die Einzelnen kommunikativ in Anspruch nehmen. Scherr kann in diesem Zusammenhang durchaus sehen, „dass die Einzelnen in keinem der Teilsysteme umfassend ihre Anliegen, Bedürfnisse und Interessen zur Sprache bringen können" (ebd.: 71). Da es für ihn – Luhmann folgend – aber eine Voraussetzung der Ausdifferenzierung von Funktionssystemen ist, „dass Einzelne in diesen nur noch unter teilsystemspezifischen Gesichtspunkten [...] bedeutsam sind" (ebd.: 70), vermag er diesen Sachverhalt lediglich zu konstatieren. Eine Alternative dazu lässt sich in der Tradition von Luhmanns Systemtheorie auch gar nicht denken.

Zwar herrscht bezüglich der Bezugsproblematik und des Gegenstandes noch weitgehend Einigkeit in der Debatte derjenigen, die Soziale Arbeit wissenschaftlich in der Tradition Luhmanns beobachten. Worin denn aber die Hilfe der Sozialen Arbeit bestehe und vor allem, ob sie selbst auch ein eigenes autonomes Teilsystem der modernen Gesellschaft konstituiere, darüber wird jedoch in der entsprechenden systemtheoretischen Debatte heftig gestritten. Bommes/Scherr (vgl. 2000: 83) vertreten in diesem Zusammenhang die Auffassung, dass Soziale Arbeit kein eigenes Funktionssystem darstelle, das exklusiv und eigenständig die gesellschaftliche Gewährleistung von Hilfe verwalte, entscheide doch nicht die Soziale Arbeit selbst, sondern Politik und Recht darüber, wer hilfsbedürftig sei. Deshalb sei Soziale Arbeit systemtheoretisch auf der Ebene von Organisation und Interaktion auszudifferenzieren, zumal sich die anhaltende quantitative und qualitative Expansion dieses Berufsfeldes im Kern auch noch als Einbindung ihrer Berufsrollenträger in heterogene Organisationen vollziehe.

Demgegenüber sehen andere durch den Hilfecode „eine Engführung an Hilfekommunikation" (Hohm 2003: 83) generiert, die sich dadurch „von der gesellschaftlichen Kommunikation und der funktionssystemspezifischen Kommunikation der primären Teilsysteme durch die Einheit einer Differenz unterscheide, die Hilfe als Beobachtung zweiter Ordnung reflexiv werden" (ebd.) ließe. Allerdings ist unter denjenigen, die in dieser Weise überzeugt sind, dass es sich bei Sozialer Arbeit um ein eigenes operativ geschlossenes Funktionssystem der Gesellschaft handele, noch umstritten, welches die Leitdifferenz des Hilfecodes sei: bedürftig/nicht-bedürftig (Hillebrand 20002: 219); Fall/Nicht-Fall (Fuchs 1997: 427); Helfen/Nicht-Helfen (Baecker 1994: 100 und Merten 1997: 97ff und 2000: 186ff.) oder Hilfefähigkeit/Hilfeunfähigkeit (Hohm 2003: 83f.).

4. Statt eines Schlusswortes

In diesem doch sehr akademischen Disput zeigt sich besonders deutlich, dass es sich bei der Systemtheorie in Luhmannscher Tradition vor allem um eine „Sache der Logik" (Marx 1956: 216) handelt, die sich weitgehend davon gelöst hat, die jeweilige „Logik der Sache" (ebd.) gegenstandsangemessen zu rekonstruieren. Entsprechend kritisiert auch Michael Winkler (1988) die in gewisser Weise „sachliche Beliebigkeit einer auf Metatheorie gerichteten Theoriebildung" (Winkler 1988: 57). Dies betrifft allerdings nicht nur die als „als Teil des sozialen Systems Wissenschaft" (Baecker 2001: 1871) „mit universalistischen Anspruch" (Kollek/Merten 2011: 1614) auftretende systemtheoretische „Beobachtung zweiter Ordnung" in der Tradition Luhmanns, sondern ebenso auch Obrechts systemische Wirklichkeits- und Erkenntnistheorie als sich transdisziplinär verstehende Metatheorie Sozialer Arbeit. Denn Metatheorien, wie diese, vermögen die Frage einer gegenständlich angemessenen Erkenntnis – wie Winkler (1988: 57) darlegt – gerade nicht zu beantworten.

Umgekehrt unterliegt die an Luhmanns Systemtheorie orientierte Soziologie Sozialer Arbeit jedoch zugleich auch der „Gefahr eines Reduktionismus" (ebd.: 56), klammert sie doch – ihrem Anspruch „der Reduktion von Komplexität" gemäß – jene Vielschichtigkeit aus, der „Handelnde[...] im Feld sozialer Arbeit" (ebd.) permanent ausgesetzt sind und die Winkler zufolge „allein deshalb" (ebd.) in einer Theorie Sozialer Arbeit zu thematisieren sei. Demgegenüber steigert das transdisziplinäre Paradigma der Zürcher Schule diese Komplexität noch dadurch, dass sie von den Professionellen in der Sozialen Arbeit fordert, die lebenspraktischen Problemsituationen, auf die sie in ihrer Praxis stoßen, durch Heranziehung eines möglichst vielfältigen disziplinären Erklärungswissens zu analysieren, um dann auf der Basis eines entsprechenden problemlösungsbezogenen Verfahrenswissens darauf methodisch zu antworten.

Zwar liegt es auf der Hand, die Propagierung gerade dieses Professionsmodells als Antwortversuch auf die gesellschaftlich vielfältigen Entwertungen Sozialer Arbeit zu lesen. HERRschaftskritisch betrachtet kann jedoch einer „Ablehnung der persönlichen, prozeßorientierten Formen der Sorge, Pflege und Aufrechterhaltung des Wachstums Anderer" (Benjamin 1982: 441), wie sie von Jessica Benjamin (1982) als patriarchal kritisierte wurde, nicht dadurch entgegengesteuert werden, dass eine Professionalisierung Sozialer Arbeit gerade unter Bezug auf ein Paradigma angestrebt wird, welches doch ebenfalls sehr stark einer instrumentellen Rationalität folgt. Wirksam politisch begegnet werden könnte dieser Entwertung und Ablehnung nur im Rahmen einer „auf das Gemeinwesen gerichteten politischen Ökonomie lebendiger Arbeit" (Negt 2002: 316), die auch Bezugspunkt jenes schon zu Beginn ange-

sprochenen (geschlechter-)politischen Projektes zur Demokratisierung der
Organisationsformen und Institutionen Sozialer Arbeit als Praxis und Wissenschaft ist (vgl. May 2012: Kap. 5).

Literatur

Baecker, Dirk (1994): Soziale Hilfe als Funktionssystem der Gesellschaft. In: Zeit-
    schrift für Soziologie 23, S. 93-110.
Baecker, Dirk (2001): Systemtheorie. In: Otto, H.-U./Thiersch, H./Böllert, K. (Hrsg.):
    Handbuch Sozialarbeit, Sozialpädagogik. 2., völlig überarbeitete Auflage Neu-
    wied: Luchterhand, S. 1870-1875.
Benjamin, Jessica (1982): Die Antinomien des patriarchalischen Denkens. Kritische
    Theorie und Psychoanalyse. In: Bonß, W./Honneth, A. (Hrsg.): Sozialforschung
    als Kritik. Zum sozialwissenschaftlichen Potential der Kritischen Theorie. Frank-
    furt a.M.: Suhrkamp (Suhrkamp-Taschenbuch Wissenschaft, 400), S. 426-455.
Bommes, Michael/Scherr, Albert (1996): Soziale Arbeit als Exklusionsvermeidung,
    Inklusionsvermittlung und/oder Exklusionsverwaltung. In: Neue Praxis 26 (2), S.
    107-123.
Bommes, Michael: Scherr, Albert (2000): Soziologie der Sozialen Arbeit. Eine Ein-
    führung in Formen und Funktionen organisierter Hilfe. Weinheim: Juventa.
Carrigan, Lee; Connell, Robert; Lee, John (1985): Toward a New Sociology of Mas-
    culinity. In: Theory and Society 14 (5), S. 551-604.
Connell, Robert W (2006): Der gemachte Mann. Konstruktion und Krise von Männ-
    lichkeiten. 3. Aufl. Wiesbaden: VS (Geschlecht & Gesellschaft, 8).
Fuchs, Peter (1997): Weder Herd noch Heimstatt – Weder Fall noch Nichtfall. Dop-
    pelte Differenzierung im Mittelalter und in der Moderne. In: Soziale Systeme,
    Zeitschrift für soziologische Theorie 3. (2), S. 413-437.
Geiser, Kaspar (2000): Problem- und Ressourcenanalyse in der sozialen Arbeit. Eine
    Einführung in die systemische Denkfigur und ihre Anwendung. Luzern: Verlag
    für Soziales und Kulturelles [u.a.].
Gramsci, Antonio (1998): Hrsg. v. Bochmann, K/Haug, Gefängnis-Hefte. Aufl. 10
    Bände. W.F.. Hamburg, Berlin: Argument; Berliner Institut für Kritische Theorie
    (Inkri'T).
Grimm, Jacob; Grimm Wilhelm (Hrsg.): Deutsches Wörterbuch. Elektronische Aus-
    gabe der Erstbearbeitung. Frankfurt a.M.: Zweitausendeins.
Hearn, Jeff (1987): The gender of oppression. Men, masculinity, and the critique of
    marxism. Brighton: Wheatsheaf Books.
Hegel, Georg Wilhelm Friedrich (1979): Werke. Auf der Grundlage der Werke von
    1832-1845 neu edierte Ausgabe. Redaktion Moldenhauer, E./Michel, K.M.,
    Frankfurt a. M .: Suhrkamp (Theorie-Werkausgabe).
Hillebrandt, Frank (2002): Hilfe als Funktionssystem für Soziale Arbeit. In: Thole, W.
    (Hrsg.): Grundriss soziale Arbeit. Ein einführendes Handbuch. Opladen: Leske
    und Budrich, S. 215-227.
Hohm, Hans-Jürgen (2003): Urbane soziale Brennpunkte, Exklusion und soziale
    Hilfe. Opladen: Leske und Budrich.

Horkheimer, Max; Adorno, Theodor W. (1988, c1969): Dialektik der Aufklärung. Philosophische Fragmente. Ungekürzte Ausgabe Frankfurt a.m.: Fischer.

Kosellek, Tobias; Merten, Roland (2011): Systemtheorie und Soziale Arbeit. In: Otto, H.-U./Thiersch, H. (Hrsg.): Handbuch Soziale Arbeit. Grundlagen der Sozialarbeit und Sozialpädagogik. 4., völlig neu bearbeitete Auflage München: Reinhardt, S. 1614-1621.

Kunstreich, Timm (1975): Der institutionalisierte Konflikt. Eine exemplarische Untersuchung zur Rolle des Sozialarbeiters in der Klassengesellschaft am Beispiel der Jugend- und Familienfürsorge. Offenbach: Verlag 2000.

Lefebvre, Henri (1975): Metaphilosophie. Prolegomena. Frankfurt a.m.: Suhrkamp.

Luhmann, Niklas (1973). Formen des Helfens im Wandel gesellschaftlicher Bedingungen. In: Otto, H.-U./Schneider, S. (Hrsg.): Gesellschaftliche Perspektiven der Sozialarbeit. 2. Aufl. Neuwied: Luchterhand, S. 21-43.

Luhmann, Niklas (1974): Einführende Bemerkungen zu einer Theorie symbolisch generalisierter Kommunikationsmedien. In: Zeitschrift für Soziologie 3 (3), S. 236-255. http://www.zfs-online.org/index.php/zfs/article/viewFile/2241/1778 [Zugriff: 29.11.2012]

Luhmann, Niklas (1985): Die Autopoiesis des Bewußtseins. In: Soziale Welt 63 (4), S. 402-446.

Luhmann, Niklas (1987): Soziale Systeme. Grundriss einer allgemeinen Theorie. 1. Aufl. Frankfurt a.m.: Suhrkamp.

Luhmann, Niklas (1988). Selbstreferentielle Systeme. In Simon, F. (Hrsg.): Lebende Systeme. Wirklichkeitskonstruktionen in der systemischen Therapie. Berlin: Springer, S. 47-53.

Luhmann, Niklas (1991): Interaktion, Organisation, Gesellschaft. Anwendungen der Systemtheorie. In: ders. (Hrsg.): Soziologische Aufklärung. Bd. 2 Aufsätze zur Theorie der Gesellschaft. 4. Aufl. 6 Bände. Opladen: Westdt. Verl. (2), S. 9-20.

Luhmann, Niklas (1992): Die Wissenschaft der Gesellschaft. Frankfurt a.m.: Suhrkamp.

Luhmann, Niklas (1993): Individuum, Individualität, Individualismus. In: ders. (Hrsg.): Gesellschaftsstruktur und Semantik. Studien zur Wissenssoziologie der modernen Gesellschaft. 1. Aufl. Frankfurt a.m.: Suhrkamp, S. 149-258.

Luhmann, Niklas (1998): Die Gesellschaft der Gesellschaft. Frankfurt a.m.: Suhrkamp (Suhrkamp-Taschenbuch Wissenschaft).

Marx, Karl (1956): Zur Kritik der Hegelschen Rechtsphilosophie. In: Marx, K./ Engels, F.: Werke. Herausgegeben vom Institut für Marxismus-Leninismus beim ZK der SED, Bd. 1, Berlin: Dietz, S. 201-333.

Marx, Karl, Engels, Friedrich (1978): Die Deutsche Ideologie. In: Marx, K./Engels, F.: Werke. Herausgegeben vom Institut für Marxismus-Leninismus beim ZK der SED, Bd. 3, Berlin: Dietz, S. 9-530.

May, Michael (2002): Hegemoniale Männlichkeit und Sozialstaat. In: Widersprüche Redaktion (Hrsg.): Der oder die Sozialstaat? Doing gender europäischer Wohlfahrtsregime. Bielefeld: Kleine, S. 43-60.

May, Michael (2004): Selbstregulierung. Eine neue Sicht auf die Sozialisation. Orig.-Ausg. Gießen: Psychosozial (Reihe Psyche und Gesellschaft).

May, Michael (2005): Geschlechtliche Codes sozialer und ökonomischer Strukturen. Eine (nicht nur) theoriegeschichtliche Vergewisserung. In: Widersprüche Redaktion (Hrsg.): Genders neue Kleider? Dekonstruktivistischer Postfeminismus, Neoliberalismus und die Macht. Bielefeld: Kleine (Widersprüche, 95), S. 61-85.

May, Michael (2005a): Wie in der sozialen Arbeit etwas zum Problem wird. Versuch einer pädagogisch gehaltvollen Theorie sozialer Probleme. Münster: Lit. (Sozialpädagogik, Sozialarbeit im Sozialstaat, 14).

May, Michael (2006): Woher kommt die Produktivität des Sozialen? Ansätze zur Analyse ihrer Produktivkräfte. In: Böllert, K./Hansbauer, P./Hasenjürgen, B./ Langenohl, S. (Hrsg.): Die Produktivität des Sozialen – den sozialen Staat aktivieren. Sechster Bundeskongress Soziale Arbeit. Wiesbaden: VS / GWV, S. 31-48.

May, Michael (2008): Die Handlungsforschung ist tot: Es lebe die Handlungsforschung. In: May, M./Alisch, M. (Hrsg.): Praxisforschung im Sozialraum. Fallstudien in ländlichen und urbanen sozialen Räumen. Opladen: Budrich und Leske (Beiträge zur Sozialraumforschung, 2), S. 207-238.

May, Michael (2009): Menschliche Verwirklichung. In: Widersprüche Redaktion (Hrsg.): „Normative Fluchtpunkte" – Begriffe kritischer sozialer Arbeit. München: USP Publishing Kleine (Widersprüche, 112), S. 43-63.

May, Michael (2010): Aktuelle Theoriediskurse Sozialer Arbeit. Eine Einführung. 3. Auflage. Wiesbaden: VS/GWV.

May, Michael (2012): Segregation und Soziale Arbeit: Ausschluss und Einschluss. In: May, M./Alisch, M. (Hrsg.): Formen sozialräumlicher Segregation. Opladen: Barbara Budrich (Beiträge zur Sozialraumforschung, 7), S. 135-156.

May, Michael (i.E.b.): Hegemoniale Männlichkeit und Soziale Arbeit: Eine herrschafts- und differenzanalytische Betrachtung der Forderung nach mehr Männer in die Soziale Arbeit. In: Rose, L./May, M. (Hrsg.): Mehr Männer in die Soziale Arbeit?! Opladen: Barbara Budrich.

May, Michael (i.E.b.a): Kritik Sozialer Arbeit und Kritische Soziale Arbeit aus einer Perspektive von Mens- und Gender-Studies. In: Anhorn, R./Bettinger, F./ Horlacher, C/Rathgeb, K. (Hrsg.): Kritik der Sozialen Arbeit – kritische Soziale Arbeit. Wiesbaden: VS/GWV.

Merten, Roland (1997): Autonomie der sozialen Arbeit. Zur Funktionsbestimmung als Disziplin und Profession. Weinheim: Juventa.

Merten, Roland (2000): Soziale Arbeit als autonomes Funktionssystem der Gesellschaft? Argumente für eine konstruktive Perspektive. In: Merten, R. (Hrsg.): Systemtheorie sozialer Arbeit. Neue Ansätze und veränderte Perspektiven. Opladen: Leske und Budrich, S. 177-206.

Negt, Oskar (2002): Arbeit und menschliche Würde. 2. Auflage. Göttingen: Steidl.

Obrecht, Werner (1996): Ein normatives Modell Rationalen Handelns. Umrisse einer wert- und wissenstheoretischen Allgemeinen normativen Handlungstheorie für die Soziale Arbeit. In: Verein zur Förderung Sozialer Arbeit als akademische Disziplin (Hrsg.): Symposium Soziale Arbeit: Beiträge zur Theoriebildung und Forschung in Sozialer Arbeit. Köniz: Soziothek, S. 109-202.

Obrecht, Werner (2001): Das Systemtheoretische Paradigma der Sozialen Arbeit als Disziplin und als Profession. Eine transdisziplinäre Antwort auf die Situation der Sozialen Arbeit im deutschsprachigen Bereich und die Fragmentierung des professionellen Wissens. Hochschule für Soziale Arbeit. Zürich (Zürcher Beiträge zur Theorie und Praxis Sozialer Arbeit, 4).

Obrecht, Werner (2009): Die Struktur professionellen Wissens. Ein integrativer Beitrag zur Theorie der Professionalisierung. In: Becker-Lenz, R./Busse, S./Ehlert, G./Müller, S. (Hrsg.): Professionalität in der Sozialen Arbeit. Standpunkte, Kontroversen, Perspektiven. 2.Auflage. Wiesbaden: VS/GWV, S. 47-72.

Parsons, Talcott (1976): Zur Theorie sozialer Systeme. Opladen: Westdeutscher.

Richmond, Mary Ellen (1917): Social Diagnosis. Russell Sage Foundation. New York, NY. http://archive.org/details/socialdiagnosis00richiala

Ritsert, Jürgen (2007): Anerkennung als Prinzip der Gesellschaftskritik. Über die Wurzeln bei Kant, Fichte und Hegel. Frankfurt a.M.: http://ritsert-online.de/download/Anerkennung.pdf [Zugriff: 05.12.2012]

Staub-Bernasconi, Silvia (1983): Soziale Probleme – Dimensionen ihrer Artikulation. Umrisse einer Theorie sozialer Probleme als Beitrag zu einem theoretischen Bezugsrahmen Sozialer Arbeit. Diessenhofen: Rüegger.

Staub-Bernasconi, Silvia (2007): Soziale Arbeit als Handlungswissenschaft. Systemtheoretische Grundlagen und professionelle Praxis – ein Lehrbuch. 1. Aufl. Bern: Haupt (UTB Soziale Arbeit, Sozialwissenschaften, 2786).

Thole, Werner (2011): Die Soziale Arbeit – Praxis, Theorie, Forschung und Ausbildung. Versuch einer Standortbestimmung. In: ders. (Hrsg.): Grundriss Soziale Arbeit. Ein einführendes Handbuch. 4. Aufl. Wiesbaden: VS/Springer, S. 19-70.

Toppe, Sabine (1996): Mutterschaft und Erziehung zur Mütterlichkeit in der zweiten Hälfte des 18. Jahrhunderts. In: Kleinau, E./Opitz, C. (Hrsg.): Geschichte der Mädchen- und Frauenbildung. Frankfurt a.M.: Campus, S. 346-359.

Winkler, Michael (1988): Eine Theorie der Sozialpädagogik. Stuttgart: Klett-Cotta (Konzepte der Humanwissenschaften).

Soziale Arbeit, Geschlecht und Ungleichheit – die Perspektive Intersektionalität

Catrin Heite/Andrea J. Vorrink

Intersektionalität – diesen Begriff stellt der folgende Beitrag in den Mittelpunkt des Nachdenkens über den Zusammenhang von Geschlechtertheorien und Theorien Sozialer Arbeit. Hierfür wird zunächst das dieser Überlegung zugrundeliegende Verständnis von Geschlecht als Ungleichheitskategorie und deren Relevanz für Soziale Arbeit erläutert (1.). Darauf aufbauend wird Intersektionalität als Perspektive mit Blick auf ihre befreiungspolitische Herkunft und analytische Kraft rekonstruiert (2.) und zusammenfassend Kennzeichen dieser Perspektive rekapituliert (3.) sowie abschließend auf die Soziale Arbeit zurückbezogen (4.). Im Sinne des Sammelbandes werden damit Bezüge und Herausforderungen zwischen Theorien Sozialer Arbeit und Gendertheorien herausgearbeitet.

1. Soziale Arbeit, Ungleichheit und Geschlecht(erverhältnisse)

Soziale Arbeit beschäftigt sich empirisch, theoretisch und professionell-handlungspraktisch mit Problemstellungen im Kontext von Ungerechtigkeits-, Diskriminierungs- und Differenz*verhältnissen*, welche entlang von Ungleichheits*kategorien* wie Rasse, Klasse und Geschlecht hergestellt und aufrechterhalten werden. Als wissenschaftliche Disziplin und als gesellschaftlich institutionalisierte Profession agiert Soziale Arbeit unter sozialen, kulturellen, politischen und ökonomischen Bedingungen, in denen subjektive und kollektive Akteure über ungleichen Zugang zu gesellschaftlichen Gütern, Statuspositionen und Selbstbestimmungsmöglichkeiten der Lebensführungen verfügen: Bildung, Erwerbsarbeit, Wohnraum und Wohnform, Einkommen oder auch abstraktere Ressourcen wie Zeit sind unterschiedlichen Gruppen in unterschiedlichem Maße und in unterschiedlicher Weise zugänglich. Ungleichverteilung und ungleiche gesellschaftliche Teilhabe- und Teilnahmemöglichkeiten werden anhand von Kategorien bzw. Kategorisierungen wie unter anderem Geschlecht strukturiert: Mit Geschlecht werden Verhältnisse konstituiert, die über berufliche Positionen, Einkommen, soziale Verantwortungsübernahme, über die Möglichkeiten zur Lebensgestaltung in einer geschlechterhierarchisch organisierten Gesellschaft (mit)entscheiden. Geschlecht als

Ungleichheitskategorie konstituiert sich dabei nicht nur als gesellschaftlicher Strukturierungsfaktor, sondern als ein totalitäres soziales, kulturelles und symbolisches Teilungsprinzip, das zweigeschlechtliche Eindeutigkeit einfordert – so sind die Mitglieder einer geschlechterbinär organisierten Gesellschaft nur *entweder* als Mann *oder* als Frau anerkennungsfähig.[1] Geschlecht stellt in diesem Sinne eine subjektivierende[2] Kraft dar, vor der es (zumindest zunächst) kein Entkommen gibt. So ist Geschlecht eine unabwendbare Instanz, mit der jeder Mensch wahrgenommen und aufgefordert wird, eine *intelligible Geschlechtsidentität* (vgl. Butler 1991:37ff.) zu entwickeln, Selbst- und Weltverhältnisse auszuhandeln, um zum Subjekt zu werden.

Damit ist Geschlecht zu verstehen als komplexes differenzierendes Ordnungsformat, das in materieller wie kulturell-symbolischer Hinsicht wirkmächtig ist. Als eine Dimension gesellschaftlicher Macht und Herrschaftsverhältnisse ist Geschlecht ein strukturgebendes Element in Differenzordnungen, privilegiert und depriviligiert, ermöglicht und verunmöglicht, weist Statuspositionen zu und verweigert sie, strukturiert gesellschaftliche Arbeitsteilung und heteronormative Geschlechterverhältnisse.

Die folgenden Argumentationen sehen Geschlecht so nicht als ‚wichtigste‘ Ungleichheitskategorie – als die eine ‚Master‘-Kategorie, die alles andere teilt, ordnet und strukturiert – sondern als eine Kategorie unter, zwischen, neben, quer zu anderen, mit denen sich Macht- und Herrschaftsverhältnisse analysieren lassen: Klasse, Rasse, Kultur, religiöse Zugehörigkeit, sexuelles Begehren, Körper sind einige der wirkmächtigen Teilungsmuster, die gesellschaftliche Teilnahme- und Teilhabemöglichkeiten regulieren, die ein- und ausschließen, zuweisen und vorenthalten, privilegieren und marginalisieren. Aufgrund dieser Verschränkungen mit einer Reihe von anderen diskriminierungsrelevanten Kategorien wird Geschlecht als *relativ* verstanden, büßt damit jedoch weder analytisch noch empirisch an Relevanz ein. Die spezifische Relativität von Geschlecht ist vorstellbar als Verknüpfung sich gegenseitig beeinflussender Verhältnisse. Geschlecht als *interdependente Kategorie* (Walgenbach et al. 2007) setzt also nicht eine einzelne Kategorie zentral, sondern analysiert *Achsen der Ungleichheit* und *Achsen der Differenz* (vgl.

---

1   Zur interdisziplinären Analyse und Kritik an der „Macht der Geschlechternormen" (Butler 2009) und entsprechenden zweigeschlechtlichen Normen und Normierungen, Biologisierung und Medikalisierung (uneindeutigen) Geschlechts vgl. u.a. Fausto-Sterling 2006; Kloppel 2010.

2   Der Begriff der Subjektivierung meint, dass ein Subjekt nicht ‚da‘ und als solches handlungsfähig ist, sondern erst in spezifischen Prozessen der Anrufung hergestellt wird. So versteht Michel Foucault Subjektivierung als eine „Form von Macht", die auf Menschen einwirkt und die „im unmittelbaren Alltagsleben spürbar [wird], welche das Individuum in Kategorien enteilt, ihm seine Individualität aufprägt, es an seine Identität fesselt, ihm ein Gesetz der Wahrheit auferlegt, das es anerkennen muß und das andere in ihm anerkennen müssen" (Foucault 1994: 246).

Klinger und Knapp 2005; Knapp und Wetterer 2003) in ihren komplexen Wechselwirkungen.

Insofern Soziale Arbeit sich mit gesellschaftlichen Ungleichheits- und Differenzverhältnissen, mit ungleichen Statuspositionen sowie ungleichen Lebensgestaltungsmöglichkeiten beschäftigt, sind Ungleichheitskategorien und die von ihnen arrangierten Verhältnisse in ihren Wechselwirkungen und Koalitionen insbesondere in der und für die Soziale Arbeit analytisch zu umgreifen. Für dieses Vorhaben bietet sich die Perspektive Intersektionalität an, die in letzter Zeit in den einschlägigen Debatten für Forschung, Theoriebildung und professionelle Praxis zunehmend als bedeutsam erkannt wird (Czollek und Perko 2010; Riegel 2010, 2012; Auernheimer 2011; Bereswill 2011). Sie gilt als

„Instrument der kritischen Analyse und Aufschlüsselung von Strukturen und Mechanismen diverser, miteinander verwobener Differenz- und Ungleichheitsverhältnisse […], als Perspektive der Kritik, der Reflexion und auch der Gestaltung von sozialpädagogischer Hilfe, Unterstützung und Bildung – unter der systematischen Berücksichtigung von Diversität und Diskriminierungskritik" (Riegel 2012: 55; vgl. auch u.a. Leiprecht i. d. B.).

Diese Diskussionen sind nur angemessen zu führen, wenn der befreiungspolitische Ursprung des Ansatzes Intersektionalität systematisch weitergeführt wird.

2. Intersektionalität: befreiungspolitische Herkunft, Kontext und Analyseperspektive

Der Begriff Intersektionalität tritt Ende der 1980er Jahre im Kontext von Antidiskriminierungspolitiken in Erscheinung und wird interdisziplinär und international mit der Jahrtausendwende zunehmend kontrovers debattiert. Der Begriff kann auf die afroamerikanische Juristin Kimberlé Crenshaw (1989, 1991) zurückgeführt werden und ist inhaltlich aufs engste verbunden mit befreiungspolitischen Bewegungen, die u.a. rassifizierende, patriarchale und kapitalistische Herrschaftsverhältnisse angreifen. Die Entstehungskontexte der Perspektive Intersektionalität werden in den aktuellen deutschsprachigen Intersektionalitätsdebatten nicht hinreichend thematisiert (vgl. Gutiérrez Rodríguez 2011; Lutz et al. 2010). Insbesondere bleibt meist unerwähnt, dass intersektionale Perspektiven sich in marginalisierten Kontexten, besonders dezidiert im Black Feminism entwickelten. Auch in Deutschland sind Schwarze[3] Feministinnen bereits in den 1980er und 1990er Jahren theore-

---

3   Bei der Schreibweise der Begriffe Schwarz und Weiß orientieren wir uns an den editorischen Überlegungen des Sammelbandes „re/visionen. Postkoloniale Perspektiven von People of Color auf Rassismus, Kulturpolitik und Widerstand in Deutschland" (2007) von

tisch, analytisch und politisch sowie dezidiert gesellschaftskritisch mit inter-
sektionalen Fragestellungen beschäftigt (vgl. Ayim et al. 1986, Oguntoye
1986), ohne explizit den Begriff Intersektionalität zu nutzen, der erst wesentlich später den Diskurs bestimmte (vgl. Gutiérrez Rodríguez 2011). Fragestellungen, die mit einem neuen Vokabular nun als intersektionale Fragestellungen bezeichnet werden, wurden demzufolge auch vor der expliziten Formulierung des Begriffs vor allem von denjenigen bearbeitet, die in subalternen und
marginalisierten gesellschaftlichen Positionierung die Interdependenz von
verschiedenen Unterdrückungsverhältnissen – wie Rassismus, Antisemitismus, Klassenverhältnisse oder Bodyismus *und* Geschlechterhierarchien –
anhand der eigen Lebenserfahrungen empirisch konkret vor Augen hatten
(vgl. für die internationale Diskussion u.a.: Lorde 1980; Anzaldúa et al. 1981;
Davis 1981; Hull et al. 1982; vgl. für den deutschsprachigen Kontext außerdem: Camlikbeli 1984; Ewinkel et al. 1988, AG Frauenkongress 1984, Kalpaka und Räthzel 1985, Aktaş 1993, Baader 1993). Wie Gutiérrez Rodríguez
nachzeichnet, standen in früheren Analysen, theoretischen Beiträgen und
politischen, repräsentationskritischen Interventionen vor allem Regierungstechnologien und gesellschaftsstrukturelle Ungleichheiten im Mittelpunkt.
Den Analysen und Interventionen ging es nicht oder nicht in erster Linie um
die Anerkennung von Identitäten in einem essentialistischen Sinne[4], sondern
um die

> „gewaltvollen Effekte, denen die Subjekte ausgesetzt sind, die im Rahmen der noch beste-
> henden kolonialen Differenz durch unterschiedliche Mechanismen des Regierens, Verwal-
> tens und der wissenschaftlichen Erfassung als ‚ethnisierte, rassifizierte, sexualisierte und
> vergeschlechtlichte inferiore Andere' erschaffen werden" (Gutiérrez Rodríguez 2011: 78).

Teil dieser expliziten analytischen und politischen Wendung gegen Rassismus, kapitalistische Ausbeutung und Sexismus ist eine deutliche Verbindung
von Analyse, Theoriebildung und politischer Intervention, die – mit und
ebenso gut auch ohne den Begriff Intersektionalität[5] – auf die Frage nach den
Verwobenheiten von Herrschaftsverhältnissen zielt.

  Im Folgenden wollen wir entlang von fünf Zitaten, die zu unterschiedlichen Zeitpunkten im Kontext des Black Feminismus verortbar sind, diese
genuine Fragestellung nach den verwobenen Zusammenhängen von Unterdrückungsverhältnissen markieren und nachvollziehen. Kommentierend und
kontextualisierend soll sich entlang der Zitate das spezifische, politische und

---

Kein Nghi Ha, Nicola Lauré al-Samarai, Sheila Mysorekar: Die Großschreibung markiert
den politischen Konstruktionscharakter beider Kategorien und soll strategisch dazu beitragen, Herrschaftsverhältnisse auch sprachlich sichtbar zu machen (vgl. ebd.: 13).

4   Vgl. Fußnote 10 i. d. T. und weiterführend Young 1997; Spelmann 1988; Yuval-Davis
     2006.
5   Zu der Debatte in den 80er und 90er Jahre, in denen intersektionale Fragen bearbeitet
     wurden, ohne den Begriff zu prägen vgl. u.a. Frerichs 1997; Fenstermaker und West 1995;
     Hügel et al 1993; King 1998; Meulenbelt 1988; Viehmann 1991.

analytische Interesse der Perspektive Intersektionalität differenzierter konturieren, das im Kontext des Black Feminism besonders scharf herausgearbeitet worden ist:

„We believe that sexual politics under patriarchy is as pervasive in Black women's lives as are the politics of class and race. We also often find it difficult to separate race from class from sex oppression because in our lives they are most often experienced simultaneously. We know that there is such a thing as racial-sexual oppression which is neither solely racial nor solely sexual" (Combahee River Collective (1981): 213).

Dieses Zitat des Combahee River Collectives, einem Zusammenschluss von Schwarzen, lesbischen, antikapitalistischen Feministinnen in Boston, markiert im Besonderen die Simultanität, mit der Unterdrückungsverhältnisse sich in der Empirie, der faktischen Erfahrung in der und mit der Welt darstellen: Unterdrückungserfahrung „is neither solely … nor"; ist nicht lediglich und nicht notwendig entweder als das eine oder das andere Verhältnis greifbar. Insofern die analytische und politische Bearbeitung *einzelner* Verhältnisse und Kategorien zu unangemessener Darstellung von Sexismus, Rassismus *oder* Klassenverhältnissen führt, muss der Blick auf die Zusammenhänge zwischen diesen Verhältnissen gerichtet werden. Erst dann werden auch Ambivalenzen, Brüche und Widersprüche innerhalb entsprechender politischer Gruppierungen oder sozialer Bewegungen sichtbar, wie etwa Differenzen zwischen Schwarzen Männern und Schwarzen Frauen, zwischen Schwarzen und Weißen Feministinnen, zwischen bürgerlichen, wohlhabenden und proletarischen, armen Frauen, zwischen jüdischen und nicht-jüdischen oder zwischen homo- und heterosexuell begehrenden Frauen. Der skeptische Blick auf „Differenzen, Machtverhältnisse und Solidarität zwischen Frauen" (Fuchs und Habinger 1996) ist als ein politischer Dauerbrenner innerhalb der Frauenbewegungen ein historisch tradiertes, zwar immer wieder anders konstelliertes, aber beständig aktuelles Thema; dieses findet sich beispielsweise auch historisch in der ersten westlichen Frauenbewegung zwischen bürgerlichen und sozialistischen Frauen als klassenförmiges Herrschafts- Konflikt- und Differenzverhältnis.[6] Im Sinne einer solchen Untrennbarkeit und Unentwirrbarkeit, eines

---

6   Dieses Macht- und Differenzverhältnis zeigt sich auch in der Geschichte der Sozialen Arbeit: Indem sich Teile der bürgerlichen Frauenbewegung mit dem Konzept ‚Geistige Mütterlichkeit' erfolgreich das soziale Ehrenamt und berufliche Handlungsfelder aneigneten, erhielten sie als bürgerliche Frauen kontrollierenden Zugang zu proletarischen Haushalten. Hier forcierten sie die Einhaltung zeitgenössischer Vorstellungen über ‚richtige' Erziehungspraxen und zielten in ihrer Kontrolle proletarischer Frauen darauf, ihnen die Einhaltung neuer Hygienestandards sowie moralische Anforderungen wie Pünktlichkeit, Ordnung, Fleiß, Aufopferung, Fürsorge „aufzunötigen" (Maurer 1997: 52, vgl. auch Heite 2008; Hardegger 2012; Matter 2011). Soziale Arbeit als Teil staatlicher und bürgerlicher Regierungstechnologien ist so bereits entstehungsgeschichtlich im Paradox der Gleichzeitigkeit von Hilfe und Kontrolle und entsprechenden kontrollierenden Zugriffen auf Lebensführungen eingebunden und – auf geschlechtertheoretischer Ebene betrachtet – Teil der Auseinandersetzungen um Gleichheit und Differenz sowie Klassenherrschaft.

empirischen „Nicht-einzig-und-allein" von Unterdrückungsverhältnissen und
-erfahrungen formuliert das Combahee River Collective Ende der 1970er
Jahre *A Black Feminist Statement*, in dem auf ebendiese Gleichzeitigkeit und
gegenseitige Verwiesenheit sexistischer, heteronormativer, rassistischer und
klassenbezogener Herrschaftsverhältnisse als ineinandergreifende Systeme
der Unterdrückung hingewiesen wird:

> „The most general statement of our politics at the present time would be that we are active-
> ly committed to struggling against racial, sexual, heterosexual, and class oppression and
> see as our particular task the development of integrated analysis and practice based upon
> the fact that the major systems of oppression are interlocking. The synthesis of these op-
> pressions creates the conditions of our lives. As Black women, we see Black feminism as
> the logical political movement to combat the manifold and simultaneous oppressions that
> all women of color face." (Combahee River Collective 1981: 13; nachfolgend abgekürzt
> mit CRC).

Mit diesem Zitat kann deutlich gemacht werden, dass Intersektionalität und
die Rezeption intersektionalitätspolitischer Positionen (auch in der und für die
Soziale Arbeit) in ihren *politischen* Herkunftszusammenhängen zu verorten
sind: Intersektionalität ist eine *explizit* politische Forschungs- und Theorie-
perspektive, die Bedingungen des ‚realen' Lebens von ‚mehrfach' Subalternen dechiffriert. Damit verweist sie auf Jahrzehnte an politischen Debatten,
ambivalenten Erfahrungen und schwierigen Interventionen, in denen unter
anderem rassistische, patriarchale, geschlechterhierarchische, heterosexisti-
sche, klassenbezogene, bodyistische oder religionsbezogene Ungleichheits-
und Differenzverhältnisse in ihrer Synthese im Mittelpunkt von Analyse und
Kritik standen und stehen. In dieser kontextualisierten Lesart macht Intersektionalität sowohl auf den theoretischen Gehalt politischer Analysen und Interventionen als auch auf den *politischen Gehalt wissenschaftlicher Theoriebildung und Forschung* aufmerksam.[7] Der relativ junge Begriff Intersektionalität fungiert also als Chiffre für eine lange Tradition politischer, theoretischer
und analytischer Auseinandersetzungen, Intersektionalität ist in diesem Sinne
ein Platzhalterbgriff für ein umkämpftes Erkenntnis- und Politisierungsinteresse (vgl. Garske/Vorrink 2012). Ohne selbst ein einzelnes spezifisches theoretisches Konzept zu meinen, geht der „heuristische Begriff" (ebd.) Intersektionalität in seinem grundsätzlichen Erkenntnis- und Politisierungsinteresse
davon aus, dass zueinander relationale Kategorien nicht angemessen analysiert werden können, wenn nur eine Kategorie in den Blick genommen wird.
Demgemäß wird mit Intersektionalität vermittelt, dass es reflexiv-theoreti-

---

7   Für diese – jeweils auch zu problematisierende – Bewegung der Verwissenschaftlichung
    des Politischen und der Politisierung des Wissenschaftlichen spricht Sabine Hark 2005
    vom *feminist turn* der Wissenschaft und vom *academic turn* des Feminismus. Problemati-
    sierend zu befragen seien dabei die Prozesse und Praktiken der Produktion und Curriculari-
    sierung von (wissenschaftlichem) Wissen als auch die Herstellung und Formatierung von
    sich selbst als ‚kritisch' verstehenden Wissensprojekten.

scher Konzepte und politisch-analytischer Ansätze bedarf, um Ausbeutungs-, Ungleichheits- und Unterwerfungsverhältnissen in ihrem interdependenten Zusammenhang nachzugehen und sie zu bearbeiten. Dabei ist erforderlich, etwa die Verbundenheit von Ökonomie, Geschlechterverhältnissen, Zwangsheterosexualität, Klassenverhältnissen, der Konstruktion von Rasse und die Wirkmächtigkeit rassistischer Gewaltverhältnisse zu berücksichtigen. Und diese Verknüpfungen sind zugleich etwa unter den Bedingungen gesellschaftlicher Transformationsprozesse oder unter den Bedingungen einer postkolonial-postnationalsozialistischen Gesellschaft (Lauré al-Samarai 2004) in den Blick zu nehmen. Die Perspektive Intersektionalität erscheint in diesem Sinne geeignet, um den Zusammenhang zwischen kapitalistischer Ökonomie, Patriarchat, Nationalstaatlichkeit und Rassismus aufzuhellen und verweist auf einen Perspektivwechsel der Fragerichtung:

„The way I try to understand the interconnection of all forms of subordination is through a method I call 'ask the other question.' When I see something that looks racist, I ask, 'Where is the patriarchy in this?' When I see something that looks sexist, I ask, 'Where is the heterosexism in this?' When I see something that looks homophobic, I ask, 'Where are the class interests in this?' Working in coalition forces us to look for both the obvious and non-obvious relationships of domination, helping us to realize that no form of subordination ever stands alone. [...] If this is true, we've asked each other, then isn't it also true that dismantling any one form of subordination is impossible without dismantling every other? And more and more, particularly in the women of color movement, the answer is that 'no person is free until the last and the least of us is free.'" (Matsuda 1991: 1189)

Ein kontinuierlicher Perspektivwechsel in der Fragerichtung – damit formuliert Intersektionalität nichts weniger zur Aufgabe, als stets eine Vielzahl an Dominanzverhältnissen politisch und analytisch in den Blick zu nehmen und sich nicht mit dem vermeintlich Offensichtlichen zufriedenzugeben. Dabei geht es nicht ‚nur' um die Analyse etwa von Klasseninteressen in Geschlechterverhältnissen oder rassistischen Verhältnissen quer zu Geschlecht, sondern es geht um die Aufhebung aller bestehenden Herrschafts-, Ausbeutungs- und Unterdrückungsverhältnisse, bis „die allerletzte von uns frei ist". Dieser Anspruch, Analyse, Kritik und die Veränderung der Gesellschaft zu realisieren, wird insbesondere vom Schwarzen Feminismus erhoben:

„No other group in America has so had their identity socialized out of existence as have black women. We are rarely recognized as a group separate and distinct from black men, or as a present part of the larger group 'women' in this culture. When black people are talked about, sexism militates against the acknowledgement of the interests of black women; when women are talked about racism militates against a recognition of black female interests. When black people are talked about, the focus tends to be on *black* men; and when women are talked about the focus tends to be on *white* women." (hooks 1981: 7)

Dieses Zitat von bell hooks verdeutlicht die identitätspolitischen Dimensionen befreiungspolitischer Unterfangen, die an die konkreten Erfahrungen von

Rassismus und Sexismus anknüpfen und Frauen of Color[8] eine Sprechpositi-
on zu verschaffen suchen. Damit geht es um die politische und theoretische
Herausforderung, Unterdrückungsverhältnisse interdependent zu denken und
die Idee *einer* dominanten Perspektive auf Befreiung zurückzuweisen. Vielmehr sei die nicht hierarchisierbare Gleichzeitigkeit verschiedener Unterdrückungsverhältnisse zu berücksichtigen. Insbesondere in der Schwarzen feministischen Epistemologie (Collins 1990; Andersen und Collins 2005) ist ein
kritisches Erkenntnis- als politisches Befreiungsprojekt eng an die Perspektive Empowerment angelegt und im Sinne von feministischen Standpunktepis-
temologien (Harding 1994, 2004; Haraway 1996) mit den Begriffen Conci-
ousness, Bewusstsein und Knowledge, Wissen verknüpft. So führt Patricia
Hill Collins in „Black Feminist Thought. Knowledge, Consciousness, and the
Politics of Empowerment" (1990) aus:

> „Empowerment involves rejecting the dimension of knowledge, whether personal, cultural
> and institutional, that perpetuate objectification and dehumanisation. African-American
> woman and other individuals in subordinate groups become empowered when we under-
> stand and use those dimensions of our individual, group and disciplinary ways of knowing
> that foster our humanity as fully human subject." (Hill Collins 1990: 230).

Diese Perspektive auf Empowerment rekurriert auch auf die übergeordnete
wissen(schafts)philosophische und erkenntnispolitische Kritik, dass die gesellschaftliche Ordnung aus den ‚Perspektiven der Unterdrückung' stets von
einer dominanteren, privilegierten Normalitätsbeschreibung der Welt verdeckt sei, die sich – obwohl sie spezifisch und partiell ist – in einer hegemonialen Weise als universelle Allgemeinversion ausweist. In diesem Sinne wird
ein marginalisierter ebenso wie ein privilegierter Standpunkt als epistemolo-
gisch signifikanter Ort verstanden, von dem aus Erkenntnis perspektiviert und
Wissen produziert wird. Dieser Zusammenhang spielt besonders für ‚den'
Feminismus und die Dekonstruktion eines einheitlichen ‚feministischen Wir'
eine Rolle: So weist beispielsweise Ruth Frankenberg (1996) darauf hin, dass
ein Weißer Mittelklassefeminismus diskursdominierend ist und Weiße Femi-

---

8   Der Begriff ‚People of Color' und in Schwarzer feministischer Erweiterung im Anschluss
     daran auch ‚Frauen of Color' ist eine auf einem politischen Solidaritätsgedanken basieren-
     de Selbstbezeichnung, die im Kontext der anti-rassistischen Befreiungsbewegung seit den
     1960er Jahre in den USA angeeignet wurde (Ha et al. 2007: 12f., Ha 2007). Der Begriff
     ‚People of Color' adressiert „Bündnisse zwischen rassifizierten Menschen mit afrikani-
     schen, asiatischen, lateinamerikanischen, arabischen, jüdischen, indigenen oder pazifi-
     schen Hintergründen. In gruppenübergreifender (interkommunaler) Weise verbindet sie so
     jene, die in Weißen Dominanzgesellschaften unterdrückt und durch koloniale Tradierungen
     kollektiv abgewertet werden" (Ha et al. 2007:12f.). Der Begriff ‚Frauen of Color' markiert
     zudem die Positionierung in vergeschlechtlichten Verhältnissen (vgl. Zitat von bell hooks
     in diesem Text) und adressiert entsprechend Bündnisse zwischen rassifizierten Frauen. Der
     Begriff People of Color wird hier im Anschluss an den Sammelband „re/visionen. Postko-
     loniale Perspektiven von People of Color auf Rassismus, Kulturpolitik und Widerstand in
     Deutschland" (2007) und an die darin enthaltenen Ausführungen als „konzeptioneller Ar-
     beitsbegriff" (ebd.) verstanden und angewendet.

nistinnen aufgrund ihrer privilegierten Positionierung u.a. die Fragen zu beantworten haben, wie und wo sie von rassistisch begründeten Privilegien profitieren, wie sie Rassismus innerhalb feministischer Kontexte reproduzieren und was sie gegen Rassismus tun können. Damit geht es unter anderem darum, rassistische Verhältnisse sichtbar zu machen, etwa indem auch Weiß-Sein als „Standpunkt" markiert wird, „von dem aus das Selbst, die anderen sowie nationale und globale Ordnungssysteme gesehen werden" und der selbst wiederum relational oder intersektional zu verstehen ist, da er „von einer Reihe von anderen Achsen relativer Begünstigung oder Benachteiligung durchschnitten wird" (ebd.: 56, vgl. auch Eggers et al. 2005; Dietze und Tißberger 2006). In einer solchen kritischen Perspektive kommt den Erfahrungen, Wissensbeständen und Perspektiven, die in Positionen ‚der Unterdrückung' entwickelbar sind, eine spezifische, den Status Quo beunruhigende Erkenntnisqualität zu. So ist erst ein paritätisch geführter Dialog zwischen verschiedenen gesellschaftlich marginalisierten Standpunkten in intersektionaler Perspektive dazu in der Lage, sich politisch und wissenschaftlich eine angemessene erkenntniskritische Perspektive zu erkämpfen, die dominanten Weltbeschreibungen etwas entgegenzusetzen vermag. Schwarzer Feminismus und Intersektionalität stellt sich mithin als eine „logische politische Entwicklung" (CRC) und Forderung dar.

3. Kennzeichen der Perspektive Intersektionalität

Die bisherigen Überlegungen werden nun abschließend unter stärkerer Hervorhebung einiger in den angeführten Zitaten enthaltener Formulierungen rekapituliert. Mit Intersektionalität gilt es, in Analyse, Theoriebildung sowie politischer und professioneller Praxis, die Forderungen sozialer Bewegungen und den befreiungspolitischen Herkunftszusammenhang des Erkenntnisinteresses Intersektionalität zu markieren. Damit geht es sowohl um den „Kampf gegen rassistische, sexistische, heterosexuelle und Klassen-Unterdrückung" (CRC) mit dem Ziel der „Frei"-heit von Unterdrückung (Matsuda) als auch um die Anerkennung von Differenz, Erfahrungen und der Repräsentation von ‚Identität' (hooks)[9]. Intersektionalität als ein solches, auch sprachlich um-

---

9   Identität wird hier nicht im Sinne des kulturellen Essentialismus als so Seiende Wesenhaf-
     tigkeit ontologisch gesetzt, wie es etwa im Mainstream-Multikulturalismus vertreten wird,
     sondern im Sinne eines ‚strategischen Essentialismus' gedacht, der Herrschaftsverhältnisse
     kritisiert und dabei den Konstruktionscharakter der Verhältnissen unterworfenen
     Identitäten sowie entsprechende Sprechpositionen zugleich stärken will und ambivalent
     sieht. Damit geht es um Identität als Unterworfenheit, Situiertheit, Positionalität und Per-
     spektivität und ein solches Verständnis ermöglicht auch, strukturelle, materielle und öko-

kämpftes und herausforderndes politisches und analytisches Anliegen ist im Wesentlichen – so können die dargestellten Auszüge zeigen – durch mindestens die folgenden Aspekte gekennzeichnet:

Erstens geht Intersektionalität als Perspektive, die sich in der Idee der Verschränkung, des Aufeinander-Verwiesen-Seins abbildet – von Erfahrung und Beobachtung, d.h. empirischen Lebensrealitäten mehrfach Subordinierter aus. Dies wird an verschiedenen Stellen deutlich: So wird etwa beim CRC-Statement von „unsere (eigenen) Lebensbedingungen" gesprochen und so heißt es auch, dass sie als Autorinnen des Statements selbst im Alltag „konfrontiert" sind mit Rassismus und Sexismus. Diese Bedingungen stellen sie demzufolge als empirische „Tatsache" dar.

Zweitens betont das CRC, dass Lebensbedingungen „hervorgebracht" werden. Sie unterstreichen damit den Konstruktionscharakter der (Lebens-) Wirklichkeit in seinen interdependenten Verknüpfungsmodi. Unterdrückungsverhältnisse „stehen niemals für sich alleine" (Matsuda), Unterdrückungsverhältnisse sind „vielfältig" und konstituieren sich „gleichzeitig" (Matsuda), „greifen ineinander", genauer: „schließen ineinander", sind untrennbar miteinander verbunden (CRC).

Drittens wird durch die Zusammenschau der Zitate deutlich, dass eine Unzulänglichkeit der üblichen Herangehensweise darin gesehen wird, dass die dominante politische und wissenschaftliche Kultur diese empirisch gegebene Heterogenität, Gleichzeitigkeit und Komplexität von Unterwerfungsverhältnissen analytisch ignoriert, stattdessen den Fokus jeweils auf diejenigen Lebensbedingungen richtet, die innerhalb der Gruppe als dominant rekonstruiert werden, wie etwa im Fokus auf *Weiße* Frauen beim Thema Sexismus und dem Fokus auf *Schwarze Männer* beim Thema Rassismus. Da unter diesen Voraussetzungen die Lebensbedingungen beispielsweise von *Schwarzer Frauen* ausgeblendet werden, müssen sie

viertens mit reflexiven Mitteln systematisch in den „Mittelpunkt" gerückt werden (hooks). So heißt es bei Matsuda auch, dass es nötig sei, die „Wahrnehmung [zu] schärfen". Wenn einige Formen der Unterdrückung, da sie sich politisch, akademisch, gesellschaftlich stärker Gehör verschaffen konnten, eher zu den „offensichtlichen" gezählt werden, können andere Erfahrungen, die nicht repräsentiert (bzw. nicht gehört) werden, vielmehr als „nichtoffensichtliche" bezeichnet werden. So geht es mit Intersektionalität darum, das Nicht-Öffentliche im Offensichtlichen zu „enthüllen".

Fünftens deutet die Chiffre Intersektionalität, wie auch Interdependenz oder „interlocking systems of opression" als Platzhalterbegriff auf ein Erkenntnis- und Politisierungsinteresse hin und bezeichnet demzufolge keine bestimmte Theorie oder Forschungsprogramm, bietet jedoch spezifische analytisch-methodische Strategien als grundlegende Aufmerksamkeitsrichtungen

---

nomische Dimensionen von Ungleichheit als eine zentrale Dimension von (Un)gerechtigkeit zu denken.

an: So beschreibt Matsuda den „Weg, wie ich versuche" das Nachgehen des Interesses an Intersektionalität als analytische Herangehensweise und „Methode". Diese sieht sie darin, In-Frage zu stellen, und zwar ‚anders' und immer wieder neu in-Frage zu stellen, um damit das Fragen in Bewegung zu halten, die Frage-Perspektive also beständig zu verändern. Demzufolge gibt es nicht einen einzelnen Ansatz der Intersektionalität und es wäre – so ließe sich zumindest hier schlussfolgern – auch nicht unbedingt wünschenswert, eine ‚allgemeingültige' oder paradigmatische Intersektionalitätstheorie zu entwickeln.

4. Intersektionalität und Soziale Arbeit

Soziale Arbeit ist im historischen Kontext der Formulierung der Sozialen Frage[10] und deren Bearbeitung u.a. durch die Weiße, bürgerliche Frauenbewegung entstanden. Historisch spezifische Thematisierungsweisen von Armut, ‚sozialen Problemen', ‚Abweichung', ‚sozialer Desintegration' und mithin die Konstruktion und Reproduktion von Ungleichheits- und Differenzkategorien wie Klasse, Geschlecht, Rasse sind die problematische Bedingung für die Institutionalisierung der Sozialen Arbeit ab dem 19. Jahrhundert (Maurer 2001, Mecheril und Melter 2010). Als konstitutiver Bestandteil des sich herausbildenden ebenso wie des sich stets transformierenden Sozialstaates ist Soziale Arbeit Teil der gesellschaftlichen Verhältnisse, ist differenzierende, normalisierende und normierende Akteurin der Bearbeitung des Sozialen sowie den darin eingelassenen, disziplinierenden, moralisierenden, repressiven, kontrollierenden, missachtenden und beschämenden Zugriffe auf die Adressat_innen (Anhorn/Bettinger 2005; Kessl 2005; Klein 2009; Magyar-Haas 2012; Seelmeyer 2008). Soziale Arbeit agiert mithin strukturell aus einer hegemonialen Perspektive, in der sie auch trotz explizit kritischer Diskurse, Stellungnahmen und Praxen an der (Re)Produktion je dominanter Normalitätsregime, Differenzordnungen und Grenzsetzungen beteiligt ist. Ein Anknüpfen erziehungswissenschaftlichen und sozialpädagogischen Denkens an Intersektionalität ist vor diesem Hintergrund vor folgende Herausforderungen gestellt:

Wesentlich für eine angemessene Verbindung von oder Kommunikation zwischen Intersektionalität und Sozialer Arbeit ist es, nachzuvollziehen, dass Unterwerfungsverhältnisse erstens nicht nur außerhalb der Sozialen Arbeit stattfinden, sondern genuiner Bestandteil von Disziplin und Profession sind.

---

10 Zur sozialpädagogischen Debatte über Entstehung, Veränderung und Neuformulierungen der ‚Sozialen Frage' sowie ihren Bearbeitungsweisen unter den Bedingungen gesellschaftlicher und wohlfahrtsstaatlicher Transformationen vgl. u.a. Kessl und Otto 2009.

Um der spezifisch politischen Perspektive Intersektionalität Rechnung zu
tragen, ist es deshalb notwendig, diese nicht schlicht für Erziehungswissenschaft und Soziale Arbeit ‚nutzbar‘[11] zu machen, sondern den intersektionali-
tätsinteressierten Blick auf sich selbst zu richten, um damit eine Perspektive
einzunehmen, die reflexive (Selbst)Kritik ermöglicht. Denn es gilt, Profession
und Disziplin im Hinblick auf ihre klassifizierenden, kulturalisierenden und
rassifizierenden Momente zu hinterfragen, um subtile Dominanzverhältnisse
dekonstruktiv zu bearbeiten. Zweitens weist Intersektionalität darauf hin, dass
diese innerhalb und außerhalb der Sozialen Arbeit und Erziehungswissenschaft präsenten, vielfältigen Unterwerfungsverhältnisse – da sie empirisch
nicht unabhängig voneinander erfahren werden und auch nicht unabhängig
voneinander erfahrbar sind – analytisch-theoretisch nicht voneinander zu
trennen sind. Sie sind miteinander verwoben, aufeinander bezogen, zueinander relationiert und eben dies bringt der Begriff Intersektionalität auf den
Punkt. Im sozialpädagogischen Fall- und Feldbezug sind demzufolge die
gesellschaftlichen Strukturen zu bedenken, in denen sich die Adressat_innen
bewegen und innerhalb derer sie marginalisierte, unterdrückte und benachtei-
ligte Positionen einnehmen. Dazu sind auch die Verhältnisse zwischen Professionellen und Adressat_innen und auch zwischen Professionellen, Adres-
sat_innen und Erziehungswissenschaftler_innen herrschaftskritisch daraufhin
zu befragen, wie hier rassifizierte, kulturalisierte, ethnisierte, vergeschlechtlichte und klassenspezifische Dominanzverhältnisse – als intersektionale
Strukturen – in Forschung, Theoriebildung und professioneller Praxis wiederholt und agiert werden. Innerhalb eines sozial(pädagogischen) Raums bestehen demzufolge diverse Positionen im Gefüge von vielschichtigen, historischen gewordenen Dominanzverhältnissen. Als Aufgabe der Sozialen Arbeit
kann gelten, „ihren Adressaten unter Bedingungen der Benachteiligung, Ausgrenzung und Diskriminierung Zugang zu Chancen der Selbstbestimmung
und Selbstachtung" zu verschaffen (Scherr 2002: 39). In diesem Sinne zielt
sozialpädagogische Professionalität auf die „Erhöhung von Handlungsoptionen, Chancenvervielfältigung und die Steigerung von Partizipations- und
Zugangsmöglichkeiten auf Seiten der KlientInnen" (Dewe und Otto 2002:
187). Intersektionalität bietet für diese Aufgabe eine fundierte analytische und
politische Perspektive zur Konzeption sozialpädagogischer Handlungspraxen
ebenso wie für Theorie und Forschung. Intersektionalität kann damit als re-
flexiv-professionalisierter Modus der Gegenstandskonstruktion und der Einnahme einer spezifischen Handlungs-, Analyse- und Forschungsperspektive
im Sinne einer herrschaftskritischen, politischen und kritischen Sozialen Ar-

---

11 Anschlussfähigkeit ist dahingehend ‚vorsichtig‘ herzustellen, als dass Prozesse der Akade-
    misierung, Institutionalisierung oder Professionalisierung möglicherweise „per se proble-
    matische, exkludierende und hierarchisierende Prozesse sind" (Hark 2005: 68), weil sie po-
    litische Kämpfe in akademisch-disziplinäre überführen und sie damit de- sowie re-
    kontextualisiert enteignen.

beit wirken. Im Sinne der oben zitierten Aussage von Matsuda ließe sich formulieren, dass es mit einer intersektional informierten Sozialen Arbeit theorieentwickelnd, forschend und professionell darum geht, die Herrschaftsverhältnisse zwischen Professionellen und Adressat_innen zu unterbrechen, um die Bedingungen so zu verändern, dass es möglich wird „[a]ls Verbündete zu arbeiten"[12]. Diese differenzsensible und solidarische Haltung bringt „die Notwendigkeit mit sich, sowohl nach den offensichtlichen als auch den nichtoffensichtlichen Dominanzverhältnissen zu suchen, um unsere Wahrnehmung dafür zu schärfen, dass keine Form der Unterdrückung jemals für sich alleine steht" (Matsuda 1991: 1189). Es ist stetig zu fragen, welche Differenzen, Hierarchien in der Sozialen Arbeit virulent sind und ausgeübt werden. Diese Verhältnisse so zu verändern, dass es möglich wird, einen Zuwachs an Gerechtigkeit herzustellen, ist insbesondere mit Einnahme der befreiungspolitisch tradierten Perspektive Intersektionalität eine entscheidende und zugleich herausfordernde sozialpädagogische Theorie-, Ziel- und Handlungsperspektive.

Literatur

AG Frauenkongress (1984): Aufruf. In: Ilse Lenz (Hrsg.) (2008): Die neue Frauenbewegung in Deutschland, Wiesbaden: VS, S. 146.

Aktaş, Gülşen (1993): Türkische Frauen sind wie ein Schatten. Leben und Arbeiten im Frauenhaus. In: Hügel, I./Lange, C./Ayim, M./Bubeck, I./Aktas, G./Schultz, D. (Hrsg,) (1993): Entfernte Verbindungen. Rassismus, Antisemitismus, Klassenunterdrückung, Berlin: Orlanda, S. 49-60.

Andersen, Margaret L./Collins, Patricia Hill (Hrsg.) (2004): Race, class, and gender: An anthology. Wadsworth: Belmont.

Anhorn, Roland/Bettinger, Frank (Hrsg.) (2005): Sozialer Ausschluss und Soziale Arbeit. Wiesbaden: VS.

Anzaldúa, Gloria/Moraga, Cherry (Hrsg.) (1981): This Bridge Called My Back: Writings by Radical Women of Color, New York: Kitchen Table Press.

Auernheimer, Georg (2011): Diversity und Intersektionalität – neue Perspektiven für die Sozialarbeit? In: Neue Praxis, 4/2011, S. 409-424.

Baader, Maria (1993): Zum Abschied. Über den Versuch, als jüdische Feministin in der Berliner Frauenszene einen Platz zu finden. In: Hügel, I. et al. (Hrsg.): Entfernte Verbindungen. Rassismus, Antisemitismus, Klassenunterdrückung. Berlin, S. 82-94.

Bereswill, Mechthild (2011): Intersektionalität. In: Ehlert, G./Funk, H./Stecklina, G. (Hrsg.): Wörterbuch „Geschlecht und Soziale Arbeit". Weinheim: Juventa, S. 210-213.

Butler, Judith (1991): Das Unbehagen der Geschlechter. Frankfurt a.M.: Suhrkamp.

Butler, Judith (2009): Die Macht der Geschlechternormen und die Grenzen des Menschlichen. Frankfurt a.M.: Suhrkamp.

---

12 Eigene Übersetzung; engl. Originalzitat vgl. weiter oben i.d.T.

Collins, Patricia Hill (1990): Black Feminist Thought. Knowledge, Consciousness, and the Politics of Empowerment. Cambridge MA, London: Unwyn Hyman.

Combahee River Collective (1981): A Black Feminist Statement. In: Anzaldúa, Gloria/Moraga, Cherríe (Hrsg.): This Bridge Called My Back: Writings by Radical Women of Color. Watertown: Persephone Press. http://circuitous.org/scraps/combahee.html. [30.10.2012].

Crenshaw, Kimberlé (1989): Demarginalizing the Intersection of Race and Sex: A Black Feminist Critique of Antidiscrimination Doctrine. In: The University of Chicago Legal Forum, S. 139-167.

Crenshaw, Kimberlé (1991): Mapping the Margins. Intersectionality, Identity Politics, and Violence Against Women of Color. In: Stanford Law Review 43: 6, S. 1241-1299.

Czollek, Leah Carola/Perko, Gudrun (2010): Gender und Diversity in ihrer Intersektionalität. Schlüsselkompetenzen in der Sozialen Arbeit. In: Sozial Extra 9/10, S. 34-41.

Davis, Angela (1981): Rassismus und Sexismus. Schwarze Frauen und Klassenkampf in den USA, Berlin: Elefanten Press.

Dewe, Bernd/Otto, Hans-Uwe (2002): Reflexive Sozialpädagogik. Grundstrukturen eines neuen Typs dienstleistungsorientierten Professionshandelns. In: Thole, Werner (Hrsg.): Grundriss Soziale Arbeit. Ein einführendes Handbuch. Opladen: Leske und Budrich, S. 179-198.

Dietze, Gabriele/Tißberger, Martina (Hrsg.) (2006): Weiß – Weißsein – whiteness. Kritische Studien zu Gender und Rassismus. Frankfurt a.M.: Lang.

Eggers, Maureen Maisha/Kilomba, Grada/Piesche, Peggy/Arndt, Susan (Hrsg.) (2005): Mythen, Masken und Subjekte. Kritische Weißseinsforschung in Deutschland. Münster: Unrast.

Fausto-Sterling, Anne (2006): Sexing the body. Gender politics and the construction of sexuality. New York, NY: Basic Books.

Fenstermaker, Sarah/West, Candace (1995): Doing Difference; In: Gender & Society, 9: 1, February 1995, S. 8-37.

Foucault, Michel (1994): Das Subjekt und die Macht. In: Dreyfus, H. L/Rabinow, P./Foucault, M. (Hrsg.): Michel Foucault. Jenseits von Strukturalismus und Hermeneutik. 2. Aufl. Weinheim: Beltz-Athenäum.

Frankenberg, Ruth (1996): Frauen, Feminismus und die Herausforderung des Antirassismus. In: Fuchs, B./Habinger, G. (Hrsg.): Rassismen & Feminismen. Differenzen, Machtverhältnisse und Solidarität zwischen Frauen. Wien: Promedia, S. 51-66.

Frerichs, Petra (1997): Klasse und Geschlecht. Macht. Anerkennung. Interessen. Opladen: Leske und Budrich.

Fuchs, Brigitte/Habinger, Gabriele (Hrsg.) (1996): Rassismen & Feminismen. Differenzen, Machtverhältnisse und Solidarität zwischen Frauen. Wien: Promedia.

Garske, Pia/Vorrink, Andrea J. (2012 i. E.): Intersektionalität, Version 1.0. In: Docupedia-Zeitgeschichte. Begriffe – Methoden – Debatten der zeithistorischen Forschung, Onlineressource: http://docupedia.de (im Erscheinen).

Gutiérrez Rodríguez, Encarnación (2011): Intersektionalität oder: Wie nicht über Rassismus sprechen? In: Hess, S. (Hrsg.): Intersektionalität revisited. Empirische, theoretische und methodische Erkundungen. Bielefeld: transcript, S. 77-100.

Ha, Kien Nghi/Lauré al-Samarai, Nicola/Mysorekar, Sheila (Hrsg.) (2007): re/visionen. Postkoloniale Perspektiven von People of Color auf Rassismus, Kulturpolitik und Widerstand in Deutschland. Münster: Unrast.

Ha, Kien Nghi (2007): People of Color – Koloniale Ambivalenzen und historische Kämpfe. In: Ha, Kien Nghi/Lauré al-Samarai, Nicola/Mysorekar, Sheila (Hrsg.): re/visionen. Postkoloniale Perspektiven von People of Color auf Rassismus, Kulturpolitik und Widerstand in Deutschland. Münster: Unrast, S. 31-39.

Haraway, Donna (1996): Situiertes Wissen: Die Wissenschaftsfrage im Feminismus und das Privileg einer partialen Perspektive. In: Scheich, E. (Hrsg.). Vermittelte Weiblichkeit: Feministische Wissenschafts- und Gesellschaftstheorie. Hamburg: HIS, S. 217-48, 347-89.

Hardegger, Urs (2012): Die Akte der Luisa De Agostini: Eine Frau zwischen Wohlfahrt und Bevormundung. Zürich: Nzz Libro.

Harding, Sandra (Hrsg.) (2004): The feminist standpoint theory reader. Intellectual and political controversies. New York: Routledge.

Harding, Sandra G. (1994): Das Geschlecht des Wissens. Frauen denken die Wissenschaft neu. Frankfurt a.M.: Campus.

Hark, Sabine (2005): Dissidente Partizipation. Eine Diskursgeschichte des Feminismus. Frankfurt a.M.: Suhrkamp.

Heite, Catrin (2008): Soziale Arbeit im Kampf um Anerkennung. Professionstheoretische Perspektiven. Weinheim: Juventa.

hooks, bell (1981): Ain't I a woman. Black women and feminism. Boston, Mass: South End Press.

Hull, Gloria T./Scott, Patricia Bell/Smith, Barbara (1982.): All the Women Are White, All the Blacks Are Men, But Some of Us Are Brave. Black Women's Studies. Old Westbury NY: Feminist Press

Hügel, Ika/Lange, Chris/Ayim, May/Bubeck, Ilona/Aktas, Gülsen/Schultz, Dagmar (Hrsg.) (1993): Entfernte Verbindungen. Rassismus, Antisemitismus, Klassenunterdrückung, Berlin: Orlanda. Kessl, F. (2005): Der Gebrauch der eigenen Kräfte. Eine Gouvernementalität Sozialer Arbeit. Weinheim: Juventa.

Kessl, Fabian/Otto, Hans-Uwe (Hrsg.) (2009): Soziale Arbeit ohne Wohlfahrtsstaat? Zeitdiagnosen, Problematisierungen und Perspektiven. Weinheim: Juventa.

King, Deborah (1988): Multiple Jeopardy, Multiple Consciousness: The Context of a Black Feminist Ideology. In: Signs, 14: 1, S. 42-72.

Klein, Alex (2009): Moral Panics Reloaded. Sexuelle Verwahrlosung und die Underclass. In: soziale passagen (1), S. 23-34.

Klinger, Cornelia/Knapp, Gudrun-Axeli (Hrsg.) (2005): Achsen der Ungleichheit. Zum Verhältnis von Klasse, Geschlecht und Ethnizität. Frankfurt a.M.: Campus, S. 19-41.

Klöppel, Ulrike (2010): XX0XY ungelöst. Hermaphroditismus, Sex und Gender in der deutschen Medizin. Eine historische Studie zur Intersexualität. Bielefeld: transcript.

Knapp, Gudrun-Axeli/Wetterer, Angelika (Hrsg.) (2003): Achsen der Differenz. Gesellschaftstheorie und feministische Kritik II, Münster: Westfälisches Dampfboot.

Knapp, Gudrun-Axeli (2005): »Intersectionality« – ein neues Paradigma feministischer Theorie? Zur transatlantischen Reise von »Race, Class, Gender«. In: Feministische Studien, 1: 05, S. 68-81.

Lauré al-Samarai, Nicola (2004): Schwarze Menschen im Nationalsozialismus. In: AntiDiskriminierungsBüro (ADB) Köln, Öffentlichkeit gegen Gewalt e. V., cyberNomads (cbN) (Hrsg.): The BlackBook. Deutschlands Häutungen. Frankfurt: IKO-Verlag für Interkulturelle Kommunikation.

Lutz, Helma/Vivar, Maria Teresa Herrera/Supik, Linda (Hrsg.) (2010): Fokus Intersektionalität. Bewegungen und Verortungen eines vielschichtigen Konzeptes. Wiesbaden: VS.

Magyar-Haas, Veronika (2012): Beschämende Vorgänge. Verhältnisse von Scham, Macht und Normierung in Kontexten der Sozial/Pädagogik und Sozialen Arbeit. In: Andresen, S./Heitmeyer, W. (Hrsg.): Zerstörerische Vorgänge. Missachtung und sexuelle Gewalt gegen Kinder und Jugendliche in Institutionen. Weinheim: Juventa, S. 195-213.

Matsuda, Mari (1991): Beside My Sister, Facing the Enemy: Legal Theory out of Coalition, Stanford Law Review, 43: 6, S. 1183-1192.

Matter, Sonja (2011): Der Armut auf den Leib rücken. Die Professionalisierung der Sozialen Arbeit in der Schweiz (1900-1960). Zürich: Chronos.

Maurer, Susanne (1997): Zweifacher Blick: Die historische ReKonstruktion moderner Sozialarbeit als „Frauenarbeit" und die Perspektive der feministischen Enkelinnen. In: Friebertshäuser, Barbara/Bitzan, Maria (Hrsg.): Sozialpädagogik im Blick der Frauenforschung. Weinheim: Dt. Studien Verl., S. 44-56.

Maurer, Susanne (2001): Das Soziale und die Differenz. Zur (De-)Thematisierung von Differenz in der Sozialpädagogik. In: Lutz, H./Wenning, N. (Hrsg.): Unterschiedlich verschieden. Differenz in der Erziehungswissenschaft. Opladen: Leske und Budrich, S. 125-142.

Mecheril, Paul/Melter, Claus (2010): Differenz und Soziale Arbeit. Historische Schlaglichter und systematische Zusammenhänge. in: Kessl, F./Plösser, M. (Hrsg.): Differenzierung, Normalisierung, Andersheit: Soziale Arbeit als Arbeit mit den Anderen, S. 117-131.

Mecheril, Paul/Vorrink, Andrea J. (2012): Diversity und Soziale Arbeit: Umriss eines kritisch-reflexiven Ansatzes. In: Archiv für Wissenschaft und Praxis der sozialen Arbeit. Themenheft: Diversity Management und soziale Arbeit, S. 92-101.

Meulenbelt, Anja (1988): Scheidelinien. Über Sexismus, Rassismus und Klassismus, Reinbek: Rowohlt.

Riegel, Christine (2010): Intersektionelle Perspektiven für die Kooperation von Jugendhilfe und Schule. In: Ahmed, Sarina/Höblich, Davina (Hrsg.): Theoriereflexionen der Kooperation von Jugendhilfe und Schule. Brücken und Grenzgänge. Baltmannsweiler: Schneider, S. 143-162.

Riegel, Christine (2012): Intersektionalität in der Sozialen Arbeit. In: Bütow, Birgit/ Munsch, Chantal (Hrsg.): Soziale Arbeit und Geschlecht. Herausforderungen jenseits von Universalisierung und Essentialisierung. Münster: Westfälisches Dampfboot, S. 40-60.

Scherr, Albert (2002): Soziale Probleme, Soziale Arbeit und menschliche Würde. In: sozialextra, Juni 2002, S. 35-39.

Seelmeyer, Udo (2008): Das Ende der Normalisierung? Soziale Arbeit zwischen Normativität und Normalität. Weinheim: Juventa.

Spelman, Elizabeth V. (1988): Inessential Women. Problems of Exclusion in Feminist Thought; Boston: Beacon Books.

Viehmann, Klaus (1991): Drei zu Eins – Klassenwiderspruch, Rassismus und Sexismus. In: Metropolen(gedanken) und Revolution? Berlin: Edition ID-Archiv, S. 27-62.

Walgenbach, Katharina/Dietze, Gabriele/Hornscheidt, Antje/Palm, Kerstin (Hrsg.) (2007): Gender als interdependente Kategorie. Neue Perspektiven auf Intersektionalität, Diversität und Heterogenität. Opladen: Budrich.

Young, Iris Marion (1997): Intersecting Voices. Dilemmas of Gender, political Philosophy and Policy. New Jersey: Princeton: University Press.

Yuval-Davis, Nira (2006): Intersectionality and Feminist Politics. In: European Journal of Women's Studies (3), S. 193-209.

Verzeichnis der Autoren und Autorinnen

Ehlert, Gudrun, Jg. 1958, Prof. Dr. phil., Hochschule Mittweida, Fakultät Soziale Arbeit. Arbeitsschwerpunkte: Geschlecht und Geschlechterverhältnisse in der Sozialen Arbeit, Professionsdiskurse und Professionalisierung Sozialer Arbeit, Sozialarbeitswissenschaft

Fegter, Susann, Dr. phil, Wissenschaftliche Mitarbeiterin der Goethe Universität Frankfurt/M., Institut Sozialpädagogik und Erwachsenenbildung. Arbeitsschwerpunkte: Kindheits-, Familien- und Geschlechterforschung: Well-being of children, Urbane Lernräume, Jungen und Bildung, Professionalisierung und Geschlecht, Diskursanalyse und Ethnografie

Fleßner, Heike, Jg. 1944, Dr. phil., bis 2009 Professorin für Erziehungswissenschaft (Schwerpunkt Sozialpädagogik) und Direktorin des Zentrums für interdisziplinäre Frauen- und Geschlechterforschung an der Carl von Ossietzky Universität Oldenburg. Mitbegründerin von Studiengängen Gender Studies an der Universität Oldenburg. Arbeitsschwerpunkte: Genderperspektiven Sozialer Arbeit, geschlechterbewusste Pädagogik in der Kinder- und Jugendhilfe, Geschichte der sozialen Arbeit und Geschlechterverhältnisse

Haeger, Kaja Swanhilt, Jg. 1975, promovierte in den Bildungs- und Sozialwissenschaften an der Carl von Ossietzky Universität Oldenburg mit den Arbeitsschwerpunkten: Männlichkeiten und Heteronormativität im Zusammenhang mit den Differenzlinien Ethnie/Nation/Kultur und Geschlecht. Seit 2005 im Hochschulmanagement tätig, derzeit an der Hochschule Ulm

Heite, Catrin, Prof. Dr., Universität Zürich, Institut für Erziehungswissenschaft. Arbeitsschwerpunkte: Theorie und Geschichte der Sozialpädagogik, sozialpädagogische Professionalität, gesellschaftliche Transformationsprozesse und soziale Ungleichheit, Geschlechterforschung

Leiprecht, Rudolf, Jg. 1955, Prof. Dr., Carl von Ossietzky Universität Oldenburg, Fachgruppe diversitätsbewusste Sozialpädagogik, Institut für Pädagogik, Center for Migration, Education and Cultural Studies (CMC). Arbeitsschwerpunkte: Sozialpädagogik (insbesondere Jugendarbeit, Jugendforschung, Familienhilfe, Heimerziehung, Sozialpolitik), Frage- und Themenstellungen im Zusammenhang mit den Differenzlinien Ethnie/Nation/Kultur und Geschlecht, Forschung zu Männlichkeitskonstruktionen, Diversity Education, Rassismusprävention

May, Michael, Jg. 1956, Prof. Dr. habil. Dipl.Päd., Hochschule Rhein/Main, Fachbereich Sozialwesen. Arbeitsschwerpunkte: Politik und Pädagogik des Sozialen, Gemeinwesenarbeit, Intersektionalität

Micus-Loos, Christiane, Jg. 1971, Prof. Dr., Fachhochschule Kiel, Fachbereich Soziale Arbeit und Gesundheit. Arbeitsschwerpunkte: (Auto-)Biographie- und Generationenforschung, Geschlechterforschung, Gewaltforschung, Methoden und Methodologien qualitativer Sozialforschung, Soziale Arbeit und Geschlecht

Oelkers, Nina, Jg. 1969, Prof. Dr., Universität Vechta, Institut für Soziale Arbeit, Bildungs- und Sportwissenschaften. Arbeitsschwerpunkte: Transformationsprozesse Sozialer Arbeit, gesellschaftlicher Umgang mit Devianz, Geschlechtergerechtigkeit, Kinder- und Jugendhilfe

Plößer, Melanie, Jg. 1968, Prof. Dr., Fachhochschule Bielefeld/Fachbereich Sozialwesen. Arbeitsschwerpunkte: Differenzverhältnisse und Soziale Arbeit, Ansätze und Perspektiven der Gender- und Queerforschung, Konzepte und Theorien der Sozialen Arbeit

Rohde, Julia, Jg. 1979, Dipl.Päd., Universität Vechta, Institut für Soziale Arbeit, Bildungs- und Sportwissenschaften. Arbeitsschwerpunkte: Geschlecht und Geschlechterverhältnisse in der Sozialen Arbeit, Professionalität in der Sozialen Arbeit, Methoden der Sozialen Arbeit.

Rose, Lotte, Jg. 1958, Prof. Dr., Fachhochschule Frankfurt am Main, Fachbereich Soziale Arbeit und Gesundheit, Leitung des Frauen- und Genderforschungszentrums der Hessischen Hochschulen (gFFZ). Arbeitsschwerpunkte: Kindheits- und Jugendforschung, Genderforschung, Human-Animal-Studies, Sozialpädagogik des Essens, Ethnografie als Forschungsmethode

Sabla, Kim-Patrick, Jg. 1977, Prof. Dr., Universität Vechta, Institut für Soziale Arbeit, Bildungs- und Sportwissenschaften. Arbeitsschwerpunkte: Geschlecht und Geschlechterverhältnisse in der Sozialen Arbeit, sozialpädagogische Familienforschung, Theorieentwicklung und Professionalisierung Sozialer Arbeit

Stecklina, Gerd, Prof. Dr., Hochschule München, Fakultät für angewandte Sozialwissenschaften. Arbeitsschwerpunkte: Geschlechterforschung, Geschichte und Theorie Sozialer Arbeit, Kinder- und Jugendhilfe, Jüdische Sozialarbeit

Vorrink, Andrea, J., Dipl. Päd., Universität Zürich, Institut für Erziehungswissenschaft. Arbeitsschwerpunkte: Migrationspädagogik, postmoderne Differenz-, Ungleichheits- und Subjektivierungstheorien, Cultural Studies, feministische Erkenntniskritik und Anti-Opressive Social Work Research

Wallner, Claudia; Jahrgang 1961, Dr.'in der Philosophie, Freiberufliche Referentin, Autorin und Praxisforscherin. Arbeitsschwerpunkte: Mädchenarbeit, Lebenslagen von Mädchen, Geschlechterverhältnisse, Gender in der Sozialen Arbeit und in der Bildung

A Social Work Journal
Transnational Social Review

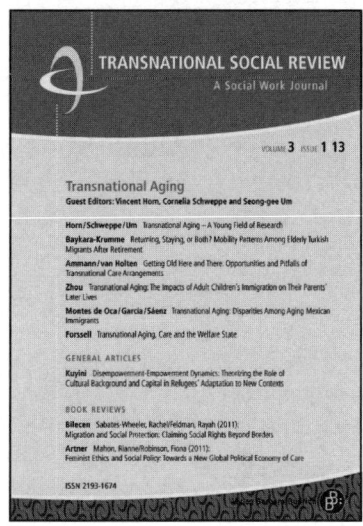

The journal "Transnational Social Review - A Social Work Journal" (TSR) offers an international forum to discuss social work and related disciplines and professions from a transnational perspective.
It responds to the challenges of the increasing impact of transnational developments and structures upon social work and related fields.

Verlag Barbara Budrich •
Barbara Budrich Publishers
Stauffenbergstr. 7. D-51379 Leverkusen Opladen
Tel +49 (0)2171.344.594 • Fax +49 (0)2171.344.693 •
info@budrich.de

www.budrich-journals.com